Rolf F. Schütt

Künste und Wissenschaften als verlorene Paradiese

Essays zur Bedeutung der Kultur-Idyllen

in Germany 2000

...lung : Libri Books on Demand, Hamburg

...hte beim Autor

...-89811-801-0

Rolf F. Schüt

Künste u
Wissenschaf
als verlorene Paradi

Essays zur Bedeu
der Kultur-Ic

Printe

Herste

Alle R

ISBN

Edi

„Der Endzweck aller Kultur ist es, das, was wir ‚Politik‘ nennen, überflüssig, jedoch Wissenschaft und Kunst der Menschheit unentbehrlich zu machen.“ (Arthur *Schnitzler*)

„Ein Buch ist ein Garten, den man in der Tasche trägt.“ (Afrikan. Sprichwort)

„Kultur ist die Pflege der Vernachlässigung einer Naturanlage.“ (Karl *Kraus*)

„Bildung ist vollendete Natur.“ (*Platen*)

„Alle Bildung reduziert sich auf den Unterschied von Kategorien.“ (*Hegel*)

„Kahler schon ist Vergil in seinen „Eklogen“, am langweiligsten aber Geßner, so daß ihn wohl niemand heutigentags mehr liest und es nur zu verwundern ist, daß die Franzosen jemals so viel Geschmack an ihm gefunden haben, daß sie ihn für den höchsten deutschen Dichter halten konnten. Doch mag wohl einerseits ihre Empfindsamkeit, welche das Gewühl und die Verwicklungen des Lebens floh und dennoch irgendeine Bewegung verlangte, andererseits die vollkommene Ausleerung von allen wahren Interessen, so daß die sonstigen störenden Verhältnisse unserer Bildung nicht eintraten, das Ihrige zu dieser Vorliebe beigetragen haben.“ (*Hegel*: „Ästhetik“, Frankfurt/M. 1955, S. 451)

Für Horst Friese

Sigmund Freud sagte, „daß Philosophie eine der anständigsten Formen der Sublimierung verdrängter Sexualität, nichts weiter, ist."

(Ludwig Binswanger: „Erinnerungen an Freud", Bern 1956; Seite 19)

Die Freiheit auf der Couch : Jean-Paul Sartre

In einem Interview nach seiner Erblindung, die seine Laufbahn als Schriftsteller abschloß, bekannte Sartre, aus Schriften über ihn habe er nie etwas über sich lernen können. Machen wir einen neuen Versuch, den Denker der absoluten Freiheit über den Sinn seiner Ideen aufzuklären.

Der schon 33-Jährige debütierte mit dem Roman „Der Ekel", den er heute für seinen bleibenden literarischen Beitrag hält. An einer schwarzen Kastanienwurzel im Park von Bouville (Rouen) geht dem Protagonisten Antoine Roquentin eine metaphysische Grunderfahrung auf: die Dinge existieren, und sie existieren unabhängig von menschlichen Bedeutungen und Bezügen; Geschichte und Gesellschaft sind ihrer nackten Existenz wie nur übergestülpt. Die jungfräulich reine Natur, bevor der Bürger seine Fettfinger auf sie gelegt und sie zum Arbeitsmaterial erniedrigt hat, erregt nicht heilige Wonneschauer wie den heutigen Ökolog(ist)en und Naturschutzheiligen, sondern Grauen und Abscheu. Die antifaschistische Résistance weckte Sartre aus seiner anarchistischen Kleinbürgerradikalität.

Das Hauptwerk „Das Sein und das Nichts" (1943) wurde von nihilistischen Intellektuellen der Pariser Kneipenkeller begeistert aufgenommen und mißverstanden als Pop-Philosophie eines amoralischen Sichauslebens auf den Trümmern des 2. Weltkriegs. Seine Résistance-Erfahrungen verarbeitete Sartre in der Roman-Tetralogie „Wege der Freiheit". Der politische Philosoph verschrieb sich von nun an einem voluntaristischen Dezisionismus und liberalistischen Hyper-Aktionismus von Happenings. Um der Rechten nicht zu dienen in der Restaurationsphase, verteidigte er gegen den Weg-. gefährten Camus sogar die stalinistischen Schauprozesse, ohne sich je den Kommunisten explizit anzuschließen. Gegen den bürokratisch sklerotisierten Sowjetmarxismus schrieb er nach dem Ungarnaufstand das Theaterstück „Die schmutzigen Hände" und die „Kritik der dialektischen Vernunft" (1959), einen anarchistischen „Marxismus für das 21. Jahrhundert", der den Existenzialismus als „historisch-strukturale Anthropologie" dem historischen Materialismus als „Enklave" andiente. Nur militanten Gruppen traute er hier die Kraft zu, die objektive Trägheit immer neu zu überwinden, zu der den Menschen ihre eigene systemüberschreitende Praxis dialektisch immer wieder gerinnt. Unter dem Eindruck der Pariser Mairevolte 1968 näherte er sich, erneut enttäuscht von den französischen Sozialisten und Kommunisten, jenen maoistischen Gruppen an, deren Denken er eher verspottet hatte. Selbst seine programmatische „littérature engagée" verabschiedete er mit der brillanten Autobiographie seiner ersten zwölf Lebensjahre: „Die Wörter". Die unvollendet gebliebene Flaubert-studie „Der Idiot der Familie" vereinigte nach den Baudelaire- und Genet-studien noch einmal alle literarischen und philosophischen Intentionen zu einer marxistischen Ästhetik, welche die subjektive Neurose Flauberts mit der „objektiven Neurose" seines bürgerlichen Publikums im 19. Jahrhundert vermittelte zu einer Selbstanalyse des Schriftstellers Sartre, eines kleinbürgerlichen Revolutionärs im 20. Jahrhundert.

Sartres Werk wird unsere Interpretationsversuche von drei Gesichtspunkten aus interessieren müssen. Einmal gilt es, sich auseinanderzusetzen mit seiner Absicht, Freuds Psychoanalyse durch eine eigenwillige „existentielle Psychoanalyse" zu ergänzen, ja, zu ersetzen. Zum anderen hat Sartre sich selbst explizit zu Kernthemen der Psychoanalyse - wie Liebe, Haß, Sexualität, Sadomasochismus, Phantasie, Emotion, Bewußtsein, Unbewuß-tes - auf eine Weise geäußert, die zuweilen signifikant abweicht vom gängig gewordenen psychoanalytischen Standardmodell. Drittens werden wir Sartres Metaphysik, also auch und gerade jene genuin philosophischen Gedanken, die nicht ausdrücklich zur Psychoanalyse und ihren Lieblings-problemen Stellung nehmen, einem psychoanalytischen Deutungsversuch unterziehen.

Da er von der „klaren und deutlichen" Selbstgewißheit des cartesianischen ego cogito ausgeht, lehnt Sartre erst einmal ab, die autonome Existenz des Unbewußten als einer Sphäre sui generis anzuerkennen. Freuds „System ubw" hält er für eine ontologisch mystifizierte Hypostase, die es gerade philosophisch in „reines Bewußtsein" aufzulösen gelte. Natürlich gibt Sartre zu, daß auch dem - von ihm zum „narzißtischen Größen-Selbst" (Kohut) hypertrophierten - Ich nicht jederzeit all das explizit bewußt ist, was sein ganzes Sein ausmacht. Um aber trotzdem die supponierte Hege-monie dieses Ich gegenüber Es, Überich und Realitätsprinzip aufrecht zu erhalten, führt Sartre das „nichtthetische Bewußtsein des präreflexiven Cogito" ein. Das erlaubt ihm, in Freuds „System ubw" ein verkapptes und mystifiziertes „System vbw" entlarvt zu glauben. So bleibt Sartres Ego cogito auch dort Herr im eigenen Hause, wo es zu offensichtlich von ichdystonen Antrieben gesteuert und von Heteronomie behindert scheint. Es ist Sartre offenbar so unerträglich kränkend, die Möglicheit eines naturdeterminierten Ich einzuräumen, daß er diesem allwissenden, transzendental omnipotenten Cogito lieber noch die stolze Verantwortung für jedes Nichtich und für krasseste Schicksalsschläge aufbürdet. Keinem Menschen könne im Ernst etwas wirklich Unmenschliches passieren, nichts nur von oben und von außen zustoßen, da alles, was wir erleiden, nur die Kehrseite dessen sei, was wir wünschen. Wenn das Subjekt unterdrückt und ausgebeutet werde, wenn es ohnmächtig und abhängig sei, dann nur deshalb, weil es bloß ernte, was selber gesät zu haben es vor sich und anderen wohlweislich allzu gern verberge, und weil es eine „unwahrhaftige Urwahl" seiner selbst aufrechterhalte, in deren vorgängigem Horizont dann die Welt als sinnvoll gegliedertes Reich möglicher Widerstände und Gegenstände allererst auftauchen könne.

Sartre findet immer neue Formulierungen, das Ich aus allen Foltern als Herr selbst seines grausamsten Schicksals hervorgehen zu lassen. Alles, was sich dem Ego wie von oben und außen auferlege (verinnerlicht zu Es, Realität und Überich) - der „Widerstandskoeffizient der Dinge" - existiere ja nur für ein Ich, das „in der Welt auf etwas aus" sei und sie „auf seine Ziele hin überschritten" und von diesen Selbstprojektionen aus als „Antifinalitäten" entdeckt habe. Ein Berg könne sich nur dem als unbesteigbar enthüllen, der ihn besteigen wolle. Unabhängig von einem menschlichen Entschluß, ihn zu erklimmen, habe es überhaupt keinen Sinn, von seiner Unbesteigbarkeit zu sprechen oder sich gar noch auf sie zu berufen beim Versuch, etwa das Unterlassen eines Besteigungsversuchs vor sich und anderen zu rechtfertigen, sich auf Sachzwänge herauszureden und von der vermeintlichen Objektivität der Gegebenheiten entschuldigen zu lassen, die es nur für ein Subjekt gebe, das sie provoziere durch seinen „Entwurf", sie zu überwinden, zu unterlaufen oder zu umgehen.

Auf den mütterlichen Venusberg übertragen heißt dies, daß die väterliche Kastrationsdrohung nichts ist außer für und durch einen Sohn, der den Inzest begehrt (oder verdrängt). Das Kind scheitert mit seinem unerfüllten Wunsch nicht einfach an seinem Vater über ihm, weil die verbietende Macht des Vaters das bloße Korrelat des kindlichen Inzestwunsches sei, durch den der Sohn erst überhaupt darüber befinde, ob es so etwas wie das Inzesttabu und väterliche Sanktionen gebe: Er könnte ja auf diese Begierde verzichten, und schon gäbe es die Kastrationsdrohung nicht mehr für ihn.

Man weiß, wie das neurotische Kind reagiert: Statt ihn aufzugeben oder den prekären Wunsch doch durchzusetzen, verdrängt das Kind, *daß* es die verbotene Mutter weiter libidinös besetzt hält. Was heißt „verdrängen", fragt Sartre, an dieser Stelle? Wird nun das verpönte Verlangen aus dem Medium des Bewußtseins herausgehoben und in ein ebenso verabsolutiertes Medium, genannt Unbewußtes, getaucht, gleichsam von einem Gefäß in ein anderes getunkt? Sartres Kritik an dieser objektivistischen Vorstellung stützt sich dabei vor allem auf die sogenannte „Nachverdrängung" einer unbewußt gewordenen Regung. - Gesetzt, eine Strebung erfahre von der Zensurbehörde des Über-ich eine moralische Zurückweisung und werde ins System ubw abgeschoben und dort sequestriert. Auch nach Freud ist eine ständig neu aufzufüllende Energiebesetzung nötig, um den Widerstand gegen die Rückkehr des also Verdrängten ins Bewußtsein aufrecht zu erhalten. Es genügt nicht, das zu verheimlichende Gelüst ein für allemal zu verdrängen, es muß in jeder Sekunde neu verdrängt werden und im Status der Verdrängtheit gehalten werden. Wie, fragt nun Sartre sehr scharfsinnig, kann das Ich - via Überich - die beanstandete Regung am Bewußtwerden hindern, wenn es gar nicht weiß, *was* es verdrängen soll? Muß es nicht implizit ein wenn auch noch so unausdrückliches Bewußtsein von dem haben, was es unbewußt lassen soll - eben, um es unbewußt zu halten? Wie kann das Ich etwas aus dem Bewußtsein entfernt lassen, wenn ihm nicht unablässig durchaus bewußt bleibt, w a s es eliminiert zu halten hat? Für Sartre gibt es nur einen Ausweg aus diesem Dilemma: Um ins Unbewußte verdrängen zu können, muß paradox gerade dieser Begriff des Unbewußten fallen gelassen werden. Um etwas nicht bewußt werden zu lassen, müsse dem Ich bewußt bleiben in jeder Sekunde, *daß und was* es ins Unbewußte detachieren wolle. Verdrängung ist für Sartre nur ein Sonderfall von Unaufrichtigkeit und Unwahrhaftigkeit des Ich gegen sich selbst, eine „mauvaise foi", ein Akt schlechten Willens, für den es wie für alle übrigen Abwehrmechanismen voll verantwortlich bleibe, auch und gerade da, wo es sich auf etwas Ichfremdes entschuldigend berufen wolle. Verdrängen, das heiße einfach etwas vor sich selbst verbergen, und um etwas vor mir verbergen zu können, müsse ich schon wissen, *was* ich verstecke und *daß* ich es verstecke. Von Verdrängung i. e. S. ist nach Sartre dann zu sprechen, wenn das Ich nicht nur vor anderen verschweige, sondern auch und vor allem vor sich selbst geheim halte, d a ß es etwas geheim halte, dessen es sich gleichwohl bewußt bleiben müsse, einfach, um es geheim halten zu können. Das Ich spielt ein falsches Spiel und Versteck mit sich selbst; es tut, als wüßte es nicht, was es weiß, und muß doch wissen, was es tut, um es überhaupt konsequent tun zu können, als wüßte es nicht: es belügt sich selbst. Gut, wird man sagen, es belügt, um nicht bestraft oder gekränkt zu werden, sich selbst - aber ja doch unter Druck. Aber diesen Druck, wird Sartre einwenden, gebe es ja nur, sobald und solange das Ich sich entschließt, sich mit seinem inzestuösen Es zu identifizieren und dadurch den empörten Aufschrei seines Gewissens herauszufordern.

Etwas nicht wahrhaben wollen heiße aber zu wissen, daß man es eigentlich besser wisse. Streng logisch betrachtet, unterscheidet Sartre also zwei Ebenen der Abstraktion: das Ich contra Trias Es-Überich-Realität und das narzißtische Selbst des Ego cogito. Das cartesianische Ego ist gleichsam die Metastufe über jener Ebene, auf der ein empirisches Ich einem gleichberechtigten Es oder Überich oder Realen wie ausgeliefert scheint. Als ein empirisches Ich bin ich Teil der Welt unter anderem und ihren Determinismen unterworfen, eine Wirkung von Ursachen, über die ich keine Macht haben mag. Als gleichzeitig freie Subjektivität allerdings bin ich Inbegriff jener Welt, in der mein empirisches Ich als Objekt anderer Subjekte ihnen ausgeliefert ist, und der Schöpfer dieser Welt, in der ich Geschöpf unter anderen zu sein habe. Als Subjekt, das alle anderen Subjekte zu seinen Objekten zu machen vermag, kann ich gleichwohl in jeder Sekunde auch Objekt dieser Subjekte werden. Entweder bin ich nach Sartre Herr oder Knecht, tertium non datur: entweder Geist oder Materie, Subjekt oder Objekt, Mann oder Frau, Vater oder Mutter, Vater oder Kind, Überich oder Ich. Als Subjekt aber bin ich wohl Herr über meine Objekte, aber nicht Herr über meine Herrschaft über sie. Nach Sartre bin ich nämlich ebenso frei wie zu dieser Freiheit „verurteilt", von wem auch immer und für welche Untat auch immer. *„Wie könnte man sich befreien, wenn man nicht schon frei wäre?"* Eigentlich sei ich immer frei und reines Subjekt und noch Urheber meiner eigenen Knechtschaft, denn Gegenstand in den Augen eines anderen könne ich nur sein, wenn ich zuvor darauf verzichtet habe, ihn meinerseits zu meinem Gegenstand zu machen, wenn ich ihn dazu ermächtigt habe, mich zu seinem Objekt zu machen. Kurz: alles verläuft nach Sartre so, als würden nicht Es oder Überich oder Realitäten mich bestimmen, sondern als würde allein ich selber diese Mächte dazu bestimmen, nun mich zu bestimmen.

Es mag sein, sagt Sartre, daß eine Frigide glaube, sich aus ihrer Frigidität als einem organischen Befund erklären zu können, aus einer unzurechenbar vorgegebenen Tatsache definieren zu dürfen, daß sie sich also nicht bewußt ist, sich diese Frigidität in jedem Moment freiwillig neu zuzuziehen, um sich damit etwa an einem ungeliebten Mann zu rächen. Aber diese verborgene Bedeutung und der ursprüngliche Wunsch, ihren Mann für etwas zu bestrafen, müssen ihr wenn auch noch so unausdrücklich bewußt sein, um als faktische Frigidität vor sich und anderen verkäuflich zu sein, um diesem vor sich selbst versteckten Zweck in jeder Minute dienen zu können.

Sartres „Ego cogito" bleibt sich bewußt, was ihm unbewußt ist, es muß die verdrängte Regung kennen, *um* sie verdrängen zu können; das Unbewußte setzt Bewußtsein von ihm voraus. Wenn ich etwas verdränge, dann nicht deshalb, weil ein übermächtiges Überich und der darin verinnerte Vater es so will, auf dessen Übermacht mein Gehorsam sich herausreden kann wie die Wirkung auf ihre Ursache, sondern weil ich es bin, der dieses Überich dazu ermächtigt, mich von meinen eigensten Regungen abzuschneiden.

Auch das Es kann das Ich nur überschwemmen, sofern das Ich eingewilligt hat, sich von den Primärprozessen überrollen zu lassen. Wichtig sei allein, was der Selbsterhaltungstrieb, den Sartre zur freien Subjektivität einer narzißtischen Grandiosität aufdonnert, aus dem mache, wozu Es und Überich und Realität ihn machen. So sei auch die Liebe kein Wildbach, der das Subjekt mitreiße, denn niemand könne sich verlieben, der nicht auch verliebt sein wolle, heißt es in dem Vortrag „Ist der Existentialismus ein Humanismus?" Uns scheint, daß Sartre hier die Kompetenz des Ich überanstrenge und ihm die aggressiv magische Gedankenallmacht des „archaisch primärnarzißtischen Selbstideals" (O. Kernberg) vindiziere. Ist das nicht Adlers reine Ich-Psychologie als ein Rückfall hinter Freud zurück?

Im Grunde leugnet Sartre einfach die Differenz und strukturelle Differenzierung von Ich und Überich, von Ich und Es, um den topologischen Abstand zwischen Es und Überich als inneres Spannungsgefüge des Ich selbst „interiorisieren" zu können. Nur ein Ich, das sich freiwillig auf die künftige Erfüllung dessen hin entwirft, worauf Es aus ist, stößt auf den resistenten „coefficient d'animosité" der mater-iellen Realität oder des patrigenen Überich. Statt das Ich aus der Konstellation dieser präsubjektiven Instanzen als eine bloße Rationalisierungsresultante vorgegebener Kräfte zu erklären, hält Sartre dafür, daß das Ich sein eigenes Überich und Es ist, also Herr darüber, *daß* sie Herr über das Ich sind. Ich bleibe verantwortlich für das, was ich in den Augen des Es, des Internalisats meiner Mutter, und in den Augen des Überichs bin, des väterlichen Internalisats.

Einmal von meinen Eltern in die Welt gesetzt, sei ich auch schon abgenabelt und selbst noch für meine eigene Geburt verantwortlich, gleichsam Mutter und Vater meiner selbst. Genauer sei ich es, der sie dazu bestimme, als meine Eltern mich in meinem Kindsein zu determinieren, denn mein Projekt, mich in die Welt zu setzen, habe sie ja allererst dazu bewegt, meine Eltern zu werden, so daß das Kind Vater und Mutter noch seiner eigenen Eltern sei. In die Welt „geworfen" als Wurf meiner Eltern, gebe erst mein „Entwurf" dieser Geworfenheit ihren Sinn. So fliehe ich nach Sartre zunächst und zumeist meine Verantwortlichkeit für das, was ich faktisch doch bin, weil es mich narzißtisch kränken würde, meine unschöne Faktizität übernehmen zu sollen als Produkt meiner freien Entscheidung.

Wenn ich es im Leben zu nichts gebracht habe, dann deshalb, weil dies und jenes gegen mich war, nicht weil mein „Ich-Ideal" es war, das eine Welt auftauchen ließ, in der für meine Pläne kein Platz war. Rede ich mich als Frau auf Frigidität heraus, statt mir mein moralisch verpöntes Rachebedürfnis einzugestehen, dann deshalb, weil ich vor mir selbst als unschuldig dastehen möchte, vor mir selbst gerechtfertigt sein, also dem Es und Überich gleichzeitig gerecht werden will. Nicht ich will heimzahlen, sondern ich bin so frigide, wie ein Stein eben schwer ist, und damit basta: Ich kann nicht, weil ich nun einmal so oder so bin, aber nicht, weil ich nicht will.

Ich bin nicht impotent bei dieser Frau, weil ich in ihr meine verbotene Mutter begehre, sondern weil sie frigide ist. Ich habe nicht Angst vor dem Chef, weil ich in ihm meinen Vater von früher fürchte, sondern weil er ein Sadist ist. Laut Sartre ist nicht das Ich, sondern das Unbewußte selbst eine Rationalisierung. Alfred Lorenzers Auffassung von Verdrängung als rationalisierter Fehletikettierung kommt Sartres Deontologisierung des Systems ubw entgegen. Offenbar empfindet er die narzißtisch kränkende Funktion der Rationalisierung stärker als ihre moralisch entlastende und exkulpierende, aber er bürdet dem einzelnen Ich auf, wessen vielleicht erst eine freie Gesellschaft mächtig wäre. Wenn der „Existenz" aufgegeben ist, ihre eigene Essenz zu „erfinden" in freier Wahl, dann kann diese Suche nach dem eigensten Wesen auf nichts zurückgreifen als auf die nackte (gesellschaftlich aber präformierte) Existenz, und die ganz formelle Wahlfreiheit akklamiert nur dem, was ohnehin da und verfügt ist. Wenn die Existenz ihrer Essenz vorangeht, die sie zu wählen hat, statt von ihr definiert zu sein, wird sie ihre eigene Essenz und kann nur noch dem beipflichten, was Es oder Überich oder Realitätsprinzip in die nackte Existenz des Ich längst implantiert haben, bevor das Ich sich wählt. Sicher ist das Kind es, das die Mutter gegen den Vater oder den Vater gegen die Mutter wählt, aber was ich wählen kann, ist ins Ich *als* Über-Ich verinnerlicht, bevor ich diese geheimen Introjekte durch vermeintlich freie Wahlen nur re-externalisiere.

Sehen wir zu, ob das Subjekt bei Sartre wirklich sich bewußt ist, was es „überschreitet", wenn es das „Etre-en-soi" transzendiert auf dem Weg zu einem „An-und-für-sich-Sein". Der moralische Appell des Existenzialisten, auch und gerade sich in dem wiederzuerkennen, was ihm zuwiderläuft, und das auf sich zu nehmen, was er gar nicht verbrochen hat, will aus der primärnarzißtischen Einheit des Ich mit der Welt eine Ethik ableiten und das krudeste Nicht-ich als Ausfluß des Ich hinstellen, oralkannibalisch vom Ich verschlungen, anal vom Ich ausgeschieden, mater-ial vom Ich geboren.

Das Ich entsteht gleichsam durch analsadistisches Abtrennungsmanöver vom Nichtich, als das böse Andere vom Ego ausgeschissen.

Das ach so freie „pro-jet" des Subjekts ist bloße Projektion seiner eigensten unwillkommenen Eigenschaften aufs Nichtich, das erst durch diese Projektion zum „Anderen" sich verfremdet. Genauer: das Ego projiziert seine eigene Vollkommenheit in die Zukunft, um seine eigene Gegenwart und Vergangenheit als Inbegriff des zu überwindenden Bösen aufleuchten zu lassen, um seine guten von seinen bösen Qualitäten zu trennen. Durch sein Ichideal will es sich von allem „losreißen", was es (gewesen) ist, und will nicht sehen, daß dieses Ichideal selbst eine in die Zukunft projizierte Vergangenheit impliziert, z.B. den Wunsch, sein eigener Vater zu werden.

„Ich bin (noch) nicht, was ich (schon) bin, und ich bin (noch), was ich nicht (mehr) bin." Ich bin (in der Imagination) schon der Vater, der ich (realiter) noch nicht bin, und ich bin in Wirklichkeit ja noch das Kind, das ich in Gedanken schon nicht mehr bin. Diese zeitliche Struktur soll das paradoxe Wesen des Menschen laut Sartre ausmachen; faktisch noch Kind und doch im Inzesttraum schon erwachsen. Potentiell hat der Sohn bereits die Potenz des väterlichen Potentaten, die ihm realiter als dem Kind, das er noch ist und bisher immer gewesen ist, noch abgeht. Potentiell ist ihm auch schon bewußt, was ihm tatsächlich noch unbewußt ist und was es faktisch noch verdrängt hält: daß es den gegengeschlechtlichen Elternteil gegen den gleichgeschlechtlichen begehrt. Wenn Sartres Mensch „für sich" sein will, was er „an sich" ist, wenn er sein eigenes Ansichsein in sein Fürsichsein „aufheben" möchte, dann heißt das auch, daß Ich werden soll, wo Es war.

Im Zustand des Ansichseins treten dem Ich seine eigensten Regungen wie Dinge von außen entgegen, entfremdet und ichdyston. Unterm Druck des Überichs ist „an sich" geworden, was „für mich" war, hat sich als für den Vater erwiesen, was für mich bestimmt schien. „An sich" ist die Mutter für den Vater statt für mich. An sich bin ich noch das Kind, das ich für mich schon nicht mehr bin, an sich bin ich noch prädipal an die nutritive Mutter gefesselt, *an sich*, d.h. für Vater und Mutter, während ich *für mich* bereits mein eigener Herr und Vater bin. Heteronom bedingen mich meine eigensten Wünsche, sofern sie als verdrängte und unbewußt gewordene mich hinterrücks wie Ursachen bestimmen, statt daß ich mich in ihnen wie in eigenen Zielen und Plänen wiederfinde. *Für mich* ist die Mutter mein Liebesobjekt, *an sich und für den Vater* aber ist sie mir verboten und gehört sie ihm. Was sie *an sich* ist, ist sie *für ihn*, und genau das will ich für mich, nicht das, was sie mir nur als alimentäre Fürsorge zukehrt. Als verdrängte gehören mir meine Wünsche nach meiner Mutter so wenig wie die Mutter selbst: das „Ansichsein" bei Sartre ist das Verdrängtsein der Begierde nach der Mutter, schließlich die Mutter selbst. Und wenn das freie Fürsich, das „Etre-pour-soi", dieses „Etre-en-soi" nichtet und überschreitet, dann so, daß es sich die verdrängte, von sich abgespaltene Regung ins Bewußtsein zurückholt, die Verdinglichung der eigensten Strebungen transzendiert, um auf sich selbst zurückzukommen. Das Ansich sei zähflüssig gewordenes, geronnenes Fürsich, im Aggregatzustand der „coagulation", und in neuen Zukunftsplänen jederzeit wieder zu verflüssigen, bis zum Tode von außen.

Das Ich befreit sich vom verdrängten, „exteriorisierten", „serialisierten" Modus seiner eigenen Akte und nimmt sich wieder in Besitz in einer „retotalisierenden Synthesis", die das unbewußt gewordene, „detotalisierte champ de pratico-inerte" „re-interiorisiert", „resubjektiviert". Mit Alfred Lorenzer zu reden, wird das „umgangssprachlich Exkommunizierte re-symbolisiert", das „klischeehaft bestimmte, szenische Agieren in symbol-vermitteltes Handeln zurückverwandelt". Die biologistische Entwicklungs- und Triebtheorie ist interaktionistisch aufgelöst: Kein Trieb zwingt mich, es sei denn durch meine Anerkennung hindurch; ich sei es, der ihm erlaube, mich zu treiben. Wenn es wahr ist, daß Triebe so schubsen, wie Ziele ziehen, dann läßt Sartre sich höchstens von Trieben ziehen und von Zielen stoßen. Er erhebt die Ursachen zu Mitteln auf dem Wege zu Zielen und macht Ziele zu Ursachen, nicht zu Wirkungen der Mittel, sie zu erreichen.

Die Kausalität des Es und Überich wird überformt durch eine Finalität des Ich, das sich auf sein Ichideal hinspannt, in dessen Licht das Es bzw. Überich und die Realität dann als mögliche Werkzeuge oder Hindernisse erst auftauchen. Die verdrängten Gehalte samt der verdrängenden Instanzen wären von daher die „Antifinalitäten" des ego cogito selbst, sein eigenes „champ de pratico-inerte", seine eigene immobilisierte Praxis. Die innere Dialektik des Ich bestünde dann darin, die Verdrängungen seiner eigensten Es-Antriebe immer neu hegelisch „aufzuheben", die Diktate des Überich in seinem Herzen immer wieder neu zu negieren, sich immer wieder neu aus der Negation des Überich zu gewinnen und zu erfinden als Ego cogito.

Aber das Ich bestätigt sich nicht nur durch die Negation des patrigenen Überich, sondern auch in der „Nichtung" des matrigenen Es: Es ist laut Sartre zur Freiheit von der Bindung an die Mutter „verurteilt" durch den Vater. Permanent „überschreitet" es sein mater-ielles Ansichsein, alles, was es von Geburt aus ist. Aber vom maternalen Ansichsein reißt sich das Subjekt nicht los, weil es vom kastrationsdrohenden Vater im Himmel dazu „verdammt" ist, sondern weil es die Trennung von dieser ontologischen „viscosité" selbst sucht, weil es gar nichts ist als dieser abrupte Akt der Befreiung aus den Fängen der Mutter Natur, weil es *als* Ego dazu „verurteilt" ist, seine Selbstidentität aus der Differenz und dem Abstand zur absorbierenden Mutterimago des Seins zu haben. Die Trennungsangst scheint da erträglicher als die Verfolgungsangst. Das Ich dieses Kindes entzieht sich im Individuationsprozeß der „klebrigen" Symbiose mit der frühen Mutter, den „Leimruten" seiner Anhänglichkeit und Abhängigkeit und ihrer ehrgeizigen overpotection, dem ausbeutenden mothering.

Sartre wird nie müde, den ekel- und grauenerregenden Sog zu beschwören, der vom „weißen Fleisch des Seins", seiner „obszönen Überfülle" ausgeht, seiner sinnlos massiven Kompaktheit, seiner genitalen „inpénétrabilité" und „opacité", die ihn paranoid-persekutorisch umtreibt und oft das Weite suchen läßt. Freiheit meint bei Sartre die Verurteilung des Selbsterhaltungstriebes zur Befreiung des Ichs von der archaisch omnipotenten, präödipal phallischen Mutterimago des „Etre-en-soi". Beim Versuch, sich von dieser Mutter-Kind-Ursymbiose zu lösen, kann sich das ego cogito allerdings bei Sartre auf keine Vaterfigur mehr stützen, denn der Existenzialismus ist die „Philosophie eines vaterlosen (Einzel-)Kindes" (Hans Mayer).

Gott ist tot, weil vom Sohn ermordet, und sowenig er dem Kinde helfen kann, sich von dem mütterlichen Schoß unabhängig zu machen, sowenig kann er mehr störend zwischen das mütterliche Sein und die inzestuösen „Intentionalitätsakte" des Sohnes treten. Sich der Inzest-Regungen bewußt zu werden, heißt für das Ich des Sohnes, *von* der nutritiv klammernden Mutter frei zu sein *für* das vormalige Liebesobjekt des erschlagenen Vaters.

Frei von Vater und Mutter steht das Ich reuelos zu seinen inzestuös-patrizidalen Begierden, so scheint es. In „Les Mots" zitiert Sartre einen Psychoanalytiker, der ihm das Fehlen jedes Überich attestiert habe, und wirklich ist er ja ohne Vater aufgewachsen, da er die Beziehungsangebote und die Wertvorstellungen seines späteren Stiefvaters „Onkel Jo" zurückwies, nachdem der Vater als Marineoffizier „sich in den Tod geflüchtet hatte".

Bei der Aufgabe, sich aus der Abhängigkeit und Umklammerung der Mutter zu befreien, die sich von den Männern zum kastrierten Wesen abstempeln ließ, war Sartre auf sein eigenes Ich angewiesen und zurückgeworfen. Diese heroische Aufgabe stimulierte das urnarzißtische Größen-Selbst, dessen ruhmsüchtigen Unsterblichkeitswahn Sartre 1964 in „Les Mots" plastisch herausgearbeitet hat. Ein Ego ohne paternales oder maternales Ichideal wäre dazu außerstande gewesen. Die Möglichkeit, er habe all seine Bücher letztlich nur geschrieben, um seinem Großvater Schweitzer zu gefallen, tut Sartre als „Aberwitz" ab. Obwohl alle Familienmitglieder ihn ständig in seinem Wert bestätigten und den künftigen großen Schriftsteller in ihm bewunderten, den er ihnen vorspielte, um sich schließlich von seinem eigenen Theater mitreißen zu lassen, will er in einer blitzartigen Intuition die Lüge darin und seine eigene Nichtigkeit erkannt haben. Zum großen Sartre bestimmt, nach dem in jeder Provinzstadt eine Straße benannt sein würde, entdeckte er eines Tages, daß er zu gar nichts da sein würde, falls er nicht selbst seine eigene Bestimmung sich schüfe.

Die hohen Ambitionen und stimulierenden Erwartungen seiner Familie reichten offenbar nicht aus, ihn vom Sinn ihrer Absichten mit ihm zu überzeugen, er fühlte sich stets „überzählig". Warum? Sartre scheint außerstande, das plausibel zu machen, er rekurriert dazu auf einen unverständlichen irrationalen Akt der autogenetischen „Selbsterfindung" gegen alle objektivistische Probabilität. „Die Kindheit eines Chefs" hat erzählt, wie ein Sohn sein eigener Vater wird, wie er sich durch ein patrigenes Ichideal davon entlastet, sich selbst zu erschaffen, statt einen richtigenVater nachzuahmen. Der Marineoffizier Sartre war tot, als sein Sohn wissen wollte, was er werden könne. Seine junge schöne Frau Anne-Marie hatte ihm ein ebenso kluges wie häßliches Kind geschenkt, und nun fand dieses Kind keinen Adressaten; es war umsonst geboren, von keinem Vater erwartet, von keinem Vater vermißt, falls es stürbe. Es war kein Vater da, der dieses Geschenk entgegennehmen und ihm seinen Willen aufzwingen, seinen Ehrgeiz einpflanzen konnte. So mußte, so durfte „Poulu" sich selber ganz erfinden. Großvater Schweitzer und Onkel Jo, aufgeklärte und liberale Männer, kamen dabei angeblich nicht in Frage, will man Sartre glauben.

Jeder habe in jedem Augenblick das Leben, das er verdiene, ohne daß ihm ein anderes vorbestimmt oder vorenthalten sei. Wenn ich wie mein Vater sein will, so ist das meine Sache; zwingen kann er mich nicht, mein Leben rechtfertigen schon gar nicht. Daß und als was ich geboren werde, sei zufällig, die Notwendigkeit komme erst durch mich in mein Leben. Die Welt muß ich übernehmen, als hätte ich sie so gemacht, wie sie ist und wie ich sie vorfinde. Sie ändern heißt den Entwurf ändern, sie so zu wollen, wie sie zufällig ist. Dieses stolze Ich ist die Notwendigkeit aller geheimen Kontingenz aller vermeintlichen Notwendigkeiten und die „existentielle Psychoanalyse" nur eine radikalisierte Ich-Psychologie, deren Nähe zur Individualpsychologie des Freud-Apostaten Adler ja oft hervorgehoben wurde, welche die verborgene „Lebensleitlinie" unter rationalisierenden Verschüttungen ebenso ausgraben will wie Sartre die „choix originelle" der Existenz unter ihren objektivistischen Selbstmißverständnissen.

Das von Freud dezentralisierte Ich wird von Sartre wieder inthronisiert, allerdings als exzentrisch auf die Zukunft hin aufgebrochen, analysiert als Konstellation von Ansichsein und Fürsichsein, also von Sein und Bewußtsein, Objekt und Subjekt. Die Gegenwart und Vergangenheit eines Individuums bestimmen seine Objektivität, über die seine Subjektivität hinwegschreitet beim Entwurf der Zukunft, in deren antizipiertem Horizont die infantile Beschränktheit dessen, was ich hier und jetzt bin und immer war, erst retardierend aufscheint. „Fürsichsein", Zukunft, Bewußtsein, Subjektivität, (männliche) Freiheit sind bei Sartre ebenso Synonyme wie Ansichsein, Realität, Nichtich, Vergangenheit, Mater-ie, Objektivität, Widerständigkeit etc. Welches Bedeutungsmoment gewählt wird, entscheidet je der Kontext. Jeder Mensch wird als „individuelles Abenteuer" begriffen, als Drama zwischen dem Ansich und dem Fürsich, als (vergeblicher) Versuch, die Würde eines „Anundfürsichseins" zu erlangen. Ich will für mich sein, was ich an sich, d.h. für andere bin, will also selbst begründen, schaffen, rechtfertigen, erzeugen, was ich in den Augen anderer objektiv bin und zu sein habe. Da die Ur-Anderen aber die eigenen Eltern sind, deren Existenz von Sartre als „Skandal" bezeichnet wird, möchte ich Urheber dessen sein, was ich unter ihrem Blick bin, nämlich dieses Kind. Was heißt das anderes, als seine eigenen Eltern werden zu wollen?

Als Kind meiner Mutter bin ich gleichsam nur Ansichsein, Rohmaterial, nacktes Dasein, Mater-ie, Existenz, als „Wurf" in die Welt gesetzt, die ich meinerseits erst setze durch einen „Entwurf auf die Zukunft hin", die mich meiner Kindlichkeit und der Obhut meiner Mutter entreißt, also meiner „Geworfenheit in die Welt". Gewöhnlich sind in dieses Ichideal, auf das hin ich mich entwerfe, die bewunderten Züge des väterlichen Vorbilds eingegangen, das Sartre allerdings fehlte, so daß er zurückgreifen mußte auf das primärnarzißtische Größen-Selbst, das mehr idealisierte Mutterbilder enthält, wie wir sehen werden.

Sartre muß den Vater erfinden, den er nicht hat; es gab niemanden, der ihm sein definitives Wesen hätte vorzeichnen können. Er konnte sich so frei fühlen, sich einen Sinn und eine Bedeutung, eine Bestimmung und ein Ziel auszudenken, was ihn der Austauschbarkeit, Verwechselbarkeit und Überflüssigkeit eines unerwünschten Kindes, eines verwöhnten Einzelkindes allerdings, entreißen sollte. Sartre war nicht als Geschenk einer Frau an einen Mann gerechtfertigt und einer Chefkarriere geweiht, denn dieser leibliche Vater hatte sich „in den Tod geflüchtet", seinen Verpflichtungen entzogen und „sich als nicht haltbar erwiesen". Sein Vater war erst einmal ein toter, ein flüchtiger Vater, und Sartre stellt von Gottvater verdutzt fest: „Er existiert nicht." Poulu war da, aber zu nichts. Seine erste Tat bestand darin, sein Sein von Gnaden seiner Mutter hinter sich zu lassen wie eine Vergangenheit, sich vom Ursprung zu lösen, dem er sich verdankte. Wenn es keinen Vater gibt, dessen Launen zu Naturgesetzen werden, gibt es keine fix und fertige supranaturale Bedeutung, keinen platonischen Ideenhimmel, keine Werte an sich. Sartres berühmter „Ekel" vor der nackten Existenz der Dinge ist ein auf die Dinge projizierter Akt der psychischen Abwehr

des *eigenen* Ansichseins, also dessen, was ihn an die Mutter und seine
Herkunft aus ihr erinnert. Nach Freud ist Ekel ätiologisch eine Reaktion
der Sinne auf die kloakale Sphäre, sobald der Mensch sich durch Erwerb
des aufrechten Ganges, der Erektion seines ganzen Körpers, von dieser
Sphäre stammesgeschichtlich entfernt hatte. Sartres Mensch versucht verzweifelt, den Kopf des ego cogito aus der anrüchigen präödipalen Sphäre
der Mutterimago des Seins herauszuheben und nicht im maternalen Sumpf
zu versinken, weder im Schlaf noch im Rausch oder Orgasmus: er bleibt
wach und rein, sich selbst durchsichtig, klar und nüchtern.

Im metaphysischen Schlußkapitel von „L'Etre et le Néant" fragt sich Sartre,
was das Ansichsein wohl am Weltanfang bewogen haben mag, sich die
Modalität des Fürsichseins zu geben? Das Ansich war vor dem Fürsich
wie die Mutter vor dem Kinde (und dem Vatergott) reine Koinzidenz mit
sich selbst und ohne „Riß". Wenn sie sich öffnete, einen vaginalen Spalt
bekam, durch den das Fürsich als ihr Kind in die Welt kam, dann deshalb,
weil sie in ihrem Sohn ihrer selbst inne werden und durch ihn in ihrem Sein
gerechtfertigt werden wollte. Er ist der Sinn ihres Lebens, der ihre Über-
flüssigkeit und ihr „parasitäres" Dasein beenden soll. Das Fürsichsein hat
diesen Penisneid des maternalen Ansich-seins zu befriedigen und verläßt
Mutter Natur nur, um rechtfertigend zu ihr zurückzukehren. In gewisser
Weise legt Sartre seinen Ruhm eher seiner Mutter Anne-Marie als dem
Großvater Schweitzer zu Füßen. Wenn Jean-Paul über Anne-Marie hinausgeht, dann ist es gerade so, als habe Anne-Marie sich in „Poulu" selbst
überschritten, sei in ihm zu Selbstbewußtsein gekommen und ihrer phantasierten Kastriertheit ledig geworden. Als Ursprung und Urheber ihres
Wertes allerdings wird Jean-Paul so etwas wie die Mutter seiner Mutter,
wie er auch der Vater seiner eigenen Männlichkeit werden mußte. Wenn
die Mutter Natur im Sohn Sartre ihr eigener Gatte wird dadurch, daß dieser
Sohn sich zu seinem eigenen Vater macht, dann hat der kleine Poulu es
geschafft, Vater und Mutter in sich zu vereinigen, ohne daß die imaginierte
Urszene der Kopulation ihrer Introjekte in ihm angsterregend wird. Im
Gegensatz zu Ernst Bloch kann der marxistische Vatermord des Sohnes
sich hier nicht auf den gattenmörderischen Ehrgeiz der Mutter Natur, also
auf die realen Tendenzen der Geschichte, stützen. „Pollux" Sartre kämpft
an beiden Fronten gegen beide: gegen die verschlingende Mutter und den
kastrierenden Vater - im Verein mit den virtuellen Brüdern, deren Solidari-
tät er sucht. Er haßt die kapitalistische Geschwisterrivalität, die jede Front
gegen die All-Elternimago der technokratischen Gesellschaft vereitelt.

Nach Sartre ist der Mensch
ein einziger Versuch, Gott zu
werden, aber auch eine „nutzlose Leidenschaft", weil der
Versuch, Gottvater, also
Ursache seiner selbst zu werden (das ens causa sui der
Scholastiker), den Versuch
impliziert, sich selbst hervorzubringen und in die Welt zu
setzen, also auch die eigene
Mutter zu werden. Der Mensch
kann sich selbst (und die Welt)
nur produzieren, indem er den
Schöpfer der Welt beseitigt
und sich an dessen Stelle
setzt. Sein eigener Vater zu
werden, heißt für Sartre aber,
auch seine eigene Mutter zu
werden, weil ja die Mutter es
ist, die das Kind hervorbringt,
das sich also mit der eigenen
Mutter identifizieren muß,
wenn es sich selbst erschaffen
will. Sartres Vaterbild hat
die mütterlichen Züge des Welt-
schöpfers und Allproduzenten,
und deshalb scheitert bei ihm
der Versuch des Menschen, sich
selbst zu produzieren, an der
inneren Widersprüchlichkeit des
damit identischen Versuchs,
gleichzeitig der eigene Vater
und die eigene Mutter zu
werden. Im übrigen fürchtet
Sartre in der Identifikation
mit der produzierenden

Vater-Mutter viel zu sehr den Rückfall in die „klebrige" Symbiose mit dem
Sein, von dem er sich im „nichtenden Akt der Seinsüberschreitung" gerade
befreien und „losreißen" will, wenn er der reine, strenge Vatergott werden
will. Der „Ekel" vor der präödipalen Mutter-Kind-Einheit des Menschen

mit dem Sein treibt die existenzialistische Existenz ja gerade in den habituellen Vatermord, also in die Identifikation mit einem nichtigen Vater, der so viele Züge mit der klebrigen Mutter gemein hat, daß das Dasein oszilliert zwischen Regen und Traufe und, verzweifelnd an den Paradoxien der Selbstverwirklichung, sein Heil schließlich in einer Verbrüderung mit militanten politischen Gruppen sucht. So hofft Sartre, durch „Aufhebung" seines Existenzialismus in den Marxismus einer Bruderhorde der Gefahr zu entgehen, hinter den getöteten Autoritäten wieder das verhaßte Bild der verstrickenden Mutterimago auftauchen sehen zu müssen, denn der politische Kampf gegen imperialistischen Kapitalismus ist ein gleichzeitiger Kampf gegen die Autoritäten der Väter *und* der ausbeutend delegierenden Mütter. Gérard Mendel hatte gezeigt, daß sich im roh externalisierten Überich aller Institutionen der vaterlosen modernen Industriegesellschaft die Vater- *und* Mutterbilder untrennbar vermischen und diese destruktive Verschmelzung es dem Kind verwehrt, die emotionalen Ambivalenzen auf eine geliebte Mutter und einen gehaßten Vater ödipal verteilen zu lernen.

Immer muß die von Sartre propagierte Existenz fürchten, einen Vater zu töten, um ihr eigener Vater zu werden, der mit einer Mutter identisch ist, von der dieser Mensch sich gerade lösen will, also das zu werden, wovon er sich befreien will, und sich von dem zu trennen, was er erreichen will.

Jean-Paul Sartre: „Das Sein und das Nichts". Hamburg 1962, Seite 726 ff. (Siehe auch S. 464-527 über Liebe, Haß, Begierde, Sado-Masochismus):

„Zudem ist in der Idee der Entdeckung, der Enthüllung, auch die Idee eines aneignenden Genusses enthalten. Das Sehen ist Genuß, sehen heißt deflorieren. Untersucht man die gewöhnlich gebrauchten Vergleiche, mit denen die Beziehung des Erkennenden zum Erkannten beschrieben wird, so stellt man fest, daß viele von ihnen sie wie eine Vergewaltigung durch den Anblick darstellen. Das nicht erkannte Objekt ist wie unbefleckt, jungfräulich gegeben, dem Weißen vergleichbar. Es hat sein Geheimnis noch nicht ‚verraten', der Mensch hat es ihm noch nicht ‚entrissen'. All diese Bilder heben hervor, daß das Objekt nichts von den Forschungen und Instrumenten weiß, die auf es zielen: es ist sich nicht bewußt, erkannt zu werden, es lebt vor sich hin, ohne den Blick zu bemerken, der ihm nachspäht, wie eine Frau, die ein Wanderer im Bad überrascht. Dumpfe und deutlichere Bilder wie das der ‚unverletzten Tiefen' der Natur erinnern genauer an den Koitus. Man reißt der Natur die Schleier ab, man enthüllt sie (Vgl. Schillers „Das verschleierte Bild zu Sais"); jede Untersuchung enthält stets die Idee einer Nacktheit, die man aufdeckt, indem man die sie bedeckenden Hindernisse beseitigt, wie Aktäon die Zweige zur Seite schiebt, um Diana im Bad besser zu sehen. Übrigens ist die Erkenntnis eine Jagd. Bacon nennt sie die Jagd Pans. Der Forscher ist der Jäger, der eine weiße Nacktheit überrascht und mit seinem Blick vergewaltigt... man jagt, um zu essen. Beim Tier entspringt die Neugier stets der Sexualität oder der Nahrungssuche. Erkennen heißt, mit den Augen essen... im Erkennen zieht das Bewußtsein seinen Gegenstand an sich und verleibt ihn sich ein; die Erkenntnis ist Assimilierung... In der naiven Vorstellungswelt ist immer wieder die Bedeutung des Symbols

des ‚unverdaulichen Verdauten' festzustellen, der Stein im Straußenmagen, Jonas im
Bauch des Walfisches. Es bezeichnet den Traum von einer nicht zerstörerischen Assimilierung... Diese unmögliche Synthese der Assimilierung und der bewahrten Unversehrt-
heit des Assimilierten trifft sich in ihren tiefsten Wurzeln mit den Grundtendenzen der
Sexualität. Der körperliche ‚Besitz' bietet uns in der Tat das aufreizende und verführeri-
sche Bild eines dauernd besessenen und doch dauernd neuen Körpers, auf dem der
Besitz keine Spur hinterläßt. Zugleich aber träumt, wie wir sahen, der Liebende davon,
sich mit dem geliebten Gegenstand zu identifizieren, obwohl er dessen Individualität
wiederum bewahren will: der andere soll ich sein, ohne aufzuhören, der andere zu sein.
Eben dasselbe liegt in der wissenschaftlichen Untersuchung vor: wie der Stein im
Straußenmagen ist der erkannte Gegenstand ganz in mir, von mir assimiliert, in mich
selbst verwandelt; gleichzeitig ist er aber undurchdringlich, unveränderlich, ganz glatt,
in der teilnahmslosen Nacktheit eines geliebten, erfolglos erregten Körpers. Er bleibt
außerhalb, und Erkennen heißt, außerhalb essen, ohne etwas zu verzehren. Man ersieht
hieraus, wie die Tendenzen der Sexualität und der Ernährung miteinander verschmelzen
und sich durchdringen, um den Aktäon-Komplex und den Jonas-Komplex zu erzeugen;
man sieht, wie die Verdauung und die Sinnlichkeit sich in der Tiefe miteinander vereinigen, um die Begierde nach Erkenntnis entstehen zu lassen. Die Erkenntnis ist Ein-
dringen und zugleich oberflächliche Liebkosung, Verdauung und distanzierte Betrachtung eines nicht zu verformenden Gegenstands, Erzeugung eines Gedankens durch
dauernde Neuschöpfung und Bemerken der vollkommenen objektiven Unabhängigkeit
dieses Gedankens. Der erkannte Gegenstand ist mein Gedanke als Sache. Und eben
danach begehre ich zutiefst, sobald ich zu forschen beginne: meinen Gedanken als eine
Sache zu erfassen und die Sache als meinen Gedanken."

"Das Loch und das Klebrige": „Die erste Erfahrung, die das Kind von dem Klebrigen
macht, bereichert es somit psychologisch wie moralisch: es braucht nicht zu warten, bis
es erwachsen ist, um jene Art schmieriger Gemeinheit zu entdecken, die man metaphorisch ‚klebrig' nennt: sie ist schon da bei ihm in der Klebrigkeit des Honigs oder des
Vogelleims. Was wir hier vom Klebrigen sagen, gilt für alle Gegenstände, die das Kind
umgeben: die bloße Enthüllung ihres Stoffs erweitert seinen Horizont bis zu den letzten
Grenzen des Seins und begabt es gleichzeitig mit der Gesamtheit von Schlüsseln, mit
denen es das Sein aller menschlichen Fakten entschlüsseln kann... im Besitz aller Sinn-
haftigkeiten des Seins, deren bloße Exemplifikationen das Schöne und das Häßliche, die
Verhaltensweisen, psychischen Wesenszüge, sexuellen Beziehungen usw. sein werden.
Das Klebende, das Teigige, das Dunstige, das Licht, die Nacht usw. enthüllen ihm prä-
psychische und präsexuelle Seinsweisen, die es sich in der Folge sein Leben lang
verdeutlichen wird. Es gibt keine ‚unschuldigen' Kinder. Mit den Freudianern erkennen
wir vor allem die zahllosen Beziehungen an, die bestimmte Stoffe und Formen der kindlichen Umwelt zur Sexualität haben. Jedoch meinen wir damit nicht, daß ein bereits
fertiger sexueller Instinkt ihnen sexuelle Bedeutungen verleihen würde. Im Gegenteil
erscheint uns, daß diese Stoffe und Formen um ihrer selbst willen erfaßt werden, und
daß sie dem Kind Seinsweisen und Beziehungen zum Sein des Für-sich enthüllen, die
ihrerseits seine Sexualität erhellen und bilden werden. So zeigen sich viele Analytiker,
um nur ein Beispiel zu nennen, erstaunt über die Anziehung, die alle Arten von
Löchern (Löcher im Sand, in der Erde, Grotten, Höhlen, Unebenheiten) auf Kinder
ausüben, und sie suchten diese Anziehung entweder aus dem analen Charakter der kindlichen Sexualität zu erklären oder aus dem Geburtstrauma oder sogar aus einer Vorahnung des eigentlichen Geschlechtsaktes. Keine dieser Erklärungen scheint uns

annehmbar, und das ‚Trauma der Geburt' ist äußerst phantastisch. Diejenige, die das Loch in Verbindung mit dem weiblichen Sexualorgan bringt, setzt beim Kind entweder eine Erfahrung voraus, die es nicht haben kann, oder eine Vorahnung, die nicht zu begründen ist. Was die ‚anale' Sexualität des Kindes betrifft, so leugnen wir sie zwar nicht; soll sie jedoch die im Wahrnehmungsfeld angetroffenen Löcher erhellen und symbolisch beladen, so wäre zunächst erforderlich, daß das Kind seinen Anus als Loch erfaßt; die Erfassung des Wesens eines Loches, einer Öffnung, müßte des weiteren der Empfindung, die es von seinem Anus hat, entsprechen... Nur für andere erscheint der Anus wie eine Öffnung. In der Weise kann er jedoch nicht erlebt werden; auch die intime Pflege, die die Mutter dem Kinde gibt, kann ihn nicht in dieser Weise zeigen, da der Anus als erogene, empfindliche Nervenstelle keine befühlbaren Nervenenden hat. Nur durch andere - durch die Worte, mit denen die Mutter den Körper des Kindes bezeichnet - erfährt es, daß sein Anus ein Loch ist." (a.a.O., S. 766 ff.)

Kurz: Sartre will beweisen, daß alle Bedeutungen, die so etwas wie „Loch" haben kann, nicht aus der Sexualität des Loches - sei sie anal oder vaginal - ableitbar sind, sondern daß umgekehrt die sexuelle Semantik des „Loches" (engl. *lock* – verschließen) zurückgeführt werden müsse auf die Ebene präsexueller Ontologie. Die „existentielle Psychoanalyse" will klären, als was und wozu das phänomenologisch „Lochartige" primär erlebt wird, um dann später vielleicht einmal mehr oder weniger zufällig die erotische Anziehung zu erklären, die fürs männliche Kind von der vaginalen Öffnung der Frau ausgeht, nicht umgekehrt. Was ist das Loch also für Sartre noch vor seiner Bedeutung als weibliche Scheidenöffnung?

„Jedoch sieht man sofort, daß es sich ursprünglich als ein mit meinem eigenen Fleisch ‚zu erfüllendes' Nichts darstellt: das Kind fühlt sich gedrängt, seinen Finger oder seinen ganzen Arm in das Loch zu stecken. Es stellt mir somit das leere Bild meiner selbst vor; ich habe mich nur hineingleiten zu lassen, um in der Welt, die mich erwartet, zu existieren. Das Ideal des Lochs ist somit eine Aushöhlung, die sich meinem Körper genau anpaßt, so daß ich, indem ich mich hineinzwänge und eng anschmiege, dazu beitrage, das Volle des Seins in der Welt existieren zu lassen. Ein Loch ausfüllen bedeutet somit ursprünglich, meinen Körper zu opfern, damit die Seinsfülle existiert, das heißt, die Leidenschaft des Für-sich ausstehen, um die Totalität des An-sich zu gestalten, zu vollenden und zu retten... einen großen Teil unseres Lebens verbringen wir damit, Löcher zu stopfen, Leeres auszufüllen, das Volle symbolisch zu verwirklichen und zu gründen. Von seiner ersten Erfahrung an lernt das Kind, daß es selbst durchlöchert ist. Wenn es seinen Finger in den Mund steckt, so sucht es die Löcher in seinem Gesicht zu vermauern, es erwartet, daß der Finger mit den Lippen und dem Gaumen verschmilzt und die Mundöffnung verstopft, wie man einen Spalt in der Wand mit Zement verstopft; es sucht dabei die Dichte, die einförmige und sphärische Fülle des parmenideischen Seins; wenn es am Finger lutscht, so will es ihn auflösen, ihn in einen klebrigen Brei verwandeln, der das Loch seines Mundes verschließen soll. Diese Tendenz ist sicher eine der fundamentalsten, die die Grundlage für den Akt des Essens bildet: die Nahrung ist der ‚Kitt', der den Mund abdichten soll; essen heißt unter anderem, sich verstopfen. Nur von dieser Grundlage können wir alsdann zur Sexualität übergehen: die Obszönität des weiblichen Geschlechtsorgans ist die alles Klaffenden; es ist ein Ruf nach Sein wie übrigens alle Löcher; das Weib ruft in sich nach einem anderen Körper, der es durch Auflösung und Durchdringung zur Seinsfülle verwandeln soll. Und umgekehrt empfindet die Frau ihre eigene Seinsverfassung wie ein Rufen, eben weil sie ‚durchlöchert' ist. Hier liegt der wirkliche Ursprung des Adlerschen Komplexes. Zugegeben, das Geschlechtsorgan ist ein Mund, ein gefräßiger Mund, der den Penis verschlingt - daraus kann sehr wohl der Gedanke der Kastration entstehen: der Geschlechtsakt ist Kastration des Mannes - jedoch ist das Organ vor allem Loch. Es handelt sich hier somit um eine präsexuelle Erfahrung...", *die nichts zu tun haben soll mit jenen Erörterungen über die sexuelle Begierde selbst, die Sartre an anderen Stellen seines Buches liefert und die uns noch beschäftigen sollen. Er räumt nur ein:* „Trotzdem kann die Erfahrung des Lochs in der kindlichen Erfahrung der Wirklichkeit ein ontologisches Vorgefühl der sexuellen Erfahrung im allgemeinen umhüllen; das Kind verschließt das Loch mit seinem Körper, und das Loch ist vor aller sexuellen Spezifikation eine obszöne Erwartung, ein Ruf nach dem Leib." *Fußnote*: „Desgleichen wäre die Bedeutung der entgegengesetzten Tendenz hervorzuheben, der Tendenz, Löcher zu bohren, die allein eine existentielle Analyse erfordern würdet?" (a.a.O., S. 767).

Nun hat Sartre im selben Buch die Freiheit einmal umschrieben als ein „Loch im Seinsgewebe", als eine „Nichtung des An-sich-Seins", als den Akt, durch den das Nichts in die (Frau) Welt kommt, also offenbar als ein Akt, durch den ein Loch eher gebohrt als gefüllt wird. Nun hinterläßt der Geburtsakt, durch den das Kind sich aus der mütterlichen Seinsfülle befreit, genau jenes Nichts in ihrer Leibeshöhle, welches das eben geborene Kind durch seine lebenslange Sehnsucht zurück in den Mutterleib wieder mit seinem ganzen Körper auszufüllen sucht, wenigstens durch seinen Penis.

Sartre mag recht haben, daß das Kind keine Vorstellung von der Möglichkeit genitaler Penetration hat, wenn es bereits von Löchern magisch angezogen sich zeigt. Psychoanalytiker beschränken sich ja aber auch darauf, die präödipale, präinzestuöse, prägenitale Bedeutung der vaginalen Mutteröffnung als Imago des bergenden Schutzraumes und der nutritiv-alimentären Muttermundöffnung hinter allen das Kind faszinierenden realen Löchern seiner Umwelt symbolisch zu unterstellen, nicht unbedingt als Scheide für den Penis. Die phänomenologische Beschreibung Sartres insistiert ja selbst auf dem Verlangen des Kindes, mit seinem ganzen Körper jenes Loch wieder auszufüllen, dem es entstammen muß, um so körpergerecht hineinzupassen. Das Ideal eines Loches sei jenes, in das mein ganzer Leib hineinpasse, nicht nur mein Phallus. Der genitale Koit ist dann nur die unvollkommene Realisierung des Wunsches, wieder ganz in der Höhlung aufzugehen, aus der ich komme und die wie eine paßgerechte Gußform mich zu erwarten scheint wie ein „Ruf nach Fleisch", nach mir als dem Penis der Frau, nicht nach dem Penis dieses Penis nur. Das Loch „stellt mir somit das leere Bild meiner selbst vor", weil es das Loch assoziiert, dessen „leeres Bild von mir" eben noch vor meiner Geburt (und „Geworfenheit" in die Welt) durch meinen ganzen Leib ausgefüllt war.

Sartres Ontologie muß sich die Frage gefallen lassen, was denn das Kind dazu bewegen könnte, „seinen Körper zu opfern", um die Gravidität der gravitätisch seinsträchtigen Fülle zu erschaffen. Überall soll offenbar etwas sein, nirgends ein Spalt, der nicht zugekittet, nirgends ein Zu- und Abflußrohr, das nicht zugestopft zu sein hätte. Aber warum eigentlich?

Welche Qualität, die Sartre verschweigt, muß das berühmte Sein haben, daß der „Mangel an Sein" quälend werden kann bis zu einem „Rufen nach Sein"? Die Freiheit, auf die Sartre so emphatisch abhebt, geht eher auf das Gegenteil und reißt Löcher auf, frißt Schneisen durch den Urbrei des Seins, „überschreitet" es im Akt des zukunftentwerfenden Nichtens, „reißt" sich heftig von seiner Überfülle los, um etwas Nichts und Abstand zu bringen zwischen sich und den ekelerregenden Andrang des urmütterlichen Seins, von dem gesagt wird, es sei „zuviel" und von „opacité impénétrable" fürs klaustrophob erstickende Menschenkind zwischen den Lenden und Armen der Mutter Natur. Ist diese „Seinswahl" und passionierte Suche nach dem Sein, die auf nichts Ursprünglicheres soll reduzierbar sein, am wenigsten auf pränatalen Uterinismus, nicht doch letztlich der Ruf des Kindes nach der Mutter, nach Unterschlupf im Nichts zwischen ihren Beinen, nach Geborgenheit in der Gebärmutter, nach irreversibel symbiotischer Verschmelzung zur parmenideischen Seinskugel ohne Risse und Klüfte, durch die Fremdheit, Vielfalt, Bewegung und Vergänglichkeit drohen? Dabei ist es gleichgültig, ob das Kind seinen Mund mit der Mutter vollstopft, um eine unverwundbar fugenlose Ganzheit zu bilden, oder ob die Mutter ihr obszön klaffendes Organ, ihren Muttermund, mit dem väterlichen Penis erfüllt, aus dem sie ihr Kind macht. Wir können nicht umhin, hinter der „phänomenologischen Ontologie" der Sexualität, wie Sartre sie vorschlägt, wieder nur eine geheime Sexualität dieser Ontologie zu analysieren. Dazu muß keine kindliche Vorahnung des genitalen Koits und keine kindliche Analität der Afteröffnung bemüht werden. Es genügt, auf die prägenitale Regressionssehnsucht des Kindes nach den Wonnen früher Mutter-Kind-Dualunion und auf intra-uterine Erinnerungsspuren zu rekurrieren, während Otto Ranks „Geburtstrauma" gerade phobische Angst vor einer Rückkehr zur vorgeburtlichen Seinsfülle erwarten ließe.

Das Menschenkind, das von der mütterlichen Nabelschnur frei ist, *ist* jetzt ein „Loch im Seinsgewebe" der Mutter Natur, und dieses Nichts inmitten des mütterlichen Seins hat genau die Körperform des eben geborenen Kindes. Spätestens in der analen Trotz- und Abgrenzungsphase der psychosexuellen Entwicklung „wählt" das Kind, *nicht* die Mutter zu sein, um eine individuelle Weise zu werden, diese Mutter nicht zu sein, der es entstammt.

Gleichwohl findet es sich in seinem separierten Fürsichsein nicht damit ab, einfach nur da zu sein, als Objekt und Er-Zeugnis seiner Eltern, sondern bestimmt sich dazu, Grund dieses Bildes zu werden, das es in den Augen der Eltern annimmt, und Ursache seiner selbst zu werden, also als „fucktisches" Fleisch vom Fleisch der Mutter gerade seine eigene Mutter und sein eigener Ursprung zu werden. Als sein eigener Ursprung nimmt es aber selbst jene effeminiert mütterlichen Züge des klebrig am Kinde hängenden Seins an, dem das Kind in der existentiellen Individuationsphase gerade zu entgehen trachtet. Umgekehrt sucht das bloße mütterliche Ansichsein der Frau, ihre „kontingente Faktizität", gerade im stolzen Fürsichsein ihres Kindes ihren eigenen Daseinsgrund und ihre Existenzberechtigung vor dem Vater, es befriedigt ihren narzißtischen Penisneid und ihren „Mangel an Sein", aber auch Mangel an Fürsichsein und Selbstbewußtsein und Freiheit von ihren eigenen Eltern. Sartre sagt, daß „alles so verläuft, als ob das An-sich (*der Mutter Natur*) in einem Entwurf, sich zu begründen, sich die Modifikation eines Für-sich (*in ihrem Menschenkind*) gäbe". Dasselbe macht das Kind mit seinem Ansichsein, das ein Für-andere-sein ist, ein Sein in den Augen der Elternfiguren, an deren Stelle es sich setzen muß - durch Identifikation oder Parentizid - , um Herr seiner selbst und seiner eigenen Onto-Genese zu werden.

„Aber hier wie in der griechischen Philosophie erhebt sich die Frage: was nennen wir real, wem erteilen wir das Sein zu? Dem Kosmos oder dem, was wir oben *to holon* (das Ganze und Volle) nannten? Dem reinen An-sich oder dem von jener Hülse aus Nichts umgebenen An-sich, das wir mit dem Namen Für-sich bezeichneten?"

„Das ganzheitliche Sein (das Kopulat aus Vater und Mutter, mit denen das Kind sich in philosophischen Urszenen-Phantasien emphatisch identifiziert), dessen Begriff nicht von einem Hiatus (Inzestschranke und Genitaldifferenz) zerteilt wäre und doch das nichtend-genichtete Sein des (kindlichen) Für-sich nicht ausschlösse (aus der Vereinigung von Vater und Mutter und das Kind nicht wieder in die Symbiose mit dem klebrigen mütterlichen An-sich-sein zurücktriebe), dessen Dasein vereinheitlichende Synthese des Ansich mit dem Bewußtsein (des kindlichen Objektseins mit dem Blick der Eltern, der Mutter mit der Freiheit ihres Kindes) wäre, dieses ideale Sein wäre das An-sich (der Mutter Natur), das vom Für-sich (des Menschenkindes) begründet wird und mit dem Für-sich, das es begründet, identisch ist (Mutter Natur lebt in ihrem Phalluskind, das sich mit ihr vereinigen will), das heißt, es wäre das ens causa sui. Aber eben weil wir uns auf den Standpunkt dieses idealen Seins stellen, um das reale Sein, das wir ‚holon' nennen, beurteilen zu können, müssen wir feststellen, daß das Reale eine verunglückte Bemühung darstellt, zur Würde des Ursache-seiner-selbst zu gelangen. Alles geht so vor sich, als ob es der Welt, dem Menschen und dem Menschen-in-der-Welt (Menschenkind-in-der-Mutter-Natur) nur gelänge, einen mangelhaften Gott(vater) zu realisieren. Alles geht so vor sich, als ob das An-sich und das Für-sich sich im Zustande der Auflösung in Bezug auf eine ideale Synthese darböten. Nicht weil der Zusammenschluß zur Synthese jemals stattgefunden hätte, sondern im Gegenteil, weil er immer angekündigt wird und immer unmöglich ist. Dieses fortwährende Scheitern ist es, wodurch die Untrennbarkeit von An-sich und Für-sich und zugleich ihre relative Unabhängigkeit erklärt werden." „Jede menschliche Wirklichkeit ist eine Leidenschaft, insofern sie entwirft, sich selbst zu vernichten, um das Sein zu gründen und um zugleich das An-sich zu konstituieren, das als sein eigener Grund der Kontingenz entgeht. Die Leidenschaft ist somit die Umkehrung der Leidenschaft des Christus, denn der Mensch richtet sich als Mensch zugrunde, damit Gott entstehe. Aber die Idee Gottes ist widersprüchlich, und wir richten uns umsonst zugrunde; der Mensch ist eine nutzlose Leidenschaft." : „Das Für-sich hat keine andere Realität, als Nichtung des Seins zu sein."

„Sofern es innere Verneinung ist, läßt es sich vom An-sich verkünden, was es nicht ist und was es folglich zu sein hat": nicht mehr Fleisch vom Fleisch der Mutter Natur, als „Bewußtsein ein glatter Abhang..., auf dem man sich nicht aufhalten kann, ohne sich sogleich auf das An-sich-Sein abgeleitet zu finden", dem das Kind entstammt und auf das es angewiesen ist als Liebesobjekt. „Es gibt kein Sein für das Bewußtsein außerhalb dieser deutlichen Verpflichtung, unmittelbare, enthüllende Erkenntnis von etwas zu sein." Aber auch der Weg des Mädchens zur Frau Welt beinhaltet, daß ihre „Selbstbegründung einen Bruch mit dem Identischsein, mit dem An-sich bedeutet, ein Abstandnehmen des Seins in bezug auf sich selbst und das Sichtbarwerden der Anwesenheit bei sich selbst oder des Bewußtseins". Die Frau wird ihrer selbst bewußt als Frau und fängt an, bei sich zu sein, indem sie einem Mann beiliegt, sich einen Spalt weit öffnet, sich „auflockert" zu einem „Seinsloch im Innern des Seins", aus dem ihr Kind hervorgeht, ihr Phallus. Sie kann nur hoffen, für sich etwas zu sein, indem sie ihren geborenen Penis *für sich* werden läßt, ihn freigibt und in die Welt setzt als „Wurf", der sich daraufhin entwirft, ihr Leben zu rechtfertigen, um schließlich Mutter seiner Mutter zu werden.

„Nur indem es sich zu einem Fürsich (zu einem Kind, das sich von ihr trennt) macht, kann das Sein (der Mutter) danach trachten, Ursache seiner selbst zu werden (Herr seiner selbst, als Mutter eines Kindes Mutter ihrer selbst, ihre eigenen Eltern im phallischen Kind)." Intrapsychisch betrachtet, kann das matrigene Es nur dann hoffen, Grundlage seiner selbst zu werden, wenn es danach trachtet, sich zu einem Ich als narzißtischem Größen-selbst zu machen. Das Es muß Ich - qua narzißtisches Größenselbst? - werden, um sich durch den Paß der Überichzensur seine Reputation und Daseinsberechtigung zu verschaffen. Es muß sich vom Überich partiell verdrängen lassen, um partiell ichsynton seine Legitimation zurationalisiert zu bekommen. Das Ich überschreitet das Es, das Kind reißt sich von seiner nutritivkurativen Mutter los, um nicht paranoid von den Primärprozessen und von verstrickender Muttersymbiose verschlungen zu werden wie die Fliege vom Honigtopf. Aber die individuierende Nichtung des maternalen Seins hat ja nur Sinn als Mittel, das Für-sich des Menschenkindes stark genug zu machen, sich dieser Mutter Natur in inzestuösen Vereinigungsentwürfen wieder sehnsüchtig zuzuwenden nach der Identifikation mit dem bewundert-verhaßten Vater. Doch das Kind, das seine präödipale Mutter hinter sich läßt, findet sie ödipal nicht wieder. Selbst wenn es sein eigener Vater geworden ist, kann es die Mutter Natur sich aneignen, aggressiv sie bearbeiten, als Objekt benutzen, aber nie mehr mit ihr sich identifizieren, um seine eigene Mutter zu werden und um Mutter seiner Mutter zu werden, ohne fürchten zu müssen, als ein effeminiertes Baby - wie die Tinte vom Löschblatt - von archaischer Omnipotenz des Seins reabsorbiert zu werden.

Wir ziehen es vor, anders als Sartre, von der „Welt der Urhöhle" des Mundes und Muttermundes auszugehen mit René Spitz („Die Urhöhle. Zur Genese der Wahrnehmung und ihrer Rolle in der psychoanalytischen Theorie. In: PSYCHE IX, S. 641-667). Danach beginnt das Menschenkind mit dem „Höhlenmodus der Wahrnehmung", wo Innen und Außen noch ineinander übergehen: „Man könnte hinzufügen, daß dieses frühe introrale Erleben ja darin besteht, daß das Kind die Brust in sich hineinnimmt, während es zugleich in Arme und Brust der Mutter eingehüllt ist. Der Erwachsene betrachtet dies als getrennte Erlebnisse. Aber für das Kind sind sie nur eins, sind sie singulär und untrennbar, ohne Unterschiede zwischen den konstituierenden Teilen, so daß auch jeder dieser konstituierenden Teile für das ganze Erleben stehen kann." Die „Welt der Urhöhle" ist die „Matrix von Introjektion wie Projektion", Ort des „Übergangs für die Entwicklung bewußter zielgerichteter Aktivität für das erste aus der Passivität auftauchende Wollen". - „Sie wird einerseits konstituiert durch die Urhöhle des eigenen Mundes, sie wird aber andererseits erst dadurch ermöglicht, daß in Form der mütterlichen Arme, die das Kind tragen, und der Brust, die es in sich hineinnimmt, die es berührt und an die es sich anlehnt, auch eine äußere Urhöhle bereitgestellt wird, in welcher der Mund als zentrales Wahrnehmungsorgan überhaupt erst tätig werden kann", z.B. bei Günter Ammon das „als Repräsentant der Urhöhle wiedererkannte Gesicht der Mutter", deren bei Sartre so wichtiger Blick mit dem „bewußten, gerichteten, intentionalen Akt" des Dreimonatslächelns beantwortet wird, bevor aggressivere Formen des Zurückblickens erfunden sind. Wir fügen hinzu, daß Arme und Brüste der Mutter, in die das Kind sich gern hineinschmiegt, zurückverweisen auf die Urhöhle des vaginal-uterinen Muttermundes, in dem das Kind wie eine Zunge liegt, mit der die Mutter spricht.

Wir verstehen jetzt auch, wie das Kind sich „opfern" kann, um die Seinsfülle der Mater-ie erstehen zu lassen: als späterworbener Penis der Mutter gibt es sich dazu her, ihren narzißtisch gekränkten Penisneid zu befriedigen, indem es sich entscheidet, die Scheide nur als „gebundener Delegierter" der Mutter zu verlassen, um als i h r stolzer Phallus, der es wie der berühmte Sartre in der Welt der verhaßten Vätergatten zu etwas gebracht hat als Vatermörder und Rächer seiner Mutter, endlich zu ihr zurückzukehren, um mit ihr zu verschmelzen zu einer untangierbaren Ganzheit, die aber Sartre für ganz widersprüchlich und unmöglich hält: für eine ideale Synthese des Ansichseins der Mutter Natur und des Fürsichseins des Erdensohnes, eine Dualunion, deren symbolische Idealität von der paternalen Realität immer wieder zu einer „enthaupteten Ganzheit" gemacht werde, weil die phantasierte „Urszene" der Vereinigung des Sohnes mit der Mutter, der als sein eigener Vater der Mutter beiliegt, zur „Enthauptung" des Sohnes durch seinen Vater führt, aber auch zur Gefahr, kastriert zu werden durch den „klebrigen" Sog der präödipal phallischen, omnipotenten Urmutter des Seins-an-sich. Außerhalb des mütterlichen Ansich gibt es nach Sartre nichts, eben nur das „Nichts dieses An-sich", eine bestimmte Art, das Ansich der mütterlichen Umklammerung und Immanenz zu (ver)nichten, also nicht die Mutter zu sein, sondern *für sich* als Sohn und Mann, der die „obszöne Kompaktheit" ihres Fleisches transzendiert, um nichts als dieser permanente Akt der Befreiung von der klebrigen Seinsimago des mütterlichen Leibes zu sein. Aber wenn das Kind nichts ist als das, *nicht* seine Mutter zu sein, dann ist seine Freiheit von ihrer Leibesfülle, die Sartre so ekelt und fürchtet, genau jenes nach ihm selbst geformte Nichts und jene Hohlform, die es in der Mutter hinterläßt, sobald es sie im Geburtsakt verlassen hat.

„Das Bewußtsein als Seinsnichtung erscheint also als das Stadium des Vorwärtsschreitens in Richtung auf die Immanenz der Kausalität, das heißt auf causa-sui-Sein. Nur macht dieses Vorwärtsschreiten an dieser Stelle halt, und zwar infolge von Seinsinsuffizienz des Für-sich. Die Zeitigung des Bewußtseins ist kein Fortschritt, der zur Würde einer *causa sui* hinaufsteigt, sie ist vielmehr ein oberflächliches Abfließen, dessen Ursprung, im Gegenteil, die Unmöglichkeit ist, Ursache von sich selbst zu sein. Auch das ens causa sui ist wie das Mangelhafte der Hinweis auf eine unmögliche Überschreitung nach der Höhe und bedingt gerade durch seine Nichtexistenz die flächenhafte Bewegung des Bewußtseins; so bewirkt die vertikale Anziehung, die der Mond auf das Meer ausübt, eine horizontale Verschiebung, die die Gezeiten ausmacht."

Kurz: der Sohn reißt sich zwar unablässig von der Mutter los und ist nichts als dieses Sichablösen, aber diese Bewegung hat keinen erreichbaren Fixpunkt, in dem sie an ihr Ziel käme. Es gibt für Sartre nicht den Vater, der man werden könnte, um völlig frei von der Mutter zu sein: Vater sein heißt Vater werden, also *nicht sein*, also niemals ganz Mutter *nicht* sein. Und ein Sohn, der ganz sein Vater wäre und damit frei von der Mutter, fände sie als Identifikationsobjekt und Liebesobjekt nicht mehr wieder. Und der Sohn ist verurteilt, immer „dehors" zu sein, nie ganz der Vater, nie ganz mit der Mutter eins, aber auch nie ganz *nicht* die Mutter und nie ganz *nicht* sein Vater. Selbst-sein heißt dann, nicht ganz selbst zu sein, sondern immer etwas jenseits seiner selbst zu sein. Die Ganzheit als Einheit von Mann und Frau, Sohn und Mutter, Sohn und Vater, ist unmöglich, sie ist für Sartre prinzipiell eine „enthauptete", kastrierte, eine „unganze Ganzheit", weil die „Urszene" der Vereinigung der Eltern - und des Kindes mit den kopulativ vereinigten Eltern - in sich logisch widersprüchlich sei. Entweder ist das Kind frei von der Mutter oder eins mit ihr : Sich mit ihr vereinigen kann es nur als sein eigener Vater. Wenn es aber sein eigener Vater ist, kann es nicht mehr mit der Mutter identisch sein. Genauer: wenn es seine eigenen Eltern werden muß, um sich selbst hervorzubringen, um also Ursache seiner selbst zu sein, dann muß es gleichzeitig seine Mutter und nicht seine Mutter, also sein Vater sein: dann muß es also sein eigener Schöpfervater und gleichzeitig *nicht* sein leiblicher oder geistiger Vater sein, weil der konträre Gegensatz zwischen Vater und Mutter für Sartre zum kontra-diktorischen wird: Vater sein heißt, nicht mit der Mutter eins sein, und nicht Mutter sein, das heißt Vater sein. Sich selbst (er)zeugen, Kind seiner selbst werden, heißt dann, Mutter und Nichtmutter (wie Vater und Nicht-vater) zugleich sein, und so definiert ja Sartre das in sich widersprüchliche Für-sich-sein des Menschenkindes: als ein Wesen, das ist, was es nicht ist, und das nicht ist, was es ist.

Die Mondmetapher des letzten Zitats verweist auf die ambivalente Mixtur aus Vater- und Mutterbild im Ichideal des Kindes: Seit altersher gilt der Mond als Zwitter zwischen Vater Sonne und Mutter Erde, als vereinigte Elternimago, mit der Sartre sich nicht vereinigen kann, weil sie ein anti-nomisch paradoxer Selbstwiderspruch sei. Gleichzeitig der eigene Vater sein und als seine Mutter nicht Vater sein und umgekehrt, diese „ideale Synthese" des Kindes mit der Synthese von Mann und Frau in Vater und Mutter, ist unrealisierbar und doch der geheime Motor aller Zukunfts-entwürfe des Kindes, als sein Vater qua Nichtmutter wieder eins zu sein mit der Mutter, dem Nichtvater. Man sieht, daß Sartres Metaphysik an der überscharfen Dichotomie von Subjekt und Objekt, von Mann und Frau, von Kind und Eltern, von Ich und Es und Überich krankt, an der Verabsolutie-rung der Geschlechts- und Generationsdifferenz. Laut Sartre „überschrei-tet" das Menschenkind seine eigene Herkunft, „transzendiert" es seine Abstammung aus dem „Schoß des Seins", indem es „sich auf die Zukunft hin entwirft" und von seiner intrauterinen Vergangenheit ständig „losreißt" - wie ein Rennboot vom tragenden Fruchtwasser, um erwachsen zu werden. In die Welt gesetzt als Wurf einer Mutter, ent-wirft es sich selbst darauf hin, sich von dem zu befreien, was es als abhängiges Kleinkind am Busen der Mutter Natur ab ovo gewesen ist.

„Die bestmögliche Definition des Vaters, wie ihn der Sohn unbewußt phantasieren kann, ist folgende: der Vater ist derjenige, der keine Angst vor der Mutter hat, der den Auswirkungen der mütterlichen Imagines entrinnen kann, der frei ist. Der Begriff der Freiheit entspringt nicht irgendeiner erlebten Realität, sondern dem Wunsch des Kindes, von der Mutter freizukommen" (Gérard Mendel: „La révolte contre le père", dt., a.a.O., S. 259).

Das Kind träumt, einst von der Symbiose mit der Mutter frei zu sein, es plant seine Selbständigkeit und Unabhängigkeit von ihrer gleichzeitig frustrierenden und protegierenden Übermacht. Aber Sartre läßt keinen Zweifel daran, daß das „Überschreiten" der Mutter und das Hintersichlassen all dessen, was das Kind als schwaches, hilfsbedürftiges Wesen an sie bindet, daß die Befreiung von der archaischen Imago der phallischen Urmutter im Dienste der Sehnsucht steht, sich als sein eigener Vater einst in der Zukunft wieder ihr zuwenden zu können, um sich genital-inzestuös mit ihr zu vereinigen, durch sie einen Sinn ebenso zu erhalten, wie ihr - und der Vergangenheit bei ihr - einen vollen Sinn zu verleihen. Der Zukunftsentwurf des Subjekts, als sein eigener Vater die Nabelschnur zur Mutter durchtrennt zu haben und erwachsen zu sein, ist nach Sartre ein Entwurf, der auf die erotische „Enthüllung der Natur" abzielt. Und nur ein Sohn, der sich aus ihrer präödipalen Umklammerung „nichtend" befreit hat, kann hoffen, sich inzestuös mit ihr einst wiederzuvereinigen, ohne ihrer „viscosité" erneut zu erliegen und ihrer oralkannibalischen Imago. Nur der Plan, das Kind in sich zu „überschreiten", macht das Ich im Abstand zur mütterlichen Fürsorge stark genug, relativ angstfrei auf sie und seine Liebe zu ihr zurückzukommen, um sie zu „enthüllen". Was das Menschenkind dabei „enthüllt" in seinen Inzestträumen, ist Mutter Natur allerdings in ihrem „coefficient d'animosité", und dieser ihr Widerstandskoeffizient ist das Inzestverbot, das der Vater in ihr gegen den Sohn ausspricht. Weder die Identifikation mit dem Vater noch die mit der Mutter gelingt, weil die eine Vereinigung die andere behindert und unmöglich macht. Dem Menschenkind gelingt die Befreiung von der präödipalen Mutter nur um den Preis, auch von der inzestuös begehrten Mutterimago ausgeschlossen zu bleiben. Die Befreiung von der archaischen Omnipotenz der Mutter dadurch, daß das Kind sein eigener Vater wird, verhindert es, daß der Erdensohn sich mit seiner eigenen Mutter vereinigt, mit seinem UrSprung, um Ursprung und Urheber seiner selbst zu werden. Umgekehrt setzt der Entwurf, sich selbst zu zeugen bzw. zu erzeugen, sowohl die Abnabelung des Kindes von der Mutter als auch die Identifikation mit dem Schoß voraus, dem das Kind entsprang. Die Identifikation mit der Mutter ist nach Sartre aber nur über Identifikation mit dem Vater real möglich, also nur durch Trennung von ihr - die nie wieder zu erreichen ist. Das Kind ist zur Freiheit *von* der Mutter

„verurteilt", verurteilt *zu* anderen Frauen als der Mutter und verurteilt *durch* den kastrationsdrohenden Vater, aber „verdammt" zu dieser Befreiung von der Mutter auch durch die paranoide Drohung, die von ihrer schizophrenogen „klebrigen" Hexenimago ausgeht.

Gerade weil in Sartres Mutterbild zu viele phallische Züge auftauchen und der von der archaischen Mutter befreiende Vater selbst kontaminiert bleibt mit der phallischen Mutter, hält der ewige Vorpubertant „Poulu" sein Für-sich ängstlich frei vom An-sich, und das Bewußtsein vom Sein, das Subjekt vom Objektiven, den Geist von der Natur. Unerträglich ist ihm das Wiederaufleben der ekelerregend bösen Mutterimago im homosexualisiert reinen Vaterbild, die Naturhaftigkeit und Naturverfallenheit des Geistes, diese innerste Ichdystonie des Ego. Gleichzeitig wehrt er die phallischen Züge der Mutter Natur ab, die Subjektivität der Frau Welt, das Ichsyntone an den Objekten, die menschliche Dialektik des Außermenschlichen, die Transzendenz weiblicher Immanenz. Zentral aber ist die Angst des Ich, sich im mater-iellen Schoß des Seins wieder aufzulösen, in dieser Mutter-Kind-Symbiose kleben und schizophrenogen an Urmütter gefesselt zu bleiben.

Wir sind jetzt genügend vorbereitet, Sartres tiefsten Intentionen analysierend nachzugehen, und wenn er die Psychoanalyse durch seine Existenzphilosophie ersetzen will, werden wir sehen, daß die Auseinandersetzung des Für-sich-seins mit dem An-sich-sein, auf die er alles „psychische Geschehen" zurückführen will, selbst ein psychisches Fundament hat, das er sich nicht träumen lassen möchte. Dazu wählen wir die freudianische Psychoanalyse seiner „existentiellen Psychoanalyse" des „Klebrigen", jener Qualität, die das An-sich annehmen kann, um das Für-sich das Fürchten zu lehren. Dem „Ekel" vor der zudringlichen Klebrigkeit des Etre-en-soi hat Sartre eigens einen ganzen Roman gewidmet, seinen ersten. *„Das Sein ist. Das Sein ist an sich. Das Sein ist das, was es ist."* Wer sich vor dem Sein so sehr ekelt, daß er sich selbst geradezu definiert als das Wesen, das per se immer außerhalb des Seins ist und zu sein hat, der hat doch wohl auf dieses Sein, das er partout nicht sein will, etwas projiziert, was er in sich und seinem eigenen Sein, das er als Nichtsein bestimmt, nicht ertragen und wahrhaben möchte. Will man Sartre glauben, ist der Mensch gerade das Nichts, das er nach der Geburt in der Leibeshöhle der Mutter Natur hinter sich läßt: die reine Weigerung, „le sein de la mère" zu sein. Freud hat den Ekel ätiologisch reagieren lassen auf den aufrechten Gang des Menschen, der als homo erectus (!) die Nase über die kloakale Sphäre des vierbeinig Animalischen erhebt. Auch bei Sartre ekelt die Existenz sich vor den realen Objekten, sofern er sie transzendiert, über sie hinausgeht und im Überschreiten „enthüllt" - als Widerstände gegen seine Lebensentwürfe.

Das Subjekt wehrt sich, in die Sphäre der Dinge unter ihm herabgezogen zu werden, sich mit ihrer Mater-ialität zu kontaminieren. Das Bewußtsein ist frei vom bewußten Sein : rein vom Sein, ganz unvermischt und leer von Substanz, sich selbst völlig durchsichtig, in taktilophober Distanz zum An-sich, den klaren Kopf angestrengt über dem trüben Sumpf, dem Meer = mer = mère = mare = mors = Mahr. Der Schoß der Mutter als Quell aller Dinge ist selber kein Kind einer Mutter: „Ungeschaffen, ohne Seinsgrund, ohne irgendeine Beziehung zu einem anderen Sein, ist das An-sich-Sein überzählig für alle Ewigkeit." Das betrifft auch das Menschenkind, soweit es ein Sohn der Mutter Erde ist, der seinen Ursprung verleugnet und sich als „de trop" empfindet. „Es ist eine Immanenz, die sich nicht verwirklichen kann, eine Bejahung, die sich nicht betätigen kann, eine Aktivität, die nicht handeln kann, weil sie sich mit sich selbst überzogen hat. Alles geht so vor sich, als ob es einer Auflockerung (siehe: *Loch*) des Seins bedürfe, um die Bejahung von sich aus dem Schoß des Seins zu befreien."

Diese „Auflockerung" ist die Geburt des Kindes, das „Auftauchen" des pour-soi aus dem en-soi. Das Für-sich des Kindes ist der „Riß" und „Spalt" im Herzen des „Seins" der Mutter, die ihr Kind aus ihrem Scheidenspalt entläßt und durch dessen Für-sich-sein hindurch eine Beziehung und ein Verhältnis zu sich selbst gewinnt, *für sich* wird, was sie *an sich ist und hält*, indem das Kind gegen sie für sich wird und sich von ihr löst, um *als* ihr potenter Penis einst siegreich zu ihr zurückzukehren, um sie zu rächen.

Das Sein der Mutter ist durch das Für-sich-sein ihres Kindes, das sich von ihrem Rock losreißt, mit sich selbst vermittelt, aber das Für-sich-sein des Sohnes soll nach Sartre durch das An-sich-sein der Mutter Natur *nicht* vermittelt und bedingt sein und zu sich kommen. Mutter Erde ist auch kein Geschöpf Gottvaters oder einer eigenen Gebär-Mutter:

„Wenn das Sein angesichts Gottes existiert, so kommt das daher, daß es sein eigener Träger ist, daß es nicht die leiseste Spur der göttlichen Schöpfung an sich bewahrt. Kurz, selbst wenn es geschaffen worden wäre, wäre das An-sich-Sein unerklärbar durch die Schöpfung, denn es gewinnt sein Sein von jenseits derselben. Das läuft auf die Aussage hinaus, daß das Sein unerschaffen ist. Aber man darf daraus nicht schließen, daß es sich selbst schafft, denn das würde voraussetzen, daß es früher als es selbst ist."

Ferner bezeichnet Sartre das Sein als „massiv" und „undurchschaubar", „kompakt" und „kontingent", d.h. weder von der Modalität „Möglichkeit" geprägt wie das Kind, noch so notwendig wie der sich selbst zeugende Vatergott, dem das Kind nacheifert, wenn es dem Bann der Erdmutter entflieht, um als sein eigener Vater sie in Besitz zu nehmen. Und das Sein wird „obszön" genannt, weil die trächtige Mutter Natur aus mehr Fleischbergen besteht, als von jeder Situation aus nötig ist, wenn sie sich bewegt und tanzt, Fleischpartien, die von ihrer Funktion als Gebärmutter her gesehen überflüssig sind und von ihrer Subjektivität und Freiheit, ihrem Bewußtsein und ihrer Bestimmung gar nicht mehr erreicht und integriert werden können. Ihre „Anmut" gewinnt sie erst zurück, wenn sie sich gleichsam um ihr Kind erleichtert hat, den Penis ihres Gatten aus sich herausgeholt hat, sich zu einem leeren Uterus „aufgelockert" hat, zu einem „Nichts" zwischen ihren Beinen. „Obszön" also ist die gravide Mutter Natur, die noch nicht entbunden hat, noch ganz massiv und kompakt ist, „verstopft" durch den Phallus des Vaters in ihr. Sie kann das Begehren nicht reizen, solange es in ihr kein prägnantes Loch zu füllen gibt, weil sie noch „de trop" ist, trächtig. Sartre erwähnt das ausladend schwankende Hinterteil einer fetten, nackten, gehenden Frau, deren Nates nicht im Takt des Ganges anmutig mitgehen, sondern ein „obszönes" Eigenleben führen.

Und last not least wird das Sein immer als „klebrig" bezeichnet. Diese Qualität ist eine „Seinsenthüllung". Gehen wir aus von Sartres Art, das Männliche vom Weiblichen zu unterscheiden : Das Schmelzen von Schnee etwa „verweist uns damit auf eine bestimmt ständige Möglichkeit des körnig Kompakten..., sich in einen homogenen und undifferenzierten flüssigen Zustand... zu verwandeln. Wir erfassen hier ursprünglich und in ihrer ganzen ontologischen Bedeutung die Antinomie des Kontinuierlichen und des Diskontinuierlichen, des weiblichen und des männlichen Pols der Welt, deren dialektische Entwicklung bis zur Quantentheorie und Wellen- mechanik zu verfolgen ist".

Das Weibliche ist hier der flüssige, das homoerotisch Männliche der feste Aggregatzustand des An-sich-seins genannt, des Urmütterlichen also. Gemeint sein muß hier die früheste phallische Mutter, die den Penis des Vaters in den Tiefen ihres Fleisches verbirgt, das Kompakte des steifen Phallus in ihren weiblichen Meerestiefen. In dieser Einheit mit dem Vater wird die archaisch omnipotente Mutter ja vom präödipalen Kind phanta- siert: Der feste Vaterphall kann sich ständig im weiblichen Kontinuum auflösen, wie auch das Kind fürchtet, ständig seine festen Ichkonturen wieder einbüßen zu können an der Mutter, die als allmächtig, weil mit dem Vater verschmolzen imaginiert wird.

Kunst des Widerstands oder Widerstand der Kunst?

Antoine Roquentin, der Romanheld von Sartres „Ekel", macht eines Tages im Stadtpark von Bouville (Rouen) an einer nackten Baumwurzel eine metaphysische Grunderfahrung: die Dinge existieren, und sie existieren unabhängig von menschlichen Bezügen, Bedeutungen und Projektionen, die ihnen gleichsam nur aufgepfropft seien. Darunter führen sie eine Art von eigensinnigem Eigenleben, obszön und überflüssig, undurchdringlich und unbegründbar. Konfrontiert mit dem nackten Da-sein kontingenter Dinge, überflutet den Protagonisten plötzlich ein Gefühl, das man bei der Begegnung mit der reinen, unberührten Natur nicht erwartet hätte: Ekel.

Der Bürger macht im und durch den Arbeiter hindurch das Sein zum Arbeitsmaterial, sieht jeden Gegenstand nur darauf hin an, daß er Mittel oder Widerstand ist auf dem Weg zu seinen pragmatischen Zielen. Bei Sartre aber sind die Dinge einfach emanzipiert von ihrer instrumentellen Effizienz und sozialen Kontamination; überrascht in dieser Paradieses-unschuld ihrer Nutzlosigkeit wie Diana im Bade, erregen sie nicht heilige Wonneschauer, sondern Ab-Scheu - obwohl doch die bürgerliche Hand auf ihnen noch gar keine Fettflecken hinterlassen hat. Sartre suggeriert, daß das sogenannte Menschliche eine einzige Flucht vor der ekelerregenden Erfahrung des Seins an sich sei, ein Überspinnen des Abgrunds mit Werten, Gesellschaft und Geschichte. Roquentin fühlt sich eigentümlich bestätigt in seiner menschlichen Ungerührtheit, in der Beziehungslosigkeit zu Dingen und Personen, in seiner Weigerung, die menschliche Komödie mitzuspielen und den Humanismus zu leben. Er macht aus der Not seiner Entfremdung und seiner emotionalen Insuffizienz die Tugend der Aufrichtigkeit vor der nackten Wahrheit des Seins, die alles menschliche Tun lächerlich mache.

Begeistert machten viele sich diese Moral zu eigen und beschlossen, lieber dem „Seinsekel" heroisch standzuhalten, als ihre Berührungsangst vor dem menschlichen Leben zu bearbeiten. Dieser Müßiggänger läßt als kalter Zuschauer des Welttheaters die verächtlichen Unternehmungen seiner Art-genossen zynisch Revue passieren, nichts tangiert seine paniklose Selbst-sicherheit, er geht sich selbst nichts an. Tot wie die Dinge, deren Sein ihn anwidert, unterläuft er die Provokation seiner eigenen Gattung, der er sich überlegen fühlt und die er wie ein Marsbewohner studiert, Außenseiter und Liebling der Wahrheit. Das Gegebene gibt uns nichts auf, Fakten sind keine Normen, wir sind da - zu nichts. Ich tue etwas, schön, aber ich kann mich dabei auf nichts berufen als auf meine Willkür; das reine Sein erwartet und vermißt nichts. Ich kann nichts Gutes tun, weil es gut ist, sondern das Gute ist gut, weil ich es tue. Werte, Ziele, Ideen, Prinzipien und Normen - *meine* Erfindungen. Zwischen sinnlosem Sein und seinslosem Sinn klaffe stets ein Abgrund, den wir uns zumeist zu verschleiern suchen. Der Bürger mache sich zum Werkzeug einer Aufgabe, die ihn angeblich erwarte und rechtfertige, während in Wirklichkeit er vor sich verberge, daß er selbst es sei, der seine Rechtfertigungsgründe sich schaffe und erfinde. So weit, so gut, sagt sich der Leser und genießt diese Abwertung der Anforderungen des erwachsenen Lebens, das ihn nur ängstigt. Unterhalb aller sinnlosen menschlichen Machenschaften gibt es das reine Sein, vor dem er nicht wie der Bürger in den Ernst des Lebens flüchten will, die unverschandelte Natur, die nichts von ihm (wissen) will und ihn in keine Pflicht nimmt.

Welche Heldentat ist da zu vollbringen, vor der so viele Leute sich in ihre Geschäfte wegstehlen? Standzuhalten ist einem Ekel, mehr nicht. Aber wie kann die vormenschliche Mondlandschaft des bloßen Seins eine so heftige Gemütsbewegung auslösen? Angeblich befinden wir uns hier doch in einem Element, in das noch keine menschliche Zutat geflossen ist, das Universum vor dem Auftauchen des ersten Lebewesens, der Neuschnee des Seins ohne Fußspuren. Etwas stimmt da nicht, aber erhöht nur unsere schaudernde Faszination. Welche Expedition, welche Abenteuer!

Bei Freud ist zu lesen, daß Ekel eine Kontaktangst vor etwas ist, das wir in anderes hineinfühlen, weil wir es in uns selbst nicht wahrhaben und nicht ertragen wollen, eine Form der Selbstdistanzierung, ein Versuch auszuspeien, was unannehmbar in uns ist. Niemand kann sich vor einer Ratte ekeln, der ihr emotionales Signifikat nicht auch irgendwo in sich trägt und es an der Ratte draußen verfolgt: er erbricht das Rattenhafte in sich. Wenn Roquentin sich vor der nackten Existenz der Dinge ekelt, dann deshalb, weil er diese Verdinglichung in sich spürt und vor ihrem Griff zurückzuckt. Er *ist* das Ding, das er verabscheut und übergeben will. Aber warum nur?

Nach Sartre ist der Mensch in seinem Bewußtsein eine einzige Flucht vor dem bewußten Sein, von dem er sich in seinen Ent-würfen losreißt, das er planend überschreitet und hinter und unter sich lassen will. Ich bin zur Freiheit von den Dingen verurteilt, doch von wem? Aber ich befreie mich nicht nur vom klebrigen Sog der Existenz, ich bin auch aus diesem Sein ins Nichts geworfen und aus dem Sein verbannt, das dadurch etwas ambivalent Anziehendes und Abstoßendes gewinnt. Sartre vergleicht uns mit Fliegen, die betört einen tödlich klebrigen Siruptopf umkreisen, eine Honigfalle.

Der Ekel signalisiert ziemlich viel Leben unter der Kruste der unmenschlichen Kraterlandschaft des kontingenten Seins, und der besonnene Leser ahnt irgendwie, daß diese ontologische tabula rasa gar kein jungfräulicher

Ursprung sein kann, sondern ein Überbleibsel von grausamer Entleerung und Verstümmelung sein muß, ausgebrannte Lava-Asche einer abgewürgten Leidenschaft eher als prähumane Unwirtlichkeit.

Roquentin versucht, sich und uns einzureden, er finde primär das Sein vor, um es dann nachträglich mit menschlichen Bedeutungen aufzuladen und zu verkleiden, während wir doch in Wirklichkeit, sobald wir erwachen, uns bereits in genuin menschliche Unternehmungen verstrickt finden, die wir ängstlich oder hochmütig abwehren, um am Ende das Skelett des Seins übrig zu behalten, die kalten Fossilien des Lebens in der Weltuntergangsleere des schizoiden Zusammenbruchs und des narzißtischen Rückzugs aus allen Objektbesetzungen. Welche Gewalt muß ich mir angetan haben, d.h. an mich weitergegeben haben, um jedes Ding als qualitätslos „nur noch vorhanden" (Heidegger) zu erleben, nicht einmal mehr als unbrauchbares Zeug, beschädigtes Werkzeug und unzuhandenen Widerstand menschlicher Vorhaben. Das Leben beginnt dort nicht, sondern hat dort aufgehört, und mancher lebt mit Roquentin gern seinen Tod als Lebensangst.

Freud verrät uns auch etwas über die Phylogenese dieses Ekels, den der Mensch mit dem aufrechten Gang lernte, mit der Entfernung von der Kloakalsphäre des Mitmenschen. Und wenn sein Bewußtsein sich vom Sein befreien will, dem es ja entstammt, dann liegt es nahe, in der „obszön weißen Fleischwucherung" des Seins den anrüchigen mütterlichen Weltschoß der Mater-ie zu wittern, unseren schwindelerregend inzesttabuierten Ursprung. Verbirgt sich in Sartres Faszination durch die ‚nausea' also ein pubertäres Schwanken zwischen Mutterbindung und Abnabelung?

Dieser „Roman der Kontingenz" endet mit einer vagen Hoffnung darauf, durch Romaneschreiben der ekelerregenden Realität zu entgehen, ohne wie ein Humanist erwachsen werden zu müssen und zu männlicher Vernunft zu kommen: durch ein Entrinnen ins Imaginäre, durch Produktion von Kunstwerken, in denen wir Ursache unserer selbst werden, also unsere eigenen Väter und Mütter, und dennoch spielende Kinder bleiben dürfen. So kann jemand ein ewiger Halbstarker im Geiste sein und ist doch gerechtfertigt und entschuldigt vor denen, die ihm mit dem Ernst des Lebens drohen.

Diesen Sinn, sein Leben zu rechtfertigen, vor dem sie ihn bewahrte, hat die Kunst seither für Sartre nicht mehr verloren, indem sie ihn hinderte und zugleich schützte, die Vernunft der Großen anzunehmen, aus Ekel vor der unmittelbaren Wirklichkeit und der „reinen" Natur. Sehen wir uns diese Vernunft an, zu der Roquentin den Leser nicht kommen läßt, als er vor der Kontingenz der gottverlassenen Welt ins Imaginäre der Kunst sich rettete.

Die Vernunft als das naturbeherrschende Prinzip ist unser bislang einziges Instrument, Macht zu gewinnen über die Übermacht einer unwirtlichen Wirklichkeit, subjektiver Aufstand gegen den Widerstand aller Gegenstände. Geschichtlich kulminiert sie in der technischen Rationalität der Naturwissenschaft als Triumph über menschliche Naturverfallenheit. Der technologische Wille zur Macht macht unsere innere und äußere Natur zum jederzeit verfügbaren Arbeitsmaterial, zum formbaren Rohstoff planender Zurichtung. Wir fressen, um nicht gefressen zu werden, um nicht von der rauhen Natur wieder verschlungen zu werden, der wir entstammen und uns entrungen haben. Die rationale Transzendierung aller außermenschlichen Transzendenzen ist das Programm der Aufklärung, die Emanzipation des Subjekts aus der gleichzeitig bergenden und erdrückenden Substantialität des Seins im Ganzen. Es liegt nun in der „Dialektik der Aufklärung", daß die rationale Unterwerfung der übermächtigen Natur uns zur zweiten Natur geworden ist, der wir so ausgeliefert sind wie vormals der ersten.

Wir beherrschen alles, die Welt, uns selbst - außer der Naturbeherrschung selbst, die ihre eigene Naturbasis anzugreifen beginnt, also das, um dessen Willen sie ja aufgestanden war. Nicht länger wehrt sich die Vernunft des Subjekts gegen die objektive Welt, sondern das Subjekt erfährt sich als Objekt einer verwilderten Vernunft, die uns zum Schicksal wird, statt es zu sabotieren. Dagegen revoltiert die Kunst, die die Partei der unterdrückten Naturregungen ergreift, ohne maschinenstürmerisch hinter den Stand der rationalen Naturbeherrschung zurückzufallen. Aber das Kunstwerk vertritt nicht die reine Natur der Ökologen mit ihrer Wald- und Wiesenansicht über Wald und Wiesen gegen den technokratischen Raubbau an Mutter Erde; es ist ja selbst zutiefst technisches Konstrukt, geistiges Artefakt und Produkt.

Und doch überwintert das nicht Machbare im künstlerischen Machwerk - gegen alle technizistischen Machenschaften der neuzeitlichen Vernunft. Die moderne Kunst hat sich von jeder außerkünstlerischen Funktion emanzipiert, von mythischer, religiöser und sozialer Integrationspraxis. Dem quasi-autonomen Kunstwerk korrespondiert die autonome Subjektivität des Künstlers, der mit seinem weltzitierenden Material im Imaginären souverän umspringt wie nur Gottvater und der Technokrat mit der realen Welt.

Die Kunst kompensiert reale Ohnmacht durch ästhetische Schöpfergebärde, der Künstler ist König des Imaginären als Bettler des Realen. Omnipotenzphantasien toben sich an Tönen, Worten, Farben und Stoffelementen aus wie der rationale Machtwille an der Natur. Wodurch ist der Künstler dann aber mehr und besser als der Techniker der Vernunft, der nach Heidegger die Welt zum „Ge-stell" macht, wenn er die Realität wie eine Beute und einen Verbrecher stellt, die Natur be- und verstellt, an- und abstellt, ein-

und ausstellt? Spätestens seit der romantischen Ironie reflektiert Kunst selbst ihre eigene imperialistische Pose der Allwissenheit und Allmacht des Künstlers über das von ihm Gestaltete. Der Mensch hat nun kein anderes Gegenüber mehr als sich selbst - was Heisenberg später auch in seiner Quantenmechanik entdeckte - er findet gut idealistisch in allen Gegenständen umstandslos nur immer nur sich selbst wieder. Inhalte werden Spielmaterial des Subjektiven und seiner unendlichen Selbstvergewisserung in allen Entäußerungen. Das ist das Dilemma der modernen Kunst.

Sie will die Vernunft des Irrationalen retten, indem sie die herrschende Rationalität der geheimen Irrationalität überführt, an der sie selbst teilhat. Sie kann nicht mehr das Blümchen am Wegesrand gegen die Bulldozer verteidigen, auch nicht Pest und Cholera gegen die moderne Medizin. Der Künstler als Techniker seiner Inspiration greift nicht wie der Naturwissenschaftler die Natur an, sondern die zur zweiten Natur gewordene Vernunftherrschaft über die Natur, ohne hinter sie zurückfallen zu dürfen in die Herrschaft der Natur über den Menschen hinter sentimentaler Agraridylle und schlichtem Hu(manis)mus.

Das sind die beiden Fallen, die sich links und rechts von der modernen Kunst auftun: eine blauäugige Reklame für Natürliches und Menschelndes gegen die Verstandeskälte der bösen Welt samt Rückzug ins Treibhausrefugium privatistischer Innerlichkeit auf der einen Seite und komplementär dazu die Unterwerfung der Kunstwerke unter die funktionale Designschönheit technischer gadgets. Innerlichkeit und Sachlichkeit sind die Kehrseiten derselben Medaille, Flucht und Überidentifikation. Keinem der beiden Extreme darf Kunst sich verabsolutierend ausliefern, aber beide hat sie unharmonisch gespannt als Momente in sich zu vermitteln, ohne das eine schlicht gegens ebenso schlechte andere auszuspielen. Kunst verteidigt die spontane, d.h. gleichzeitig natürliche und humane Regung gegen die Logik des Weltlaufs nicht unmittelbar, als Propaganda und Trostzuspruch, sondern im Gegenteil durch Überbietung der realen Technizität durch ihre eigene Logizität. Es ist ja nicht zuviel Vernunft in der Welt, sondern viel zuwenig; das Rationale selbst ist noch viel zu irrational, als daß das Irrationale deshalb schon das wahre Vernünftige wäre. Was heute apologetisch gegen administrative Systemrationalität an Irrationalem aufgeboten wird, ist schlechter noch als diese und eher ihr Produkt als ihr Widerpart, zutiefst gezeichnet von ihr. Rationale Herrschaft über die zweite Natur der rationalistischen Naturbeherrschung gelingt dem authentischen Kunstwerk nur durch seine eigene Vernunftlogik, durch Wendung des Rationalen gegen sich selbst, durch die technische Überbietung technologischer Universalität, also kraft dieser Strenge seiner geistigen Konstruktion und intellektuellen Komposition, durch seine Form als stringenter Stimmigkeit aller Elemente.

Das geschichtlich jeweils Reale wird ins Werk hineinzitiert, aber doch verwandelt, also aus seinem naturwüchsigen Kontext gerissen und in einen verfremdet neuen Sinnzusammenhang gerückt, der die repressive Konsequenzlogik realer Sachzwänge aufbrechen soll. Nur so wird Negatives *als* Negatives wieder erlebbar und der Bann gebannt, der auf allem liegt.

Inspiration speist sich nicht aus vernunftferner Intuition, sondern aus der zweiten Natur der rationalen Strukturen. Kunstwerke verhelfen dem Unvernünftigen zum Recht, indem sie die herrschende Vernunft zur Vernunft bringen - aber wodurch? Im ästhetischen Gebilde ist das Sinnfällige kein bloß beliebiges Exempel zur Illustration davon ablösbarer Vernunftbegriffe, sondern umgekehrt: Vernunft läßt Einzelfälle in Allgemeinbegriffen, Kunst dagegen Kollektivbegriffe in Sonderfällen fast verschwinden. Hier siegt einmal nicht der Begriff über sein Objekt, sondern das hilflos Vereinzelte über seine normative Idee.

Das Sinnliche wird nicht blutig subsumiert unter seinen rationalen Sinn, sondern eine Idee versenkt und aufgelöst in der unendlichen sinnlichen Konkretion des Werkes. Die Teile des Werks sind nicht um des großen Ganzen willen da, sondern umgekehrt wird die synthetische Totalität der imaginären Welt konstruiert, um die unaustauschbare Besonderheit des Individuellen daran erst aufleuchten lassen zu können, als Farbnuance im Lichte der grauen Theorie, als Facette vor dem Hintergrund des allgemein Gleich-gültigen der Vernunft. Die technische Funktionalität der Dinge wird umfunktioniert, bis das Sinnliche sich als unsinnig, leichtsinnig und wahnsinnig von seinem funktionalen Sinn ablöst.

Nach Kant ist das Kunstwerk „zwecklose Zweckmäßigkeit" seiner Teile, in sich ebenso sinnvoll organisiert wie als ganzes nutzlos zweckfrei, unverwertbar asozial vor dem vernünftigen Plansoll. Ästhetische Notwendigkeit imitiert die zweite Natur funktionaler Sachzwänge und übersteigt sie mimetisch. Das Gezeter über das Intellektuelle moderner Kunst ist banausisch und reaktionär: Ausdruck ist heute allein durch formalistische Strenge hindurch möglich. Die artistische Geistigkeit erst macht alle Dinge zu Bedingungen ihrer rationalen Bedingungen und die kastrierende Vernunft zum Objekt ihrer Objekte. Vernunft heute nimmt das Reale nicht mehr so hin, wie es sich von ihm selbst her gibt, nimmt es nicht als ein je ganz Besonderes wahr, sondern die Wahrheit nimmt jedes Abweichende in Sicherheitsgewahrsam. Sie ist kein Hinhören, sondern Verhör: Resultat ‚ganz zwangloser' Einigung von Vernehmern und Vernommenen. Vernunft ist vom Stamme Nimm, indem sie jedem Individuum sein Einzigartiges wegnimmt und nur das berücksichtigt, was jeder mit jedem gemeinsam hat, das Allgemeine, ihr kleinster gemeinsamer Nenner, durch den alle Individuen im gleichen Boot ihres allgemeinen Begriffs sitzen und über dessen selben Kamm geschoren werden. Durch Subsumption unter Vernunftbegriffe wird das Besondere jedes Individuums gestutzt und weggeschliffen, Vernunft wird am Ende zur *„Kastrationalität"*.

Der Begriff greift sich nur das an den Einzelfällen heraus, was ihm gleicht und in den Kram paßt, etwas beschränkt Partikulares. Vor ihrem Allgemeinbegriff sind alle Einzelnen gleich und ihm gleich. Dem widerspricht Kunst durch die einzigartige Konstellation von Universalbegriffen in der Unverwechselbarkeit jedes eifersüchtig einsamen Werkes : Absage an Vergleichbarkeit und Konsens. Aber die Werke lassen ihre sinnlichen Details auch nicht in brutaler Verlassenheit einfach stehen und liegen, sondern gemahnen daran, daß das Individuellste gleichzeitig ja das Allgemeinste ist: schließlich kommen alle Individuen darin überein, daß jedes etwas ganz Besonderes ist und sein soll. Ihre wahre Allgemeinheit ist ihre Individualität, das ruhige Nebeneinander der Unterschiede statt tödliche Gegeneinander der Gegensätze, die spezifische Differenz ohne Differenzen untereinander. Bei Friedrich Schiller kulminiert die Kunst in Kunst-Idyllen, sie kultivieren Zustände ohne Widerstände, die Schutzräume und Spielräume, Freiräume ohne Zeiträume. Die Utopie bringen sie nach Bloch zum sinnlichen „Vor-schein", schon hier und jetzt wird die Idee der Versöhnung zwischen Idee und Wirklichkeit sinnlich präsent, imaginär antezipierend, ob nun in praktischen Sozialutopien oder im kontemplativen Schöpfungslob. Nach Hegel ist das Kunstschöne das „sinnliche Scheinen der Idee", weder eine Idealisierung des sinnlos Sinnlichen noch eine bloße Versinnbildlichung abstrakter Ideen.

Das jeweils herrschende Normensystem sucht seine Allgemeingültigkeit ideologisch zu legitimieren. Es soll im wohlverstandenen Interesse aller liegen, seine Verbindlichkeit anzuerkennen. Die Kunst verklagt in jedem ihrer gelungenen Hervorbringungen den rationalen Konsens als erpreßt und erzwungen. Sie beweist nicht, sondern zeigt in ihrer sinnlichen Spezifiziertheit, daß das vermeintlich Universelle der sozialen Vernünftigkeit nur ungeneralisierbaren Sonderinteressen von Herrschaftseliten dient, also nur einem Gemeinwohl, bei dem keinem Einzelnen in seiner Besonderheit wohl ist. Das Kunstwerk rechnet den universellen Werten ihre geheime partikulare Beschränktheit vor, das Ideologische als Feigenblatt handfester Sonderinteressen, gegen die es die unterdrückten Sonderwünsche aller Individuen generalisiert. Als „sinnlicher Sinn" ist jedes Kunstwerk ein „besonderes Allgemeines" gegen die auch nur „besondere Allgemeinheit" der Gesellschaft, die den volonté général als volonté de tous nur erschlichen hat. Es versenkt die Universalien in genau jene Individuen, die von der falschen Allgemeinheit beschnitten werden um ihr Eigenstes. Sie setzt ein utopisch Allgemeines, die allgemeine Freisetzung aller Differenzen, gegen die nur ideologische Universalität des Bestehenden, das die Ideen für realisiert ausgibt, auf Kosten der wegretouchierten Extrawünsche. Kunst erinnert peinlich daran, daß die Einzelnen mehr sind, als ihr Vernunftbegriff sagt, und daß umgekehrt ihr Vernunftbegriff mehr beinhaltet, als was an ihnen sich realisieren durfte. Die Details der Werke sind sinnlicher als die längst quantifizierten Qualitäten des Realen, und andererseits sind die Werke rationaler gestaltet als die Realität außerhalb von ihnen. Kunstwerke sind Artefakte gegen alle vollendeten Tatsachen, die verbergen, daß sie Folgen von Untaten sind, die am einzelnen Subjekt und seiner Natur verübt werden im Namen einer Vernunft, die stets nur System-Rationalität ist, die Rationalisierung der Verdrängung individueller sinnlicher Regungen unter dem versagenden Weltprinzip. Im Kunstwerk kritisiert Vernunft sich selbst, indem sie sich überschlägt und ad absurdum führt: die absurden Werke halten das fest. Wenn sie Naturbeherrschung ist und sich selbst zur zweiten Natur wurde, übt sie in der Kunst widerwillig Selbstbeherrschung gerade durch schrankenlose Entfesselung ihrer Konsequenzlogik. Wir vernehmen das schreiende Schweigen der von ihr vernommenen Opfer. Im Wahnsinn bricht das Sinnliche gegen seinen rationalen Sinn durch, daher die Affinität moderner Kunstwerke zu den psychischen Grenzsituationen. Antoine Roquentin spürt im Ekel vor dem reinen Sein, daß die unberührte Natur nur die verschandelte Kehrseite der weltbeherrschenden Vernunft ist, ein Erholungspark und abgezirkeltes Reservat, eine industriell veranstaltete Urprünglichkeit. Wirklich befreit von repressiver Vernunft, bereiten die Dinge Grauen statt Lust. Dieses Grauen ist das Entsetzen der Vernunft vor sich selbst, die sich zu jenem toten Ding geworden ist, dessen Eigenleben sie abgewürgt hat. Verdinglichte Vernunft hat alle Dinge sich selbst gleichgemacht. Begriffen hat sie nur, was sie gefressen und intus und verdaut und sich zu eigen gemacht hat. Sie gibt sich dem Gegebenen nicht mehr selig hin, sondern verzehrt es roh.

Übrig bleiben Haut und Knochen, Abfall, eine schwarze tote Baumwurzel. Roquentin, sagten wir, ekelt es vor der Selbstverdinglichung seiner Vernunft : das Grauen der archaischen Vorwelt steigt wieder auf, wo die antimythische ratio selbst erneut zum Fetisch wird, und bedroht das Subjekt mit schizoider Dissoziation, fern aller Versöhnung von Natur und Geist, in schroffer Subjekt-Objekt-Spaltung. Dieser Seinsekel der Vernunft vor ihrer eigenen Naturgrundlage läßt die Idee des Glücks - Selbstaufgabe der Vernunft in der Hingabe an eine Natur, die nicht mit Vernichtung droht -

zur Drohung des Wahnsinns werden. Was der mörderischen Rationalität sich nicht anbequemt, die Seinsvision im Park von Bouville, bedroht mit dem Abgrund des Irrsinns, mit Schizophrenie als Spitznamen für Glückseligkeit. Diese gejagte Jagd auf das Sein rettet sich im Roman „Der Ekel" in die Kunst, die Dinge herstellt, welche dem Grauen der Verdinglichung entgehen - um den Preis des nur Imaginären, also der Vergeistigung selbst.

Diese Dialektik bedroht die Möglichkeit von Kunst selbst heute. Redet sie den Massen nach dem Munde, gibt sie die verdrängten wahren Gehalte preis, welche die Menschen verbissen sich selbst verbieten, um ihre Verzweiflung nicht sehen zu müssen, und welche sie doch verdient haben. Besteht sie in elitärer Gestalt auf dem stummen Ausdruck des Leidens, auf Unversöhnlichkeit, die sich mit den Gratifikationen der Massendemokratie nicht abspeisen läßt für die verordneten Selbstverstümmelungen der Menschen, dann drängt sie sich selbst ins esoterische Abseits des apart Absonderlichen, der Luxusartikel, des Spleens und der Idiosynkrasien als Privatangelegenheit jedes einzelnen.

Die Allgemeingültigkeit der Absonderlichkeiten, in denen sie sich eingräbt, wird utopische Kuriosität, schließlich als terroristisch empfunden. Niemand will sich als verbindlich aufzwingen lassen, was Becketts Clowns vor sich hin brabbeln. Mißverstanden hat die avanciertesten Gehalte der Kunst aber auch, wer sie realisiert glaubt in den Alternativghettos von Subkulturen, in „erweiterten Kontingenzspielräumen" (Jürgen Habermas) der Gesellschaft. Das wäre konkretistisch mißverstanden und kurzschlüssig. Kunst spricht nicht von dem, was durch Drogen und Agraridiotie schon hier und jetzt zu haben wäre. Sie verteidigt das Glück gegen seine kulinarisch schlabbernden Anhänger, gegen Urschrei-Therapie, drug luck, sensitivity training, den Kreativitätsschwachsinn der Bastler, Vibration-Zen und Cyber-Sex. Das Kunstschöne ist nicht das Idealmaß als Porno, sondern die Fata Morgana des Voyeurs, stolze Askese im Namen unverkürzter Erfüllung. Wer vor Adalbert Stifter und „Leberecht Hühnchen" in linke Küche und Gruppenwärme, in Heroin und freak heroism ausweicht, ist moralisch allemal entschuldigt, aber die Lebensfülle von Beat, Soul und Rock ist Bettelsuppe gegen die negative Utopie der kargen Musik Anton von Weberns.

Sprechen wir von der zugleich geistigsten und damit unkünstlerischsten aller Künste, der Literatur, die der Anstrengung des rationalen Begriffs am nächsten steht und damit diametral zur Musik, wo der geistige Sinn völlig im sinnlichen Klang aufgelöst ist. Innerhalb der Literatur verfährt die Lyrik noch am ehesten so mit Worten, wie der Maler mit Farben und Formen und der Komponist mit Tönen. Der Schriftsteller beschreibt einen Menschen, wenn auch einen nur imaginären, während der Dichter einen

Menschen macht - aus Worten. Ich hoffe, mehr über Kunst als über mich selbst zu sagen, wenn ich über meine literarischen Vorlieben und Allergien spreche zu der Zeit, als ich die Kunst für mich entdeckte, um 1960, als sie mich noch unvermittelt traf, mehr existentiell als ästhetisch. Was verrät mein Bücherzettel aus der „tiefsten Restaurationszeit" der Adenauer-Ära, als alles im erstickten Schweigen eines zaghaften bis patzigen Wohlstandsbiedermeier lag, wie man heute höhnt? Meine Pubertätsrevolte war sehr literarisch. Wo alles wieder gut und schön sein sollte, liebte ich nur das hassenswert Häßliche und glitzernd Schlechte. Im sex appeal der neuen Warenwelt zog mich das Abstoßende an, unter den Desodorantien die ekle Fäulnis, die Eiterwelt der finsteren Abtritte hinter der kunststoffgefliesten Sterilität. Wo das Positive gefordert war, ging mir das Nihilistische über alles. Gegen die Kälte der neuen Kollektivwärme entbrannte ich für das frostig Kristalline eisiger Strukturen, meine Gehalte fand ich bei reinen Formalisten, die kein pralles Leben vorgaukelten. Verbunden fühlte ich mich dem analytisch Zersetzenden, mich begeisterte das entgeistert Materialistische. Das Destruktive erbaute mich, die Leere erfüllte mich, nur das Entsetzliche beruhigte mich. Ich entdeckte die Wahrheit der Zuspitzung, und Realität fand ich nur bei den Surrealisten. Das verzerrt Absonderliche vertrat mir ebenso das Normale wie das Kranke die heile Welt; ich war ganz auf Seiten der Einseitigkeiten und genoß das Grauen, das anderen die grauen Theorien bereiteten. Die entspannende Spannung von Krimis langweilte mich nur. Was eignete sich als Knüppel gegen jene, denen es in die Suppen zu spucken galt?

Gegen das redlich Grobschlächtige, das archaisch Idyllische und urig Primitive, gegen die ‚kurzen und strengen Wahrheiten' der Einfachleute, gegen das herzwärmend Positive favorisierte ich das subtil Differenzierte, das aporetisch Komplexe, asianisch Abwegige, hysterisch Exaltierte, das kryptisch Monomanische, gegen die ‚Pracht des Schlichten' bei den Carossas, Wiecherts, Bergengrüns das exzentrisch Obsessive und die verstiegene Vitriolwut bei Raymond Roussell und Arno Schmidt.

Mein Geschmack für das, was niemandem sonst schmeckte, fürs ziseliert Entlegene, war snobistisch : ich mochte Beckett, weil er unpopulär war. Malone und Molloy und Murphy, das war ich, das habt ihr aus mir gemacht, und das seid ihr selbst, die ihr euch darin nicht wiedererkennen wollt! Ich war eifersüchtig auf jeden, der meine Liebe zu einem Buch auch nur teilte. Von einigen Werken hätte ich mir gewünscht, sie existierten in nur einem Exemplar und in meinem Besitz. Die Lieblingsbücher waren mir Fetische und Kruzifixe, die ich gegen meine Lebensrivalen schwang: Satanas, weiche! Ich ertrug nur Unikate, seltsam Seltenes, immer auf der

Suche nach verschollenen Apokryphen und Geheimtips. Reden, Lesen, Schreiben - wenn es nur nicht Leben war. Wenn nach Proust der Snob die Herzogin nur liebt, weil sie eine Herzogin ist, war ich ein literarischer Snob, der Sartre nur deshalb für wahr hielt, weil er sich elitär gegen alle Eliten verwahrte. Lesen war ein exklusiver Mysterienkult, eine aristokratische Revolte : das Leben überlassen wir den Domestiken. Marx sagte auf eine alle Bürger brüskierende Weise, daß kein Bürger recht hat, in einer Sprache, die nur der Bildungsbürger versteht. Nur in anspruchvollster, avanciertester Kunst fand ich meine verschwiegensten Ansprüche gut aufgehoben, spröde gegen alle Abspeisung mit gängigen Gratifikationen.

Der Schritt der Kunst ins sogenannte Leben ist meist suspekt, eine kurzschlüssige Anbiederung, fauler Kompromiß, vergeßlicher Erfolgszwang - aber auch Praxisscheu. Kunst, das ist Gedächtnis des Alles-oder-Nichts, Leben hingegen eine Abschlagszahlung, ein Verrat an den höchsten Möglichkeiten. Es ist *nicht* vollbracht! Unerbittliche Unversöhnlichkeit: das Ganz-Andere Gottes ist immer noch anders als das von uns endlich ganz Geänderte. „Ich gebe nicht, wie die Welt gibt", spricht der HErr.

Kunst treibt lieber zu subjektiver Verzweiflung, in der objektive Hoffnung liegt, als subjektives Inselglück gegen objektives Leiden hochzujubeln. Für Naive ist Strindbergs „Totentanz" die Wahrheit über die Ehe, Zolas „Die Erde" die Wahrheit über ländliches Glück und Sartres „Huis clos" die Wahrheit über die menschliche Gemeinschaft, Becketts „Der Namenlose" die Wahrheit über Individualität, Orwells „1984" die Wahrheit über die Zukunft als verlängerte Gegenwart, de Sades „Die 120 Tage von Sodom" die Wahrheit über die Liebe. Literatur ist schwarze Magie, Umwertung aller Werte, geistige Alchemie : die Worte verwandeln das Gold in den Händen der Zeitgenossen in Dreck und deine Scheiße in Gold. Kunst wird oft zur Fluchtburg vor dem Bürgerleben, eine Waffe des Ressentiments. Sie wertet ab, was ich nicht erreichen kann und weil ich es nicht kann und doch will; in diesen Gegenwelten verberge ich mich vor meinen Peinigern.

Jorel-Karl Huysmans Held Des Esseintes und Goethes Tasso legitimieren deine Mimosenfragilität. Mit Flaubert spielst du das Spiel „Wer verliert, gewinnt" und triumphierst in Faulkners Anti-Held Frosch-Aug aus „Sanctuary" und in Shakespeares Krüppel Richard III. Die Wahrheit wußte nur der schwachsinnige Quentin in Faulkners „Schall und Wahn", und diese lebendigen Rätselmaschinen im schizoiden Roman „Locus Solus" von Roussell, waren es nicht die Dornröschen von heute, Verwunschenes, das der Erlösung harrte? Wessen Imagination hatte soviel aus dem gemacht, was man real aus ihm gemacht hatte, wie die Jean Genets, des letzten poète maudit, der soviel funkelnde Metaphysik aus so schlammiger Physiologie schlug und dessen Schwarze Messen die Natürlichkeit des Künstlichen und die Künstlichkeit der Natur feierten, dessen Theologie der Anti-Welt die unendliche artifizielle Reflexivität und die Nacht der Materie einander verbrennen ließ.

Die mythische Unendlichkeitsdimension des mesquinen Alltags in Joycens „Ulysses" machte das Sein ebenso zu einem Feuerwerk des Nichts wie Musils „Mann ohne Eigenschaften" Ulrich, der immer auch anders konnte und darauf festgelegt war, auf nichts sich festlegen zu können im artistischen Spiel unverbindlicher Möglichkeiten, Proteus, der alle Identitätslarven unberührt durchschreitet und den Subjektivismus der Vernunft lebt, Kierkegaards Auflösung jeder Substantialität. Die Bedingung der Möglichkeit eines vernünftigen Konsensus zwischen Individuen fordert Versenkung ins gleichzeitig Unvernünftige und Widernatürliche, in die differenzierteste Inkompatibilität von Obsessionen. Eine Vernunft, die anzunehmen ist und die der Seinserfahrung eines Antoine Roquentin nicht gerecht wird, scheint manchem irrationaler und barbarischer als diese Vision selbst.

Habermas forderte den freien chancengleichen Zugang jedes Einzelnen zu konsensbildenden Diskursen darüber, was als vernünftig gelten soll und als allgemeinverbindlich. Zu einem solchen Forum würde heute sicher nur reaktionärste Kunst geladen werden. Daß es keine „linke Kunst" von Rang gibt, bezeugt dies. Die Kunstwerke argumentieren mit Argumentlosigkeit, sie behalten Recht einzig dadurch, daß nichts an ihnen Recht behält; die gelungensten siegen durch Scheitern. Die Kastanienwurzel im Park von Bouville ist von keiner Vernunft heute ableitbar und auf keinen Sinn zurückführbar. Roquentins Angstekel vor ihr ist das Vexierbild vom Glück.

Sartre lief vor der Beckettschen Konsequenz dieser Erfahrung schließlich weg in die dialektische Vernunft jenseits der positivistisch analytischen, nahe heran an die homosexuelle He-man-Pose von Hemingways Helden, aus Angst vor der Psychose. Heist sprach sogar von faschistischer Kunst.

Innerhalb der Literatur kommt die Lyrik der künstlerischsten aller Künste, der Musik, am nächsten. Hier ist der geistige Sinn am tiefsten in die sinnliche Gestalt versenkt. Der „Bürger" verschlingt Romane, er besieht sich in Gemälden und Skulpturen, bespiegelt sich in Theaterstücken, schwelgt in Opern und Konzerten, aber er konsumiert keine Gedichte, diese „radikalste ästhetische Negation der Bürgerlichkeit" (Adorno), das Nutzlose schlechthin in einer immer effizienter und rentabler funktionierenden Gesellschaft als Skandalon, selbst als seelischer Massage-Apparat und sentimentaler Kontrapunkt zur profitheckenden Alltagsprosa fast unbrauchbar.

Benn, Bachmann, Celan und andere hatten in der Restaurationsphase des wirtschaftlichen Nachkriegswunders das Gedicht hermetisch abgeschirmt gegen Integration in die falsch wiederauferstandene Kultur. Chiffrierung der Gehalte wurde zur Barrikade gegen ideologische Verwertungsinteressen, der gemütswerthungrige Feierabendbourgeois schroff abgewiesen.

Eine Zäsur brachte die kulturrevolutionäre Studentenbewegung Ende der Sechziger Jahre: jede Kunst wurde im Namen politischer Praxis zum Tode verurteilt oder zum stramm agitproperen Lehrdienst. Nach dem Katzenjammer der „Tendenzwende" wehrten die Lyriker den immer drohenden Vorwurf eines resigniert schönen Rückzugs auf elfenbeinerne Innerlichkeit bis heute nur mühsam ab, indem sie das Bedürfnis nach eskapistischen Ewigkeitswerten und prestigekulturellen Verklärungsposen nicht länger zu bedienen versprachen.

Hektisch herausgestrichen wurde der unmittelbare Gebrauchswert des Wegwerfgedichts nicht für die Sonntagssehnsüchte des Bürgers, sondern für den alternativen Alltag der Ausflipper, Freaks und Überwinterungslinken-post-festum, als rasch verderbliche Wegzehrung auf dem langen Marsch durch die Institutionen und Intuitionen (oder an ihnen vorbei).

Nachdem erst einmal die Vernachlässigung des „subjektiven Faktors" zu einer der Hauptursachen des revolutionären Fiaskos erhoben worden war, hatte Lyrik ihre historische Funktion auch schon wiedergewonnen in der „Aufarbeitung" individueller Geschichtshindernisse und durfte wieder guten Gewissens Privatsphärenmusik anstimmen, von der altdeutsch bösen Innereienfabrik notdürftig abgehoben durch sozialkritische Gewitztheiten. Ungehemmt ergoß sich der so lange politgeknebelte unmittelbare Bewußtseinsinhalt ungeklärt aufs weiße Papier; nichts war (b)anal genug, um nicht noch zeugen zu können von der Absage an esoterische Mysterienkultur und abstrakte Polittheorie.

Unprätentiöse „Gebrauchslyrik" assoziierte Nähe zu den Gebrauchswerten bei Marx im Gegensatz zu kommerziellen Tauschwerten; das Wegwerfgedicht „im Handgemenge" (Theobaldy) erinnerte allerdings eher an leichtverderbliche Ware. Eine linkselegische Weitschweifigkeit ohne reflexive Verdichtung ist nur die Kehrseite epigrammatischer Kurzatmigkeit des Parolengedichts aus einer einzigen Wortwitzpointe. „Kopf voll Suff und Kino", kraftmeiernd narzißtische Larmoyanz, exklusive Milieu-Schibboleths, Insidersignale, epigonale Beliebigkeiten, linke Gartenlauben, Depressionskoketterien, eine anbiedernde Wehleidigkeit, Coolness-Schlamperei, Reizwortlässigkeit : Alles Scheiße und ich unheimlich echt kaputt. Hilfs-Bukowskies amerikanisierten die deutsche Provinz, eine Mini-mal-Art aus Schwäche, großmäuliger Underdogmatismus, four-letter-Schickeria.

Bei der Lektüre von alternativen Literaturzeitschriften und Mini-Presse-produkten fällt auf, daß der überwiegende Teil der Beiträge noch zurück-fällt hinter die geschmähten Standards etablierten Kulturbetriebs und von bürgerlichen Verlagen und Redaktionen meist nicht zu Unrecht abgelehnt wurde. Den meisten Texten ist noch anzusehen, daß die alternative Intransigenz ihrer Autoren auf Ressentiment beruht : „Suhrkamp" hatte gedankt.

Die angestrengt saloppe Einfachheit etwa der neueren lyrischen Sprech-weise biedert sich der ambitionslosen Umgangssprache an, um die alte Wunde doch noch zu heilen, die vereinsamende Distanz von Leben und Kunst, nachdem die Hoffnung auf politpraktische Verwirklichung der ästhetisch-utopischen Gehalte begraben ist. Im letzten Jahrhundert reagierte die Romantik ähnlich auf das Ausbleiben der bürgerlichen Revolution in Deutschland; das unmittelbare Leben wird zur Kunst erklärt und die ästhe-tische Distanz einfach eingezogen, wenn das Leben nicht so will, wie die Kunst mit Hilfe der Politik wohl wollte oder die Politik mit Hilfe der Kunst. So entsteht der jeweils neueste Realismus, universal-poetische Anpassung an die Welt, wie sie nun einmal ist, aus der Verzweiflung an der Unrealisierbarkeit von Blochs ästhetischem „Vor-Schein" des Besseren.

Wenn der Alltag Kunst ist, dann ist die Kunst Alltag und die unendliche Forderung in der borniertesten Partikularität erfüllt: eine Cola-Flasche wird zum Bild des Absoluten. Artistische Magie unterläuft hochstaplerisch das ‚Gewicht der Welt' (Handke) und betrügt um das, worum doch die ganze Anstrengung der Kunst geht: Klage und Anklage, daß es nicht so ist, wie es sein sollte, daß es *nicht* vollbracht ist. Das narzißtische Behagen an der Unbehaglichkeit als Unbehagen an der linksmelancholischen Behaglichkeit kann die ästhetische Differenz zum Bestehenden nicht ertragen und miß-braucht die künstlerische Alchemie zur Verwandlung vernichtender Ohn-machtsgefühle in triumphierende Allmachtsphantasien, von ‚Mayo und Pommes' in die Hostien der Transsubstantiation. Mehr ausgekotzt als ausgedrückt wird das unmittelbare affektive und kognitive Inventar, ohne ein Bewußtsein davon, daß dessen Unmittelbarkeit so natürlich ist wie Campbells Tomato-soup. Entdeckt wurde die zweite Natur der zivilisato-rischen Umwelt, das Vermitteltste als Unmittelbares zweiten Grades.
Diese Sensibilität wird empfindlich nur für den Unterschied von Rock und Techno, also stumpf gegen ihre Austauschbarkeit als unreflektierte Reflexe fassadärer Phänomene spätkapitalistischer Alltagsroutine. Die gute alte Einsamkeit des Künstlers wird zwinkerndem Einverständnis zwischen den Adepten linksdepressiver Ingroup-Wärme geopfert, die einander an Reiz-worten und Gesinnungstickets erkennen. Herbert Marcuses eher kultur- als sozialrevolutionäre „Große Verweigerung" versackte in narzißtischen und

feministischen Vermeidungsstrategien, bei ungebrochen oral-aggressiver Anspruchshaltung gegenüber konsumistischen Abfällen bürgerlicher Hochleistungsgesellschaft. Ideologisch triumphierte der „Anti-Ödipus" von Deleuze/Guattari als geheimer ‚Ante-Ödipus', als Sehnsucht zurück zu den Brüsten der reinen Mutter Natur aus Kastrationsangst vor dem Konflikt mit den repressiven Mächten. Präödipale Regressionen unterlaufen die fällige Auseinandersetzung mit dem sozialen Realitätsprinzip. "Anti-Ödipus" sagt gleich Nein, ihm wird gleich am Anfang schon schlecht: „Wir wollen nicht, daß der Zug Papa, der Bahnhof Mama ist. Wir wollten nur die Unschuld und den Frieden, und daß man uns unsere kleinen Maschinen zusammenstellen laßt: oh Wunschproduktion." Hier wird der theoretische Hintergrund auch der jüngsten Kunstproduktionen greifbar; diese Texte sind kleine „Wunschmaschinen" in aller paranoid-schizoiden Angst vor dem durch keine reale Abarbeitung mehr gemilderten despotischen Über-Ich der sozialen Institutionen, denen resistenzlos pariert wird, um in den subkulturell „erweiterten Kontingenzräumen der Gesellschaft" (Habermas) als unschuldig spielende Infanten zu überleben. Sie „schützet die Einfalt" (Hölderlin), der es nie raffiniert genug zugehen kann. Spielmaterial und „Wunschmaschine" der Schreiber ist die Sprache. Inzwischen geht es längst nicht mehr um ehrenwerte Reflexion der letzten Heimwerker auf ihr Arbeitsmaterial, auf das in den linguistischen Strukturen unbemerkt immer schon prädominante Weltverhältnis und normative Apriori jeder konventionalistischen Artikulation, um eingeschliffene Wahrnehmungsstrukturen aufzubrechen und sprachimmanente Interpretationsklischees als solche kritisch bewußt zu machen.

Ich fürchte, die neue Aversion gegen die als elitär verschrieene Differenzierung gehobener Literatursprache rationalisiert weitgehend nur Prozesse regressiver Entsublimierung, ein Abdanken vor dem kritischen Potential des autonomen Kunstwerks. Einst konnte die sprachreflexive Bemühung noch ihre Simpliziaden rechtfertigen; syntaktische Ordnungen wurden ja zertrümmert, um linguistische Urelemente und phonetische Radikale zu gewinnen, aus denen durch kombinatorische Synthesen und artistische Rekonfigurationen der Bausteine, durch hochentwickelte literarische Konstruktionstechniken, eine fast unendliche Zahl alternativer Sichtweisen und verfremdender Reaktionsweisen möglich schien.

Auf diese Chance berufen sich jüngste Autoren wohl mehr zu Unrecht. Widerstandsloser Szene-Jargon soll schon die ästhetische Differenz zur funktionierenden Bürgerlichkeit sein: ein bloßes preaching to the saved der Ghettosekten in den geduldeten Katakomben der zur Tagesordnung übergehenden Sozietät. Da nimmt dann auch Literatur nur noch teil an einem kollektivwarmen Selbstvergewisserungsritual der auf ihre autarke Isolation stolzen „Kultur-Szene", in der längst alle dialektische Spannung zu dem, wogegen es geht, unerträglich geworden ist und einer Selbstgefälligkeit Platz gemacht hat, die dem patzig bornierten Zynismus der bürgerlichen Karrierescheuklappen kaum nachsteht.

Symptomatisch die sadistische Sanftmut, zu der jeder jeden zwingt, der Zwang zur Ungezwungenheit, das Tabu über der Konkurrenzqualität von Leistung, das Protzen mit den Kaputtheitsemblemen, die Koketterie mit der Wahrheit der Selbstverwahrlosung, die künstliche Paranoia vor dem Pauschalsündenbock „System", die repressive Toleranz filziger Symbiosen und diffuser Sucht-Identitäten. In diesem Klima übernimmt das Kunstwerk eine Funktion für den psychischen Haushalt, die seine Autonomie nur scheinbar weniger empfindlich bedroht als vor drei Jahrzehnten, wo es mit der Alternative erpreßt wurde, sein Todesurteil zu akzeptieren oder die marxistische Dienstverpflichtung als Agitpropwaffe. Die progressivsten Gehalte der politischen Zirkel monopolisierten schon jene Distanz zum Bestehenden, die das Kunstwerk nur noch illustrierend zu übernehmen hatte als taken for granted. Die Distanzlosigkeit der Werke zu dem anerkannt progressiven Normenkatalog soll die ästhetische Differenz durch die politische ersetzen wie vormals umgekehrt die politische durch die warenästhetische. Das läßt Kunst verkommen zur Propaganda für das banausisch anderswo als besser Ausgemachte und erniedrigt sie zum bloßen Illuminationsbeispiel sozialphilosophischer Theoreme und politischer Programme. Unter dem Vorwand, die Schlagkraft der Widerstandsgruppen nicht unnötig zu schwächen, ästhetisierten die politisierenden Werke nur die Politik. Terrorisiert wurde mit der falschen Alternative, sie arbeite dem Gegner in die Hand, wo sie die Widersprüche der Rechtgläubigen nicht linksidyllisch glätte. Die ästhetisch avancierten Demarkationslinien sind nicht vorweg die politisch progressiven, auch und gerade dort nicht, wo Kunst nicht überparteilich, d.h. bürgerlich interessiert, über linkem oder rechtem Totalitarismus zu schweben vorgibt.

Dialektik gebietet, daß gerade die sogenannte engagierte Thesenliteratur dem schlechten Ganzen dient, also gegen das Schlechte das noch viel Schlimmere verteidigt, während die als steril formalistisch verschrieenen Werke in bestimmten historischen Situationen die utopischen Potentiale als einzige aufbewahren und gegen ihre politischen Verfechter verteidigen.

Unter dem Vorwand, diese bürgerliche Errungenschaft umfunktionierend zu überwinden, wird meist nur hinter die Autonomie der Kunst zurückgefallen. Gerade im Interesse des Fortschritts wäre aber hartnäckig an ihrer Emanzipation von allen sozialen Verwendungszusammenhängen festzuhalten, die sie funktionalisieren wollen. Instrument des Besseren ist sie nur, wo sie Selbstzweck bleibt, sie nützt einzig noch durch ihre rücksichtslose Nutzlosigkeit und Dysfunktionalität, wie Gottes freie Natur.

Diese Autonomie ist aber selbst soziogen, sie verdankt sich dem erreichten höchsten Entwicklungsstand gesellschaftlicher Produktivkräfte, die auch in den technischen Mitteln und Methoden literarischer Materialbearbeitung wiederkehren. Jedes Schielen auf noch so progressiv gemeinte Wirkungsabsichten macht das Erreichte wieder rückgängig. Was das Buch im Leser anrichten mag, sei ihm überlassen. Er wird den Sinn des Werkes immer neu erschaffen, in Formen, die vom Autor nicht zu intendieren und zu antezipieren sind. Die bewußten Absichten des Herstellers sind ja nur ein Moment unter anderen, ihr Sinn wird von jeder Rezeption neu produziert und überformt. Was progressiv und was regressiv daran ist, kann vom Autor nicht übersehen und gesteuert werden; das Werk löst sich von ihm und beginnt sein Eigenleben in Lesern, über die er nichts vermag und die alles mit ihm machen können. Das heißt nicht, der Autor solle das Werk so offen halten, daß vorweg jeder beliebige Sinn hineingelegt werden könne. Nur die am strengsten durchgebildeten Produkte haben diese etwas mehr als zweideutige Verweisungsoffenheit.

Wer aus der Not seiner Formschwäche die falsche Tugend macht, den Rezipienten zum ‚kreativen Mitmachen' auffordern zu müssen, hat die ästhetische Autonomie abermals verspielt. Der Leser soll das Buch nicht lesend zu Ende schreiben, weil der Autor das nicht konnte. Die so freundliche Einladung an mitschreibende Leser kaschiert meist die Impotenz des Produzenten und ist in Wirklichkeit repressiv : der Leser wird nur im Wahn seiner Autonomie festgehalten und um die Einsicht in seine Inkompetenz betrogen, also darum, daß er nicht ist, was er sein könnte und werden soll.

Kunstwerke als Spielvorlage für ‚schöpferisches' Werkeln erniedrigen ihre Adressaten, indem sie ihnen schmeicheln, sie seien so, wie sie sind, schon ganz in Ordnung, ließe man sie nur. Kunstwerke haben sich nicht dem durchschnittlichen Fassungsvermögen und Geschmack anzupassen und ihren Kunden einzureden, sie seien verhinderte Genies, sondern sie verlangen die Arbeit, sich ihrer Disziplin zu unterwerfen, die uns von dem zu befreien verspricht, was wir unter Druck aus uns machten. Ein Arbeiter sieht sich im Fernsehen das Beckett-Stück nicht an, weil er es (vielleicht) nicht versteht. Der Bürger sieht es sich nicht an, weil er vorgibt, es nicht zu verstehen, d.h. nur zu gut versteht, jedenfalls besser, als ihm lieb ist.

Er muß sich verbieten zu verstehen, was ihn zutiefst in Frage stellt. Den einen hindert sein Privileg, das sich in Gefahr sieht, und den anderen sein Mangel an Privileg. Der eine kann es nicht einmal verstehen wollen, der andere will es nicht verstehen können. Der Besuch von Hochhuths Stück „Die Juristen" wird keinen Faschisten bekehrt haben - ganz einfach, weil er umgekehrt niemanden irritieren und an sich selbst irre machen konnte, der nicht schon vorher Antifaschist war. Kein Kunstwerk hält stand - und das macht Kunst so fragwürdig - das den Hitler in Gandhi nicht weniger als den Gandhi in Hitler zeigt - und das nicht deshalb, weil jedes Ding seine zwei Seiten hätte und die Extreme sich im Unendlichen irgendwo berührten.

Wir sind nicht, was wir sein sollten, auch und gerade die nicht, die das kleinere Übel gegen Utopien oder Katastrophen betreiben. Und wer weiß denn, ob wir die Menschen nicht an jener Verzweiflung hindern, die allein revolutionär ist, weil sie kein konsumistisches quid pro quo mehr erträgt. Rote Kunst heute ist Proletkultkitsch für neurotische Bürgerkinder, die das Proletariat befreien wollen, damit es ihnen ihre Probleme löst. Und die „Literatur der Arbeitswelt" will den Arbeiter von allem befreien, nur nicht von der Arbeitswelt selbst. Sie ist Beschäftigungstherapie für Arbeitslose.

Kunst ist keine Selbstbestätigung der Rechtgläubigen, weil sie das unrechte Ganze verklagt. Wir sind böse aufeinander, weil jeder zu gut zu sich selbst ist, im Namen dessen, was er für gut und wahr und schön hält. Das ist das Gegenteil von masochistischer Resignation. Kunst soll selbst die Wahrheit eben noch an sich selbst irre machen, die anders keine wäre - aber nicht prinzipiell, sondern am je besonderen Einzelfall, für den sie steht gegen das Große Ganze. Sie gibt weder Halt noch Trost, und von den Drogen trennt sie, daß sie Entziehungskur ist. Die beliebte Frage ‚Nützt es dem Arbeiter?‘ treibt Proletkult; weder der Bürger noch der Proletarier sind Maßstab für den Wahrheitsgehalt der Werke, die sich nicht zu uns herabzulassen haben, sondern die ihre Ansprüche an uns stellen. Schließlich ist das Proletariat ‚aufzuheben' statt zu verabsolutieren. Wer überwindet den bürgerlichen Kulturzustand, der nicht einmal dessen Höhe erreicht? Aus der Not der Zurückgebliebenheit hinter dem fortschrittlichsten Niveau ästhetischer Techniken läßt sich nicht die Tugend vermeintlich größerer Unmittelbarkeit und Natürlichkeit machen, die meist nur die Gestaltungsprinzipien von vorgestern verbissen konserviert. Grüne Kunst ist „Blubo".

Kehren wir noch einen Augenblick zur Lyrik zurück. Gedichte machen keine Dinge mit Sprache nach, sondern machen Dinge aus Sprache, um die Verdinglichung der Sprache aufzubrechen. In der Herrschaft der ästhetischen Techniken übers Sprachmaterial ahmen wir die soziale Herrschaft der Rationalität über die Natur nach, um ihren Bann zu lösen. Indem Lyrik Dinge aus Worten macht, macht sie Worte zu Dingen und den Geist zur zweiten Natur. So zeigt sie das Gemachte alles scheinbar Naturwüchsigen und umgekehrt die blinde Naturwüchsigkeit aller Machenschaften. Die berühmte Unverständlichkeit moderner Poesie reflektiert nur die Undurchschaubarkeit der zur zweiten Natur gewordenen Systemrationalität und das factum brutum des kontrafaktischen Geistes. Das wollen die angestrengt einfachen und hysterisch natürlichen, pseudo-spontanen neuesten Gedichte nicht wahrhaben, als wäre noch die zweite Natur der Kultur so grün und rein wie die Wiese, die sie wieder besingen wie die Cola-Flasche.

Prosa und Praxis haben gemeinsam, Worte auf Bedeutungen hin zu überschreiten wie Arbeitsmaterialien in Richtung auf Produkte. Lyrik heilt die Wortdinge von der Schmach der Funktionalität. Das unverbindliche Spiel, das ihr vorgeworfen wird, klagt die Verwandlung technischer Lebensmittel zum Selbstzweck an. Sie bringt die Dinge zur Sprache, indem sie die Sprache über die Dinge selber zum Ding macht, das zu nichts nütze ist, reine Immanenz. So holt sie die zweite Natur des Geistes fast wieder in die sinnlich erste zurück. Sie ersetzt Arbeit und Praxis durch Magie, deren geheimes Ziel, indem sie das Endziel allen Handelns magisch vorwegnimmt, die Hingabe des Sinns ans sinnlos Sinnliche. Diese Magie trennt, was die Prosa der Welt in einen Topf wirft, ins gleiche Boot ihrer vereinnahmenden Begriffe setzt und über gleiche Kämme schert. Und ihre Magie vereinigt, was in der Wirklichkeit säuberlich voneinander entfernt gehalten werden soll. Was nichts miteinander zu tun haben soll, das zwingt sie zusammen und reißt noch einmal auseinander, was von Natur aus zusammengehört. Wo sie Sprache zum experimentellen Selbstzweck macht, erinnert sie nur daran, daß Worte nicht darin aufgehen, Kommunikationsmittel und Informationsträger zu sein. Konkrete Poesie hielt einmal das Moment fest, daß Worte für Dinge selber Dinge sind – wenn auch zweiter Ordnung, die durch die Dinge erster Ordnung unausdrücklich hindurchschimmern. In konkreter Poesie verwilderte aber diese zweite Natur der Sprachleiber, weil die Herrschaft über die termini technici eine technische blieb, ohne mimetische Spannung zur Natur außerhalb der Worte.

Warum willst du nichts mehr von mir wissen?

Luther übersetzte: „Und Adam erkannte Eva." Es scheint wichtig, auch in der abstraktesten begrifflichen Erkenntnis noch die Beziehung zu einem Liebesobjekt zu ‚erkennen'. Das führt ebenso zur Resexualisierung der epistemologischen Haltung wie zur Möglichkeit einer Theorie der Liebe.

Auch Hegels Urform von Dialektik ging auf ein „System der Liebe", ein erotisiertes Universum, wie Jacques Derrida 1974 in „Glas" (Totengeläut) gezeigt hat. Besteht die tiefste Intention der theoretischen Welterfassung wirklich in der leidenschaftlichen Leidenschaftslosigkeit des szientifischen Blicks, der nach Heidegger das ‚zunächst und zumeist besorgte Seiende' als ‚nur noch vorhanden' registriert, im ‚Sichenthalten von jeder Hantierung' von der ‚Zuhandenheit des Zeugs' abstrahiert ? Aber unsere Absicht an dieser Stelle ist weniger eine Psychoanalyse der Erkenntnis als umgekehrt eine theoretische Erkenntnis des biblisch verstandenen Erkennens.

Zunächst liebe ich in dir den Menschen, von dem ich geliebt sein möchte. In dir erkenne ich den, der mich erkennen soll, an. *An*erkennen heißt hier: die Wahrheit des Satzes, daß ich dich liebe, ausdrücklich affirmativ bestätigen. In begrifflicher Erkenntnis greife ich nach meinem Erkenntnisobjekt; ergriffen ergreife ich dich, um dich zu nehmen und mich dir hinzugeben in sinnlicher Gegebenheit. In dem Begriff, den du dir da von mir machst, erkenne ich das an, was mich in meinem Wesen erkennt; ich identifiziere mich mit dem Objekt, das dein Begriff von mir erfaßt. Natürlich werde ich alles daran setzen, mich dir in einem günstigen Licht zu zeigen, dir eine glänzende Erscheinung von mir zu präsentieren. An dieser Stelle entsteht ein erster Widerspruch: einerseits sollst du mich so sehen, wie ich in Wirklichkeit bin; andererseits will ich in dem Maße, in dem ich von dir geliebt werden will, dein Urteil über mich steuern. Wie gewinne ich ein Bild von dem Bild, das du dir von mir machst? Mein Begriff von deinem Begriff von mir ist aber nicht selbst eine sehr distanzierte Erkenntnis, sondern ich versuche, einen Begriff von mir selbst zu gewinnen, indem ich mir den Begriff aneigne, den du dir von mir machst. Du hast diesen Begriff von mir; wie entwende ich ihn dir, um mich als den *an*zuerkennen, als den du mich liebend erkennst? Der Gegenstand, der ich für deinen Begriff von mir bin, will dieser Begriff selbst sein, um mich ganz so zu sehen, wie du mich siehst. Ich gebe dazu die onanistische Selbsterkenntnis als unmöglich auf und erkenne an, daß ich mich selbst nur lieben kann, wenn ich mit dir eins werde, der mich liebt. Als wer oder was bin ich nun erkannt, sobald ich mich geliebt fühle? Liebe nennen wir jene besondere Form der Erkenntnis, die nur ein einziges Erkenntnisobjekt anerkennt. Der Geliebte will für den Liebenden der Einzige sein, unvergleichlich, unaustauschbar, unverwechselbar. Gewöhnlich geht die begriffliche Erkenntnis ja aber auf das Allgemeine, auf das mehreren Objekten Gemeinsame, das sie alle in denselben Topf wirft, ins selbe Boot setzt, über den gleichen Kamm schert und das einzigartig Besondere an jedem von ihnen gerade übersieht und wegschneidet, um des kleinsten Nenners willen. Kurz : Liebe ist jene Sonderform von Erkenntnis, die diesen scholastischen Satz nicht wahrhaben will: individuum est ineffabile. Geliebt werde ich ja gerade nicht in dem, was ich mit anderen Exemplaren meiner Gattung teile. Das epistemologisch Unwichtigste, die irreduzible Individualität des Objekts, will in liebender Erkenntnis ja zur Hauptsache werden, zur Ursache des Geliebtwerdens.

Geliebt werden wollen heißt also, das einzige Objekt jenes Begriffs sein mögen, den du dir von mir machst. Dieses bevorzugte Objekt will alle denkbar anderen Objekte ersetzt wissen und an ihre Stelle treten. Ich will für dich dein Ein und Alles sein, also in meiner besonderen Person das gesamte Universum für dich zusammenfassen, ohne der nur kleinste gemeinsame Nenner aller Objekte zu sein, also kein beliebiges Exemplar möglicher Gegenstände unter anderen. Wie ist das zu verstehen?

Wenn der Begriff immer nur Allgemeines erfaßt, ich aber in meiner Einzigartigkeit geliebt werden will, die ich nicht mit anderen teile, und gleichzeitig dir nur durch mich alle übrigen Dinge des Alls zugänglich werden sollen, dann muß das besondere Objekt, als das ich von dir ‚erkannt‘ sein möchte, der besondere Begriff sein, den ich von allen Dingen der Welt habe und den du dir bitte zu eigen machen sollst. Ich ziehe es vor, mich mit deinen Augen zu sehen, mich, durch dessen Augen du die Welt sehen sollst. Du machst dir einen Begriff von mir, von dem besonderen Begriff, den ich mir von der Welt mache. Dein besonderer Begriff von meinem besonderen Begriff von der Welt, mit dem ich mich identifiziere, bewahrt dich und mich davor, beliebige Teile der Welt unter anderen für ein beliebiges Bewußtsein zu sein.

Ich liebe dich - du liebst mich - also liebe ich mich selbst. Ich erkenne dich - du erkennst mich - also erkenne ich mich selbst. In der Liebe erkenne ich an, daß der, welcher mich erkennt, und der, welcher da erkannt wird, zwei verschiedene Wesen sein müssen. Die formale Logik fordert ja spätestens seit Bertrand Russells Auflösung des „Paradoxes der materialen Implikation“, daß der Begriff von einer Sache nicht zu dieser Sache selbst gehören kann und daß die Klasse der Objekte definiert sein muß, *bevor* ihr Begriff davon sich bildet. Der Begriff identifiziert seine Objekte (mit sich und miteinander) fast paradox gerade dadurch, daß er nicht mit seinen Objekten identisch, sondern durch eine ganze Metastufe von ihnen abgehoben ist.

Der Erkennende und der zu Erkennende werden *ein* Fleisch, ohne aufzuhören, getrennte Personen zu sein, und sie erkennen ihre Verschiedenheit an und ihre Differenzen, um sich überhaupt vereinigen zu können.

Da mein besonderer Begriff von der Welt das einzige Objekt deines besonderen Begriffs von der Welt sein will, sofern ich dich liebe, d.h. von dir geliebt sein will, zerfällst auch du in zwei Wesen, die aber in mir eins werden: Du bist einerseits eines der Objekte meines Weltbegriffs unter anderen, zum anderen jenes besondere Objekt, das Inbegriff meines Weltbegriffs ist. Ich kann aber nicht das einzige Objekt deines Begriffs von der Welt sein wollen, ohne unfreiwillig *mitzuwollen*, daß du das einzige Objekt meines Begriffs vom Sein im Ganzen sein willst, da du mich nicht lieben kannst, ohne von mir geliebt werden zu wollen. Ich kann nicht von dir erkannt werden, ohne dich zu erkennen, ohne in dir den zu erkennen, von dem ich erkannt werden will in meiner unvergleichlichen Einzigartigkeit für dich. Gegenstand deines Begriffs von der Welt bin ich also sowohl als eigener Begriff von der Welt, zu der du gehörst (u.a. und zugleich bevorzugt), als auch qua Inbegriff des besonderen Objekts, das du für mich bist.

So ist jeder von uns beiden ein Gegenstand und Begriff für den anderen, erkennend als Erkannter und erkannt als Erkennender. In der Liebe ist das erkannte Objekt Begriff seines Begriffs und der erkennende Begriff Gegenstand seines Gegenstands. Da wird das Ding zur Bedingung seiner Bedingung und die Ursache zur Wirkung ihrer Wirkung, soweit es eine wechselseitige Beziehung gerade in der natürlichen Ungleichheit, eine Gegenseitigkeit striktester Einseitigkeiten ist. Ich bin ein besonderer Begriff vom Ganzen der Welt. Du bist ein beliebiger Teil meiner Welt und willst, als besonderer Begriff der Welt, einziger Bestandteil meiner Welt sein, also jenes Objekt, durch das alle übrigen Objekte erst für mich da sein sollen.

Einziges Objekt meines Weltbegriffs bist du aber ja nur, sofern du dein besonderer Begriff von der Welt bist, in der ich - also mein besonderer Weltbegriff - erst ein Objekt unter anderen bin und dann sein einziger Inhalt sein soll. So subsumiert mein Begriff von dir die Tatsache, *daß* dein Begriff mich subsumiert und umgekehrt subsumiert dein Begriff von mir die Subsumption deines Begriffes von mir unter meinen Begriff von dir usw. In dir liebe ich den, der mich liebt, also mein Dichlieben etc. Ist also die Liebe eine unendlich in sich reflektierte Erkenntnis ?

Das Einzigartige, das jeder der beiden für den anderen sein will, ist der besondere Begriff, den er sich vom anderen macht und der ihn zu einem ganz besonderen Wesen macht. Psychologisch gesprochen ersetze ich mein Ich-Ideal, den verinnerlichten Erben meines Ur-Objekts, durch das totalisierte Objekt, welches sein Ich-Ideal bittschön durch mich vertreten lassen möge.

Um einen Schritt weiterzukommen, wenden wir uns kurz der Liebesontologie zu, die Sartre 1943 entworfen hatte in „Das Sein und das Nichts" (Hamburg 1962, Seite 467 ff.). Lieben heiße geliebt werden wollen. Liebe ich in dir den, von dem ich geliebt werden möchte, dann liebe ich in dir nolens volens den mit, der mich nicht lieben kann, ohne seinerseits von mir geliebt werden zu wollen, so daß mein Wunsch nach Liebe unfreiwillig wollen muß, du mögest wollen, daß ich dich liebe - statt daß du mich liebst.

Sartre nennt Liebe einen Betrug, weil jeder vom anderen geliebt werden wolle unter dem bloßen Vorwand, ihn zu lieben. Dich lieben heißt laut Sartre aber, deine Existenz begründen und rechtfertigen und sie der Kontingenz, der Überflüssigkeit bis Unerwünschtheit, zu entreißen. Ich kann mich ableiten von dir und zurückführen auf dich. Du machst, sobald du mich liebst, dich zur Ursache und zum Urheber dessen, was ich bin, sofern du nach mir rufst. Im Geliebten brauche ich den, der mich dazu braucht, *daß* ich ihn brauche und der Überzähligkeit entwinde. Wenn nach Freud der andere jedoch stets primär von mir als Wiedergänger eines ursprünglichen Urobjekts, eines Elternteils, geliebt wird, entsteht der Betrug, den Sartre in der Liebe hypostasiert, durch den unumgänglichen Mechanismus, daß der andere, statt meine Eltern zu spielen, die mich zu ihrem Wunschkind machen, seinerseits in mir eben die Eltern sucht, die ich in ihm suche.

Liebe ich als Mann in einer Frau meine Mutter als Ursprung und Grund meines Seins, dann will ich von ihr meinem Vater vorgezogen werden, statt der Mann zu sein, den sie nur lieben kann, sofern sie in mir ihren eigenen Vater als Grund ihres Seins sucht. Du kannst mich nur als meine Mutter lieben, sofern du die Tochter bist, die von ihrem Vater in mir geliebt sein will. So gebe jeder nur vor, für den anderen den gegengeschlechtlichen Elternteil seiner Kindheit zu spielen, um in Wirklichkeit aber den gegengeschlechtlichen Elternteil der eigenen Kindheit in ihm wiederzufinden und anamnestisch wiederzuerkennen. In mir soll dein Vater wiederaufleben, nicht der Sohn meiner Mutter und mein Vater.

Für mich soll in dir meine Mutter wiederauferstehen, nicht die Tochter deines Vaters und deine Mutter. Du solltest meine Mutter sein und spielst meine Tochter; ich soll dein Vater und will dein Sohn sein. So sei jeder allein mit seinem Urwunsch nach bedingungsloser Elternliebe. Jeder will Kind seiner Eltern und soll Eltern seines Kindes sein. Anders gesagt : ich will mein Vater und soll dein Vater sein, du willst deine Mutter und sollst meine Mutter sein. Ich will der Sohn einer Mutter und soll Vater einer Tochter, du willst Tochter eines Vaters und sollst Mutter eines Sohnes sein.

Nach Sartre ist Liebe nun vor allem der Wunsch, sich selbst nicht nur durch den anderen hindurch zu ‚erkennen', sondern auch zu erschaffen, da wir seit Vico letztlich nur das verstehen, was wir selbst hervorgebracht haben. Von dir erkannt werden heißt, von dir erschaffen werden, also dein Wunschkind sein, das dich und nur dich braucht. Liebend will ich mich mit dir vereinigen, um der zu werden, der mich liebt, d.h. erkennend produziert und schöpferisch versteht. In dir bin ich dann mit dem eins, der mich hervorbringt, so formt, wie er mich braucht, und durch den und für den ich bin, wie ich bin. So will der Sohn einer Mutter nicht nur sein eigener Vater, sondern seine eigene Mutter sein, die ihn geschaffen hat. Und *sie* will gerade als Tochter ihres Vaters nicht nur ihre eigene Mutter, sondern ihr eigener Vater werden, wenn sie mit mir ein Fleisch sein will. Als Vater und Mutter seiner selbst wäre jeder das ens causa sui und Gott. Aber die Mutter, mit der ich mich vereinige, um bedingungslos von ihr geliebt zu werden, ist eine Tochter, ein Kind, das bedingunglos von Gottvater geliebt werden will. Der Betrug der Liebe bestehe also auch darin, daß jeder, unter dem puren Vorwand, ihn zu lieben, den anderen in die Falle des Ödipuskomplexes lockt. Ich will als mein eigener Vater mit meiner Mutter eins werden, nicht als dein Vater mit deiner Mutter. Die Mutter, die du mir sein sollst, steht ödipal zwischen dir und mir als deinem Vater, und der Vater, der ich für dich sein soll, steht ödipal zwischen mir und dir als meiner Mutter. Der Liebende erkennt den Geliebten nach Freud nicht in seiner singulären Einzigartigkeit, sondern nur in dem, was er mit dem gegengeschlechtlichen Elternteil gemeinsam hat, als „besonderes Allgemeines".

Der Existenzialist ist ein Individuum, das für Sartre sein eigenes Wesen zu erfinden hat (und immer schon entworfen hat), also das, was ich mit anderen Individuen teilen will, und das, was ich je nur selbst sein will: definitio fit per genus proximum et differentiam specificam.

Der Akt begrifflicher Abstraktion wird ersetzt durch den Akt einer Transzendierung des Seins auf sein Bewußtsein von sich hin, der Be-griff ist verzeitlicht zum Vor-griff. Ich abs-trahiere von mir, indem ich nur die Selbstnegation meines Seins bin. Das entworfene Wesen aber ist das, was ich faktisch nicht bin, genauer : ich bin, *daß* ich es nicht bin, sondern der Abstand von diesem essentiellen Plansoll. Mit den Augen meines projektierten Wesens betrachtet, taucht meine Faktizität erst auf als ‚Widerstandskoeffizient' gegen mich selbst. Und ich negiere die Negation meines Seins, die in meinem temporalisierten Selbstbewußtsein liegt, nicht dadurch, daß ich mein Sein in mein Bewußtsein hineinrealisiere, nicht mein Bewußtsein materialistisch wieder vom Sein aufschlucken lasse. In der Liebe nun will ich dadurch anders werden als ich selbst, daß ich der Andere selbst werde, dieser besondere Andere, von dem ich mein Wesen definieren lassen will.

Aber der Geliebte ist jenes besondere Wesen, das mein Wesen nur bestimmen kann, indem es sein eigenes Wesen - mein Wesen zu sein - von mir bestimmen lassen muß. So bestimme ich selber den anderen dazu, mich zu bestimmen, und er bestimmt mich als den, der ihn bestimmt usw. Dadurch bin ich nach Sartre aber wieder mit mir und der Notwendigkeit allein, mein Wesen selbst zu erfinden, da ich es bleibe, welcher das Wesen ernennt und erschafft, das mein Wesen ernennt und erschafft. Für Heidegger würde, falls er darüber gesprochen hätte, der andere mich dazu bestimmen, ihn zu bestimmen. Jenes Wesen, das er ‚Sein' nennt, braucht mich als den, der es braucht; es begründet und rechtfertigt sich durch mich hindurch gleichsam. Warum sieht Sartre nicht, daß ich nur gerechtfertigt bin als der, der den anderen rechtfertigt?

Erkannt bin ich schließlich nur als ein Erkennender und in meinem Wesen bestimmt als der, welcher den anderen in seinem Wesen bestimmt. Werde ich aber als Liebender geliebt, kann ich als Geliebter lieben, selbst wenn ich den anderen dazu bestimme, mich als den zu bestimmen, der ihn definiert, da er ja ebenfalls mich dazu bestimmt, ihn als den zu bestimmen, der mich in meinem Wesen erschafft. Aber Sartre will geliebt sein, ohne vorher lieben zu müssen und zu können. Diese bedingungslose Liebe hat ihr infantiles Urbild in der Mutterliebe zu ihrem Kleinkind, das auch und gerade da geliebt wird, wo es selbst gar nicht liebt, sondern auch haßt. Du sollst meine Mutter sein und willst, daß ich dein Vater bin (also mein Großvater?). Ich soll dein Vater sein und will, daß du meine Mutter bist und - deine Großmutter?

Du als deine Mutter rufst in mir nach deinem Vater, und ich als mein Vater mache dich zu meiner Mutter? Oder will ich nur erwünscht sein als jenes Kind, das gebraucht wird, seine Mutter zu brauchen? Brauche ich in dir das Wunschkind, das mich brauchen soll? Wenn ich das Objekt deines Begriffes von mir sein will, um dein Begriff von mir zu sein, dann will ich das Objekt sein, das du für meinen Begriff von dir bist. Mein principium individuationis ist nicht der materielle Leib, sondern mein besonderer Begriff vom anderen und von seinen Allgemeinbegriffen von mir.

Hegel – Freud – Adorno - Derrida

Das Bewußtsein ist bewußtes Sein, weil das Sein unbewußt gewordenes Bewußtsein ist. Aber nicht die Natur hebt Hegel in Geist auf, sondern nur den Geist, soweit er sich selbst zur (zweiten) Natur wurde. Die „Krugsche Feder" ist nicht eo ipso das „Außer-sich-sein des Geistes". Ihr Sein geht erst da auf in das Bewußtsein, das sich von ihr gewinnen läßt, wo sie etwa ein Phallussymbol wird, diese Bedeutung aber aus ihr verdrängt wird und doch hinterrücks - als philosophische Hinterwelt - die Beziehung zu ihr insgeheim systematisch tangiert, verzerrt und verfälscht. Dazu aber muß der Geist vor sich selbst und vor anderen verbergen, *daß* er sich selbst durch Projektion in und hinter jener Schreibfeder verbirgt, die als solche - an sich - natürlich nicht darin aufgeht, Symbol für eine verdrängte phallische Bedeutung zu spielen. Krugs Feder ist nur soweit ins Bewußtsein aufzuheben, wie in ihr etwa eine phallische Bedeutung unbewußt geworden ist, deren Symbolträger sie wurde. Kurz: was aus dem Bewußtsein verdrängt wird, taucht nicht in magischer Transsubstantiation als Krugs Feder in der Natur auf, sondern in der unbewußt werdenden phallischen Nebenbedeutung dieser Feder, ihrem geheimen Hintersinn. Was Hegel das mit ihrem Begriff identische Wesen dieser Feder nennt, ein Wesen, das hinter den kontingenten Eigenschaften ihrer materiellen Beschaffenheit verborgen ist, ist ihre Eignung dazu, eine unbewußt gewordene Bedeutung zu repräsentieren. Wenn ich ins Bewußtsein hebe, was verdrängt und damit unbewußt wurde, *daß* nämlich diese Feder „im Grunde" als Phallus behandelt wird, dann habe ich die Feder genau so weit aus dem Bewußtsein abgeleitet, wie sie eben auf Bewußtsein zurückführbar ist. Das Ich erkennt sich im Nichtich wieder, soweit und nur soweit das Nichtich das aus dem Ich verdrängte Ich ist. Das Wesen des Verdrängten besteht für Hegel nicht in dem, *was* da verdrängt wurde, sondern *daß* es verdrängt wurde, auf daß es ins Bewußtsein zurückgeholt werde - und nur deshalb wird wichtig, *was* verdrängt wurde. Hegel ontologisiert nicht das Verdrängte und Desymbolisierte zum „Unbewußten" und damit zu einem Sein sui generis.

Das Sein ist auf das Bewußtsein nur soweit zurückzuführen, wie das Sein unbewußt gewordenes Bewußtsein ist. Wo Es war, soll Ich werden - soweit das Es eben unbewußt gewordenes Ich ist, nicht jenes Unbewußte, das sich in den Tiefen der somatischen Physiologie verliert und allerdings nicht restlos reduzierbar ist auf das, was davon ephemer ins Bewußtsein dringt.

Der Nervenpunkt von Marxens Hegelkritik wird schon hinfällig, wenn der Gegenstand des Bewußtseins bei Hegel in dem selben Sinne nichts als eine

Selbstvergegenständlichung des Bewußtseins ist, wie bei Freud das Verdrängte eine Selbstentfremdung des Ich ist unter dem Druck des Überich.

Auch bei Freud wird ja die verdrängte inzestuöse oder patrizidale Regung nicht dadurch bewußt gemacht, daß das Bezugsobjekt dieser Regung auf das Ich zurückgeführt, in den Narzißmus des Ich absorbiert und oralkannibalisch verschlungen wird. Wenn das Es dem Ich zugeführt wird, ist nicht die Außenwelt zum narzißtischen Spiegel des Ich herabgesetzt, sondern die magische Projektion des Ich auf die Welt ins Ich zurückgenommen und die Gefahr einer Verwechslung des Ich mit dem Nichtich vermindert.

Hegel hebt ins Bewußtsein nicht die natürliche Regung auf, sondern nur ihre Verdrängung. Das ist keine Unterwerfung des Ich samt Es unter das Überich, keine Zustimmung des Ich zum Verdikt des Überich, sondern die Stärkung des Ich gegen Es *und* Überich. Der Geist triumphiert bei Hegel über die Natur nicht wie bei Freud das Überich über das Es und Ich.

Adorno wirft der Psychoanalyse vor, metapsychologisch gesprochen, das Ich zusammen mit dem Überich gegen das Es aufzuhetzen. Die Unterscheidung zwischen Ich und Überich sei dubios, wenn beide sich doch einig seien in der Unterdrückung des Es, beim Überich kraft autoritärem Verbot, beim Ich eben kraft resignierender Einsicht in die versagende Realität. Stellen wir die Diskussion dieser Kritik an Freud noch einmal zurück. Hegel jedenfalls erfüllt genau jene Forderung Adornos, die Macht des Subjekts über die Welt aller Objekte durch das Subjekt selbst zu brechen, bricht er doch die Macht der Objekte über das Subjekt nur soweit, wie das Subjekt in den Objekten sich selbst im Wege steht. Indem das ichfremde Objekt, welches das Subjekt sich selbst wird, in das Subjekt zurückgeholt wird, ist dem Objekt, das mehr ist als die Selbstentfremdung des Subjekts, der Vorrang vor dem Subjekt allererst voll zurückgegeben.

Jacques Derrida hatte in „Glas" („Totengeläut", Verlag Gallimard, Paris 1975) gezeigt, daß die dialektische Triade bei Hegel abläuft als folgender Kreis aller Kreise:

1. Thesis	Realität, Substanz	: Frau	: Mutter
2. Antithesis	Begriff, Subjekt	: Mann	: Sohn
3. Synthesis	Einheit von Sein und Bewußtsein	: Kind	: Mutter
		Triade	*Dyade*

Hermann Schmitz unterschied in der *dreiphasigen* Trinität das *zwei- und dreipolige* Dialektik-Konzept in „Hegels Logik" (1992). Darin verbirgt sich unerkannt die Dialektik von Mutter Natur und Menschenkind *mit oder ohne* den vermittelnden väterlichen Dritten in ihrem Bunde.

Die Kopula jedes Urteils zielt ab auf sexuelle Kopulation von Mann und Frau, von Denken und Sein, von Begriff und Realität, von grammatischem, objektivem Prädikat (erkenntnistheoretisches Subjekt) und grammatischem Subjekt (erkenntnistheoretisches Objekt), von Form und Inhalt, von Geist und Natur. Im gezeugten Kind, ihrer Synthesis, seien Subjekt und Objekt auf jene berühmte dreifache Weise „aufgehoben", und diese synthetische Vereinigung der Gatten, die Frucht ihrer Liebe, sei dann wieder Thesis und Ausgangspunkt weiterer Generationenfolgen. Aus dem „Enzyklopädie"-Kapitel über die Dialektik der Sexualität schließt Derrida auf die unterschwellige Sexualität von Hegels Dialektik überhaupt, die auch darin ihren latent erotischen Ausdruck finde, daß die Antithese (Sohn) aus der Grundthese (Mutter) hervorgehe, um sich in der kopulativen Synthese wieder mit der Mutter (in seiner Gattin) zu vereinigen. Der begreifende Sohn trenne sich von der Frau, dem mütterlichen Schoß des Seins und der Substantialität nur, um sich am Ende - in der absoluten Idee - wieder mit ihr zu verbinden. Das maternale Sein sei Ursprung und Ziel dieser Erhebung des Bewußtseins aus dem Sein und über das Sein, und im männlichen Begriff erkenne das weibliche Sein sich selbst, komme es zu sich selbst wie der männliche Begriff im Schoß des Seins, dem er phylo- und ontogenetisch sich entrang. Der Begriff entstehe bei Hegel aus dem Sein allerdings durch das „Phantasma jungfräulicher Geburt": der Sohn will sich keinem Vater verdanken - um ungestört der Mutter beiliegen zu können. Hegels „absolute Idee" sei Vereinigung von Subjekt und Substanz, von Geist und Natur, von Sohn und Mutter in Abwesenheit eines Vaters, der ebenso sein eigener Sohn wie dieser je bei der Geburt schon sein eigener Vater sei. Das unerschöpfliche Sein hält es nicht bei sich aus, wirft Söhne aus sich heraus, die es ins Leben und in die Unabhängigkeit nur entläßt, um sich am Ende wieder mit ihnen zu vereinigen, sie in sich zurückzunehmen und zurückzuschlingen. Am maternalen Sein, an Mutter Erde, gehen die Erdensöhne schließlich wieder „zum Grunde", von Mutter Natur wieder absorbiert in die pränatale Ureinheit, die im Tod der Erdensöhne oder im orgastischen Vergehen vor inzestuöser Lust erreicht ist. Die „Versöhnung" von Begriff und Realität in der absoluten Idee ist wörtlich zu verstehen : Vereinigung des „Sohnes" mit der Mutter, als Buße gleichsam für seine Trennung, die allein ihn Autonomie, Selbständigkeit und Unabhängigkeit finden läßt, allerdings als *ihr* potenter Phallus. Mutter und Kind differenzieren sich langsam aus der primarnarzißtischen Ursymbiose heraus. Diese Ausdifferenzierung verschärft sich zu ernster Differenz, da das Kind seine Selbst-Identität nur durch entwöhnende Trennung von der Mutter hindurch erreichen kann, durch Negation der Personalunion mit seiner Mutter, die selbst ein Interesse an der relativen Selbständigkeit ihres sich lösenden

Kindes haben muß, denn nur ein freier, starker phallischer Sohn kann ihren Penisneid befriedigen. Aber diese Ablösung des Begriffs vom Sein hat nur den Sinn und Zweck, den Begriff frei und autonom genug zu machen, dieses maternale Sein, von dem er sich freiarbeitet, nun zu „erkennen", d.h. sich diesem zu erkennenden Sein anzugleichen, um Wahrheit des Urteils übers Sein zu gewinnen, Wahrheit über die Ur-teilung von Mutter und Kind, Sein und Denken, Natur und Geist etc. Diese Wahrheit ist ihre Identität. Der dialektische Widerspruch zwischen Mutter Natur und Erdensohn, ihre genitale Differenz und ihr Generationskonflikt als Kampf der Geschlechter, steht im Dienst ihrer inzestuösen Wiedervereinigung, und auch die Mutter muß ihren Penis frei in die Welt entlassen, um ihn zurückzubekommen in Gestalt eines Sohnes, der es im rauhen Leben zu etwas gebracht hat, nämlich dazu, als großer und starker Penis ihr Penis zu sein, der alle ihre Kränkungen am Gatten rächen wird.

Im Grunde paraphrasiert Hegel nach Derrida die Binsenweisheit, daß wir dorthin zurückkehren, woher wir kommen: in den Schoß der Mutter Erde. Das Sein entäußert sich im und als Begriff, die Mutter in ihrem Sohn, um sich selbst im Sohn als ihren Phallus zu erkennen, und der Begriff wagt den Tod, die Trennung vom heimischen Herd und von Erdenmutters Rockzipfel, um sich selbst schließlich im Schoß des Seins zu realisieren. Die „Phänomenologie des Geistes" ist dann die Geschichte der psychosexuellen Entwicklungen und Erfahrungen des Sohnes mit seiner Mutter, und die „Wissenschaft der Logik" die Darstellung nicht der Gedanken Gottvaters vor der Schöpfung, sondern der mütterlichen Phantasien, noch bevor sie ihr Kind in die Welt gesetzt hat. Sinn, Ziel, Zweck, Ende und Vollendung der (Lebens-)Geschichte ist stets die reale (Wieder-)Herstellung und geistige Rekonstruktion der frühen Mutter-Kind-Dyade auf der Ebene erwachsener Weltläufigkeit. Der Ursprung ist zwar das Ziel und das Ziel der Ursprung der realen *und* begriffenen Bewegung, aber dieser Ursprung, sofern von ihm ausgegangen wird, ist ein anderer als jener Ursprung, in den alle Bewegung als ihr Ziel einmündet. Nur durch die Geschichte hindurch ist der urmütterliche Ursprung erst *als* Ursprung entwickelt und begriffen und erobert. Wenn der Mensch in jenen Schoß der Erde zurückkehrt, aus dem er stammt, ist - in der Einheit der begriffenen Realität und des realisierten Begriffs - der Mensch in und an seinem Ursprung und Ziel (und die Erde durch ihn hindurch als Erde) zu sich selbst gekommen. Der Sohn wird durch Lösung von der Mutter und durch Wiedervereinigung mit der Mutter erst Sohn, die Mutter durch ihren phallischen Sohn erst Frau; sie „erkennt" sich selbst in einem Sohn, der sich realisiert in ihr, aus der er immer wieder kommt und in die er immer wieder eingeht. Diese „Synthesis" ist deshalb mehr als die Thesis, weil die Rückkehr in die Mutter-Kind-Einheit am

Ende des Lebens diese Ausdifferenzierung von Mutter und Kind aus der Urmonade voraussetzt. Synthesis ist dann Einheit von Mutter und Kind, nicht eine Einheit noch *vor* der Bildung einer Mutter und eines Kindes: Einheit einer Mannigfaltigkeit und keine Einheit *vor* aller Vielfalt, deren Einheit sie ist. Das Problem der Kompatibilität von Einheit und Vielheit hatte schon die Vorsokratiker beschäftigt, und bekanntlich hat Hegel der Lösung Heraklits, der die Einheit als Einheit hochentwickelter Gegensätze verstand, den Vorzug gegeben vor der des Parmenides, der das Eine als dumpfe Einheit vor und unterhalb aller weltlich-geschichtlichen Mannigfaltigkeit ansetzte.

Die Differenz im Hegelverständnis von Adorno und Derrida ist gerade im Lichte unseres Interpretationsansatzes gut auszumachen. Nach *Derrida* ist die dialektische Thesis das Sein der Mutter, genauer, der primär-narzißtischen Mutter-Kind-Monade, fast in pränatalem Dämmerzustand, das Sein der Mutter noch als identisch mit ihrer Idee von einem Sohn, der noch nicht geboren ist. Die Antithesis wäre dann Geburt und Trennungsversuch des zunehmend selbstbewußten Sohnes aus der Umklammerung durch diese verstrickende Symbiose. Nach *Adornos* Verständnis ist mit der Thesis eher das Sein des Vaters gesetzt, des Vaters im Sohn: das Überich im Bunde mit dem repressiven Realitätsprinzip. Antithetisch negiert der rebellische Sohn die Macht des Bestehenden, in dem sich nicht wie bei Derrida die archaische Mutterimago, sondern der Landesvater als Big Brother inkarniert hat.

Wir verstehen jetzt, warum Adorno alle Dialektik bei der Antithesis und Negation enden lassen will, da nach seinem Hegelverständnis die Synthesis eine Identifikation mit dem unterdrückenden Vater im Himmel, nicht wie bei Derrida eine (auch von Adorno philosophisch intendierte) inzestuöse Vereinigung des Erdensohnes mit Mutter Erde bedeuten würde.

	Derrida	*Adorno*	*Hegel*	
These	Sein (Mutter)	Begriff (Vater)	Es:	Besetzung
Antithese	Begriff (Sohn)	Sein (Sohn)	Überich:	Verdrängung
Synthese	Ursymbiose	--------------	Ich :	Verzicht

Hegels Thesis wird von *Derrida* verstanden als präödipale Mutter-Kind-Einheit, von *Adorno* als Überich, von *Schütt* als ödipale Besetzung der geliebten Mutter und des gehaßten Vaters. Hegels Antithesis wird von *Derrida* aufgefaßt als Ich-Identität des sich von der Mutter befreienden Sohnes, von *Adorno* als der vom Überich unterdrückte und dagegen potentiell rebellierende ödipale Sohn, von *Schütt* als Verdrängung der ödipalen Regung unter der väterlichen Kastrationsdrohung. Hegels Synthesis wird von *Derrida* ergriffen als prägenitale oder inzestuöse Wiedervereinigung des Sohnes, der sich aus der präödipalen Mutter-bindung befreit hat, mit der geliebten Mutter, und wird von *Adorno* verweigert, weil eine Synthesis die Thesis und damit die Gewalt der paternalen Realität eigens legitimieren würde, weil Negation der Negation doppelte Bejahung des Vaters durch den gebrochenen Widerstand des Sohnes hindurch bedeuten würde. Und *Schütt* versteht Hegels Synthesis schlicht als therapeutische Aufhebung des Widerstandes gegen die Rückkehr des Verdrängten ins Bewußtsein, als Resymbolisierung der sprachlich exkommunizierten Natur-regung, als heilendes Eingedenken des unter dem Bann Vergessenen.

Marx fürchtete, bei Hegel werde nicht nur die Verdrängung aufgehoben, sondern auch das Objekt selbst, dessen Besetzung verdrängt sei. Diese Befürchtung ist nicht völlig grundlos. Wenn der Psychoanalytiker die Verdrängung aufhebt, gibt er die verdrängte Regung nicht zum Ausagieren frei, sondern will helfen beim realitätsgerechten Verzicht des Analysan-den auf Inzest und Patrizid. Nach Hegel und Freud sollen die reale Mutter und der reale Vater nicht *aufgehoben*, sondern die auf sie bezüglichen Wünsche aufgegeben werden. Das aber gerade fürchtet Adorno mit Marx gegen Hegel (und Freud). Das postödipale Ichideal bei Freud ähnelt durch-aus dem, was bei Hegel als geschichtlicher Endzustand angeboten wird. Aufgerufen wird zum Verzicht des Sohnes auf den Besitz der realen Mutter Natur, die an den Vater vergeben ist. Die Verdrängung aufheben, heißt auch schon, das Objekt aufzugeben, dessen Besetzung da verdrängt worden war, und dann sich bescheiden mit der durch keinen Ödipuskomplex mehr belasteten Aneignung der übrigen realen Welt. Da entdeckte Marx, daß die übrige Welt nicht weniger an Herren vergeben ist für den Sohn wie die Mutter an den Vater. Der Sohn sieht die verbotene Mutter nicht nur in die Welt hinein, diese Welt ist wirklich nach dem Bilde der tabuierten Mutter konstruiert. In diesem Falle impliziert der Verzicht auf den Besitz der realen Mutter den Verzicht auf die Aneignung aller weltlichen Güter.

Freud argumentierte, die ganze Welt außer der eigenen Mutter sei für den Sohn dann zur Auswahl freigegeben, sobald er aufhöre, in der Welt die tabuierte eigene Mutter zu fürchten. Marx entdeckte, daß auch und gerade die ganze Welt außer der eigenen Mutter für den Sohn tabu ist. Der Genuß von Frau Welt ist - wie die eigene Mutter dem Vater - den Herren der Welt vorbehalten. Bekanntlich empfahl Marx, gegen die Kapitalisten real so vorzugehen, wie der Sohn gegen seinen Vater im Kampf um die Mutter vorzugehen sich träumt. Aber gerade der Ödipuskomplex ist es ja, der die Erdensöhne auch und gerade dann daran hindert, sich ihren Teil vom großen Mutterkuchen zu nehmen, wenn die Beseitigung der Vaterfiguren real möglich ist.

Wie das gemeine Volk den neuen Adel sieht (*Vorsicht : Satire!*)

Niemand nutzt sein Privileg, seine eigenen Privilegien zu bestreiken. Der Beamte hat keines der Sonderrechte, für die er von der ganzen freien Welt bestaunt wird, wirklich aufgeben müssen, sondern sie noch ergänzen dürfen um das Vorrecht, moderne Amtspflichtvergessenheiten nun auch noch als demokratisches Natur- und Widerstandsrecht des mündigen Staatsbürgers gegen bürokratische Zumutungen vor sich und vor uns zu verkaufen. Ein moderner Staat scheint seine demokratische Verfassung nur dadurch noch beweisen zu können, daß er legitimierte Vorbehalte seiner Diener gegen den Willen der Volksmehrheit als legale Formen modischer Staatsverdrossenheit duldet und fördert, so gut er kann.

Der mündige Staatsdiener nach Vorschrift ist heute ganz einfach einer, der anders als seine monströsen Ahnen die Kundendienstpflichten mit bestem Wissen und Gewissen gelegentlich vernachlässigt, um sich nicht vorwerfen lassen zu müssen, er habe sie bis zum Kadavergehorsam übererfüllt. Seine Privilegien hat er nur vermehrt um das Legat, sie nicht mehr mit Amtspflichttreue vergüten zu müssen. Kurz : Die modernisierten Beamten sind keine Unmenschen mehr, sondern die einzigen Sozialisten im Lande.

Die einzige Gesellschaftsklasse, die nicht konservativ und reaktionär ist, ist der Adel. Umgekehrt ist jene Klasse einer Gesellschaft immer und überall einfach gerade dadurch die Aristokratie, daß sie progressiv und innovativ ist. Der Kern dieser erzrevolutionär gärenden und klassischen Klasse ist das alte Berufsbeamtentum. Als gutes Lehrbeispiel lassen sich die ökologistischen, pazifistisch linksliberalen, alternativ-feministischen Schullehrer herausgreifen. Nicht zu Unrecht wurde von einem besonderen „Lehrersozialismus" gesprochen. Die wahren Revolutionäre sind die Feudalisten, und die wahren Aristokraten der Hochindustrie-Nationen sind die Staatsdiener. Wie der Linke vom Stalinisten über den Euro-Kommunisten zum Ökosozialisten mutierte, so ging die wahre Gestalt des Edelmanns vom Fürsten auf den Beamten über. Wie die „Arbeiteraristokratie" am Ende nur noch aus Leuten bestand, die gar nicht mehr arbeiteten, so ist der wahre Staatssozialismus auch der westlichen Welt heute der Beamtenfeudalismus *der* Demos statt *des* Demos.

Der öffentliche Dienst bestimmt die öffentliche Meinung, seit die absolute Mehrheit der Gesetzgeber des deutschen Bundestages aus Staatsdienern besteht, die von der Arbeit der Werktätigen ohnehin freigestellt sind. Die Gesetznehmer bleiben die Arbeitnehmer. Die Sonderinteressen der Eliten werden der Gemeinschaft als das Gemeinwohl angedreht und das Gemeinwohl umgekehrt als Extrawurst gebraten. Der Ameisenstaatssozialismus des 21. Jhts. besteht aus den anti-matriarchalischen Amazonenheeren der Arbeitstierkollektive von Königinnen, Soldaten, Kulis und den unnützen Drohnen. Erst übernahmen wir die Arbeit, dann die Fabrik, dann uns selbst, also alles drei zusammen: Befreiung ist nur die Verinnerlichung der ganzen Misere. Gut Einsozialisierte tun freiwillig sich selbst an, was ihnen zuvor angetan wurde.

Die eine Hälfte der Welt hält das Proletariat für schon besiegt, die andere Hälfte hielt es bis vor kurzem noch für siegreich, also für gar nicht mehr vorhanden, und beide Hälften behaupten dasselbe. Das fortgeschrittene Beamtentum ist die Rettung des Menschen vor der freien Wirtschaft durch seine Verstaatlichung. Die unteren Schichten der Lohnabhängigen sind bekanntlich reaktionär. Sie reagieren nur abwehrend auf die Innovationsschübe der progressiven Eliten des öffentlichen Dienstes. Spießig sperren sie sich gegen überfällige Modernisierungsschübe und jede Verbesserung ihrer Lebensverhältnisse, klammern sich dumpf und blöde ans Althergebrachte, vom Fortschritt nur widerwillig mitgeschleift. Sie treiben nicht gern ihre Kinder ab, laufen nicht weg in die indischen Tempel, sie haschen nicht, wehren sich nicht effektiv gegen Treibhauseffekte, Volkszählung und Waldsterben, reihen sich nicht ein in die Menschenketten der Umweltschützer, Friedensfreunde, Mahnwachen und Frauenbefreier.

Die „Friedensbewegung" scheinen Werktätige eher für eine Kapitulation vor dem vorübergehend sozialistisch maskierten russischen Reichsimperialismus zu halten. Die „Umweltbewegung" scheinen sie zu verdächtigen, den Umweltschmutz nur aus den grünen Vierteln in die Fabrikhallen zurückfegen zu wollen, und im „Feminismus" lehnen sie den Versuch von Frauen ab, sich zu emanzipieren von ihren Männern am Fließband statt mit ihren Männern von diesem Fließband. Aber wirklich reaktionär am gemeinen Volk, wenn darüber schon geredet werden soll, ist heute nun höchstens sein Mangel an Gottesfurcht, Bibelfestigkeit und Fortschrittszweifel.

Offenbar genügt es nicht, daß Beamte ihre totale Daseinsvorsorge längst nicht mehr bezahlen müssen mit Streikverbot und niedrigerem Gehalt. Als reichte das alles immer noch nicht, ist ihnen inzwischen ein neues Privileg zugewachsen, das sie selbst in den Hochzeiten des preußendeutschen Obrigkeitsstaates nicht genossen haben. Unter dem Deckmantel der Parole, den mündigen Staatsdiener zu spielen, vor dem die Normalbürger sowenig auf Knien rutschen müssen, wie er selbst vor Vater Staat zu buckeln hat, sind die Vorrechte des Beamten dadurch erweitert worden, daß er seine Amtspflichten nicht mehr gewissenhaft tun darf, ohne Unmensch zu sein.

An Behördenschaltern fällt der neudeutsche Durchschnittsbeamte dadurch auf, daß er sich wohltuend abhebt von der muffeligen Arroganz seiner unseligen Vorgänger, aber als Kehrseite dieser Medaille dem zivilen Kunden durch augenzwinkernde Lässigkeit auf eine etwas unheimliche Weise zu verstehen gibt, er glaube selbst nicht so recht an den Sinn der Gesetze, über deren Einhaltung er zu wachen hat, und als solidarisiere er sich unterhand mit dem dienstleistungssuchenden Bürger gegen den Gesetzgeber und seine Gesetzesvorschriften. Der Beamte hat seine Privilegien nicht mehr zu bezahlen durch Kadavergehorsam gegen das Gesetz und durch unverbrüchliche Treue zur demokratisch gewählten Regierung, gleichgültig welcher. Zentimeterweise erweitert er mit Hinweis auf den allgemeinen Zeitgeist seine Ermessensspielräume durch Selbstdemokratisierung.

Von den Zulagen, Sondervergütungen, Auflagenbefreiungen und anderen Lebenslastermäßigungen einmal abgesehen, ist auch das konstitutionelle Streikverbot längst so gut wie unterlaufen, ohne daß der Beamte die Steuerlast der Bürger zu teilen hätte. Kostenlos benutzt er die von Steuerzahlern finanzierte teure Apparatemedizin der Großkrankenhäuser mit, statt sich von eigenem Geld eigene Sanatorien zu bauen. Nur die Staatsdiener profitieren vom ‚klassenlosen Krankenhaus' und anderen demokratischen Einrichtungen der offenen Gesellschaft. Beamte, sobald sie ihre Besitzstandsvorrechte in Gefahr wähnen, gehen für alles und gegen jeden auf die Straße, ohne auf die Straße geworfen werden zu können. Und ihr soziales Engagement treiben sie soweit, daß ihr Zunft-Egoismus gelegentlich auch außerparlamentarischen Druck ausübt.

Beamte kompensieren den Verzicht auf bürgerliches Streikrecht dadurch, daß sie ihre Dienstzeit zum permanenten Generalbummelstreik gemacht haben. Das engstirnige Dienstpflichtbewußtsein wird langsam aber sicher ein Opfer progressiver „Bewußtseinserweiterung" und anderer Formen galoppierender Expansionspolitik, ohne daß deshalb darauf verzichtet würde, die infantilisierend totale Daseinsfürsorgepflicht des Brotherrn weiter exzessiv in Anspruch zu nehmen und die demokratische Wahrung undemokratischer Vorrechte zu betreiben. Mit der einen öffentlichen Hand nimmt der Staatsdiener von Vater Staat, mit der anderen droht er dem Staat, der Geldtopf und Leviathan zugleich ist. Beamte demonstrieren gegen alles, nur nicht gegen ihr Beamtenrecht, das ein feudales Vorrecht ist, also ein einziges Unrecht. Zu Protest dagegen geht nur der Sozialneid.

Sie gehen für alle und für alles auf die Straße, ohne je auf der Straße zu liegen, und wenn ein Lehrer morgens um acht Uhr seiner bloßen Anwesenheitspflicht im Klassenzimmer genügt, ist es fast gleichgültig, was er den ganzen halben Tag über dort treibt. Was auch immer er in die Black Box hineinsteckt, auf der anderen Seite kommt nur die Überkompetenz jedes Schülers heraus, seine Muttersprache, weil Herrschaft ja böse ist, nicht zu beherrschen. Der modernisierte Pädagoge vergeht sich an seinen Schülern, indem seine professionelle Infantilität und Bildungsverdrossenheit ihren Wissensdrang, Lerneifer und berechtigten Wunsch permanent vergewaltigt, so bald wie möglich erwachsener zu werden als eben diese Lehrer.

Pädagogen machen aus der Not, ihren Zöglingen nichts beibringen zu können, die zweifelhafte Tugend, ihre Schulen nicht degradieren zu lassen zu bloßen Qualifizierungsanstalten für industrielle Imperative. Beherzt verweigert sich der Regulier-Staat den Bedürfnissen der Wirtschaft, und die schiere Unfähigkeit seiner Beamten, die Bevölkerung mit Erwerbsfähigkeiten auszustatten, macht die Schullehrer zur Vorhut einer antigroßkapitalistischen Dauergroßoffensive.

Als progressiv gilt schon, wer nur nicht ökonomisch zu arbeiten versteht, und wer mehr kostet als er nutzt, verweigert sich der gesellschaftlichen Profitorientierung, heißt es. Es wäre doch gelacht, wenn staatliche Schlamperei den Kapitalismus nicht so wettbewerbsunfähig machen würde, wie sie es selber ist. Beamte bekämpfen Großindustrielle aber nicht als Industriearbeiter, sondern auf deren bürgerschrecklicher Seite als neue Edelmänner. Alle so überaus zählebigen Vorurteile der sogenannten Bevölkerung gegen das Beamtentum, ob es nun wilhelminisch verknöchert oder rationell verschlankt daherkommt, haben wenigstens eins noch gemeinsam: Diese Vorurteile mögen alles mögliche sein, neidisch oder schadenfroh, wild oder mild, wissenschaftlich oder flegelhaft, nur eins sind sie ganz sicher nie gewesen, nämlich pure Vorurteile - sagt das Volk. Sie sind und waren immer allzu begründete Urteile von Opfern über ihre Täter aus Tatenlosigkeit oder aus krimineller Energielosigkeit – sagt das Volk.

Die Arbeitsqualitätskontrolle von Beamten geschieht durch Beamte, also entfällt strukturell. Ihnen war bis heute nie vorzuwerfen, daß sie nur ihre verdammte Pflicht und Schuldigkeit tun, sondern daß sie die leider zu selten tun. Jeder Psychiater weiß, daß viele Amtssessel besetzt sind von Leuten, die arbeitsunfähig sind, weil sie reaktiv oder endogen depressiv sind. Melancholiker werden Beamte. Ihre Demokratie ist eine Simulation von Simulanten, die sich arbeitsfähig stellen. Der tiefere Gehalt der Beamtendemokratie ist das höhere und sicherere Gehalt der Staatssöldner.

Ein beamtenrechtlich nach Dienstvorschrift geführter Industriekonzern wäre natürlich nach derselben kurzen Zeit pleite, wie ein von Industriemanagern privatwirtschaftlich geleiteter Staat als Vater ganz zwanglos und von selbst ‚absterben‘ würde, als hätte kein Karl Marx nachgeholfen. Nur Beamte oder Nabobs können es sich leisten, ohne Gefahr für ihre Karriere sich für Abgeordnetenmandate bis hin zum Bundestag freistellen zu lassen. Nur Staatsdienstleister können es sich leisten, Bilderbuch-Linke zu sein, und die wahren Sozialisten stehen heute im Staatsdienst an den Linken.

Moderne Demokratie ist Demagogie der progressiven Eliten, der Etikettenschwindel einer Mogelpackung. Die Volksmehrheit will das Mehrheitswahlrecht und wird ausgetrickst durch ein Verhältniswahlrecht, das die Mehrheit ersetzt durch eine arithmetische Koalition überproportional vertretener Minderheiten. Heute werden Minderheiten bevorzugt geschützt, um die Mehrheit lauthals überstimmen zu können.

Es war einmal eine Zeit, in der es so aussah, als sei der Sozialismus die Hoffnung der Verdammten dieser Erde. Zuerst trat diese Hoffnung als Utopie auf, d.h. ohne Hoffnung, sie nun auch realisieren zu können. Will man Marx glauben, mußte die Menschheit auf die Opfer des Kapitalismus warten, um die Realisierung der großen Menschheitsutopien in greifbare Nähe gerückt zu sehen. Zum ersten Mal seit Adam und Eva schien endlich Kapital genug da, technisch-organisatorisches Know-how nicht nur zur Herstellung bestimmter Güter für bestimmte Leute, sondern vor allem unspezifiziertes Potential zur Bereitstellung von allem Möglichen, um das Wahre, Gute, Schöne und Heilige vom Himmel der fixen Ideen auf die Erde herunterzuholen für alle Lebenden. Zum ersten Mal schien genug da zu sein für ausnahmslos alle, während früher wenige Menschen das Zuwenige den Zuvielen auch noch weggenommen hatten.

Marx empfahl den Paupers dieser Welt, aus der kapitalistischen Not eine sozialistische Tugend zu machen, statt nach dem Mord an ihren Herren die Maschinen zu stürmen und erneut mit bloßen Händen in der Erde herumzuwühlen. Im „religiösen Utopismus" sah Marx zuweilen einen größeren Klassenfeind der Unterdrückten als im Kapitalismus selbst.

Vor dem Kapitalismus gab es nur Zwecke und Ziele ohne Mittel und Wege, doch heute gibt es Mittel und Wege ohne Ziele und Zwecke mehr, das ist Fortschritt. Als die industriell ausgemünzte Naturwissenschaft der grünen und der menschlichen Natur mehr abgerungen hatte, als zur Selbsterhaltung der Arbeitskräfte nötig ist, wurde auch der Sozialismus wissenschaftlich. Er war kein Überbau mehr, sondern wurde selbst ein Produktionsmittel.

Er sollte jenes Werkzeug der Ausgepowerten sein, das unter unsäglichen Leiden akkumulierte Kapital zum Werkzeug proletarischer Selbstbefreiung umzufunktionieren. Über den wissenschaftlichen Sozialismus ging es dann zum nationalen Sozialismus des 20. Jahrhunderts, d.h. zu einer Welteinrichtung, die per Dekret entschied, die Verwirklichung der Menschheitsträume zu sein. Um den utopischen Kommunismus nicht erst realisieren zu müssen, erklärten diese Asozialen sich zu real existierenden Sozialisten.

Als der Sozialismus nicht mehr utopisch war wie bei Saint Simon und Wilhelm Weitling, als er nicht mehr wissenschaftlich war wie bei Marx und Engels, realisierte er sich, indem er national wurde, erst sowjetisch, dann faschistisch. Der alte russische Reichsimperialismus wurde durch den Bolschewismus nicht vernichtet, sondern modern maskiert, also hegelisch ‚aufgehoben' : beseitigt, konserviert und hochpotenziert zugleich.

Entweder der Sozialismus ist eine gute Idee oder die Sowjets waren wirkliche Sozialisten, sagt die Rest-Linke heute, die sich so demokratisch verkleidet, wie der russische Imperialismus sich einmal sowjetisch verkleidet hatte. War Martin Luthers fundamentalistischer Protest(antismus) nötig geworden, weil der Katholizismus seit Petrus nur Teufelswerk gewesen war oder weil da eine an sich ganz gute Sache nur im Laufe der Zeit von den falschen Leuten heillos verdorben worden war? An welchem Punkt seiner Geschichte hat der Sozialismus seine ideelle Unschuld verloren, schon bei Adam und Eva oder bei Thomas Morus oder bei Marx, bei Lenin oder erst bei Stalin? Wenn Lenin kein gutbezahlter preußischer Agent war und Marx den prophezeiten Untergang des Kapitalismus zu seinen Lebzeiten so wenig mehr erlebte wie Christus den prophezeiten Anbruch der Gottesherrschaft, dann rückt sich der Sozialismus in eine ebenso weite Ferne der Vergangenheit wie der Zukunft. Die Wissenschaft macht uns wenig Hoffnung, daß es eine urkommunistische Gesellschaft jemals gab, und sobald Sozialismus ein bißchen mehr ist als der vorgeschichtliche Mythos vom verlorenen Paradies des Goldenen Zeitalters an den Brüsten der elysischen Mutter Natur vor dem Sündenfall, ist er keine Erfindung der Mühseligen und Beladenen mehr. Die Massen des niederen Volkes mögen nötig sein, diesen Traum blutige Wirklichkeit werden zu lassen, aber geträumt wurde er stets von Leuten, die nicht für andere Leute arbeiten, sondern für sich selbst und für die Menschheit, was genau dasselbe ist.

Geht es von Rabenvater Staat zu Mutter Sozialstaat, und kann das Warnschild „Vorsicht : Satire!" auch selber satirisch gemeint sein?

Deutscher Idealismus oder sozialistischer Existenzialismus?

An Hölderlin ging Heidegger und Hegel Ähnliches auf, der Vorrang eines Objektiven vor der neuzeitlich überpointierten Subjektivität. Auch Hölderlin nannte schon ‚Seyn', was Heidegger anderthalb Jahrhunderte später in frühgriechischer ‚Physis' wiedergefunden zu haben glaubte. Gesetzt nun, jenes S-eyn beim Dichter wie beim Denker sei ‚im Grunde' als das Sein der einen Mutter (Natur) bedichtet und bedacht, hat Hegel es als ‚unbestimmtes Unmittelbares' genommen und die Natur als abstraktesten Begriff, identisch mit dem N-ichts. Ist dieses ‚Nichts' das noch nicht selbst Vollbestimmte, Unbekannte X, das im Fortgang sich selbst erst Enthüllende wie Hervorbringende (Hegel): die vaginale ‚Lichtung des Seyns selbst', das phallische Nichts, welches bei Heidegger das phallisch Seiende ‚nichtet'?

Weil Subjekt und Objekt samt ihrer Spaltung derselben Mutter Natur entstammen, drängt es sie zur Wiedervereinigung mit dem Ursprung, aus dem sie sich vertrieben fühlen, das verlorene Paradies und sein goldenes Zeitalter, an das alle Naturseligkeiten - gegen unmenschlich-menschliche Machenschaften - von fern immer wieder erinnern.

Hölderlin hatte Kant über Schiller kennengelernt. Was der Königsberger dichotomisch stehen gelassen hatte an Verstand und Sinnlichkeit, Pflicht und Neigung, wollte Schiller im ‚freien Spiel' der ästhetischen Einbildungskraft vereinigt wissen. Aber Hölderlin akzeptierte die spielpraktische Synthese von Selbstbehauptung des Subjekts und seiner Hingabe an das alter ego nicht; Liebe sei keine Selbsterhaltung durch Selbsterweiterung um den anderen Menschen, sondern wirkliche Selbstvergessenheit in diesem anderen selbst. Hölderlin griff zurück auf Platos Liebesmythos aus dem ‚Symposion': die Seele strebt zurück in ihre ewige Heimat und zerbricht den irdisch-leiblichen Kerker. Aber Plato geht es gar nicht um den besonderen Geliebten hier und jetzt, mit diesen unverwechselbaren Zügen.

Eros greift bei ihm durch die reizend schöne Gestalt hindurch, die nur ein Sprungbrett des Aufschwungs ist, sich mit den ewigen Ideen im Himmel zu vereinigen. Durch den bloßen Abglanz himmlischer Schönheit im irdischen Geliebten hindurch will ich der Idee des Vaters im Himmel teilhaftig werden, um mich mit Mutter Natur einst wiedervereinigen zu können.

Diese fremde Frau hier, mit der ich intim werden will, ist schön für mich nur kraft ihrer offenbaren oder verborgenen Ähnlichkeit mit meiner Mutter; sie ist nur ein sinnlicher Abglanz dieser unerreichbar urvordenklichen Idee hochdroben, mit der jeder vor seiner Geburt eins war. An diese ferne Einheit mit Mutter Natur erinnert die Anamnesis. Dieser Geliebte ist nur ein Mittel und Vorwand, durch ihn hindurch zielt Klein-Ödipus auf die elterlichen Ur- und Vorbilder. Hölderlin nun scheint in der Liebe nicht die Synthese von Mann und Frau im Kinde zu sehen, sondern die Einheit der Prinzipien Selbsterhaltung und Selbsthingabe. Jeder Mensch wolle in seiner Beschränktheit aus ihr heraus ins Unendliche, bleibe aber gerade darin, daß er in sich selber alles sein und in allem nur sich wiederfinden wolle, umso auswegloser in sich verhaftet. Erst durch Vereinigung mit diesem besonderen geliebten Anderen, der meine Allmachtsphantasie behindert, gehe ich potentiell über mich und meine Beschränktheit hinaus.

Freiheit und Liebe, Trennung und Einheit, der Menschenkinder gehen für Hölderlin immer aus Mutter Natur selbst hervor. In ihr bleiben wir gerade dadurch, daß wir je selbständig werden und auf eigene Füße zu stehen kommen, um uns zurücksehnen zu können, um erwachsene Mittel zu beschaffen, den kindlichen Traum zu erfüllen. Die Liebenden drängen wie zwei platonische Hälften zueinander, weil sie derselben Mutter Natur entwachsen sind, getrennt von ihr und von je sich selbst den Spalt in sich tragend, die Trennung von Mutter Natur als Trennung von je sich selbst.

Die Synthese von Platons Liebesmythos und Kants Freiheitslehre glaubte Hölderlin in Fichtes romantischer Identitätsphilosophie gefunden zu haben. Bei Kant nun hat die freie Subjektivität den Sinn, die sinnliche Mannigfaltigkeit in Form zu bringen und das Chaos subjektiv zu bändigen. Aber die vielfältigen Sinnesreize, in die das pflichttreue Ich vernünftige Ordnung bringe, kommen bei Kant von außen; der Verstand gibt sich das Rohmaterial seiner Formkünste nicht selber vor. Erst bei Fichte ist das Ich sein eigener Gegensatz zu dem Nichtich, das die Sinne ihm verkünden. Diese Trennung von dem, was ich nicht je selbst bin, samt der Vielfalt innerhalb des Nichtich, sind gut idealistisch Vermögensleistungen der transzendentalen Egoität selbst, die nicht identisch ist mit dem empirischen Ich, das einem schlicht empirischen Nicht-ich oder alter ego gegenübersteht als seinem Gegenstand und Widerstand. Die Ichheit, das intelligible Ich, ist das ‚übergreifend Allgemeine' des empirischen Ich und des empirischen Nichtich, die Einheit der Trennung vom Nichtich und der Einheit mit ihm.

Hölderlin konnte nun allerdings nicht glauben, daß das Menschenkind die Einheit seiner selbst und der Mutter Natur ist, aus der es kommt. Von Fichte nahm er diese Idee des umgreifend Allgemeinen von Ego und Alter ego, aber löste sie vom Ego ab. Für ihn konnte nur Mutter Natur selbst diese ihre Einheit mit ihrem Kind sein, Grund ihrer Trennung durch Geburt und Grund ihrer liebenden Wiedervereinigung einst früher wie einst später.

Spinozas „natura naturans" leistete für Hölderlin besser, was Fichte der Ichheit des kleinen Menschenkindes aufbürdete: das Ich und *den* Anderen wie *das* Andere (in die Welt) gleichzeitig zu setzen, in ein und demselben ‚Akt'. Die Mutter Natur bringt sich selbst als Mutter hervor, indem sie ihr Kind in die Welt setzt und umgekehrt. Fichtes ‚Ichheit' ist für Hölderlin nur eine ödipale Usurpation des Menschenkindes, seine eigenen himmlischen Eltern zu sein, solange es Kind sei, und ein Menschenkind will Hölderlin bleiben. Auch Hegel kennt die Eden-tität von Identifikation und Individuation. Während aber für Hölderlin in der Mutterliebe (Genitivus objectivus und subjektivus : Liebe der Mutter selbst und zu ihr zugleich) Liebe und Selbsterhaltung zusammen liegen, steht bei Hegel die liebende Vereinigung (weniger von Mutter und Kind als von Mann und Frau) der freien Selbständigkeit der Individuen gegenüber: ihre Einheit wird ‚Leben' genannt und später ‚Geist'. Zwischen Leben, Reproduktion der Gattung und logischen Gattungsbegriffen vermittelt beim Denker die ‚Liebe' als biblische ‚Erkenntnis' („Enzyklopädie" und Jenenser Realphilosophie II).

Die Gatten *erkennen* einander und subsumieren einander unter die Gattung Mensch in ihrem Kinde, ihrer Ein(zel)heit. Unter Hölderlins Einfluß erst macht Hegel den Geist zur Einheit von Freiheit und Liebe, von ‚Bei-sich-selbst-sein-*im-anderen*' und Bei-*sich-selbst*-im-anderen-sein, während Hölderlin im ‚Seyn selbst' die Einheit von Freiheit und Liebe andichtet aus gemeinsamer Vertreibung aus demselben Mutterschoß der Natur.

Für Hegel ist Liebe ‚freie Herablassung', Hingabe des abstrakten Begriffs ans geliebte Besondere, aber als freie Selbstspezifikation des Allgemeinen, wo jedes sich behauptet, indem es sich im anderen vergißt, und sich hingerissen hingibt, indem es sich erhält. Jeder erhält sich selbst – vom anderen.

Naturkreisläufe nach ewigen Gesetzen sind Urbilder aller sozialen Tretmühlen und mythischen Bergungsmanöver. Nietzsche machte darauf aufmerksam, daß Natur ihren allgemeingültigen Gesetzen „nicht gehorsam folge", aber er hat sie als „Ewige Wiederkehr des Gleichen" nicht perhorreszieren wollen, sondern diese auch der zweiten Natur des Menschen wärmstens anempfohlen. Die Individuen sterben, es lebe die Gattung. Der Einzelne ist nichts, die Arterhaltung alles: was ist ‚natürlicher' als das? Vernünftige Regeln ahmen die Naturgesetzlichkeit nur nach, um sie naturbeherrschend zu überbieten. Geht ratio auf in der Natur-Mimesis zum Zwecke der Herrschaft? Kraft ihrer Allgemeingültigkeit beherrscht Rationalität auch und gerade die menschlichen Individuen selbst, als wären sie Stücke Natur nur, Belegexemplare der Immergleichheit, reduziert auf ihre bio-chemo-physikalische Kreatürlichkeit und funktionale Faktizität.

Wenn aber der Geist weniger Herr als Anwalt des Individuellen sein soll -
gerade kraft seiner Universalität, dann nur so, daß das fragliche Einzelwesen seine Universalien nicht weniger subsumiert, als wie die Individuen
unter ihren jeweiligen Oberbegriff fallen. Ist jeder Allgemeinbegriff nichts
als die logische Klasse der Gegenstände, auf die er „zutrifft", dann muß
umgekehrt jedes Objekt für sich die logische Klasse aller Begriffe sein, die
ihn kennzeichnen und unter die er im einzelnen also „fällt". Diese Klasse
von Klassen ist der Inbegriff seiner Begriffe, und das Individuum als dieses
somit die ganz besondere ‚Konstellation von Universalien' (Adorno), die es
beschreiben und erschöpfen. Das nominalistische Einzelwesen hört nicht
auf, seinem Begriff zu genügen, wenn es mehr und anderes ist als die bloß
additive Summe seiner Begriffsbestimmungen, aber wie es jeden seiner
Begriffe mit anderen Einzelnen teilen muß, hat jeder Begriff sein Individuum mit all seinen anderen Begrifflichkeiten zu teilen, in jedem Ur-teil.

Vernunft seit Kant gilt als das ‚Vermögen der Synthesis unter allgemeinen
Regeln', in ein und dem selben Urteilsakt und Erkenntnisvollzug eine
Synthesis von Objekten unter einen Verstandesbegriff wie von Verstandes-
begriffen unter die Gegenständlichkeit eines Objekts. Kurz : der Begriff ist
Einheit seiner Objekte nicht anders, als wie das Objekt die Einheit seiner
Begriffe darstellt. Aber sowenig ein Begriff die bloße Anzahl seiner Fälle
ist, die unter ihn fallen, sowenig kann jeder Gegenstand nur die kompilative
Summe von Begriffen sein, durch die er in seinen Wesenszügen ‚erfaßt'
werden soll und die in ihm nicht unverbunden äußerlich nebeneinander
liegen wie die Objekte in ‚ihrer' Begriffsklasse. Dinge sind einander äußerlich in ihrem Begriff, aber jedes Ding das einzige Zusammentreffen seiner
Essentials in dieser und keiner anderen Anordnung zueinander. So wäre
die Individualität eine unverwechselbare Art des Arrangements dessen, was
auch andere sind und haben und machen? Besteht das Objekt der Beurteilung somit aus seinen begrifflich erfaßten Wesensbestimmungen und der
Begriff aus seinen Gegenständen wie das Haus aus seinen Steinen und
Atomen? Dem Stein bleibt es äußerlich und gleichgültig, ob und wie er mit
anderen Steinen zusammen zu so etwas wie einem Haus oder zu etwas
anderem zusammengefügt wird. Wie hängen die Urteile über einen Gegenstand in ihm zusammen - anders als die Gegenstände unter ihrem Begriff ?

Hegel ließ die Selbstdifferenzierung des Begriffs bis hinunter in seine kontingenten Objekte bei Gott beginnen, dessen Wesen ja schon per definitionem, anders als seine Geschöpfe, seine Existenz impliziere und Seine
Existenz die Existenz seiner Schöpfung, qua Begriff.

Produziert die Vernunft allgemeine Wahrheit so, wie Natur den Reichtum
differenziertester Besonderheiten erzeugt? Was hat der Geist der Natur

anderes entgegenzusetzen als das eine Allgemeine den unzähligen Einzelheiten? So will es der abendländische Topos von Aristoteles bis Husserl. Wie, wenn es eher oder gleichzeitig umgekehrt wäre und Natur das Immergleiche anböte und menschlicher Geist das jeweils ganz Besondere? Wenn Naturgesetze allgemeingültig sind, könnte doch Vernunft, sofern sie wahrhaft vernünftig mit den Dingen verfährt, auf das unverwechselbar Einmalige des jeweiligen Einzelwesens gehen, statt es in den Universalgesetzen einer zweiten Natur verschwinden zu lassen.

In der Natur überlebt nur die Gattung die entstehenden und vergehenden Einzelexemplare, der er sich wahre Vernunft annehmen könnte, um ihnen gerecht zu werden, ohne sie urteilend so zu richten, wie sie vom Gang der Natur gerichtet sind und zum Untergang verurteilt. Rickert unterschied nomothetische Naturwissenschaft von idiographischer Geisteswissenschaft, nicht nur Wissen des Allgemeinen vom Willen des Besonderen und nicht nur allgemeines Wissen vom besonderen Willen.

Hegels ‚faule Existenz', die sich in aller Kontingenz dem Gang des Weltgeistes verweigert, wird bei Existenzialisten und Marxisten fleißig. Als Existenz des einzelnen Menschen, der seinen eigenen Begriff von sich und der Welt gegen den ‚objektiven Geist' setzt, ist es ein einziger Widerstandskampf gegen seine bloße Gegenständlichkeit für diesen Geist, in dem es sich nicht wiedererkennen will. Der bloße Abfall der Weltgeistmaschine fällt selbst von ihr ab und erfindet die ganz spezifische Art und Weise, in der seine Wesensselbstbestimmungsstücke in ihm sich konstellieren sollen. Der Einzelne als allgemeiner Inbegriff seiner Begriffe ist ein ‚besonderes Allgemeines' und ein ‚allgemeines Besonderes'. Bei Sartre überschreitet sich nicht mehr die Vernunft von selbst in Richtung auf ihre vielen Gegenstände, sondern jede Existenz auf ihre Essenz hin. Wie, wenn Geist nicht anders eine Selbstdifferenzierung in das Entgeisterte wäre wie umgekehrt jedes Einzelwesen nichts als seine Selbstdifferenzierung in diese Vielfalt seiner besonderen Allgem-Einheiten? Sartre sieht in der existenziellen Transzendenz eine Synthesis der transzendierten Mannigfaltigkeit, eine „Retotalisierung des Detotalisierten", als würde eine Vielfalt allgemein in Richtung auf eine besondere Willensentscheidung überstiegen.

Allen überschrittenen Einzelheiten wäre dann gemeinsam, auf etwas ganz Besonderes hin transzendiert zu werden, dessen Negation sie retardierend und instrumentiert darstellen. Selbstentfaltung der Vernunft in sinnliche Vielfalt und Selbstentfaltung des sinnlichen Einzelwesens (und seiner Einfältigkeit) in die Mannigfaltigkeit möglicher Wesenszüge? Aber die Existenzphilosophen halten in der menschlichen Existenz eher das Irrationale gegen den objektiven Geist fest, nicht die Vernunft des Besonderen gegen die allgemeinen Gesetze der zweiten Natur des Menschen. Doch dieses nur Irrationale ist auch wieder nicht das sinnlich Naturhafte gegen den vergewaltigenden Universalismus der bloßen Vernünftigkeit und geistigen Instrumentalität, nicht das Sinnliche gegen den allgemeinen Unsinn, sondern wiederholt aus eigenen Stücken, wozu es vom Weltlauf verurteilt ist, um so etwas wie Herr seines Geschicks zu bleiben. Die Essenz, die von der Existenz ‚gewählt' wird in aller Freiheit, ähnelt verdammt jenem Unwesen, dessen bloßer Ausfluß oder Abfall die Existenz in der Tradition war. Das Wesen folgt einer Existenz, die immer schon ihrem Wesen folgte.

Subjekt und Objekt sind, wo sie auftauchen, nicht identisch. Höchstens waren sie das, wie eine gewisse Metaphysik will, in ihrem gemeinsamen Ursprung, aus dem sie vertrieben wurden oder sich befreiten in die Unabhängigkeit auch voneinander. Weder ist das theoretische Subjekt dem Objekt, noch das Objekt dem praktischen Subjekt von vornherein angepaßt und angeglichen. Das Objekt ist, sofern es nicht Subjekt ist, mit sich selbst so identisch, wie es nicht identisch ist mit dem Subjekt, das mit sich selbst nicht identisch ist, sondern zerfallen und uneins. Wenn das ‚Sein' nichts ist als Selbst-Identität und zugleich das Bewußtsein eben Nicht-Identität mit diesem Sein ist (ohne daß Unwahrheit über das Sein Kritik an ihm wäre), dann hat Hegel, sofern er die Identität von Sein und Denken lehrt, eben die Identität dieser Selbstidentität des Objekts und dieser Nichtidentität mit dem (nicht selbstidentischen) Bewußtsein gemeint. Dann aber bedeutet der oberste Grundsatz dialektischer Gegensätzlichkeit: Identität, also Sein, von Identität (Sein) und Nichtidentität (Bewußtsein). Kurz: Die Identität von Sein und Bewußtsein ist wiederum ein Sein?

Im Gegenzug zu Hegel ist bei *Schelling* das Individuelle sowenig bloße Folge seines Begriffs wie das Sein eine bloße Ableitung aus seinem Bewußtsein. Vernunft ist *nicht* „vom Sein gleichsam prävenirt", weil eben etwas da sein muß, bevor es vernommen wird, sondern weil dieses Sein sein Bewußtsein von sich erst so hervorbringt, wie die bloße Existenz eben *nicht* aus ihrer Prä-Essenz hervorgeht. Bei Schelling ist der Mensch schon gut existentialistisch frei *von* seinem vorgegebenen Wesen, nicht nur frei *in* seinem Wesen, das er immer gewesen ist.

„Der Mensch muß von seinem Seyn sich losreissen, um ein freies Seyn anzufangen ... Sich von sich selbst zu befreien, ist die Aufgabe aller Bildung." („Philosophie der Offenbarung 1841/42", Paulusnachschrift, Frankfurt/M., S. 464 f). „...es ist seyend, ehe es sich denkt, ist als unvordenklicher Weise seyend" (l. c., S. 459) - „Ich sage: nur der absolute Mangel an Sein im Subjekt setzt auf der anderen Seite das überfließende, das sich selbst nicht besitzende und unendliche Seiende im Objekt. Nur dem, der selbst nichts ist, kann das unendlich Seiende etwas werden."

Hier ist nicht nur das absolute Sein Spinozas pointiert gegen das absolute Bewußtsein bei Fichte, sondern individuelles Bewußtsein vom Individuellen gegen Vernunft-Allgemeinheit, nicht nur mit Kierkegaard das nackte Existieren gegen das Denken ausgespielt. Nicht mit dem Sein der Dinge gegen das Bewußtsein der Menschen geht es, auch nicht nur mit dem Es gegen Ich und Über-Ich, auch nicht nur mit der Ichheit gegen Über- wie Unter-Ich. Schelling sucht eine seltsame ‚Vereinigung' des idealistischen und positiv(istisch)en Prinzips. Gefordert ist das Sein contra Bewußtsein, das selbst subjektives Bewußtsein gegen den objektiven Geist - der Sitten und Institutionen - ist. Von Sartre unterscheidet er sich hier durch eben das, was ihn nicht minder von Fichte trennt, durch das Nichtich im Herzen des Ich selbst, durch diese objektive Faktizität der subjektiven Aktivität selbst, dem ‚Daß der Vernunft', die selbst auf das Was geht und nicht auf das Daß der Dinge. Mit Fichte und Sartre setzt das Ich sein Nichtich (in die Welt), also auch sein eigenes Wesen. Das Subjekt projektiert seinen Begriff selbst und expliziert ihn nicht nur. Das Ich setzt gegen die Vernunft (der anderen) nicht nur unvernünftiges Sein, sondern sein Sein als Inbegriff seiner selbst, während Hegel mit dem Begriff der Begriffsstutzigkeit beginnt, mit der Selbstbestimmung des Selbst(bewußt)seins, mit dem bewußt Unbewußten und unbewußt Bewußten gleichsam.

Zuvor nötigt der Geist die Mutter Natur, sich von der gewünschten Seite her zu zeigen, und bringt sie bei *Kant* vergewaltigend erst in Form. *Fichtes* ‚Ichheit' setzt in einer ‚Tathandlung' sich selbst und die Welt erst in die Welt : ‚Setzung' schillert zwischen Zeugung von Menschen und Erzeugung von Dingen. Bei *Hegel* kopulieren Subjekt und Objekt, und jedes ‚erkennt' sich selbst im anderen, das Objekt ist letztlich immer objektiviertes alter ego, *das* Andere ‚im Grunde' *der* Andere. Die ‚absolute Erkenntnis' des ‚Subjekt-Objekts' ist wahre Liebe, in der die Liebend-Geliebten ineinander aufgehen und ‚zum Grunde gehen' und beieinander gut ‚aufgehoben' sind. Die Frage bleibt nur, ob bei Hegel diese ‚Aufhebung' das Ergebnis freier Hingabe oder einer Vergewaltigung ist wie bei Kant und Fichte. Während die Geliebte für Kant irgendwo zum Teil und im Letzten auch noch frei und selbstständig bleibt (um immer neu geformt und vergewaltigt werden zu können?), ist sie bei Fichte reines Mater-ial männlichen Formwillens. Ich und du sind da einander entgegengesetzt - im Ich selbst. Im nicht abgesonderten, sondern „übergreifenden Allgemeinen" männlichen Begriffs und Zugriffs sind männlich Spontanes und weiblich Rezeptives, Akt und Fakt, einander gegenübergestellt. Der Mann erfüllt seine Pflicht am passiven

Rohstoff des Weiblichen und seiner Neigung dazu - : Das ist schon die „Deduction der Ehe" (1796) in nuce.

Schelling opponiert der Selbst(er)zeugung des Geistes und lehrt feministische, mater-ialistische Revolte gegen den ‚objektiven Geist'. Auch bei Feuerbach erzeugt das Sinnliche seinen eigenen Sinn. *Marx* interpretiert das Sein, welches das Bewußtsein bestimme, als Mater-ielles, aber nicht Stoff nur, sondern auch ‚Vermögen‘, aber nicht nur Erzeugungskraft contra Zeugungsinstrumentenbesitz, sondern auch Produktionspotenz. *Bloch* fällt dahinter wieder zurück, wo er Mutter Natur als Schoß des Künftigen sieht, auch des männlichen ‚Logos spermatikos‘. Auch er sieht im Mater-iellen das ‚Vermögen' der Er-Zeugung, aber nicht nur Arbeitskraft versus Kapital oder maskuline potentia coeundi vel generandi, sondern Fertilität des weiblichen Weltschoßes. Revolution wird eher amazonisch als matriarchalisch, das Kapital tritt paterialistisch-jüdisch auf. „Ubi Lenin, ibi Jerusalem"? *Nietzsche* verteidigt im Sein gegen das Bewußtsein den Willen gegen das Wissen, *Schopenhauer* das Wissen über die Ruchlosigkeit dieses Machtwillens gegen diesen selbst. Die ‚Blonde Bestie' will die Allmacht der Mutter Natur über männliche Vernunft sich aneignen als „neue Vernunft". Der Mann bleibt darauf fixiert, ohne erwachsen zu werden, die Übermacht der frühen Mutter über den kleinen Jungen zu dämpfen, durch Identifizierung mit dem vermeintlichen Aggressor. Nietzsches „Übermensch" ist der kleine Junge, der seine eigene Mutter werden will, gegen die er anders sich nicht helfen kann, als mit ihr zusammen die Väter und Gatten zu töten. Dazu wird in den Gründerjahren der Übermensch ein Unternehmer.

Schopenhauer will Erkenntnis über die biblische Erkenntnis gewinnen helfen : Er verzichtet auf die Erde als Gattin und gewinnt sie als Mutter. Der Mann wird oder bleibt Knabe und macht die Geburt einfach rückgängig, mitten im Leben, als „buddhistischer Paranoiker" (Elias Canetti).

Bei *Sartre* steht der hilflos isolierte, aber auch selbständig stolze Einzelne nicht mehr im Bund mit der Vernunft gegen die Übermacht von Natur und unnatürlicher Übernatur, aber auch nicht umgekehrt zusammen mit Mutter Natur gegen den objektiven Geist, sondern eher gegen beide zugleich. Bewußtsein und Akt sind eins - Aufstand gegen Universum und Universalien. Die menschliche Existenz ist eine einzige Überschreitung der nichtmenschlichen Existenz, das Bewußtsein transzendiert Allgemeinbegriffe.

Das Einzelne transzendiert die Allgemeinheit kraft seiner Selbstindividuation, die Sartre Existenz nennt, dadurch, daß das Bewußtsein seinerseits Sein und Natur überschreitet. Adorno wirft Sartre vor, daß die Existenz der Essenz nicht widerspreche, der sie zuvorkommen will : ‚Existenz' rechtfertige nur zweideutig, was ohnehin ‚existiere', identisch mit seinem Wesen und Unwesen. Sartre will frei *von* der Natur sein *für* jene instrumentelle Vernunft, von der Adorno für Eingedenken in Natur frei werden will. Aber beide wollen den Einzelnen gegen die Allgemeinheit: Seltsame Kreuzung. Für *Adorno* ist diese deutsch-französische ‚Existenz' aus Descartes plus Heidegger zu sehr jene zweckrationale Vernunft selbst, gegen die sie zu opponieren vorgibt. Aber auch Sartre sieht den Feind da weniger in der ratio als darin, daß sie zur zweiten Natur werde. Er will diese zur zweiten Natur werdende Vernunft so instrumentell besiegen wie die erste. Genauer gesagt, wird die erste Natur durch analytische Vernunft bekämpft und die zweite durch dialektische. Er betont stärker als Adorno das Immergleiche an der Natur, das sie mit der Allgemeingültigkeit des Rationalen gemeinsam habe. Adorno sieht in der Naturregung das Individuelle in seiner Vielfalt gegen immer gleichen Einheitswahn und die Differenzangst des Verstandes. Und Sartre sucht cartesianische Bannformeln gegen Goethes Zauberbesen, nicht nur gegen Ätna-Ausbrüche. Er teilt das Programm der Aufklärungsdialektik und negiert den Trägheitswiderstand der institutionell verfestigten, vergangenen Praxis durch bewußte Kollektivpraxis, Adorno durch Anschmiegen an die Formen der ersten Natur, durch Eingedenken der Naturhaftigkeit individualisierter Vernunft und der Vernünftigkeit von Naturregungen. Ernst *Bloch* kommt in die Dialektik des Einzelnen und Allgemeinen gar nicht erst richtig hinein, weil er auf das allgemeine Natursubjekt Mutter Erde hofft. Das Menschenkind verbündet sich mit einer Erde, die technisch zu einer guten Mutter Natur gemacht wurde, gegen die kapital bösen Pater-ialisten, die im hebräischen Vatergott triumphieren.

Sartre ist Schüler Heideggers. „Das Sein und das Nichts" (1943) war kaum denkbar ohne „Sein und Zeit" (1926), wenigstens nicht ohne „Einführung in die Metapysik" (1929), wo der §40 aus „Sein und Zeit" expliziert wird. Heideggers ‚Kehre' hat er nicht mitgemacht vom ‚menschlichen Da-sein' zum ‚nicht-daseinsmäßigen da-Seyn'. Heideggers ‚ontologische Differenz von Sein und Seiendem' hat eine Teilanalogie in Sartre Haupt-Dualismus von ‚Etre-en-soi' und ‚Etre-pour-soi', obwohl der Deutsche unter ‚Seiendem' Dinge wie Menschen subsumiert, eben ‚Existenzen', während Sartre in ‚Ansichsein' und ‚Fürsichsein' wohl nur Subjekt und Objekt trennt, das genuin ‚Existenzielle' von dem, was nur so verdinglicht existiere. Wenn es aber stimmt, daß die Imago der Mutter Natur sich sowohl verbirgt in Heideggers „Seyn" wie in Sartres „Ansichsein", wird die Weggabelung der beiden Denker verständlicher: Heideggers ‚Dasein' flüchtet sich regressiv in genau jene weite Mutterleibeshöhle zurück, vor der Sartres ‚Existenz' sich fürchtet. Sartres ‚Existenz' flüchtet vor der trächtig kompakten Überfülle des mater-iellen Seins am Schluß seines Lebens zum jüdischen Vatergott, Heidegger vor dieser jüdischen *Pater-ie* des rationalen ‚Gestells', sit venia verbo, in die ontologische *Mater-ie* zurück, in die deutsche Inzucht mit Mutter Natur. Für Heidegger ist das ‚Nichts' der bergende Uterus in Mutter Physis, für Sartre der Abstand des Geistes von den erdrückenden Fleischbergen von Mutter Erde. Cartesianische res cogitans steht gleichsam aus Mutter Natur heraus, deutsche „Eigentlichkeit" in ihren (ver)bergenden Schoß hinein. Sartres „Freiheit" meint die Befreiung von Mutter Natur, Heideggers ‚Existenz' bleibt ‚eigentlich' nur Eigentum des Seins, als Kind (oder als Psychotiker à la Hölderlin). Dieses anti-subjektiv Schizoide zog Adornos Haßliebe zu Heidegger und erinnerte ihn fatal an seine eigenen regressiven Versuchungen. Heidegger zeichnete nach der methodischen „Kehre vom Da-sein zum da-Seyn" eine antiklerikale Pastoral-Idylle des Menschen, der vom Seyn zum Hüter und nomadischen „Hirten des Seins" „bestellt" sei und doch im muttersprachlichen „Haus des Seins" seßhaft werde. Diese nomadisch-wurzelhafte Zweideutigkeit im Wesen des Deutschen wurde vom Denker niemals aufgeklärt. Wenn der Mensch vom Sein selbst zu dessen Hüter angestellt ist, dann muß er so etwas wie ein Viehhirt des Seins sein und dieses Sein so etwas wie ein Schaf oder eine Ziege – in säkularisierter Analogie zum „Lamm Gottes", das seine „Seelenhirten" bestellt, welche ihre Schafsköpfe und Schäfchen ins Trockene bringen.

Das Prinzip Vater dient als die vermittelnde Mitte zwischen Menschensohn und (nachmütterlicher) Frau Welt. Aus deren Vereinigung fällt der Vater heraus als kuppelnder Mohr, der seine Schuldigkeit getan hat. Er befreit den Sohn *von* seiner Mutter und *für* seine Lebensgefährtin. Also kann Hegel hinter der Familientriade mit dem Vater nur das Ziel verstecken, durch Entwöhnung die Menschenkinder mit Frau Welt zusammenzubringen.

Der Aphorismus verschweigt stets den „terminus medius" zwischen unvereinbaren Prämissen und deren Konsequenz. Diese Mitte schiebt inkompatible Urteile in ein aphoristisches Urteil zusammen, ohne den vermittelnden Beweggrund dafür explizit zu nennen, wie man von den Voraussetzungen zur Schlußfolgerung kommt. Also reduziert der Aphorismus die dreipolig-trinitarische Dialektik der „subjektiven Begriffslogik" auf die zweipolig-antithetische Dialektik der „objektiven Wesensreflexion", wo etwas „sein Anderes an ihm selbst" ist, wie Dieter Henrich Hegels „Grundoperation" nennt. Jeder Aphorismus verschweigt vielsagend den gemeinsamen Grund dafür, das jeder gesonderte Satz zugleich übergreifende Einheit mit seinem immanenten Gegensatz ist. Aphoristik ist „Wesensreflexion des Verstandes", in die Hegels spätere Schlußlogik der Vernunft laut Hermann Schmitz (Bonn 1992) immer wieder zurückgefallen ist. Menschenkind und Mutter Natur, jedes ist selber die Einheit mit dem anderen und hat „sein Anderes an ihm selbst", ohne daß ein väterlicher Dritter zwischen ihnen vermittelt.

Der sechsjährige Ehemann

„Du bist unser einziges Kind und hast nun ein Kind ohne Vater. Natürlich kannst du wieder bei uns wohnen mit dem Kleinen. Solange der Krieg dauert. Wir machen das Dachzimmer fertig für euch beide."
„Danke, Vater."
„Nun hör mal zu, nun heule doch nicht, es ändert ja nichts. So viele Frauen haben in diesem Krieg ihren Mann verloren, du stehst wirklich damit nicht allein. Du bist nur eine von ganz vielen; das ist heute ein ganz alltägliches Schicksal."

„Laß mich sofort rein!"
„Was willst du denn bloß?"
„Ich habe Stimmen gehört. Du bist doch nicht allein."
„Na und, der kleine Uwe ist natürlich da."
„Du hast einen dieser Besatzungs-Amis bei dir."
„Du spinnst ja. Du hörst ja schon Stimmen, Mutter."
„Laß wenigstens den Kleinen da raus. Daß du dich nicht schämst! Daß der alles mitkriegen muß, von seiner Mutter! Und dein Mann ist kaum unter der Erde!"
„Übrigens ist der Kleine auch nicht hier, er spielt auf der Straße."
„Du lügst doch deiner eigenen Mutter ins Gesicht. Wenn wirklich niemand da ist, kannst du mich ja ruhig reinlassen."
„Ich lass mir von dir doch nicht nachspionieren. Es ist keiner da, aber du kommst trotzdem nicht rein."
„Gut, dann sag ich es deinem Vater."

„So, Uwe, das ist dein neuer Vati. Dieser Onkel gehört von jetzt an zu unserer Familie. Du brauchst keine Angst vor ihm zu haben, er hat deine Mutti ganz lieb und will auch zu dir gut sein."
„Tag, mein Kleiner. Ich weiß, daß du dich erst mal an mich gewöhnen mußt, aber wir werden schon miteinander auskommen, nicht?"
„Er hat außer Opa drei Jahre lang keinen Mann vor der Nase gehabt."
„Ich nehme ihn gleich morgen früh mal mit auf meine Arbeitsstelle und zeig ihm alles bei den Stadtwerken, die ganze Sache mit der Gaserzeugung da am Ofen, wo ich als Heizer arbeite. Da werden wir am Hochofen schon miteinander warm werden."
„Na, Uwe, dazu hast du doch Lust, oder?"
„Ja."
- - -

„Das gibt es doch gar nicht, das gibt es nicht! Wenn ich das nicht mit eigenen Augen... das glaubst du nicht...“

„Was ist denn los, Uwe, warum weinst du denn? Wer hat dir was getan? Welcher von den verdrehten Bengels war es denn diesmal wieder, ist er noch draußen?"

„Bengels? Ein ganz kleines Mädchen, noch jünger als er, hat ihn nur ein bißchen am Arm gestupst, wirklich nicht tüchtig, nur so einen ganz kleinen Schubs hat sie ihm gegeben, und er... er schreit Mord & Totschlag!"

„Er ist eben nicht so grob und buller-ballerig wie du. Er ist zarter gebaut und sensibel. Ich mag diese rohen Bengels auch nicht, die immer gleich poltern und prügeln und so.“

„Ein kleines Mädchen rempelt den an, und dein armer Sohn schreit Zeter & Mordio und läuft zu seiner Mutter. Dem gehört noch einer hinten drauf, wenn du mich fragst, aber ich bin ja zu streng und zu doof dafür."

„Laß ja die Finger von ihm! Solange ich da bin, rührst du das Kind nicht an."

„Ja, halt du ihm nur immer schön die Hand vor den Hintern: Dann wird bestimmt noch mal was aus ihm. Fragt sich nur, *was*. Ein richtiges kleines Mädchen ist das und nichts anderes. Spielt nur mit kleinen Mädchen und ist selber eins und läßt sich von denen verhauen. Ein richtiges Mama-Kind, aber so willst du ihn ja haben. Den hast du dir gezüchtet."

„Er ist eben nicht so, wie du dir einen Jungen wünschst, nicht so ein Rüpel und Schläger, er ist nun mal feiner und hat Verständnis für zartere Sachen."

„Ich halt mich da raus, es ist *dein* Kind. Mach mit ihm, was du willst, aber wirf mir später nicht vor, daß er ein richtiges Muttersöhnchen geworden ist, das sich nicht durchsetzen kann und bei jeder kleinen Schwierigkeit gleich wegläuft und heult und „Mama" schreit und sein Fahrrad nicht selbst in den Keller runterbringen kann, weil es da unten so dunkel ist ...“

„Hör auf mit diesen Streitereien, ich kann das nicht ertragen, dieses ewige Gezanke."

„Wer zankt denn hier? Ich sage ja nur, daß du deinen Sohn verhätschelst und verpiepelst bis dort hinaus, und zum Dank dafür tanzt er dir auf der Nase rum und lacht dich hinter deinem Rücken aus, weil du so dumm bist, auf das ganze Theater reinzufallen, das der mit uns spielt. Der lernt nie, mal was einzustecken und sich zu wehren im Leben später und sich durchzuboxen und mit eigenen Händen..."

„Hör auf, ich will Frieden haben, ich halte das nicht aus, dieses ewige Herumnörgeln und Besserwissen von dir. Wir wollen jetzt in Ruhe essen."

„Ist ja schon gut. Meinetwegen. Macht doch, was ihr wollt, ihr beiden, ihr werdet schon sehen, was ihr davon habt und wohin das führt."

„Du bist nur eifersüchtig auf ihn. - Es gibt Koteletts mit Bratkartoffeln."

„Na, wenigstens das."
„Ich mag kein Kotelett."
„Es wird gegessen, was auf den Tisch kommt."
„Ich mag kein Fett, das wißt ihr doch."
„Aber guck doch mal, es ist kein Gramm Fett dran, ich habe allen Speck an
deinem Stück weggeschnitten und deinem Vati gegeben. Es ist ganz schier
und mager jetzt."
„Es ist Schweinefleisch. Das ist immer mit Speck durchwachsen, den man
nicht sieht. Ich habe auch gar keinen Hunger."
„Aber Junge, du mußt doch was essen."
„Ich mach mir Haferflocken mit Milch und Zucker."
„Ich denke, du hast gar keinen Hunger! Dein Kotelett brauchst du nicht zu
essen. Aber wenn du später Hunger hast, kommt das wieder auf den Tisch,
bis der Hunger groß genug ist... immer wieder. Wir haben Zeit."
„Laß ihn doch. Er ist so spittelig. Willst du denn, daß er noch dünner wird?
Du weißt doch, daß er sich vor fetten Sachen immer ekelt. Man kann nichts
mit Gewalt in Kinder hineinprampen. Komm, Uwe, mach dir wenigstens
süße Haferflocken, damit du überhaupt was intus kriegst."

„Schläfst du schon, Uwe?"
„Nein, Mama."
„Es ist kalt. Ich friere so. Darf ich zu dir ins Bett kriechen?"
„Wo ist er?"
„Der ist noch nicht nach Hause gekommen. Der ist wieder versackt mit sei-
nen Kumpels von der Arbeit."
„Kommt er wieder besoffen nach Hause?"
„So darfst du nicht reden. Er sorgt gut für uns. Ohne ihn wären wir aufge-
schmissen. Wir brauchen ihn doch. Ich habe Angst, daß er mal das ganze
Geld versäuft, das er freitags mitbringen soll. Er bleibt immer öfter weg
und läßt uns beide hier allein. Der schläft seinen Rausch heute nacht bestimmt in Opas Gartenbude aus und kommt erst morgen abend nach der
Arbeit wieder hierher. Dann schämt er sich und frißt mir aus der Hand, aber
nur einige Tage lang. Großer Katzenjammer, und dann geht das Ganze
wieder von vorn los. Mir ist so elend. Wie hab ich den nur heiraten können.

Dabei war er am Anfang so lieb und nett, ist mir nachgerannt, daß ich mich
nicht retten konnte. Ich kann mich ja auch nicht beklagen, aber er ist noch
so jung und flutterig, so wild und leichtsinnig. Der ist einige Jahre jünger
als ich, der will sich noch austoben, der hat noch soviel nachzuholen mit
seinen Kumpels, wo denen der Krieg dazwischengekommen ist. Erst der
verdammte Krieg und dann jetzt für eine Familie sorgen, ich versteh das ja.

Aber ich kann das eben nicht, ich kann da gar nicht mithalten. Ich brauche meine vier Wände, aber der will immer raus und was erleben. Er will mich immer mitschleifen und vor seinen Freunden mit mir angeben. Die sagen, er hätte „Miß Bremen" gekriegt. Das ist ja alles ganz schön, aber wenn ich das mitmachen würde, dann würde er ganz über Kopf gehen und würde völlig die Übersicht verlieren und aus dem Häuschen sein und verrückt spielen, der ist ja kaum noch zu halten. Seine Arbeitskollegen und Saufbrüder sind Junggesellen, die können sich das leisten, die stiften ihn an und lotsen ihn dauernd mit und verführen ihn. Wenn die sagen: „Komm, Junge, eine Runde Bier", dann vergißt er sofort, daß er zu Hause Frau und Kind hat und rennt mit. Wie ein junger Hund. Das hätte der andere nie gemacht. Der war ruhiger und reifer als ich und hat mich auf Händen getragen. Bei dem konnte ich mir alles erlauben, jede Laune hat er mir durchgehen lassen. Der hat nur gelacht, wenn ich mir wieder mal was geleistet hatte. Dieser hier ist gleich beleidigt und läßt mich sofort in Stich, wenn ich mal mit was drohe, da hab ich nichts in der Hand. Der frühere wäre nie mit dir so buller-ballerig gewesen und hätte dich nicht abhärten wollen, von wegen richtiger Junge und härtere Bandagen und so ...

Der verfluchte Krieg hat alles kaputtgemacht, wir wären eine so schöne Familie gewesen. Ich fühle mich überhaupt nicht verheiratet heute, da hätte ich ja gleich allein bleiben können, mit dir, wenn der Mann niemals da ist und das Geld dauernd mit anderen durchbringt. Ich kann ihm nicht bieten, was er da draußen sucht, ich bin einige Jahre älter als er. Ich will das auch nicht, ich kann das nicht ab, ich brauche Ruhe und Frieden um mich herum.

Paß auf, eines Tages kommt der überhaupt nicht wieder nach Hause, und wir beide sitzen hier ohne einen Pfennig Geld und müssen wieder bei Oma und Opa unterkriechen und sind wieder von denen abhängig. Ich habe ja nicht viel gelernt und kann uns nicht ernähren, und Opas Invalidenrente ist viel zu klein für uns alle. Ich müßte wieder für andere nähen und putzen, aber das würde nicht reichen, wir brauchen einen Mann im Haus, das verstehst du doch, daß ich ihn heiraten mußte; ich habe das doch auch für dich getan, daß wir es hier satt und warm haben und daß du alles hast, was du brauchst für deine ganze Entwicklung und vor anderen auf der Straße nicht zurückstehen mußt und dich nicht schämen mußt, aber was habe ich denn von diesem Mann, der sich vielleicht sogar mit schlechten Frauen rumtreibt - was weiß ich denn, wenn ich hier zu Hause rumsitze und nur warten kann...“

„Und was hab´ ich damit zu tun?"

„Du weißt doch noch, was dein leiblicher Vater in seinem Abschiedsbrief geschrieben hat, kurz vor seinem Tod; ich hab dir das doch immer wieder vorgelesen. Daß du für „unsere süße kleine Mami" sorgen sollst, wenn er mal nicht mehr sein sollte. Er wußte da wohl schon, daß er bald sterben mußte, so jung schon. Er war gerade erst dreißig geworden, und du warst zwei Jahre alt. Den Brief sollte ich dir vorlesen, wenn du groß bist und wenn du alles verstehen kannst, er war an dich gerichtet. Und jetzt bist du ja schon sechs Jahre alt, und ich habe nur noch dich, weil dein Stiefvater uns dauernd in Stich läßt, und ich muß mich mal ausweinen und mit jemandem sprechen können, es ist doch sonst keiner da ...

Oma und Opa haben kein Verständnis dafür, auch wenn sie sonst herzensgut sind, aber mit dir kann ich ja schon reden wie mit einem Großen ... du bist so klug und schon so vernünftig, und dein Vater hatte doch geschrieben, daß du auf deine liebe Mutti aufpassen sollst, wenn er mal nicht mehr ist und nicht mehr für uns sorgen kann, und wenn du mal groß bist ..."

„Wein doch nicht immer, hör auf zu heulen, laß mich zufrieden. Geh weg, geh doch zu dem Neuen, ich will nichts davon hören, du wolltest das ja so haben!"

„Aber du bist doch nicht so hart wie die anderen, du stößt doch deine arme Mama nicht weg, ich habe doch nur noch dich. Denkst du denn gar nicht daran, was dein Vater dir geschrieben hat ... ?"
„Ich sag es Oma und Opa, hör auf ... ich will jetzt aufstehen, laß mich los, du tust mir weh ... es ist so heiß hier drin...!"

Zusatz, Zuschrift, Zuspruch - Ansätze, Ansprüche und Ansprachen

Am meisten verwirren uns Klarheit und Ordnung.

Der Verstand weiß oft sogar, wann er zu verlieren ist.

Wer Gedankengebäude auf dem Lebensweg errichtet, ist noch kein Philosoph.

Gib Gutes nicht gleich dem, der Schlechtes aufgibt.

Seit Kant steht der Mensch ganz unter dem großen Eindruck, den er auf alle Dinge macht.

Man muß sich verstellen, um nicht verkannt zu werden.

Nichts von allen Dingen enthält nichts als alle Dinge.

Moderne Seilschaftstänzer stürzen ab und gehen dem Abgrund ins *Internet.*

Gegenwart? Langeweile mit Eile. Einst werde ich nur noch in jener Vergangenheit leben, als ich noch ganz in der Zukunft lebte.

Wer stets seine Fassung wahrt, muß noch nicht Brillant sein.

Alles Geschriebene läßt sich nicht eintauschen für ein Verschwiegenes, und Physiker würden alle sichtbaren Phänomene gern für ein unsichtbares Naturgesetz hergeben.

Verfahrene Verfahren. Probleme verkürzen die Lösungsmethoden.

Sadisten sagen immer die Wahrheit.

Nur nackte Verkleidung wärmt die Wahrheit, und Nacktheit kleidet sie am schönsten.

Wünsche lassen sich nicht übersetzen von der Muttersprache in Gottvaters Machtwort.

Iwan, der erschrickt, ist der Schrecklichste.

Präzision übersieht die Übersicht und Feinheit die Feinheiten.

Spießgesellen definieren Gesellschaft als unumgängliche Umgangsform.

Liebesbeziehungen verhalten sich zu Bett- und Jahresbezügen wie Sozialverhältnisse zu Harnverhalten.

Nur gut zum Bösewerden. Der moderne Mensch verflucht sich zum Segen der Technik und ist mit dem Fluch der bösen Tatenlosigkeit gesegnet.

Wer schreibt, daß er nichts zu sagen hat, sagt, daß er viel zu schreiben hat.

Bei Lichte siehst du nur Menschen, für die du entbrennst.

Gitterstäbe werden geschmiedet durch Rütteln.

Dein Möglichstes kannst du durch Untaten tun.

Idealisten 2000 opfern die Heldentaten den Zeitgeisteshelden und die Ideen den Idyllen.

Plato? Philosophen sind auch nicht mehr die Könige der Hinterweltreiche.

Gefühle und Gedanken gehen bei Nichterfüllung ineinander über.

Dichter & Denker? ErZählen und ErWägen haben verschiedene Maßstäbe.

Ohne weiteres wird auch Weite eine Engpaßkontrolle.

Seit Luther beten Christen um einen ungerechten Gott.

Autoren schreiben am liebsten zwischen den Zeilen, die wir lesen sollen.

Gibt es unumstößliche Ungewißheiten? Erklärbar ist nur Erklärensunwertes.

Dinge sind nur unerkannt, Menschen aber undurchschaut. Wer in toten Erkenntnisobjekten Gottes Kunstwerke sehen kann, hat eigene Einsichten in fremde Absichten und Wissen vom freien Willen.

Nur Schwätzer schweigen dich tot.

Weil die Menschenkinder Gottvater töten wollen, sagt Freud, wurde Jesus zum Tode verurteilt. Mußte Gott Mensch werden, weil der Mensch Gott werden wollte?

Man suche nur nichts hinter den Theorien, sie selbst sind die Phänomene.

Wo Realität dich berührt, da fällst du wirklich oder siegst ohne Verdienst.

Lebenslanges Lernen heißt : Dumm leben und klug sterben.

Ehrenplatz. Wer dich ans Ende setzt, treibt das Ende auf die Spitze.

Medizin. Was fehlt dem Armen? Kapital. Was fehlt dem Reichen? Arbeit.

Alternatives Denken oder Alternative zum Denken?

Es gibt keine wirkliche Vielfalt, und nichts bewegt sich, es sieht nur so aus. Die ‚alternativen Sozialbewegungen' in Deutschland sind bloßer Schein, in Wirklichkeit sind sie die unentwegt Unbeweglichen, die ständig auf der Stelle treten. Parmenides-Schüler *Zenon* würde Pluralismus und Mobilität in den Bereich paradoxer Widersprüche verweisen: Der Pfeil, den der Sklave auf seinen Herrn abschießt, erreicht sein Ziel nie, denn da er auf seiner Flugbahn unendlich viele Stationen und Etappen passieren muß, bleibt er in der Luft stecken und verläßt nicht einmal den Bogen des Schützen. Deshalb siegt Heraklits „Vater aller Dinge" aber noch lange nicht: Jeder steigt nicht nur zweimal in denselben Rhein und Gedankenfluß, sondern beliebig oft oder gar nicht. Der Weg nach oben und der Weg nach unten sind derselbe Holzweg, aber die Gegensätze, die gar nicht aufbrechen, bilden die schönste Harmonie. Wie sieht man Philosophen heute?

Thales von Milet? Alles fällt ins Wasser, ist ein (Vor-)Schlag ins Wasser und geht baden. *Anaximenes 2000?* Niemand geht in die verpestete Luft, die er für andere ist. *Sokrates 2000?* Jeder Deutsche weiß nur, daß er nichts gewußt hat, und will nichts davon wissen, daß er alles gewußt hat. Sokrates war ein jungbewegt alternativer Barfuß-Guru der ersten Stunde, der wegen jugendgefährdender Gotteslästerung ermordet wurde.

Plato 2000? Der Deutsche war immer Idealist. Er sitzt in seiner dunklen Steinzeithöhle und sieht keine Sonne. Er hat keinen Platz an der Sonne und sitzt nur in dem Schatten, den er in die Welt wirft und den die Welt auf ihn wirft. Was fernzusehen und radiozuhören ist, ist nur eine pluralistische Scheinwelt. Das einzig Wahre ist die Einfalt in der Vielfalt des Lebens, und hinter der bunt bewegten Fassade herrscht die ewig gestrige Unveränderlichkeit und Unverbesserlichkeit des Unwesens, an dem die Welt verwesen soll. Alle Phänomene haben hier Hintergründe, die Ab-gründe sind, und nur die Hintermänner haben wirkliche Ideen, die vom Fußvolk auszuführen sind. Die Einzelnen entstehen und vergehen, es lebe das Große Ganze, also der Holismus der ‚Physis', die grüne Mutter Natur und unsere Symbiose mit ihr. Einheit und Allgem-einheit ist das einzig Wahre, der Kampf der Einzelinteressen aber ist Wahnsinn und Betrug, nieder mit den schmutzigen materiellen Interessen! Es kommt nicht darauf an, materiell versorgt zu sein, um Geist entwickeln zu können, sondern Ideen zu haben, um materiell gut versorgt zu sein. Wer auf keine eigenen Ideen kommt, kann die Welt mathematischen Gleichungen unterwerfen.

Aristoteles 2000? Die Menschen sind Menschenmaterial, das in Form zu bringen sei. Jedes Individuum entstammt einer Potenz und einem Akt. Eine Potenz ohne Akt ist nur eine abstrakte Naturanlage, ein Akt ohne leihaftige Potenz aber nur ein Traumbild. Das Allgemeinwohl sei gut aufgehoben im Individualisten, das Individuum aber nicht in der Allgemeinheit. „Der erste Grund aller Bewegungen muß selbst ein Unbewegtes sein": Die Unbeweglichen initiierten die alt(ernativ)deutschen Bewegungen der Achtzigerjahre. Aber Aristoteles war nicht nur ein forscher Naturforscher, sondern auch der Vorläufer des Thomas von Aquin und damit der katholischen Kirche und aller Seelenhirten. Allerdings bevorzugte er nicht den Mega-Staat, sondern die dezentralisierte Kommune, die noch vom Gipfel eines Hügels aus überschaubar sein sollte.

Der Unmensch ist das Maß des Undings, sagte der Sophist *Protagoras.* Mit *Pyrrhon* bezweifelt der Skeptiker, daß die Linken hier heute eigentlich Rechte sind und Rechte wie Linke daherreden. Und *stoisch* läßt jeder Binsenweise alle Kriege und Katastrophen über sich ergehen, ohne mit der Wimper zu zucken und eine Miene zu verziehen. Er ist hart wie Kruppstahl und unempfindlich gegen Schicksalsschläge wie Lust und Leid. Je mehr Bedürfnisse du hast, desto mehr Herren mußt du dafür dienen.

Die modernen *Epikureer* leben genügsam behaglich in ihren geistigen Schrebergärten. Sie wollen auch keine Kostverächter sein und lieben das Fleisch im Bett und Topf. Im Wildwuchsgärtchen sind schöne Gemeinschaftserlebnisse und Kameradschaftsabende möglich. Stille Genießer treffen sich da fern aller Politik. Leider war Epikur ein Anhänger der Atomphilosophie wie sein Schüler Lukrez, aber den Magermilch-Yoghurt hätte er für mehr Lustgewinn gehalten als ein raffiniertes Chateaubriand.

Descartes? Ich denke, ich bin wieder wer: Ich denke als Anti-Deutscher, also bin ich ein Deutscher, nichts ist gewisser als das. Noch Sigmund Freud war ein Cartesianer, als er die menschliche Seele in ihre Bestandteile zerlegte, statt als heiles Ganzes zu achten. Die Urspaltung der Welt in Subjekte und Objekte ist rückgängig zu machen durch Naturliebe und Gemeinschaftserlebnisse. Der welsche Descartes, der Ahnherr der Umweltzerstörer, war zu verkopft, um von Ahnungen eine Ahnung zu haben. Und die Masse ist unendlich teilbar, das Individuum nicht.

Sein deutscher Antipode war *Leibniz* aus Hannover; was sagt er uns heute noch? Jeder Deutsche ist eine ‚fensterlose Monade‘, die mit allen Mitmonaden in der ‚prästabilierten Harmonie‘ einer universalen müllsortierenden Volksgemeinschaft vereint ist. Niemand braucht sich nach anderen zu richten, da alle von Natur aus aufeinander abgestimmt sind. Wer die Welt zertrümmert, kann aus den Ruinen neue Gliederpuppen und Roboter,

Automaten und Marionetten synthetisch herstellen, die besser funktionieren
als lebende Naturwesen. Wenn Mathematiker die romantische Sehnsucht
ins Unendliche verspüren, kommen Infinitesimalkalküle heraus. Durch
Leibniz lernte man, alle Welt zu differenzieren und zu integrieren in die
große Gemeinschaft. Das monadische Individuum ist ebenso geistreich
wie der Geist ein Individualist. Wir leben in der besten aller Welten, wie
die Erde im Vergleich zum übrigen Universum jedem zeigen könnte.

Als der Jude *Spinoza* exkommuniziert war, entdeckten ihn die Deutschen
als ihren Leibphilosophen, allen voran Goethe. Er hat Mutter Natur zu
einer matriarchalischen Gottheit erhoben und den patriarchalischen Vatergott daraus entfernt. Jedes Menschenkind sei eine bloße Modifikation der
Mutter Natur und dürfe sich von ihr nie ganz freimachen, wenn er nicht
untergehen wolle. Jedes Lebewesen trachte danach, sich selbst in seinem
Sein zu erhalten, zu behaupten und auszuweiten. Ein deutscher Spinozist
wird Mutter Natur vergöttern durch Amor Deae anti-intellectualis. Kurz:
Spinoza war ein Ur-Ökologe. Die Macht, mit der ich existiere, wird unendlich übertroffen von Umweltursachen, und unser Geist erkennt sich nur,
sofern er die Ideen der Körpererregungen kennt.

Und *Kant* aus dem heutigen Kaliningrad? Der ‚Kategorische Imperativ‘,
das Sittengesetz 2000: Handle so, daß der Grundsatz deines Willens immer
zugleich auch als Grundsatz deiner Gemeinschaft dienen kann. Die ‚Kritik
der reinen Vernunft‘ ist das, was der Titel seines Hauptwerks schon sagt:
Kritik an bloßer Vernunft. Kants Vernunft ist praktisch und berücksichtigt
das Irrationale: Der Mensch ist Bürger zweier Welten, der leibhaftigen und
der besseren. Die Welt ist nach Kant ganz anders, als sie mir erscheint und
vorgemacht wird, aber wie die Dinge an sich ablaufen im Hintergrund,
bleibt für uns unerkennbar und undurchschaubar. Du bleibst ewig an der
Fassade kleben. Nach Kant bestehe ich aus Sinnlichkeit und aus gesundem
Menschenverstand. Der Lebensraum und der Zeitgeist sind reine Weltan-
schauungsformen des gesunden Volksempfindens. Aber in das sinnliche
Chaos ist Allgem-Einheit zu bringen, damit nicht alles auseinanderläuft
und die Individuen einander umbringen. Bunte Vielfalt kommt aus Außenwelt und Ausland, der deutsche Geist erst bringt Ordnung hinein und macht
ein Ganzes daraus.

Ex-Jakobiner *Fichte* hielt seine „Reden an die deutsche Nation“, die in
Napoleon eher den Besatzer als den Revolutionär sahen. Das deutsche Ich
= Ich ‚setzt sich selbst‘ - ein und durch und bei, es setzt sich in Positur,
aufs hohe Roß und die Welt in die Welt und in Brand und auf den Thron,
indem es sich vergöttert. *Schelling?* Als Naturphilosoph war er Ökologe
und Naturschutzheiliger der ersten Stunde : Geist ist aufgewachte Natur.

Hegel 2000 ? ‚Freiheit ist Einsicht in die Notwendigkeit‘ ökologischer Umgestaltungen der Gesellschaft. Hegel war der größte preußische Geistheiler und Holist: Das einzig Wahre ist das Hologramm. Was bei ihm noch allzu verkopft war, stellte *Marx* vom Kopf auf die Barfüße: „Diamat“ als Vermächtnis des abgewirtschafteten Bürgertums an seine Arbeitssklaven. Die deutsche Geschichte sei keine Geister- und Gespensterstory, sondern ein Klassenkampf um mehr Staatsknete. Kleinbürger aller Bundesländer, vereinigt euch gegen die US-Multis der Wallstreet! Leider dachte Macho Marx bei den Revolutionären nicht an umweltbewußte Pazifisten, sondern an Industriearbeiter, die übelsten Umweltverschmutzer.

Er will sie, und sie will ihn: Das Ding-an-sich ist das Es, und das Es ist raumzeitlos und akausal. Und *Schopenhauer* beschrieb vor 180 Jahren die Welt ganz exakt so, als hätte er das Super-GAU-AKW bereits gekannt. Deutschland als Schlachtfeld des Dritten Weltkrieges, Schopenhauer hat es vorweggenommen, den Kriegsbericht zu verfassen. Sein Schüler *Nietzsche* sagte Ja zur Ewigen Wiederkehr des Gleichen, des gleichen Machtwillens und der immergleichen Übermenschlichkeit. Er hat die Natur verteidigt gegen widernatürliche christliche Forderungen, vertauschte die Bibel gegen das Buch der Natur und kultivierte seine Ressentiments gegen vermeintlich jüdische Ressentiments. Sonne, Licht und Luft: Zarathustra trieb ‚la gaya scienza' und wollte gay power?

Ernst Bloch ritt das ‚Prinzip Hoffnung' auf die Magna Mater, die Rückkehr in den Mutterschoß der Lebensformen aller Menschenkinder. Er wollte heim zu den Müttern, der rote Mystiker der Mater-ie mit seiner Philosophie der Demeter-Kulte für Höhere Töchter und ihre germanischen Ritter. Der Widerstandskämpfer ist ein Trotzkopf, der an seiner Stofflichkeit wie an Verstopfung leidet: Materialismus ist dialektischer Obstipationalismus und schlechte Verdauung leibhaftiger geistiger Nahrung.

Adorno 2000? Nieder mit den Identifizierungsdiensten, es lebe der Sonderweg und Dritte Weg zwischen den Großmächten. Die Utopie sei physiologisch, der Verrückte der einzige Vernünftige heute, da die jüdische ratio an sich irre geworden sei. „Der widerliche Kerl träumt meine Träume", sagte Adorno über den nationalrevolutionären Naturfreund Ernst Jünger.

Kurz: Sokrates trieb sich auf den Straßen herum, hielt die Leute von der Arbeit ab, indem er sie in Grundsatzdebatten verwickelte, und kümmerte sich nicht um seine Familie. Statt sich zu drücken, wo er nur konnte, bewies er militärische Tapferkeit und trieb Sport zu seiner Ertüchtigung. Statt vor dem Justizirrtum und den Intrigen zu fliehen, nahm er den Schierlingsbecher. Sein Schüler Platon wollte aus Königen Philosophen machen und aus Denkern Herrscher, jedoch besser ist ein Neureicher, der geistreich werden will, als ein Weiser, der sich bereichern will. Epikur hielt seine Genüsse bescheiden, statt ausschweifend in der Askese zu sein. In seinem Garten der Freundschaft lebte er im Verborgenen und mied weise jedes öffentliche Leben. Seine Gesprächskreise teilten auch Frauen und Sklaven.

Der Kyniker Diogenes, welcher Freiheit als Bedürfnislosigkeit erstrebte, hat die schönsten Anekdoten der Philosophiegeschichte. Seine demonstrative Schamlosigkeit war noch zuviel komödiantische Eitelkeit, aber seine Ehe- und Kinderlosigkeit ist ebenso anziehend, wie sein Ideal der Weibergemeinschaft abstößt. Sophistik war die demokratische Rhetorik der Volksaufklärung. Diese Wanderphilosophen verkauften Theorien als praktisches Wissen. Sophisten hatten *keine*, Philosophen hatten Sklaven. Aristoteles liebte mittelständischen Komfort und sah das Haus der Welt wie von einem Künstler erbaut, aus Rohstoffen und nach einem Plan im Kopf. Dominikanermönch Thomas Aquin blieb nicht Edelmann und wurde nicht Bischof.

Spinoza lebte still und verborgen wie das Urbild eines Philosophen, das Denken war ihm ein Affekt gegen alle Affekte. Leibniz antichambrierte zu sehr in der großen Welt, er war eher Public-Relation-Manager der Metaphysik. Descartes war der homme-en-masque, aber doch zu vermögend, um nicht das ‚Buch der Welt' studieren zu wollen. Pascal zog sich aus allen Divertissements ins Kloster Port-Royal zurück, aber geißelte sich dort, statt Wissenschaften einzuüben und Künste auszuüben. Voltaire war der Intellektuelle schlechthin, eine zweideutige Mischung aus Rokoko-Libertin und konterrevolutionärem Aufklärer. David Hume lebte für einen skeptisch verzweifelten Denker auf ziemlich großem Fuß in der großen Welt. Seit Kant waren alle bedeutenden Philosophen in der Regel leider nur noch Staatsbeamte. Marx war die Ausnahme von dieser Regel und bestätigte sie, aber leider ließ er sich von Fabrikant Engels aushalten und beeinflussen. Die adlige Tochter des reaktionären preußischen Ministers von Westphalen hätte er besser nicht geheiratet, und zum Judentum wäre er besser zurückgekehrt. Ängstlich zurückgezogen lebte Kant in seinem Königsberg und in seinem Hagestolziat; das Dingsbums an sich, die Frauen und die weite Welt blieben ihm verschlossen. Für Romantiker Schelling steckte nicht Gottvater in Mutter Natur, sondern die Natur in Gott. Er hat noch Kunst und Philosophie der Naturwissenschaft zusammengedacht, das unbewußte Sein war ihm ein erotischer Wille der Mutter Natur. Für Fichte war Natur nur ein Anstoß für unendliche Reflexion und ewige Selbstverfeinerung des Ich. Er wollte die Deutschen zu Philosophen und die Philosophen zu Deutschen machen. Hegels Philosophie gab die bürgerliche Arbeitsteilung und technische Atomisierung der Welt frei. Die Familie hält die Triebkonflikte so zusammen wie der Staat die bürgerlichen Konkurrenzkämpfe.

Er gab die Anarchie der Differenz(ierung)en frei im Schutze staatlicher Integration. Fertig war schon ihr Programm, noch nicht die Moderne selbst. Schopenhauer lebte wie Kierkegaard als Rentier und erwartete nichts vom Fortschritt der Industrie für das Wohl der Menschen. Er wollte ganz ästhetisches Weltauge werden, statt mitzutun in der Welt, und sein komfortables Abseits war antijudäischer Renten-Buddhismus. Nietzsche ist Hegel ohne Staat, er wollte die entfesselten Einzelnen wirtschaften lassen ohne jede vernünftige Integration im großen Ganzen. Bis zum Lebensende ließ er sich beurlauben und lebte fast wie Jesus, dessen Dekadenz er verachtete. Dem Arbeiter empfahl er die epikureische Selbstgenügsamkeit des freiwillig Arbeitslosen. Adorno wollte wie Nietzsche die Sprengung jeder Integration durch unendliche Selbstdifferenzierung in Individuen, die ihre eigenen Konstellationen finden, statt unter Allgemeinbegriffe subsumiert zu werden. Und Sartre hatte zuviel Erfolg beim Bürgertum, als er seinen Beamtenstatus aufgab. Sein Ego cogito hat nie das alter ego und die res extensa erreicht, in seinen existenziellen Netzen verfing sich keine Realität als die Performationshow. Jaspers philosophierte aus der „Grenzsituation" seiner Todkrankheit heraus und allein auf seine Frau hin. Wittgenstein trieb logische Mystik gegen seine drohende Psychose und Suizidgefahr.

Moses und Ödipus - Freud oder Velikowsky?

In seinem Essay „Der Mann Moses und die monotheistische Religion" wagte Sigmund Freud kurz vor seinem Tode eine Spekulation über den Ursprung des Judentums. Der ägyptische Aristokrat Moses habe als Anhänger des Pharao Echnaton (18. Dynastie) nach der sogenannten Amarna-Zeit die jüdischen Sklaven befreit, aus den Händen von dessen Nachfolger Tutenchamon. Die Juden seien über den Ägypter Moses also die Erben der kurzen revolutionären Interregnum-Herrschaft von Amenophis IV. gewesen, der sich Sohn des Aton nannte und die Priester des Amon-Re vertrieb.

Nach der Lektüre von Freuds Moses-Essay schrieb Immanuel Velikowsky sein Buch „Ödipus und Echnaton" (dt. Zürich 1966), das nachzuweisen sucht, daß jener Pharao Echnaton = Amenophis IV = Amenhotep IV, den Freud als geistigen Vater des „mosaischen Glaubens" und des patriarchalischen Monotheismus vorgestellt hatte, das historische Vorbild des griechischen Ödipus gewesen war. Echnaton habe seine berühmte Gattin Nofretete verstoßen, um seine aus dem ‚arischen' Indien stammende Mutter Teje zu heiraten, die ihn anstiftete, ihren homosexuellen Gatten, also seinen Vater Amenophis III., nicht nur zu töten, sondern aus dem historischen Gedächtnis des Landes zu streichen.

Wer Freud und Velikowsky zusammendenkt, darf aber den Gatten der Nofretete und der Teje doch nicht als Ur-Jude und Ur-Ödipus gleichzeitig sehen, denn nach Velikowsky hat Echnaton gar nicht zur Zeit des Moses gelebt, sondern etwa ein halbes Jahrtausend später, als nach der gängigen Altertumschronologie von Sothis/Maneto gewöhnlich angenommen wird.

These 1 (Freud)   : Moses war Echnaton-Anhänger.

These 2 (Velikowsky) : Echnaton war der historische Ur-Ödipus.

These 3 (Velikowsky) : Moses lebte etwa 500 Jahre vor Echnaton.

These 1 und These 3 schließen einander aus. Wenn These 1 und These 2 ebenso wahr sind, wie These 3 falsch ist, dann sind die Juden die Erben des Echnaton-Komplexes.   Wenn These 2 und These 3 beide wahr sind und die These 1 falsch ist, leiden eher die Antisemiten unter so etwas wie dem Echnaton-Komplex.

Geht der Ödipuskomplex nämlich auf diesen Reform-Pharao zurück, dann sieht er etwas anders aus, als Freud ihn dem griechischen Mythos entnahm (abgesehen einmal von der Frage, ob der mythische Ödipus nun wirklich einen Ödipuskomplex hatte). Wenn die griechische Jokaste nach dem Bild der asiatischen Teje und Vater Laios nach dem Bilde des in Frauenkleidern herumlaufenden ägyptischen Pharao Amenophis III. gestaltet worden sind, dann hat der Sohn weniger seinen Vater getötet, um seiner Mutter beiliegen zu können, sondern eher die Mutter, die ihren weibischen Gatten loswerden wollte, ihren Sohn als Mordwerkzeug benutzt und mit dem Inzest belohnt. Der berüchtigte Ödipus-Mythos, dem Freud den Urkern jeder Neurose entnahm, wäre dann die hellenistische Überarbeitung und Entstellung von so etwas wie einem ‚Echnaton-Komplex' gewesen.

An anderer Stelle habe ich versucht, diesen Echnaton-Komplex sogar noch auf dem Grunde einer modernen mater-ialistischen Philosophie wie der des Juden Ernst Bloch zu entdecken, der seinem Judentum in dem Maße untreu wurde, wie er zurückgriff auf die matriarchalischen Mächte der Mater-ie, des Blutes und Bodens und der Allmutter Natur statt auf eine Vater-Imago.

Laut Freud waren Jahrmillionen mutterrechtlich verfaßter Gesellschaften die Folge eines realen oder phantasierten urzeitlichen Vatermordes und war der patriarchalische Monotheismus der Juden die Folge der Wiederkehr lange verdrängter Schuldgefühle der Bruderhorde. Nach dem Urvatermord der Vorzeit begründete der gemeinsame Verzicht der Brüder auf jeden mörderischen Konkurrenzkampf um das Mutterinzest-Monopol so etwas wie eine Ur-Ethik. Brüderlich verehrten die Erdensöhne die mütterlichen Naturgewalten im Altertum unter vielen Namen: Astarte, Ishtar, Innanna, Baal-Aschera, Löwensphinx, Kybele, Horus, Aphrodite, Hathor, Venus, Beelzebub (Fliegen-Baal). Velikowsky sieht in all diesen Namen mütterliche Vergottungen eines Riesenkometen, der seit dem 15. Jahrhundert v. Chr. die Erde in Abständen immer neu in Furcht und Schrecken versetzt habe, ehe er im 7. Jahrhundert v. Chr. der heute als Venus bekannte Planet wurde mit seiner ruhigen Himmelsbahn. Zwischen zwei solcher aufeinanderfolgenden ungeheuerlichen Heimsuchungen durch den Venus-Kometen habe in Ägypten der Pharao Echnaton den schrecklichen Venuskult der Amonpriester ersetzt durch den intellektuelleren Sonnenkult dieser Aton-Religion, als die spätere Venus nicht länger die Sonne verdunkelte und „auf ihre Hörner nahm". (Gesehen am Himmel wurde „Typhon", ein Riesenwidderkopf mit Drachenschweif).

Als Echnaton seinen Vater beseitigt, beseitigt er den Venuskult, und später wird er selbst von den Priestern des Venuskults wieder verdrängt, als der rote Morgenstern erneut verderbenbringend die Erdbahn kreuzt. Als Echnaton seine mitannische Mutter Teje heiratet, führt er den monotheistischen Sonnenkult ihrer asiatischen Väter ein. Wenn Freud Recht hätte, hätten die Juden über Moses also paradox die Religion der „arischen" Indogermanen übernommen? Stand Echnatons Vater für Mutterkulte, Echnatons Frau und Mutter für einen Vaterkult?

Wenn Freud den Kern jeder Neurose im Ödipusmythos wiederfand, diesem Mythos aber in Wirklichkeit ein Echnaton-Komplex zugrunde lag, dann gerät alles erneut ins Wanken. Die noch gar nicht ausgetragene Auseinandersetzung zwischen Freud und Velikowsky müßte Licht werfen auf das Verhältnis zwischen den Juden und ihren alten Todfeinden, den Amaleqs. Wurde zwischen zwei Venus-Attacken der patriarchalische Monotheismus in Ägypten geboren und über Moses zur Religion der Semiten?

Als die stiefmütterliche Naturgewalt einmal einige Jahre lang Ruhe gab, erinnerte man sich des Vaters, der das Menschenkind vor ihrer Übermacht schützt. Aber dieser Vater war tot, von den Vorfahren derer getötet, die ihn jetzt brauchten. Der Echnatonjünger Moses soll die israelischen Sklaven im Schutze einer erneuten kosmischen Naturkatastrophe aus dem Ägypten jener Echnaton-Nachfolger befreit haben können, welche die stets wiederkehrende Venus anbeteten, um sie milde zu stimmen.

Nach Velikowsky aber war gar nicht Moses ein Zeitgenosse des Echnaton, sondern der Prophet Elia im ägyptischen Vasallenstaat Israel: Dieser ‚feurige Elia' reinthronisierte Aton-Adonai und schickte zwischen zwei Venus-Katastrophen die Baalpriester zum Teufel, welche unter König Ahab und der bösen Königin Isebel ihr Unwesen trieben, von Jerobeam bis Josua (um 600 v. Chr.). Erst als Venus ein für die Erde ungefährlicher Planet geworden war, konnte das jüdische Patriarchat sich endgültig durchsetzen gegen die Baal-Moloch-Priester mit ihren Menschenopfern, und der unsichtbare Vater siegte über die allzu sichtbare Venus und ihre „Gluthölle". Fürchtet Rom bis heute die Wiederkehr des roten Morgensterns aus dem Osten?

Philosophische Disziplinen und Tendenzen

ONTOLOGIE: Sein oder Nichtsein, das ist noch immer die fragwürdige Frage. Es ist intelligent, sie zu stellen, und dumm, eine Antwort darauf zu wissen. Ontologen suchen die Ist-Werte, *De*onto-logen die Soll-Werte. Die einen suchen wahres Sein hinter schönem Schein, die anderen schöneres Sein hinter häßlichem Anschein. (Marx z.B. sah das wahre Sein im Sein der Ware, und hinter jedem schönen Schein liege ein dicker Geldschein.)

Plato kam als erster auf die Idee, daß hinter der Fassade eine schlaue Idee stecke und kein dummes Ding. Er machte einen feinen Unterschied: Die Idee der Scheiße ist nicht Scheiße, sie stinkt nicht. Die Idee des Häßlichen ist schön und deshalb gar nicht zu hassen; das ist der Stuhlgang der Dinge. Aristoteles sah die Idee Gottvaters nicht weit über Mutter Natur thronen, sondern in ihr selber sitzen. Und die englischen Nominalisten, Empiristen und Positivisten später sahen die Idee und das Wesen der Exkremente nur im Kopf des Stuhlgängers – als Kraftwort und Lufthauch (flatus vocis).

Das Mittelalter sah das *höchste Sein* (ens bonum et realissimum) in Gottvater; jeder andere habe ein bißchen davon, der Bösewicht weniger, der Tugendbold mehr (am wenigstens Mutter Natur). A *ist* B: Jedes Urteil ist durch die Copula eine grammatische und logische Kopulation von Begriff und Sache, von männlichem Subjekt und weiblichem Objekt.

METAPHYSIK nennen Physiker alles, was ihnen zu hoch ist und über ihre Köpfe hinweggeht. Später wurde daraus das Übernatürliche, Unnatürliche und Widernatürliche, wie die Gegner meinten. Nietzsche hielt sie für eine Hinterweltanschauung von Puritanern, die rein Physisches am liebsten aus der Welt schaffen wollen. Aber Metaphysik war immer etwas mehr als ein

geistiger Fleckenentferner und Weltfluchthelfer. Sie ist auch ein bißchen
mehr als die Angewohnheit, höhere und tiefere Ursachen für die Hauptsache zu halten und die Sache selbst darüber für Nebensache. Sie fragt
nach den Dingen, indem sie nach deren Bedingungen fragt,und entdeckt oft
in den Dingen verding(lich)te Menschen. Sie fragt nach Bedingungen, die
selbst keine mehr haben,und dieses Un-bedingte ist das von den Dingen ab-
gelöste Ab-solute. Metaphysiker fragen nach ewigem Sein unter oder über
dem vergänglichen Seienden, also nach der ewig-weiblichen Mutter Natur
darunter und dem ewigen Vater darüber. „Warum ist überhaupt etwas und
nicht vielmehr nichts?" ist ihre Lieblingsfrage. Es ist die alte Kinderfrage
nach der Herkunft der Kinder aus dem mütterlichen Schoß. Der Ursprung
der Frage nach dem Ursprung aller Dinge ist die Kinderfrage nach ihrem
Ursprung, der ein Eisprung ist. Metaphysiker ist einer, der nach dem *einen*
Grund fragt, auf dem alle Menschenkinder fest auf eigenen Füßen stehen
können und der zugleich der Abgrund werden kann, aus dem sie auftauchen und in den sie wieder versinken, wenn ihre Zeit gekommen ist.

Theologie unterscheidet sich von Metaphysik dadurch, daß sie einen Urheber statt einer Ur-sache sieht und sich weniger interessiert für das Wissen
vom Gesetz als für den Willen des Gesetzgebers. Sie rätselt, ob die Welt
geschaffen ist aus bösem Mater-ial oder aus dem Nichts (zwischen den
Beinen der Mutter Natur), aber in jedem Fall von Gottvater. Aristoteles
sah alles Natürliche als Produkt zweier metaphysischer Potenzen: des ewig
weiblichen Mater-ials, die in gottväterliche Form gebracht wird. Die Metaphysiker suchen Ewigkeit über der Zeit und Unsterblichkeit über der Vergänglichkeit: Die Individuen entstehen und vergehen (vor Lust), es lebe
die Gattung! Metaphysik ist der Geist der Gattung und macht sich deshalb
oberste ‚Gattungsbegriffe' (Universalien und Transzendentalien).

Die *östliche* Metaphysik kennt persönliche Wiedergeburt (Inkarnation) des
Einzelnen nach seinen Verdiensten, doch *westliche* Metaphysik kennt das
Überleben des Einzelnen nur in eigenen Nachkommen. Nichts ist vergäng-
licher als ewige Wahrheiten, und ewig ist nur die Vergänglichkeit alles
Irdischen selbst. Metaphysik sucht auch „Einheit in der Vielheit". Das ist
oft nur Einfältigkeit in aller Vielfalt, aber auch Eindeutigkeit statt ewiger
Zweideutigkeit. Sie wollte immer Monotheismus ohne die Monokultur des
Eintopfs und ist philosophischer Monotheismus des Individualismus: Alle
gleich - jeder anders. Alle sind gleich vor dem Einem im Himmel: Jeder
hat gleiches Recht auf seine Verschiedenheit (ob genutzt oder nicht). Und
wenn sie das universale Universum sucht, dann nicht, weil Metaphysik die
Monotonie will, sondern den Pluralismus der Eliten nicht will. Der letzte
Grund aller Dinge ist die Hinterwelt, ein Hintergrund von Hintermännern.

Die Meta-meta-physik ist das rein Physische, also das Fleisch (im Topf und im Bett). Metaphysik ist nicht die Lehre vom Übersinnlichen und Übernatürlichen, wie ihre Feinde meinen, sondern die Theorie, was *über* die Beziehung von Menschlein und Mutter Natur ein bißchen hinausgeht (z.B. Gottvaters Aufforderung an uns, gefälligst endlich mal den Mutterleib der Erde zu verlassen und erwachsen zu werden). Aber wer will schon Mamas Rockzipfel loslassen, der sich auf so vielfältige Weise verkleidet unter so vielen Namen, und auf eigenen Beinen ins rauhe Leben hinaus?

ERKENNTNISTHEORIE. Luther übersetzte: Adam und Eva sahen, daß sie nackt waren, und sie ‚erkannten‘ einander. Das war die vorwissenschaftlich mythische Form. In der Philosophie wird daraus die Frage: Wie *erkennt* der alte Adam die Mutter Natur, wie wird er mit ihr einig und eins und was ist die Frucht ihrer Beziehung? Wie überbrückt er den Graben, der ihn von Mutter Erde trennt, aus der er doch selber stammt? Die zwei Hauptantworten der Tradition : Entweder paßt er sich *ihr* an oder nötigt sie mit mehr oder weniger sanfter Gewalt, sich *ihm* anzubequemen, bis beide übereinstimmen, wenigstens im „Wesentlichen“. Diese Übereinstimmung wird „Wahrheit“ genannt. Gleiche ich mich der Welt an, so bin ich ein Konformist, aber gleiche ich mir Frau Welt an, dann bin ich ein Unhold.

Erkenntnistheorie ist der Versuch, eine Alternative zu dieser falschen Alternative zu finden, einander ‚erkenntlich‘ zu zeigen oder ‚erkennungsdienstlich‘ zu behandeln und auf Todesstrafe zu ‚erkennen‘. Gleicht Er sich *Ihr* an, ist er Realist; gleicht Er Sie *seinem* Willen an, dann ist er Idealist.

ÄSTHETIK: Die Lehre von der Schönheit dessen, was ist, oder dessen, was (noch) nicht ist. Freud vertraute seiner Schülerin Marie Bonaparte an, aller menschliche Sinn für Schönheit entstamme letztlich unserem sinnlichen Sinn für die weibliche Brust, unserem ersten Liebesobjekt, das ein pars pro toto war. Zuerst wird Mutter Natur durch ihren Busen hindurch geliebt, an dem wir liegen. Ästhetik kommt vom griechischen Wort ‚aisthesis‘ für sinnliche Wahrnehmung (einer verhüllten Gestalt). Hegel bestimmte die Ästhetik als Lehre vom ‚sinnlichen Scheinen der Idee‘. Das griechische „idea“ heißt wörtlich: Aussehen und Gesicht. Wie die Mutter Natur aussieht, erscheint den fünf Sinnen und der Sinnlichkeit und ist Gegenstand einer ‚Schau‘. *Das* Schöne ist also ursprünglich *die* Schöne, und ‚Naturschönes‘ an ihr ist der sinnliche Vorschein unserer Mutter Natur *in* jedem mater-iellen Gegenstand. Lieben ist ‚Zeugen im Schönen‘ (Plato).

LOGIK: Lehre von den Leerstellen des Denkens und von den unmenschlichen Beziehungen, die hier ‚Relationen‘ heißen. Logik ist so unbeliebt, weil sie Willkür, Wahnsinn und Schwachsinn nicht toleriert. Die Logik ist so beliebt, weil sie wie die Mathematik keine Menschen- und Weltkenntnis voraussetzt. Sie beantwortet die Frage, was ein Menschenkind von Frau Welt wissen kann, bevor es ein wirkliches Verhältnis mit ihr hat und reale Erfahrung mit ihr macht. Was weiß der Erdensohn von Mutter Natur „vor und unabhängig von" jeder realen Beziehung zu ihr? Logiker können vom Allgemeinen auf Besonderes schließen, aber nie vom ganz Besonderen auf das Individuelle, also Reale. Da heute everybody wants to be free, reißt jeder sich erst einmal gern diese „geistigen Schnürstiefel" (Goethe) von den Schweißfüßen, auf die er durch Marx von der Kopflosigkeit gestellt wurde. *Ohne* Logik ist jeder so frei wie der Tobsüchtige in der Gummizelle, *mit* der Logik ist er so frei wie von jeder Sachkenntnis. Schizophrene haben entgegen einem Vorurteil häufig ein besonders gutes Verhältnis zu Logik, Rationalismus und Mathematik.

Logik ist die Beschränkung des männlichen Geistes auf die Beschäftigung mit sich und mit seinesgleichen, also strikte geistige Onanie oder Homophil(osoph)ie - ohne Bezug auf ein real existierendes Objekt (vom ganz anderen Geschlecht). Aber auch im Geiste ist mit der Inzucht zu beginnen, um zur Unzucht mit der Welt fortzuschreiten. Schlimm ist nicht die geistige Masturbation, sondern bei ihr hängen zu bleiben. Nach viel „Selbsterkenntnis" ist Mutter Natur leichter zu ‚erkennen': Logik ist eine notwendige Vorübung, nicht mehr und nicht weniger. Im Leben ist es umgekehrt: Man lebt drauflos und fragt nach der Logik erst spät oder gar nicht mehr. Der herrschende Irrationalismus verachtet die Logik, zwingende logische Notwendigkeit wird als geistige Nötigung und Notzucht abgewehrt. Vor allem ‚logische Systeme' sind Schreckgespenster - vorzüglich bei Leuten, die weder logisch und systematisch denken können, noch auch nur Fragmente zustande bringen. Kurz: sie ist eine Art von Melissengeist, denn sie war noch nie so wertvoll wie heute. Wenn Logik auf Realität angewandt wird, wirkt das logische Korsett auf Frau Welt oft wie eine geistige Zwangsjacke und das Liebeslager wie ein Prokustesbett. Logik gilt als eine bloße Formsache, die nicht zur Sache selbst kommt. Wer nicht denken kann, sieht in ihr eine bloße Förmlichkeit und die tote Etikette des Geistes. Aber hinter der Logik steckt eine Psycho-Logik, die von Logikern meist verdrängt und von den neuen Irrationalisten verleugnet wird. In der Logik heißt es: Wer A sagt, muß auch B sagen (und nicht A *tun*). Ein Urteil ist etwas, das etwas als etwas ganz anderes hinstellt: A *ist* A und zugleich B. Ein logischer Schluß macht mit dem Urteil, was ein logisches Urteil mit dem Begriff macht und jeder logische Begriff mit seinen unlogischen Objekten. Objekt - Begriff - Urteil - Schluß: Das sind die vier „Meta-Stufen" des Denkens. Durch messerscharfe *Schlüsse* fühlt der Wirrkopf sich eingeschlossen in geistige Zwangssysteme, durch *Urteile* fühlt er sich zum geistigen Tode verurteilt, und in *Begriffen* sieht er An- und Zugriffe und Übergriffe auf sich selbst. Und in jungen Dinge(r)n sieht er verding-(lich)te Mädchen. Begriffliches Denken, dessen Gesetze in der Logik verabschiedet und nie novelliert werden, wird gefürchtet als geistiges Marterwerkzeug. Der Allgemeinbegriff heißt etwas von oben herab Oberbegriff. Jeder fürchtet, daß er als Einzelkämpfer bei dem geistigen Allgemeinwohl zu kurz kommt, und Adorno hat diese Angst zu einem würdigen philosophischen Gegenstand erhoben. Ein Begriff schert alle seine Gegenstände über denselben Kamm, bringt sie unter einen Hut und uns alle auf einen kleinsten Generalnenner. Adorno sah in diesen logischen Gesetzen die Allgemeinplätze der Gesellschaft an der Macht. Sie bringen jeden um sein ganz Besonderes und schneiden ihm den ‚kleinen Unterschied' weg. Wer dauernd gegen die Logik verstößt, verstößt lieber gleich die Logik selbst und nennt seine alte Unlogik einfach ‚Neue Logik‘. Die logischen *Grundsätze* sind der ‚Satz der Identität' (Ich bin Ich), der ‚Satz vom Widerspruch‘ (einer kann nicht zugleich ich und nicht ich sein) und der ‚Satz vom ausgeschlossenen Dritten‘ (tertium non datur): Entweder Kapitalismus oder Kommunismus, etwas Drittes gibt es nicht. Der Nazi bestritt genau das. Er nannte sich „Dritter Weg" zwischen Ost und West, Wahr und Falsch, Herr und Knecht. Kapital und Arbeit. Diese neue „dreiwertige Logik“ war die deutsche Dialektik des Sowohl-als-auch-weder-noch.

RELIGIONSPHILOSOPHIE: Theorie von Kinder- oder Köhlerglauben, Priesterbetrug und Jenseitsvertröstung. Vormals: Theologie als Theorie von Gottvater und seinem Verhältnis zu Mutter Natur und den Menschenkindern. Theologie ist die ‚Gewissenschaft' der Gottesfürchtigen. Im allgemeinen wird alles, was über Religion gesagt wird, den Frommen zu sündhaft klingen und den Steuerchristen zu hoch und heilig. Der ‚Gott der Philosophen' (W. Weischedel) ist sowieso ein ganz anderer als der Gott der Frommen: Er ist nicht der Naturgesetzgeber der zehn Gebote, sondern „Urgrund und Ungrund des Seins“, „Ursache seiner selbst“ oder „Ens realissimum“. Theologie ist religiöse Metaphysik, und griechische Metaphysik ist philosophische Theologie ohne alttestamentarischen Jahwe.

Erst gab es Jahrmillionen lang den feministischen „Polytheismus“. Das ist die Art von Religion, wo in jeder Naturgewalt, mit der der Mensch nicht fertig wurde, eine Spezialgottheit steckte, die dafür zuständig war, bis die natürliche Ursache gefunden und dann technisch in Dienst genommen war. Es gab so viele Götter wie Naturkräfte, für jede einen. - Bevor die Polytechnik den Polytheismus besiegen konnte, erfanden die Juden den Monotheismus, nach dem alle Mensch gleich sind vor dem Einen Gesetz für alle. Nun sollte es plötzlich nicht mehr eben so viele Wahrheiten geben, wie es soziale Eliten gab, sondern nur noch eine einzige für Herren *und* Knechte?

Die Ehrfurcht vor dem Einen HErrn hebt die Ehrfurcht vor den Herren der Welt auf - fürchteten die Herren und gründeten den weltweiten Antisemitismus im Namen des religiösen Pluralismus. Der jüdische Monotheismus ist patriarchalisch; ante- und antisemitische Polytheisten sind Amazonen. Der moderne Euro-Feminismus, die neueste Maske des Antisemitismus?

MYSTIK ist nicht bloß der Versuch, eigene Hirngespinste als Einblick ins Herz der Mutter Natur vor sich und anderen zu verkaufen, sondern eine Art philosophischer Voyeurismus: Was einer von Mutter Natur sieht, wenn er verzückt die Augen schließt. Die Mystik ist weder Theorie noch Praxis, sondern holistische Wesensshow, wo der Zuschauer Mitspieler des Welttheaters ist, ohne deshalb aufzuhören, ein aufmerksamer Zuschauer zu sein, also gleichzeitig auf der Bühne zu stehen und in einer Loge zu sitzen und die Bühne, Loge, Kulisse und das ganze Theater selbst zu sein. - Der Mystiker ist ein Mensch, dem es nicht genügt, Mutter Natur zu erkennen, zu erfassen oder zu bearbeiten und zu behandeln, sondern selbst zu *sein*, d.h. inmitten des Weltgetümmels seine Abnabelung rückgängig zu machen, um mit der Magna Mater(ia) wieder zu verschmelzen, die für jeden von uns in der Kindheit unser Ein und Alles war und erst später ein enttäuschender Mensch unter anderen wurde. Diese verzehrende Sehnsucht ist keine männliche Spezialität. Hildegard von Bingen, Mechthild von Magdeburg, Theresa von Avila haben den mystischen Akt mit dem himmlischen Bräutigam glühend so beschrieben, daß das rein Physische und das Metaphysische nicht mehr zu trennen sind.

Ruysbroek (1293-1381) schrieb Bücher wie: „Das Reich der Geliebten" und „Die Zierde der geistlichen Hochzeit". „Ich bin derjenige, den ich liebe, und der mich liebt, ist mein Ich", schrieb der persische Sufi al-Halladj. Diese quietistischen Aktivisten sind Schüler des Neuplatonikers Plotin. Das höchste Sein *ist* das tiefste N-ich-ts (zwischen den Beinen von Mutter Natur). Wird dem Mystiker schwarz vor Augen, geht ihm erst ein Licht auf und umgekehrt. Der trockene Hegel warf Schelling vor, in dessen ‚Nacht des Absoluten' seien alle Kühe schwarz. Jakob Böhme war ein proletarischer Mystiker, der Schelling und Hegel beeinflußte. Bei Wittgenstein gibt es sogar mystische Logistik. Die chinesische Mystik hat einen Höhepunkt im Taoismus von Lao-tse und seinem Schüler Dschuang-tse. Das ‚Tao zwischen Yin und Yang' ist der Weg zwischen dem Männlichen und Ewigweiblichen. Franz Rosenzweig zeigte im „Stern der Erlösung" (1925), daß der klassische deutsche Idealist unbemerkte Anleihen gemacht hatte bei der jüdischen Mystik des Mittelalters, der ‚Kabbala'. Wenn Gott einen Schritt in sich zurückgeht, entsteht der Mensch; geht sein menschliches Ebenbild einen Schritt in sich zurück, entstehen die Dinge, und

Gottvater kehrt über Frau Welt zu sich selbst zurück, lehrten Moses de Leon und Isaak Luria. ‚Sophia' (Weisheit) heißt bei den Juden ‚Schechina' (glänzende Schönheit). Gerhard Scholem zeigte, daß für Mystiker nicht die verteufelte Mater-ia in Gottvater selbst sei, sondern eine Muttergottheit. Gottes Schönheit sei seine Weiblichkeit, mit der er die Welt (er)zeuge.

NATURPHILOSOPHIE : Lehre, nach der „Sophia" die Mutter Natur selbst ist und der Philo-Soph ihr Liebhaber. Die Metaphysik der unberührten Mutter Natur ist meist eine matriarchalische Attacke auf die vermeintliche Tyrannei, die vom jüdischen „Gesetz der Väter" und von der christlichen Sohnesreligion ausgehe. Oft geht es nur im Namen von Mutter Natur gegen Mutter Kirche, und das Menschenkind kommt nur vom Regen in die Traufe dabei. Ob nun Priester in Röcken oder Softies von heute, als „unnatürlich" brandmarkt man alles, was dem Menschenkind hilft, den Schoß der Großen Mutter endlich zu verlassen und den kollektiven ‚Sozial-Uterus' aller Horden. Die europäische Naturphilosophie ist oft antisemitisch motiviert oder mißbrauchbar gewesen. Der psychologische Kern ändert sich kaum: Unter dem Vorwand, die jungfräulich reine Mutter vor den Rabenvätern zu bewahren, wird das Menschenkind vor der Entwöhnung von der Mutter-brust der Natur bewahrt. Entwöhnung vom Busen der Natur gilt nur als entwurzelnde „Entfremdung vom Ursprung". Meist wird dabei die grüne Natur viel mehr geschützt als die menschliche Natur derer, die sie für die Naturapostel bearbeiten müssen in der Fabrik.

Die Kette der reaktionären Gewährsleute für den philosophischen Natur-schutz läuft über die homophil(osophisch)e Antike, Spinoza, Rousseau, Schelling, Feuerbach, Marx, Bloch. (Gerade Juden haben die antijudaische Naturdämonie leider oft noch unterstützt). Naturphilosophie versucht gern, Mutter Natur vor der Liebes-Technik der Naturwissenschaft zu retten. Der moderne Industrialismus wird phantasiert als eine einzige Dauervergewal-tigung der Mutter Erde und der technokratische Fortschritt als fortgesetzter Muttermordversuch. Der rechtslastige Heidegger ging zusammen mit dem schizophrenen Jakobinerdichter Hölderlin sogar weit zurück bis auf die frühgriechische „Physis", in der beide die bergende Mutterleibeshöhle der reinen Natur sahen, wo die Paranoiker geistigen Unterschlupf suchten vor dem phallischen „ Ge-stell" drohender Vaterfiguren.

John Locke und David Hume waren die Übergroßen des typisch englischen EMPIRISMUS: metaphysische Lehre, daß Metaphysiker nicht Geister sind, sondern nur Gespenster, und daß die Wahrheit letztlich eine Sinn-lichkeit ohne Sinn und Verstand ist. Der eingefleischte Empirist hält jeden Menschen für den geborenen Sinnesdatenverarbeiter und sonst nichts: Mit diesem Nichts beschäftigt sich dann der Rest der Philosophen. Um Mutter

Natur im Innersten zu ‚erkennen', muß der Erdensohn eben sinnliche Erfahrungen mit ihr sammeln und dabei seinen Verstand verlieren. Empirismus ist die vor allem angelsächsische Theorie, daß die Welt für uns in Griffweite liegt, wenn wir nicht auf dem Sofa liegen bleiben, aber daß sie vom Filosofa aus nur in Begriffweite liegt. Bevor wir sie begreifen, müssen wir mit ihr erst handgreiflich werden. Und Frau Welt muß sich dem alten Adam erst einmal von sich aus hin- und hergeben, bevor seine Ver-nunft etwas davon ver-nehmen kann. Die sogenannten ‚Gegebenheiten' seien erst einmal freie oder unfreie Hingaben von Mutter Natur an Adams Sinne.

KRITIZISMUS (TRANSZENDENTALISMUS): Kants „kopernikanische Wende" mit seiner Hauptfrage: „Wie sind synthetische Urteile a priori möglich?" (Das sind Urteile, die mehr über die Welt aussagen, als in den Worten steckt). Auf Deutsch: Was kann das Menschenkind von Mutter Natur wissen, bevor es reale sinnliche Erfahrung mit ihr gemacht hat? Antwort: Erstens ‚erkennt' es sie, weil es ihrem Schoß ja entstammt, und zweitens, weil es an Lendenfrüchten aus ihr nur herausholt, was es zuvor an Samen in sie hineingesteckt hat, kapitalistisch wie erotisch verstanden. Der Verstand des Erdensohnes macht aus der verwirrenden Vielfalt ihrer Reize erst überhaupt einen ‚Erkenntnisgegenstand', d.h. ein Liebesobjekt. Der alte Adam, dieses zweifelhafte Subjekt der Erkenntnis, bringt Mutter Natur erst in Form, sie ist nur Mater-ial seines Formwillens, bevor er sich dann von ihren schönen bzw. zweckmäßigen Formen ‚sinnlich affizieren' läßt. Mutter Natur gibt sich hin, gibt uns mater-iale Gegebenheiten, und unsere Ver-nunft nimmt sie dankend und denkend entgegen. Aber sie gibt sich nicht ganz hin und hält mit ihrem Dingsbums irgendwo ‚an sich' und mit sich selbst hinterm Venusberg. Das *Ding an sich* ist unerkennbar, d. h. Kant hatte philosophisch, weil persönlich einen gleichsam transzendentalen Ödipuskomplex, der ihn hinderte, je eine Frau zu ‚erkennen', weil man das inzesttabuierte Dingsbums von Mutter Natur ja eben nicht ‚erkennen' darf. Man kann nicht, weil man nicht darf, und man darf nicht, solange man im Objekt die eigene Mutter anschaut. Das Subjekt kann in Kants Philosophie sowenig sein Objekt im Innersten erkennen, wie er selbst je das andere Geschlecht kennenlernte. Wer diesen metaphysischen Ödipuskomplex teilt, weil er den physischen teilt, der droht Kantianer zu werden. Aber wenn es heute so wenige Kant-Fans mehr gibt, dann nicht, weil alle Leute ihren Ödipuskomplex endlich heil überwunden hätten seit Freud, sondern es erst gar nicht mehr auch nur bis zum ödipalen Konflikt bringen, sondern gleich kindisch bleiben. Kants „Kritik der praktischen Vernunft" begründete den ‚Kategorischen Imperativ', der nur formalisiert, was schon antike Rabbiner wie Hillel forderten: Tu anderen nicht, was sie dir nicht tun sollen.

Die Nachwelt hat Schopenhauers Urteil über seinen Universitätskonkurrenten Hegel nicht bestätigt. Karl Marx hielt es für nötig, seinen geistigen Vater Hegel „vom Kopf auf die Füße" zu stellen, wobei er allerdings über der „ökonomischen Scheiße" seinen eigenen Kopf verlor. Marx hat Hegel nicht verstanden, weil er seine jüdische Herkunft nie verstanden hat. Der berühmte dialektische Dreischritt ist etwas, das jedes Kind versteht: These, Antithese und Synthese verhalten sich zueinander wie Vater, Mutter und Kind. Hegel hat nur auf eine Weise, die kein Schwein versteht, allen Recht gegeben, die keine verhinderten Schweine sind. Was hat Hegel durch angestrengte Begriffe anders unbegreiflich gemacht, als daß jeder Erdensohn sich seiner Mutter Natur „entzweien, entäußern und entfremden" muß, um später lebensgeschichtlich sich als Mann von Welt mit seiner Frau Welt „vereinigen" zu können? Adorno hat das als „geistigen Imperialismus" des alten Adam gegen Mutter Erde mißverstanden, und Marx glaubte daran erinnern zu müssen, daß der Geist dieser Vereinigung auf wackligen Füßen stehe, wenn dem hohen Paar die materielle Basis zu seinem Glück fehle.

Hegel habe ja sehr schön begriffen, daß der Mensch durch Arbeit historisch sich selbst erst produziere, aber erst müsse er doch wohl mit Mutter Natur Lebensmittel er-zeugen, ehe er mit dem anderen Geschlecht neues Leben zeugen könne - eine Platitüde, die Hegel natürlich voraussetzen zu dürfen glaubte, da ja umgekehrt die Lebensmittel*erzeugung* erst Sinn gewinnt von der Lebenszeugung her.

MATERIALISMUS: ist nicht nur die Philosophie von Leuten, die an bloß Materielles denken können, „Stoff" nehmen oder Rohstoffpreise festsetzen, sondern - wie der sprechende Name schon sagt - die Ideologie von Materialisten, die modernere Spielart einer Anbetung der Magna Mater, dieser Großen Mutter Natur. Mater´ialisten beschimpfen alle, die aus dem Sozial-Uterus der Mutter Natur herauswollen und eine Idee von solcher Befreiung haben, als „Idealisten". Das sind keine Tagträumer, die sich über ihre niederen Motive im Leben täuschen, sondern einfach Leute, die nicht den Boden der Tatsachen verlassen, sondern die Mutterleibeshöhle der Natur und ihrer Brüderhorden. Es gibt „Vulgärmaterialisten" wie die Stoffhuber Büchner und Moleschott, und es gibt feinere wie Marx und Engels mit *Diamat und Histomat*. Beide Sorten halten die Welt für einen Bluff, aber die ersteren sehen das wahre Sein hinter bloßem Schein im Kraftstoff, die letzteren im Geldschein. Dagegen war der jüdische Messianismus eher so etwas wie ein dialektischer Pater-ialismus, sit venia verbo.

(Marx war selbst ein Jude, aber ein geistig nicht ganz beschnittener, der sein Judentum mit dem Kapitalismus verwechselte.)

Viele wissen vom Marxismus nur, was sie vom Materialismus zu wissen glauben, nämlich daß er Ideen für notwendige Ideologien hielt, Reflexion für einen Reflex von Reflexen und Denkweisen für Produktionsweisen, und daß das gesellschaftliche Sein jedes menschliche Bewußtsein bestimme. Aber Marx dachte nur, daß das Sein *leider noch* das Bewußtsein bestimme.

Für ihn ist es das soziale Sein, welches das Bewußtsein des Menschen dazu bestimmt, eine Gesellschaft zu schaffen, in der das Bewußtsein umgekehrt endlich das Sein bestimmt. Meine materielle Lage bestimmt meine vorherrschenden Gedanken, und die Gedanken der Herrschenden bestimmen meine materielle Lage wie ihre materielle Ausstattung meine Gedanken.

Es ist ein ‚falsches Bewußtsein', welches heute das soziale Sein dazu bestimmt, das menschliche Bewußtsein ganz zu bestimmen, statt daß unser Bewußtsein sich von unserem Sein bestimmen ließe, unser materielles Sein zu bestimmen. Wenigstens muß mein Sein mir bewußt genug werden, mich selbstbestimmen zu wollen. Was zu sehen ist, ist ja nur Fassade. Dahinter steckt eine Idee, die nicht zu hören ist und die nicht gesehen werden will, nämlich die Idee, wie sich materielle Interessen hinter ideellen Motiven verstecken lassen. Vordergründig soll es um hochedle Dinge gehen, und es braucht Ideen, materielle durch vermeintlich ideelle Motive zu kaschieren, so daß der materielle als geistiger Beweggrund erscheint und der ideelle als materieller zu verleumden ist. Die platonische Idee hinter den materiellen Erscheinungen der Welt ist das materielle Interesse hinter dieser ideologischen Fassade, also die Idee, wie sich das materielle als ideelles Motiv verkaufen - und hinter dem ideellen Motiv wieder entdecken läßt. Das ideelle Motiv der Allgemeinheit besteht darin, seine materiellen Interessen durchzusetzen und sei es aus egoistischen Motiven.

Böse ist ja nicht die Materie, sondern Menschen an ihre Bearbeitung zu ketten, also sie restlos zu Menschenmaterial zu machen, das Arbeitsmaterial formt und sonst gar nichts. Gut ist umgekehrt nicht der Geist an sich, sondern als begeisterter Aufstand gegen die Kettung des Menschen an Essen, Trinken, Wohnen, Zeugen und Körperpflege. Gut ist nicht Materie, sondern auch Bürger sie bearbeiten zu lassen. Proletarier werden erst dann leibhaftig da sein, wenn sie nicht nur nichts als Leiber sein müssen, die sich an Stoffen erschöpfen, was nicht heißt, daß ihre Klassenfeinde so vergeistigt wären, nur auf der Suche nach ihrem verlorenen Bauch und Unterleib zu sein. Leib und Seele sind vor allem getrennt, weil sie auf verschiedene Klassen verteilt sind. Durch diese Klassentrennung wird Geist zu Ungeist und Körper zu unbeseeltem Stoff. Die Unterschicht ist so etwas wie der Unterleib der sozialen Mitte des Volkskörpers. Ein schlecht durchbluteter Kopf ist kopflos, ein enthaupteter Körper kann behaupten, was er will, sich selbst oder Wahrheiten, er ist nicht leibhaftig da, sondern im Bunde mit dem Leibhaftigen. Der Kopf ist der Oberkörper, der Leib das Stammhirn des Menschen. Schlimm ist nicht der Geist, sondern Menschenklassen von ihm auszuschließen und ihn zum Prestige zu machen, und vom Geist hat sich ausgeschlossen, wer andere von ihm ausschließt, indem er sie auf ihre sinnliche Körperlichkeit reduziert, von dem Arbeiter genug haben. Gibt es zwischen braunen Eltern, roten Kindern und grünen Enkeln eine deutsche Dialektik von These, Antithese und Synthese oder nur eine Satire?

POSITIVISMUS: Die Lehre, daß der Mensch nur an das Positive denken sollte, und das einzig Positive ist für Positivisten, was sich in kurzen „Protokollsätzen" ohne Wenn und Aber von Mutter Natur sagen läßt. Den Ausschlag für das, was für den Positivisten einzig wirklich existiert, gibt dabei nur der Ausschlag von technischen Meßgerätzeigern, die er zwischen sich und die Welt schiebt, damit kein subjektives Ich dazwischen steht und sein Urteil verfälscht. Nun ist der Positivismus schon so sehr eine einzige Kritik aller übrigen Philosophien, daß man ihm nur noch vorwerfen kann, nicht selbstkritisch zu sein. Das ist seine Achillesferse, er blufft mit seiner vorurteilslosen Nüchternheit, von der er ganz besoffen ist. Der Positivist erhebt den Anspruch, die Daten so aufzunehmen, wie sie von der Welt kommen, ohne sie zu werten, zu verfälschen oder tendenziös auszuwählen.

Das tut er wirklich, er nimmt Mutter Natur einfach so hin und her, wie sie sich von sich aus gibt und präsentiert (sagt er und vergißt, daß er sie vorher durch seinen unbefangenen Meßakt so zugerichtet hat, bis sie so richtig schön *natürlich* ist). Der Positivist handelt mit der nackten Wahrheit, aber er will nicht zugeben, weder vor sich selbst noch vor seinen Gegnern, daß die Münzen seiner Währung durch seine Art von reinen Registrierkassen überhaupt erst geprägt werden. Es ist ein bißchen wie in dem Irrenwitz, wo ein Psychiater seinem Patienten Testbilder vorlegt, in denen dieser dauernd sexuelle Anspielungen hineinsieht. Darauf angesprochen, empört sich der Patient: „Was kann ich dafür, daß Sie mir dauernd Schweinereien zeigen?"

Der Positivist ist kein Irrer, aber er hat Mutter Natur vorher umgekehrt so fleckenlos gereinigt, daß er überall nur ganz unvoreingenommen *reine Gegebenheiten* sieht, wo Otto Normalverbraucher Hintergedanken hat und gewöhnlich schmutzige Anspielungen sieht auf versteckte Beziehungen und Verhältnisse. Notwendigkeiten kaschieren Nötigungen, und Gegebenheiten sind hier, streng genommen, eigentlich Genommenheiten.

LOGISCHER POSITIVISMUS: Wenn der Kreter Epimenides sagt, daß alle Kreter lügen, dann lügt er, wenn er die Wahrheit sagt, und sagt die Wahrheit, wenn er lügt. Über 2000 Jahre vergingen, ehe der Pole Tarski 1936 die Wahrheit über den „Lügner" herausfand: „Die Kreter lügen", sei ein Satz, der in einem Satz zwei Sätze enthalte, ohne das zu verraten. Er sei von der Art des Satzes: „Der Satz ‚Dieser Satz ist falsch' ist falsch." Es sei ein Riesenunterschied, ob ich nur einfach lüge oder eine Lüge *über* eine Lüge ausspreche. Eine Lüge *über* eine Lüge, in der einen Lüge versteckt, ist keine doppelte Verneinung, die eine doppelte Bejahung ist, und Lügen *über* Lügen sind noch keine Wahrheiten. Die Lüge gehört zur „Objekt-Sprache" und die Lüge *über* die Lüge zur „Meta-Sprache". Jeder Satz kann Gegenstand einer Aussage über ihn werden und umgekehrt als Aussage über einen anderen Satz interpretiert werden, aber beides darf niemals verwechselt werden, wenn man Wert darauf legt, sich nicht zu widersprechen, sondern anderen zu widersprechen. Oft enthält ein Urteil ein Urteil über dieses Urteil in sich versteckt. Ich höre eine Dame singen und rufe: „Eine zweite Callas!" Durch den Tonfall lasse ich durchblicken, daß ich das genaue Gegenteil gemeint haben will. Witz, Humor und Geist beruhen auf nichts als der Fähigkeit, mit der Kluft zwischen solchen Meta-Ebenen sein Spiel zu treiben. „Meta-Sprünge" sind Hochsprünge auf höhere (metaphysische) Ebenen der Betrachtung. Wenn Sie dorthin entwischen, halten Ihre Verfolger Ihren leeren Mantel in den Händen. Jede Philosophie ist Meta-Physik, denn jeder philosophische Satz über das Ganze der Welt ist ein Satz von der Art eines Sprunges über das Ganze hinaus („Scheißsystem"). Sprung ins Nichts, sagen die einen, in die Klapsmühle, sagen andere, in höhere Sphären, sagen die philosophischen Illusionskünstler, und auf „Meta-Ebenen der Kommunikation mit ordinary people", sagen wir heute. Ludwig Wittgenstein bestritt jede Möglichkeit einer Metasprache. Sie *zeige* sich in Objektsprachen nur implizit, aber *als* unaussprechlich.

Der erste Meta-Sprung unseres Lebens war der aus unserem mütterlichen Ur-Sprung heraus, dem wir entspringen, erst hinaus ans Licht der Welt, später ans Licht der Vernunft - an Vaters Hand. Der Vater ist der erste Metaphysiker, und deshalb gilt er heute für ebenso tot wie Gottvater. Die Metasprache aller Metasprachen ist die Muttersprache und kein Machtwort.

STRUKTURALISMUS: Ideologie, welche die Geschichte verabschieden will, ohne religiöse Unsterblichkeit zu bieten, und den Menschen für tot hält, ohne Pflanzen, Tiere, Sterne und Götter deshalb hochleben zu lassen. „Die Ordnung der Dinge" endete für *Michel Foucault* damit, „daß der Mensch verschwindet wie am Meeresufer ein Gesicht im Sand. Er war nur eine einfache Falte in unserem Denken" gewesen und wird mit dem Humanismus spurlos verschwinden. In Wirklichkeit haben Mensch und Inhumanität natürlich nur den Strukturalismus und Foucault selbst überlebt.

Der Mensch ist tot, es lebe die Struktur? Foucault schüttete das humanistische Menschenkind mit dem (national-)sozialistischen Stahlbad aus, als er

Heidegger, Nietzsche und Descartes mal zusammenspannen wollte. Sein Alterswerk „Sexualität und Wahrheit" zeigte schön, daß Askese immer das beste Mittel war zur Anstachelung der Begierden und Sex immer das beste Mittel zur Abtötung staatsfeindlicher Begierden. Sex sei ein Staatsdiener und kein Staatsfeind. Der Hohepriester der psychoanalytischen Philosophie war *Jacques Lacan*, der menschliche „Wunschmaschinen" befreien wollte und als nicht zu befriedigen erkannte. Man hat ihn oder man hat ihn nicht, aber niemand *ist* der Phallus selbst: Jeder will ihn weniger *haben* als *selber sein*, den höchsten „Signifikanten" hinter allen „Signifikaten". Die Frau soll für den Mann der Phallus *sein*, den sie nicht *hat*, und den er wohl *hat*, aber nicht *ist*. Der Vater ist tot, es lebe der Schizo! Der Psychotiker sei der wahre Potente, indem er nur vorgebe, kastriert zu sein. Lacan war ein großer Potenzbluffer vor seinen Herren. Neue Ideologen wie *Virilio, Baudrillard und Lyotard* denken Nietzsche zu Ende und in Grund und Boden mit einer Philosophie des täuschend schönen Scheins: Die Wahrheit ist der Bluff und nichts dahinter, als sich von anderen herausfordern zu lassen. *Deleuze/Guattari* kapitulieren vor Kleinödipus und rufen, sie seien über ihn erhaben. Regressionen in die seelische Steinzeit treten auf als Kämpfe gegen alle Repressalien, und der Anti-Faschismus wird zum Ante-Faschismus: ‚Anti-Ödipus' weigert sich lebenslang, das Alter eines Dreijährigen geistig zu verlassen, ihm wird schon gleich zu Beginn schlecht. Die Psychose sei selbst der gesunde Menschenverstand, für dessen Zerstörung sie fälschlich gehalten werde, und die geistige Gesundheit sei selbst die Schizophrenie, für deren Heilung sie sich ausgebe. Soll dieses antipsychiatrische Verwirrspiel den neofaschistischen Wahnsinn ideologisch vorbereiten und zur geistigen Sanierung des Volkskörpers benutzen?

IRRATIONALISMUS ist faschistisch, weil die Ratio als jüdisch gilt. Eine Alternative zu diesen Alternativen, also einen ‚Dritten Weg', gibt es nicht. Jeder ‚Dritte Weg' des Dritten Standes führt in den Dritten Weltkrieg des Dritten Reiches. Die Philosophie des Faschismus ist die Aufhebung der Philosophie, aber nicht durch soziale Revolution, sondern durch ‚direkte Aktion' und Putschterror. Der Irrationalist hat nur ein Ziel: Sie sollen nicht zur Besinnung und Vernunft kommen, sondern den Verstand und den Kopf verlieren. - Gegen die ‚jüdische ratio' wird heute wieder mobil gemacht. Der Teufel wird nicht beim Namen genannt, aber es geht schon wieder mit „Gefühl" gegen Gedanken, mit „Sein" gegen Bewußtsein, mit „Gemeinschaft" gegen Sonderwünsche, mit „Bewußtseinsverschmelzung" gegen Distinktionen, mit „Instinkt" gegen Intellekt, mit Bauch gegen Köpfchen, mit Wahnsinnlichkeit gegen Verstand, mit Polytechnik gegen Monotheismus, mit lila Amazonen gegen jüdisches Patriarchat, mit Dialektheimaterialismüsli gegen Proletarismus, mit „Bewegungen" gegen die Verfassung.

Rationalismus gilt dem blutnächtigen Urraunen schon wieder als Blut- und Bodenlosigkeit. Die Jungen entdecken wieder Ludwig Klages und seinen „Kosmogonischen Eros", der nur zur „Blutsbrüderschaft" führt. Aber die Gegenaufklärung, das ist nicht erst der Ek-sistenzphilosoph Heidegger und Lebensphilosoph Nietzsche, sondern schon ein Zug im rationalistischen Idealismus von Kants Aufklärung selbst. Kant war ein halb aufgeklärter Aufklärer. Er nahm eine technokratisch halbierte Vernunft an, und das ist Selbsterhaltung ewiger Pubertät - durch Nötigung der Natur. Es ist Homophil(osoph)ie, die nicht das ganz Andere (Geschlecht) will, sondern es sich ganz gleichmachen will.

EXISTENZPHILOSOPHIE: kleinster gemeinsamer Nenner von Jaspers, Heidegger, Sartre, Marcel, Wust und Bollnow. Jaspers nannte sich einen ‚Periechontologen', Heidegger nannte Ek-sistenzphilosophen *Fundamentalontologen* oder einfach nur Denker, Sartre wollte kein Existenzialist sein. Existenzphilosophen sind Leute, die immer mehr und anderes sein wollen, als was sich von ihnen wissen und aussagen läßt. Diesen Hauptzug erheben sie dann zum Wesen des Menschen: kein feststellbares Wesen zu haben, sondern sich selbst eines zu schaffen aus dem Nichts oder dem Rohmaterial ihrer Sozialherkunft und Erbanlagen. Die menschliche Existenz soll darin bestehen, daß sich ihr jeweiliges Wesen gar nicht entdecken, sondern nur erfinden läßt. Mach dich selbst aus dem Staub - aus dem du gemacht bist, heißt die Losung für die Lösung aller Probleme. Auf was du mich auch festnageln willst, um mich zu manipulieren, ich bin immer anderswo, immer jenseits meiner selbst. ‚Exis' sind Paranoiker, die vor dem endgültigen Urteil anderer Existenzen über sie Reißaus nehmen wie der Teufel vor dem Weihwasser; sie fürchten in jedem Urteil über sie ihre Verurteilung.

Um nicht entdecken zu müssen, wer ich bin, entdecke ich, daß ich erfinden kann, was ich sein will, wenn mein Wunschdenken nur durch ‚existenzielle' Einlösung gedeckt ist. Die Existenzphilosophie ist keine Metaphysik des kapitalistischen Existenzkampfes oder das geistige Existenzminimum verkrachter Existenzen, wie marxistische Kritiker argwöhnten, sondern die Lehre, daß niemand nach der Lehre anderer, aber nach seiner eigenen leben und erst einmal eine nackte Existenz führen muß, bevor er zum Wesentlichen kommen und sich so etwas wie ein eigenes Wesen zulegen kann.

Existenzphilosophie vertritt das Selbstbestimmungsrecht des Individuums gegen die Allgemeinheit und alle ihm von anderen und von außen angetragenen Essentials, Quintessenzen, Stimmungen, Wesensbestimmungen.

Hinter der Philosophie der Existenz steckt natürlich ganz wesentlich die Existenz des Philosophen. In der Tradition hieß es, das Wesen der Dinge über den Dingen sei an ihnen das Wesentliche, das gar nicht auf Erden existiere, und das Unwesentliche existiere eben nur und sonst nichts. Die „Exis" meinten, daß das vielleicht stimme, außer für die einzelmenschliche Existenz selbst. Sie wollen sich nicht von anderen Existenzen oder Wesenheiten vorschreiben lassen, wer sie sind und wozu gut. Die Existenz selbst sei das Wesentliche, und das Wesen des Menschen, wie er sein solle, existiere irgendwo in den Wolken, also in den Hirnen unserer Herren.

Man sieht, hier herrscht kein Interesse an Allgemeingültigkeit und Allgemeinwohl, sondern an jeweils ganz Besonderem. (Diese Kategorie aber soll nun allein allgemeingültig sein). Leider ist das immer ein bißchen formal geblieben, sogar und gerade auch in Sartres Versuchen, das in Romanen und Dramen an Einzelfällen zu demonstrieren. Der arme Einzelne wird von der allgemeingültigen Kategorie seiner Einzigartigkeit fast erdrückt. Existenzphilosophie ist nicht nur die Theorie, daß Theorie nicht genügt zum Existieren. Sie ist nicht die Lehre von dem, was alles so existiert, sondern was standhält, gerade wenn die wirtschaftliche Existenz nicht gesichert ist. Sie will die Entsicherungsgesellschaft ohne jede Haftung. Deutsche Existenzphilosophen waren Universitätsprofessoren, französische Existenzialisten freie Schriftsteller. Es wurde die kontinentaleuropäische Nachkriegsideologie nach der Rettung der nackten Existenz und der Zerstörung der wirtschaftlichen Existenzen. Bin ich Objekt, ist mein Wesen das, was ich immer gewesen bin; bin ich Subjekt, ist mein Wesen mein eigenes Zukunftsprojekt. Der bedeutendste Existenzphilosoph war Heidegger, der sein „Seinsdenken" den Nazis zur Verfügung stellte, die Existenzberechtigungsausweise ausstellten oder verweigerten. Für sein erstes Theaterstück „Die Fliegen" schrieb Sartre 1946 den Deutschen ins Vorwort, sie sollten nicht in Reue erstarren. Sie ließen sich das so wenig zweimal sagen, daß sie ihn zu einem ihrer meistgespielten Bühnenschriftsteller nach dem Kriege machten: *Das* hatten sie hören wollen. - Sartre trennte sich von seinem Freund Albert Camus, dessen „Mensch in der Revolte" den Nationalsozialismus nicht bekämpfen wollte, ohne den Sozialismus mitzubekämpfen, und von Studienfreund Raymond Aron, der auf Marx nie gesetzt hatte.

Auf seinen Stalinismus angesprochen, sagte Maoist Sartre später, einige Leute hätten damals Unrecht gehabt, Recht zu haben, und er habe Recht gehabt, im Unrecht zu sein. Erst ging Sartre mit Maurice Merleau-Ponty und mit Stalin gegen Hitler, dann ging Merleau-Ponty mit Heidegger gegen Sartre, dessen terroristischen Cartesianismus er 1955 in „Die Abenteuer der Dialektik" als kurzschlüssige Suizidphilosophie attackierte, die Autismus mit Autonomie verwechsle und ihre Objekte töten müsse, um in Kontakt mit ihnen zu kommen. Merleau-Ponty hatte in „Humanismus und Terror" die Moskauer Schauprozesse philosophisch zu rechtfertigen versucht, um

Stalin zu verteidigen gegen die westlichen Rechten. Wie Sartre wollte er den Marx in Stalin retten und rettete nur den Stalin in Marx. In seinem Nachruf schrieb Sartre, daß der melancholische Junggeselle Merleau-Ponty eine sehr glückliche Kindheit hatte und den Tod seiner über alles geliebten Mutter nie habe verwinden können. Diese tote Mama ließ er im phänomenologischen Spätwerk mit Heideggers Hilfe wiederaufleben.

Heideggers Hauptwerk „Sein und Zeit" erschien 1927. Seine Zeit kam. Aber das ‚Nichts' lasse sich nicht im Kopf denken, sondern nur in der Angst erfahren. Das wahre „Seyn" sei nicht das „Ge-stell" der modernen LiebesTechnik, sondern das „Nichts" zwischen den Beinen der Mutter Natur eine schöne „Öffnung und Lichtung des Seyns", in die jede menschliche „Eksistenz inständig hinausstehe" und „gerade-aufrecht-stehend hineinstehe", „ek-statisch ganz außer sich". Gottvater sei tot und habe seine Metaphysik mitgerissen; es lebe der Unterschlupf des Menschenkindes im Schoß der Mutter Erde. Die grausamen Gesetze dieser Mutter Natur, vor allem die zur zweiten (Mutter) Natur gewordenen Gesetzlosigkeiten der Tyrannen, schienen dem ‚Denker in dürftiger Zeit' weniger „seinsvergessen" als die Beugung unter das sanfte Joch des alttestamentarischen Gesetzes der Väter.

Heidegger war ein philosophischer Matriarch und Umwelt(vor)schützer der ersten Stunde. Sein Schüler Sartre sah die menschliche Freiheit als „Loch im Seinsgewebe", als „Riß" zwischen dem „Fürsich-sein" des Menschenkindes und dem „Ansichsein" der Mutter Natur, die an sich hält. „Das Sein ist. Und das Sein ist zuviel." Das Menschenkind reiße sich los von der ekelerregenden Überfülle ihres Fleisches, aber nicht, um (sein) Vater zu werden, sondern es erschlägt Gottvater und Mutter Natur, um Vater, Mutter und Kind seiner selbst zu werden, also um sich selbst in die Welt zu setzen, um nicht von schlechten Eltern zu sein. Früher war Ontologie einmal Gerontologie weiser Patriarchen.

EPIKUREISMUS (Hedonismus, Eudämonismus, Sybaritismus): Epikureer werden heute Leute genannt, denen Champagner und Kaviar erst im Hilton schmecken, nur mit malerischem Blick auf die Elendsviertel. Der Römer Lukrez hat später in seinem Lehrgedicht „Über die Natur der Dinge" die Liebesgöttin um Hilfe gebeten. Wenn wir in uns gehen und dort statt einer unsterblichen Seele nur Atomgewimmel finden, können wir uns ungestört dem reuelosen Genuß von Cheeseburgers hingeben und von chemiefreiem Magermilch-Yoghurt. Schon Epikur lehrte die friedliche Koexistenz von Idyll und Atomwirtschaft, kehrte zurück in seinen philosophischen Garten (Eden) und dem öffentlichem Leben gern den Rücken. Seine Devise lautet: „Lebe im Verborgenen" und lasse die Karawane an dir vorüberziehen.

Der Vorrang des Objekts

Die philosophische Tradition bestimmt Wahrheit als Konformismus, als Anpassung des Verstandes an seinen Gegenstand. Wenn der Gegenstand aber nicht so ist, wie er sein sollte und sein könnte, muß er geändert und den Forderungen des gesunden Menschenverstandes angepaßt werden. Dann wird der Verstand sich nach seinem Gegenstand richten, den er zuvor in eine vernünftige Form gebracht hat, und das Subjekt, das sich nach dem Objekt richtet, kann nicht dasselbe Subjekt sein, nach dem das Objekt sich richtet. Der Verstand richtet sich nach einem Gegenstand, der sich schon nach der Vernunft gerichtet hat. Nun ist es ein Unterschied ums Ganze, ob ich mich einer von mir oder von Gott geschaffenen Welt anpasse und eine von mir oder von Gott geschaffene Welt verändere. Adorno betonte den ,Vorrang des Objekts vor der naturbeherrschenden Vernunft', Heidegger hielt sogar die Verfügung des Subjekts über das Objekt für eine fast masochistische Verfügung des Objekts selbst. Für Adorno war der Begriff, der die Einzelheiten angreift, um Gemeinsamkeit zu erzeugen, nicht zuviel, sondern zuwenig Begriff : Er lasse sich erst von seinen Objekt ergreifen, wenn er sich selbst begreife, also verstehe, wie sehr er sich dabei an seinem Objekt vergreife und dagegen handgreiflich werde - wie sehr Begriffe auch Übergriffe seien. Wenn ich nicht nur erkennen will, was ich selbst gemacht habe, also nicht nur selbst machen will, was ich erkennen kann, sondern auch und gerade Dinge, die ich nicht selbst hergestellt habe, wenn ich am Gegenstand nicht nur die Form wiedererkennen will, die ich ihm zuvor selbst gegeben habe, dann muß ich mich dem Gegenstand anbequemen und anschmiegen und ihm folgen. Ich brauche meine ganze Subjektivität, um nicht als Hindernis zwischen mir und meinem Objekt zu stehen, um mir nicht im Weg zum Objekt zu stehen. Ich brauche meine ganze Kraft, nicht mit aller Kraft übers Objekt herzufallen und es mir einzuverleiben, sondern mich zurückzunehmen, um ganz Ohr zu sein und das Objekt sprechen zu lassen. Die Subjektivität, die es braucht, das Objekt sprechen zu lassen, ist eine andere als die, welche es braucht, das Objekt zur Rede zu stellen und es zu Geständnissen zu pressen. Bei Kant nötigt das Experiment die Natur, auf peinliche Befragungen zu antworten. Die neuzeitliche Vernunft nimmt weniger hin und entgegen, was das Gegenüber von sich aus hergibt, als was es einer Vernehmung preisgibt. Adorno hat gezeigt, wie wenig das verabsolutierte Ich zuhört und wie sehr es verhört. Ich richte mich nach Dingen, die ich zuvor mir hergerichtet und deren Abrichtung ich dann vergessen habe. Naturbeherrschung ist selbst ein Stück Naturherrschaft, denn natürlich sein heißt fressen, um nicht gefressen zu werden, und sich aufgefressen zu fühlen, um selber fressen zu dürfen. Erst Selbstbeherrschung, Herrschaft über den eigenen naturbeherrschenden Willen, läßt Natur zur Versöhnung kommen; sie herrscht nicht und wird dann nicht beherrscht. Der deutsche Idealismus wollte Subjekt und Objekt versöhnen und zu ihren Recht kommen lassen. Das Subjekt war das Medium, in dem das Objekt objektiv sich darstellen konnte, und nur im Objekt sollte das Subjekt ganz zu sich kommen. Marxens Materialismus und Adornos Differentialphilosophie waren Einsprüche gegen Hegel, also Einsprüche des hebräischen Objektivismus gegen den europäischen Subjektivismus. Subjektivität ist nötig, um wegzuräumen, was an verdrängter Subjektivität zwischen Subjekt und Objekt steht, und nur Objektivität ist für das Subjekt von Nutzen; bloße Subjektivität wird dem Subjekt nicht gerecht, weil es am Objekt vorbeigeht. Wenn das Objekt selbst ein Subjekt ist, für welches das Subjekt Objekt werden kann, wenn das Ego zum alter ego wird, wenn Sachlichkeit eine Form von Intersubjektivität ist und nicht von Interobjektivität, dann ist die theoretische durch praktische Vernunft ergänzt, Sittlichkeit ist Ko-egoismus. Adorno hat Sachlichkeit in Selbstreflexion gesehen, nicht in sittlicher Selbst-losigkeit. Ich erkenne dich in mir und mich in dir (an): Sittlichkeit ist anders als Schizophrenie eine Selbstlosigkeit, in der ich selbst und du selbst ‚gut aufgehoben' sind, eine Subjektivität, die objektiv genug ist, um die Objektivität subjektiv genug zu machen. Zu Gottes Heilsplan gehören menschliche Pläne mit ihrem Gelingen und Mißglücken: Sie sind die menschliche Form, den göttlichen Heilsplan zu erforschen und zu erfüllen, zu durchkreuzen oder zu verpassen. Sinnlichkeit spürt am eigenen Leibe Lohn und Strafe, Ursache und Wirkung der schönen Pläne und fixen Ideen, ihre Brechung an Gottes Schöpfung. Judaistisch verstandene Objektivität kommt nicht aus mathematischer Rationalität, sondern aus Selbstbesinnung und Selbstbestimmung des Subjekts, ohne die Übermacht der Gesellschaft über das Ich wiederherzustellen. Der englische Empirismus ist als Utilitarismus eher subjektivistisch als realistisch objektive Erkenntnis.

Um zu wissen, was an der Welt zu ändern ist, muß ich sie objektiv erkannt haben; muß ich aber schon etwas mit ihr vorhaben, um sie zu sehen, wie sie ist? Objektivität ist mehr oder weniger als ein Widerstand des Gegenstandes gegen die Zustände des Verstandes. Heidegger sieht Theorie nur noch als „defizienten Modus des besorgenden Inderweltseins", der Handwerker wird zum Wahrheitskriterium. Historisch mag das nur noch Vorhandene aus dem Zuhandenen entstanden sein, objektiv ist etwas erst vorhanden und dann vielleicht noch zuhanden. Jüdisch gedacht war von Heidegger wie von Adorno der „Vorrang des Objekts" vor dem Subjekt, unjüdisch aber war, was beide sich unter diesem Erkenntnisobjekt dachten.

Bei Heidegger ist Seyn nicht der leere Projektionsschirm, sondern das auf die Natur projizierte Mutterbild. Jene Technik, die Heidegger gerade als Hindernis auf dem Wege zu Mutter Natur sieht, macht aber aus der Natur erst die gute Mutter, die immer da sein soll für ihn. Im Judentum wird das Gewußte gewollt und nicht nur das Gewollte nur noch bewußt gemacht.

Auch Heidegger versteht das Subjekt von der Sache und nicht die Sache vom Subjekt her, aber die Sachlichkeit des Seins vereinigt, was schon säuberlich getrennt war, Gott, Natur, Sein, Idee... Auch Hedwig Conrad-Martius (1888-1966) war objektivistische Sach-Phänomenologin gewesen. Ihr Lehrer Edmund Husserl ist zeitlebens steckengeblieben in den methodischen Vorbereitungen und programmatischen Absicherungen der Zugangsarten „zur Sache selbst". Sie ging ein Stück des Weges, den er wies, und kam zu der Sache selbst, zu der er den Weg wies. Sie hat nicht nur auf besondere Fälle angewendet, was er an Grundlagen schuf; sie hat getan, was er nur wollte und wozu er selbst nie gekommen war. Die Phänomenologie hinderte sie, hinter den kantischen Kritizismus wieder in den ‚dogmatischen Schlummer' zurückzufallen; sie war selbst nur ein auf die Spitze getriebener Transzendentalismus als Mittel und Weg, „zur Sache selbst" zu kommen. Aber während Husserl nicht aufhörte, das Messer zu wetzen, ging HCM auf die Tiere selbst zu und redete mit ihnen. Husserl kam dazu, zur Sache selbst kommen zu wollen, aber nicht zur Sache. Er machte die Hindernisse zwischen ihm und der Sache selbst zu subjektiven Mitteln, von sich weg zur Sache zu kommen. Wer seine Subjektivität, die sich vor das Objekt stellt, nicht ständig mitreflektiert, verfällt ihr umso sicherer. Aber Husserl klammerte, um das Wesen des Objekts zu erfassen, nicht das Subjekt ein, sondern die Existenz des Objekts selbst. Nur die subjektive Dauerreflexion, die permanente Selbstreflexivität des Subjekts, führt bei Husserl zur Objektivität der Erkenntnis, zu der Sache selbst, die kein tua res agitur ist. Während Husserl bei der „transzendentalen Subjektivität der weltentwerfenden Menschheit" endete, wurde HCM von dieser Methode zur Metaphysik geführt. Auch sie schaute das objektive Wesen erst einmal an, bevor es in subjektive Begriffe gefaßt wurde — aber nicht so, daß das Wesen der Sache so angeschaut wird wie die Sache selbst begriffen. Die Sache wird begriffen, indem ihr Wesen angeschaut wird: Früher wurde die Sache angeschaut, um ihr Wesen zu begreifen. Phänomenologen suchen sprachliche Analogien für leibhaftig Geschautes, und bei HCM wird das Leibhaftige zur Metapher des Metaphysischen.

Abstrakte Begriffe sind geistige Griffe nach handgreiflichen Dingen. HCM nimmt sie wörtlich, um ihnen alle sinnliche Zweideutigkeiten zu nehmen. Aber sie bringt in die begrifflichen Griffe wieder jene Zweideutigkeiten hinein, die der Phänomenologe gerade aus ihnen vertreiben will. Sie nimmt die Worte ganz wörtlich, und dadurch, daß sie das rein Physische schlicht metaphysisch nimmt, wird das Metaphysische rein physisch. Sie warf Schelling vor, das Metaphysische wie etwas rein Physisches behandelt zu haben, wo beide in Wahrheit das doch nur metaphysisch genommen haben. Seit zwei Jahrtausenden denken die Liebhaber der Sophie die Dame ihres Kopfes zu gewinnen. Nun hat sie selbst einmal das Wort ergriffen, den Mund aufgetan, und die Herren der Schöpfung nehmen es nicht ernst.

HCM spricht über Mutter Natur, aber nicht wie der alte Adam, sondern eher so, als spräche die Mater-ie über sich selbst und über den alten Adam. Sie leiht Mutter Natur ihre weibliche Stimme, sie kommt zur Sache, indem sie sie zu Wort kommen läßt, wie von ihr aus dieser Adam aussieht, der sie dauernd anschaut. Bei HCM ist die Mater-ie nicht nur Mutter Natur, sofern sie Lustobjekt, sondern Stammutter männlichen Erkenntnisvermögens ist.

Sie geht nicht verschämt über das Physische hinweg, indem sie über Meta-physisches spricht; sie spricht über rein physische Dinge, aber nicht als Physiker, sondern als Metaphysikerin. Die meta-physischen Hinter- und Untergründe sind für sie die psychischen. Sie verdeckt nicht Physisches metaphysisch, sondern psychisch. Sedlmayer hielt ihre ‚Farbenlehre' für das Beste, was über das Thema seit Goethe gesagt worden sei. Aber gegen Newton stehen bei ihr nicht mehr Goethe, Schelling und Schopenhauer, sondern Einstein und Heisenberg. Die Dinge bekennen Farbe, wenn Licht auf sie fällt und das Helle mit dem Dunkel spielt. Die Welt gewinnt ihre Farbe, das Leben wird bunt, wenn es als Kind von Masse und Energie, von Licht und Gewicht gesehen wird.

HCM sucht das ‚Nicht-Ich' und findet es nicht beim Alter Ego, sondern beim ‚nicht-daseinsmäßigen Seienden' (Heidegger) - und in diesem die alte Mutter Natur. Und sie sucht Mutter Natur nicht dort auf, wo sie Mater-ial oder Produkt männlicher Arbeit ist, sondern wo sie ‚an und für sich' ist.

Was nicht für mich ist, hält an sich. Was Mutter Natur *an sich selbst* ist, zeigt sich mir erst, wenn sie nicht ganz für mich da ist. Dann enthüllt sie paradox erst für mich, was sie an sich ist: Der Nutzen für die Selbst- und Arterhaltung verfälscht die Wahrheit.

HCM sah körperliche Dinge als Ergebnisse quasi-seelischer Kräfte und umgekehrt die Seele als Wesensschau-Platz ganz handgreiflicher Dinge. Sie hat weniger die Realwissenschaften benutzt, um Husserls originäre Er-findung anzuwenden, sondern vielmehr die Phänomenologie als Mittel ge-braucht, um einen realistischen Blick auf die reale Welt zu werfen.

Sie glaubte eher, das Erkenntnisvermögen aus dem ‚Selbstaufbau der Natur' hervorwachsen zu sehen, als umgekehrt durch Selbstreflexion des Erkennt-nisvermögens den Dingen einen Schritt näher zu kommen.

Sie blieb Glied in der Kette der Philosophen, aber nicht Jüngerin von Meister Husserl. Ihr Grundsatz der Erfahrung mit Frau Welt war nicht, daß die Bedingungen der Möglichkeit der Erfahrung zugleich die Bedingungen der Möglichkeit der Gegenstände der Erfahrung sind. Viele Herren der Schöpfung glauben, über sich selbst zu sprechen, während sie in Wirklichkeit nur über die Welt sprechen, von deren Fleisch ihr eigenes ist. HCM entdeckte in der unbelebten Natur die selben Bewegungen wie in ihrem innersten Herzen, und in sich selbst nichts anderes als das Spiel zwischen Himmel und Erde, Licht und Leib. Das junge Ding konnte nur so über sich selbst sprechen, daß sie über körperliche Dinge sprach, und indem sie über tote Dinge sprach, sprach sie über das junge Ding, das sie selber war. Im Geiste entdeckte sie jene leibhaftigen Bewegungen, welche die transzendentalen Bedingungen sind, den Geist der unbelebten Natur zu begreifen.
Ihre Begriffe waren wirklich Greifwerkzeuge, und was sie er-faßten, er-strahlte im Licht der Vernunft. Physische Dinge haben für sie keine transzendentalen, sondern transzendente Bedingungen ihrer Möglichkeit. Hinter ihrer Wirklichkeit steckte neben männlichem Vermögen ebenso viel weibliche Möglichkeit. Wirklichkeit war Wirkung und Werk gegensätzlicher Vermögen, und hinter der Potentialität entdeckte sie wieder reale Potenz. Bei ihr hat Mutter Natur viel Geist, und dieser Geist besteht aus ziemlich leibhaftigen Bewegungen.
Aber wenn sie mehr war als eine bloße Schülerin Husserls, wenn an ihr erst zum Vorschein kam, was Husserl vielleicht gemeint haben könnte (oder nicht gewollt hätte), hat sie dann nicht einfach nur typisch weiblich - also gar nicht selbst gedacht?
Ihr Taufpatenkind Edith Stein schrieb als Husserlschülerin: „Die Erkenntnis schien wieder ein Empfangen, das von den Dingen sein Gesetz erhielt, nicht - wie im Kritizismus - ein Bestimmen, das den Dingen sein Gesetz aufnötigte." Ist das nicht nur so etwas wie eine philosophische Rehabilitation weiblicher Empfängnisfähigkeit? Der Begriff ist ein conceptus, und die Konzeption ist eine Empfängnis. Hat HCM im transzendentalen Kritizismus Kants und im subjektivistischen Apriorismus weniger einen philosophischen Onanismus gesehen als eine empfängnisverhütende Erkenntnismaßnahme? Kam das protestantische Bekenntnis der phänomenologischen Erkenntnis zugute oder in die Quere?
Sie entdeckte in der weiblichen ‚Dynamis' der Materie die Dynamik, und die phänomenologischen ‚Akte' zielten auf den Akt der nackten Mutter Natur (oder auf das männliche *Gemächte* und das weibliche *Gemöge*).
‚Wesensschau' war auch hier phänomenologischer Voyeurismus, der etwas Verborgenes aufdecken will, der bis zur Trächtigkeit betrachten und nicht benutzen will. Statt Menschen zu Sachen zu machen, sah sie Menschen,

wenn sie auf Sachen schaute. Schon 1911 führte die 23-jährige durch, was dann später Heidegger von rechts und Adorno von links als ‚Vorrang des Objektiven' vor der imperialistischen Subjektivität der neuzeitlichen Rationalität gefordert haben und was der Islam als ‚Kismet' verehrt, ohne eine grüne Gaia ökologistisch anzubeten. Dabei hat sie nicht betrogen um den subjektiven Anteil, der sich nicht weniger in der Sache selbst fand als im Blick auf sie. Der Begriff von einer Sache faßt ihr Wesen, er ist der geistige Griff des Subjekts nach seinem Objekt. Bei HCM greift und erfaßt der Begriff wieder, er schaut nicht nur hin, was sich fern von ihm tut.

Er ‚ergreift' das Wesen einer Sache, die sich leibhaftig im Abstand von ihm hält. Er greift nach dem, was er anschaut, und schaut sich das Ergriffene von nahem an. Es handelt sich um einen Subjektivismus zweiter Potenz, gleichsam um eine zur *zweiten Kultur* gewordene Natur.

Ihr biblischer Protestantismus bewahrte sie vor den Versuchungen und Torheiten, denen ‚progressivere' männliche Kollegen in diesem Jahrhundert erlagen. Sie sprach über die Natur und meinte ihre eigene, aber über die Natur ihres Innenlebens konnte sie nur reden, indem sie über das Innenleben der Natur ‚draußen' redete. Sie war eine Psychologin der physischen Dinge und eine Physikerin ihres Naturells. Ihre Wesensschau war weder eine Wesens-Show noch eine Halluzination, sondern eine Vision von der Realität einer Vision. Was ist, wenn Dinge erwachsen werden und menschliche Keime junge Dinger werden? Bloch sah in der Arbeit den Weg ins Herz der Dinge. Seine geistige Arbeit bestand darin, anderen bei der körperlichen Arbeit zuzusehen. HCM verarbeitete, was jeder anschauen kann. Bei ihr ist das Wesen einer Sache immer schon fix und fertig da, wenn deren Existenz dem noch längst nicht entspricht und genügt. Bei Bloch umgekehrt sind die Dinge nicht nur *noch nicht*, was sie ihrem Wesen und Begriff nach schon sind, sondern die Dinge sind ebenso fix und fertig, wie ihr Wesen noch offen und in Arbeit ist. HCM entdeckte an den Dingen, was nicht menschliches Produkt ist, um an den Menschen zu entdecken, was nicht bearbeitbares Ding ist, sondern ein Gottesgeschöpf.

Sie wollte weg von sich zur Sache selbst, aber nicht weg vom Ego(ismus) zum Kollektiv und nicht nur weg von sich und hin zum Manne. Hat sie ihre Sach' phänomenologisch auf sich oder nichts gestellt? Was sieht eine Frau, die sich die „Sache selbst" anschaut und zur Sache kommt?

Sie wollte Objektivität, die nicht nur die der Naturwissenschaft ist, und das Physische nicht nur als das Physikalische. Im mathematischen Formalismus steckte ihr zuviel Subjektivismus des Geistes, die abstrakten Gleichungen waren ihr nur Gleichnis für konkrete Dinge. Nicht nur den Physikern, auch den Naturphilosophen wie Schelling trug sie nach, das Metaphysische mit dem Natürlichen zu verwechseln. Sie sah Mutter Natur als Kind aus

Übernatürlichem und Unterweltlichem. Gegen den transzendentalen Solipsismus verteidigte sie stets und von Anfang an die natürliche Weltgewißheit von der Existenzautonomie der realen Außenwelt, das Bewußtsein von der Bewußtseinsunabhängigkeit des bewußten Seins. Sie tat im Kopf, was die nature morte täte, wenn sie handeln könnte, statt sich nur zu bewegen, d. h. bewegen zu lassen. Sie zeigte die körperliche Bewegungen *als* seelische Handlungen, die geheime Finalität in der Kausalität selbst und die Teleologie in den Mechanismen. Dieses ‚Wesensschau' war mehr als eine Nabelschau oder Unwesens-Show der Sache selbst. Ihr Protestantismus machte die Arzttochter immun gegen die rassistischen ‚Abstammungslehren' und sozialdarwinistischen ‚Utopien der Menschenzüchtung'.
Wir schauen uns die Sache an, um das Wesentliche zu erfassen. Der Phänomenologe schaut sich ihr Wesen an, um die Dinge selbst zu er-fassen. Er spricht nicht über Mann und Frau, sondern über ewig Männliches und Weibliches. Daß das keine ewigen Wesenheiten sein könnten, sondern so geschichtlich wandelbar, wie Männer und Frauen selbst unbeweglich, kam ihr nicht in den Sinn. Die Veränderung des Wesens war ihr nur denkbar als Übergang von einem fertigen Wesensgeschöpf zu einem anderen.
Sie wollte weg vom Spekulieren, ohne deshalb Naturwissenschaftlerin zu werden, und weg vom Positivismus, ohne deshalb zu spinnen. Subjektivität war ihr ein Mittel, zum Objekt zu gelangen, nicht das Objekt ein Mittel, das Subjekt zufriedenzustellen. Wenn die objektive Existenz des Gegenstandes ‚durchgestrichen' und ‚eingeklammert' wird in einer phänomenologischen „Epochē", bleibt nicht das subjektive Wesen der Sache übrig, statt das Subjekt einer ‚transzendentalen Reduktion' und Revision zu opfern, um zur Sache selbst zu kommen. Nach Kant macht das intelligible Subjekt in seinen konstituierenden ‚Akten' erst das sinnliche Material zum einen Objekt der Erkenntnis. Die reine Vernunft nimmt von ihrem Objekt nur entgegen, was sie zuvor erst zum Objekt selbst gemacht und dann verdrängt hat. Sie gibt sich nur einem Gegenüber hin, das sie hernimmt und dem sie erst (weibliche) Form gibt. Der transzendentale Kritizismus ist von daher der erkenntnistheoretische Sieg des klein(bürgerlich)en Mannes als Emporkömmling über Frau Welt, um den Druck ihrer Impressionen, das Übergewicht der Sinnenreize auf sein affiziertes Gemüt zu kompensieren und auch abzuwehren, wie Hermann Schmitz' Kantbuch 1989 herausstrich.
Bei HCM ist die Mutter Natur kein bloßes Produkt männlicher ‚Akte' und ‚Intentionen', sondern höchst selbständig. Sie entsteht und besteht *aus* sich selbst, sie besteht und steht *auf* sich und ihren eigenen Füßen, trägt sich selbst und (be)ruht auf sich selbst. Sie ist nicht relativ auf den alten Adam, sondern autonome causa sui, ein ens sui generis jenseits dessen, was sie für Adam als sein Objekt sein mag. Aber Eva ist bei ihr nicht nur Mutter

Natur unabhängig von Akten männlicher Intentionen, sondern auch auf der Seite der Erkennenden, nicht nur der zu Erkennenden und Erkennbaren.

Hier korrespondiert die Spontaneität der Sinnlichkeit einer Rezeptivität des Verstandes. Die männliche Vernunft nimmt Mutter Natur, wie sie von sich und von Natur aus eben ist und sich gibt und darbietet. Diese Hinnahme ist Hingabe an das, was sich da selbst gibt. Der Verstand steht ihr nicht mehr vor, sondern die Vernunft selbst ver-nimmt. Der Vernünftige nimmt die Mutter Natur nicht her, sondern hin, er gibt sie her und sich ihr hin. Damit Mutter Natur sich hingibt, wie sie selbst ist, muß der Verstand sie weniger hernehmen, als sich ihr selbst hingeben. Das feine Liebesspiel zwischen Sein und Bewußtsein, subjektiver Vernunft und objektiver ‚Selbstgegeben-heit' wird ein wechselseitiger Tausch; jedes der beiden ist Subjekt und Objekt des anderen zugleich, um Erkenntnis zu erzielen. Das Subjekt wird Objekt seines Objekts und dieses Objekt ein Subjekt des Subjekts.

Das Subjekt ist eher Kind der Mutter Natur als umgekehrt die Materie ein Produkt des alten Adam. So wird das Subjekt mater-ieller und das Objekt geistiger. Das Subjekt wird Subjekt, wenn es den sich phallisch darbieten-den Gegenstand, wie er sich gibt, so hinnimmt. Der Mann muß das mater-ielle Objekt ebenso passiv ‚empfangen', wie das weibliche Subjekt das männliche Erkenntnisobjekt erst dazu reizt, sich zu präsentieren. Der Mann nimmt eine Frau hin, die sich in die Arme des Mannes hinein ausbreitet.

Jeder breitet sich aus in den anderen hinein, der ihn empfängt: Ist die Erkenntnis so weiblich wie das Handeln männlich?

Kant betont die männliche Tat in der weiblichen Erfahrung, HCM aber die weibliche Empfängnis auch in ‚männlicher' Produktion. Begreifen heißt umgreifendes Erfassen. Der Mann nimmt die Frau so in die Arme, wie sie ihn in ihren Schoß aufnimmt; dabei drängt sie sich in seine Arme, wie er in sie eindringt - die Erkenntnistheorie wird zur Liebeskunstlehre.

Er bringt ihre weiblichen Formen aber nicht hervor, wenn er sie prägt und in Form bringt. Sie ist immer schon gut in Form und hat Formen, die er nur in die Hände und in Augenschein nimmt. Ihre weibliche Form *ist* der Inhalt, der sich in seine Arme schmiegt, und ihre Gestalt ist der Behälter seines phallischen Gehaltes, wie ihr Gehalt aus seiner phallischen Gestalt besteht. Die weibliche Mater-ie empfängt hier gleichsam das männliche Subjekt. Hingabe findet statt nur an die Hingabe des anderen, und jeder gibt sich nur dem Hingeben des anderen hin. Ich nehme von dir hin, daß du mich hinnimmst, wie ich bin, und auch vice versa.

Ich nehme einen anderen nur hin und her, der mich hinnimmt, wie ich ihn und sein Hinnehmen hinnehme, der mein Ihn-Hinnehmen so hinnimmt. Es handelt sich um Hingabe durch Hinnahme und um Hinnahme durch Hin-gabe. Ich nehme nur hin, was sich mir hingibt, indem es mich so hin-

nimmt, wie ich bin, wenn ich mich nur jemandem hingebe, der mich hinnimmt, indem er sich mir hingibt und meiner Hingabe an ihn. So vermittelt
sehen die ‚données immédiates de la conscience' am Ende aus. Mutter
Natur macht Erfahrung mit den Erfahrungen, die ihr Menschenkind, der
alte Adam, mit ihr macht - und auch umgekehrt.

Wenn HCM die „Wahrheit der Natur" sagen will, spricht sie in Wahrheit
nur die Wahrheit des Menschen aus, und wenn sie zu deren „Geistseele"
kommt, kommt sie zur Sache selbst. Die Sache selbst ist deren Wesen, und
das ist ihre UrSache selbst: Die Sache selbst ist nicht von schlechten Eltern.
HCM erkennt nicht nur das ‚männliche' Wesen über und hinter der Sache
selbst, sondern auch die Ur-sache unter und vor ihr. Sie kennt nicht nur
männliche, sondern auch und gerade weibliche Potenz, sowohl coeundi wie
generandi. Diese weibliche Potenz hat ‚Gewicht' genug, den männlichen
Luftikus auf den Boden der Tatsachen zurückzuholen, und umgekehrt ist
Adams Augenlicht nicht soweit unter den Scheffel gestellt, daß es nicht auf
Mutter Natur fallen muß, um sie in allen Farben erglänzen zu lassen. Eva
muß erst die Farbe bekennen, die Adam erkennen soll, und vorzüglich wird
Mutter Natur bei HCM rot.

Raum und Zeit sind ihr mehr als die rein subjektiven ‚Anschauungsformen'
Adams, sondern primär die angeschauten Formen von Mutter Natur selbst.
Sie muß erst „aufgeräumt" sein und sich von sich aus leibhaftig vor Adams
Augen ‚ausbreiten'. Wenn das kein Rückfall hinter Kant sein soll, muß das
Erkenntnisobjekt selbst ein Subjekt sein, ein ‚Nicht-Ich' von der Art eines
Alter Ego. Ich schaue nicht nur auf Mutter Natur, sie schaut auch zurück.

Sie schaut mich an und meinen Blick auf sie. Wenn ich sie anschaue, sehe
ich ihren Blick auf meinen Blick. HCM weiß natürlich, daß Mutter Natur
selbst kein Mensch ist und nicht menschlich. Sie kehrt nicht zurück zum
Animismus, aber macht sich zum Anwalt, Sprachrohr und Medium des
toten Objekts, zu dem der Mensch Frau Welt erniedrigt. HCM behandelt
nicht Mutter Natur wie einen Gegenstand, sondern jeden Gegenstand wie
Mutter Natur. Adam verwaltigt nicht, Eva ist überwältigend bei dieser
bedeutenden Philosophin, die Naturwissenschaften wie Träume deutet.

Sieht HCM sich also selbst als das erkenntnistheoretische Subjekt, welche
die Erkenntnis-Initiative vom männlichen Objekt erwartet, oder als Objekt,
welches selbstbewußt das männliche Subjekt verführt, sie zu führen? Ist
sie Objekt, ergreift sie die Initiative, sich vom Subjekt be-greifen zu lassen;
ist sie ein Subjekt, besteht ihre Subjektivität darin, das männliche Objekt zu
‚(ver)nehmen' und kommen zu lassen. Sie reizt und animiert das Subjekt,
sich vor ihr zu ‚produzieren'. Als Subjekt benutzt der Mann seine Aktivität
dazu, sich seinem eigenwilligen Erkenntnis-Objekt passiv anzuschmiegen.

Als Objekt gibt er eine ‚Gegebenheit' her. Als vernünftiges Subjekt nimmt sie sich ihn, was er zu geben hat, und als Objekt gibt sie ihm, was sie will.
Die Phänomenologen streichen die Existenz ihrer Gegenstände durch, um deren Wesen schauen zu können. Sie klammern den real existierenden Mann ein und behalten die Schau der Männlichkeit übrig. Heidegger, der argwöhnte, sein Lehrer Husserl streiche eher die Existenz des Subjekts durch als die Existenz des Objekts, dachte sich, es sei die Existenz des so oder so gestimmten Subjekts, welche die Existenz seines Objekts einklammere und durchstreiche, um dessen Wesen erscheinen zu lassen. Die phänomenologische „Epochē" wird ihm zur Epoche des Seinsgeschicks.
HCM klammerte eher die Existenz des Subjekts ein, um das Wesen seines Objekts erfassen zu können. In Husserls Rückzug auf die ‚transzendentale Subjektivität' sah sie keinen Königsweg zur Sache selbst, sondern einen Verrat an ihr. Sie schaute nicht Mann und Frau an, sondern klammerte sie aus, um Männlichkeit und Weiblichkeit zu sehen - ohne selbst als Frau in Erscheinung zu treten. ‚Realontologie' bedeutet, daß mein Gegenüber nicht nur ein konstituierter Gegenstand ist, sondern auch konstituierendes Alter Ego, dessen Gegenstand ich bin samt meiner ihn konstituierenden Akte.
Mein Gegenüber hat ein Selbst, das nicht meines ist und nicht von meinem stammt, weder (de)ontologisch noch epistemologisch. Die Sache selbst, frei von der Zutat des Bewußtseins, ist für HCM das Sein von Körpern. Und HCM beschreibt das Wesen der Körper, als wären es menschliche Leiber.
‚Körper' schillert wieder zweideutig zwischen unbelebtem Ding und menschlichem Leib. HCM will primär nicht das Bewußtsein schauen, wie es das Sein schaut, auch nicht das Bewußtsein anderer Menschen sich anschauen, sondern deren Körper, wo sie leibhaftig da sind und sich darbieten, nicht als Geister. Die res cogitans leistet psychologischen Widerstand dagegen, daß seine widerständige Körperlichkeit seine Wahrheit ist.

Freud verweist den Sohn auf den durch keinen Ödipuskomplex gestörten Genuß von Frau Welt, die allerdings, wie Marx entdeckte, genau nach dem Besitzverhältnis verteilt ist wie die Mutter in der Familie an den Vater. Wenn nicht nur die leibliche Mutter an den Vater, sondern auch die ganze reale Welt außer ihr an die Herrschenden schon vergeben ist, bleibt dem Sohn, der auch diesen extrafamiliären Ödipuskomplex glücklich auflassen soll, nur die durch keine Kastrationsdrohung mehr gefährdete Aneignung jener Güter, die dem Sohn zur Belohnung für seinen zweiten, nun extrafamilialen Inzestverzicht gewährt sind. Das ist nicht mehr die Frau nach der tabuierten Mutter, sondern die Konsumwelt als Gratifikation und Abschlagszahlung für den Verzicht auf den erarbeiteten Mehrwert, den die Herren abschöpfen, wie der Vater die Mutter für sich reservierte.

Adornos Philosophie zielt ab auf Rettung des Besonderen vor dem „vergewaltigenden" Zugriff generalisierender Begriffe. Wird das Individuum als
beliebiger, auswechselbarer Einzelfall unter die allgemeine Kategorie „subsumiert", geht das Individuelle an ihm gerade verloren, wird „gestutzt" und
„abgeschnitten", was ihm und nur ihm eigen ist. Im Lichte ihres Begriffs
ist an einer Sache nur interessant, was sie gemeinsam hat mit anderen
Belegexemplaren, die ebenfalls unter diesen Begriff fallen. Der Begriff,
und das gehört zu seinem Begriff, greift sich an der zu begreifenden Sache
selektiv nur das heraus, was ihm gleicht, und läßt den Rest unter den Tisch
fallen oder diffamiert diesen Rest als zufällig, nebensächlich, unwesentlich,
akzidentell. So wird für Adorno jedes Phänomen ein bloß austauschbares
Illustrationsbeispiel seiner Idee, als Belegstück seines Begriffs eignet sich
wahllos jedes gleich-gültige Element der allgemein-gültigen Klasse von
Objekten. Vor dem Begriff „Rose" seien alle wirklichen Rosen identisch.
Jede Rose, sie mag sich von allen anderen Rosen durch noch soviel unterscheiden, muß, um Rose zu sein, nur jene eine Bedingung erfüllen, die ihr
botanischer Klassifikationsbegriff vorschreibt.
Die Dinge gleichen einander, soweit sie ihrem Begriff gleichen, sie werden
über den einen Kamm ihres Begriffs geschoren. Jedes ist das, was es seinem Begriff nach ist, den es mit anderen Dingen derselben Art und Gattung
teilt, und der wird ihm im Urteil zugewiesen. Jedes Seiende wird durch
seinen Begriff identifiziert, d.h. als identisch gesetzt mit jedem Seienden,
das ebenfalls unter diesen Begriff fällt. Ich bin ein freier und mündiger
Bürger, wird mir versichert. Alles an mir, was diesem Begriff nicht genügt,
bleibt unberücksichtigt, aber warum? Lasse ich mir dieses schmeichelhafte
Etikett gefallen, beraube ich mich selbst jeder Berechtigung, mir Freiheiten
zu nehmen und um sie zu kämpfen. - Lasse ich mir die Unterstellung
gefallen, schon ein freier Mensch zu sein, kann ich nicht gleichzeitig so
tun, als würden mir wichtige Freiheiten immer noch vorenthalten. Wenn
ich frei bin, bin ich zurechnungsfähig. Man kennt den juristischen Witz:
Freiheit ist die Unterstellung, die es erlaubt, überhaupt jemanden zu bestrafen. Identifiziere ich mich mit diesem Begriff, ein freier Mensch zu sein,
dann lasse ich mich abschneiden von allem in mir, was diesem Begriff eben
nicht entspricht, also auch von den Möglichkeiten, etwas gegen meine
eventuelle Unfreiheit zu unternehmen, die ich ja nicht eingestanden habe.
Ich bin frei und sonst nichts, und dieses Nichts ist genau das, was ich bin
jenseits der Merkmale, die ich mit allen Individuen gemeinsam habe, die
sich überreden lassen, frei und mündig, unabhängig und verantwortlich zu
sein. Um diesem heroischen Bilde zu gleichen, muß ich allerdings alles in
mir vor mir und vor anderen verbergen, verschweigen und verdrängen, was
damit nicht zusammenstimmt, alle Versklavung, Manipuliertheit, Hörig-

keit, Sucht und Autoritätsangst. Und da das Etikett des Begriffs das Wesen der zu packenden Sache zu treffen beansprucht, wird alles an dieser Sache für unwesentlich erklärt, was - zufällig - nicht in diesen Begriff eingeht. Individuum ineffabile. Da das unverwechselbar Individuelle sich nicht ausdrücken läßt, fällt alles an einer Sache, was nicht unter diesen Begriff fällt, eben unter einen anderen, bis sie eingefangen ist in ein unentrinnbares Netz allgemeiner Bestimmungen. Was eine Sache im Lichte des übergeordneten, perspektivisch begrifflichen Gesichtspunktes mit anderen Sachen verbindet und sie zu Elementen derselben Klasse von Gegenständen macht, ist die Hauptsache an ihr, ja, ihre Ursache, dafür, daß sie so und nicht anders ist als eben so, wie sie ist. Wodurch eine Sache mehr und anders ist als das, was andere Dinge in derselben Schublade auch sind, wird als Nebensache abgetan, als nebensächlich eben für ihre Eignung zu dieser oder jener Schublade. Im Hinblick auf das, worin die Exemplare eines Begriffs übereinkommen, ist notwendig abzusehen von dem, wodurch sie sich voneinander unterscheiden. Die Vielfalt dieser Unterschiede voneinander und von ihrem jeweiligen Oberbegriff ist die ganze Welt und der Reichtum qualitativer sinnlicher Bestimmtheiten, der vor dem Grau des theoretischen Begriffs verschwindet. Wodurch etwas einmalig, unvertretbar, unaustauschbar ist, wird im gleichen Atemzug abgewertet als nur vergänglich, kontingent, ephemer und nichtig. Alles an einer Sache ist zufällig und deshalb hinfällig, was zufällig nicht auch in ihrem Begriff ist.

Legt man als klassische Definition des Menschen zu Grunde, daß er ein ,vernunftbegabtes Lebewesen' ist, dann ist dieser wie jeder Begriff vom Menschen gleichzeitig ein Befehl an jedes Lebewesen, Vernunft anzunehmen, wenn es Wert darauf legt, als Mensch anerkannt zu werden. Man sieht leicht, daß diese Definition des Menschen, seine Unterordnung unter den Gattungsbegriff Lebewesen und Artbegriff Vernünftigkeit, nicht nur das enthält, worin eine vorgegebene Menge von Objekten faktisch übereinkommt, sondern auch die Anweisung an jedes dieser Objekte einschließt, sich gefälligst all jener Züge zu entledigen, die es nicht zum genormten Exemplar seiner Klasse von Wesen machen, die ,zur Vernunft gekommen' sind. Das Wesen dieser Vernunft selbst, durch die der Mensch sich von allen Unterarten der Gattung Lebewesen unterscheiden soll, wird als jener Konsensus bestimmt, auf den alle Menschen sich einigen können durch Mehrheitsbeschluß. Scheinbar wird so das, was als vernünftig gelten soll für alle, von dem abhängig gemacht, was jeder dazu Befragte für vernünftig hält. Scheinbar ist die Meinung jedes einzelnen dazu zum letzten Maßstab gemacht, und doch müssen bei diesem Verfahren alle Meinungen, die über den kleinsten gemeinsamen Nenner hinausgehen, dabei untergehen.

Die Meinung jedes einzelnen kann nur soweit ins Resultat eingehen, als sie keine vereinzelte Meinung ist. Da aber zu einer Meinung gerade gehört, daß sie die ‚jemeinige' ist, ist die Meinung gerade nicht gefragt, solange sie Meinung ist, also nicht auch von anderen vertreten wird. - Den Einzelnen wird ein volonté de tous abgefragt, der in Wirklichkeit ein volonté général ist. Die Identität des Individuums ist Resultat präkonfliktuöser Identifikation mit dem, was über den Einzelnen längst verhängt ist, also Oktroi.
Man holt aus der Individualität durch Befragung genau das heraus als gemeinsame Meinung aller Individuen, was ihnen zuvor in den Mund gelegt war. Der Mikrokosmos ist (Brenn-)Spiegel des Makrokosmos à la Leibniz. Der Einzelne hat Teil am Ganzen, soweit das Ganze ganz in ihm enthalten ist. Nur durch Verzicht auf mich selbst bin ich aufgenommen in den Kreis der Gleichgesinnten, die den Ton angeben. Schutz wird getauscht gegen Gehorsam, das Ich pariert dem Überich, um zu überleben. Durch Subsumption unter das begrifflich Allgemeine wird das spezifisch Individuelle am Individuum unterschlagen, die qualitative Differenz quantitativ nivelliert, bis das Durchschnittliche übrig bleibt als Produkt und Ziel der Beschneidung und Kastration. Psychoanalytisch gesprochen, verzichtet der Sohn unter dem Druck der väterlichen Kastrationsdrohung auf die ödipal begehrte Mutter, um seinen Penis nicht einzubüßen, jenes Allgemeine, das er mit dem Vater gemeinsam hat. Das Besondere, das er zu opfern hat, ist genau genommen nicht der Penis, sondern dessen inzestuöser Gebrauchswert, den er eintauscht gegen den deuterophallischen, narzißtisch-homosexuellen Stolz auf dessen fetischisierten Besitz. Er opfert den Schoß der je eigenen Mutter, um den Penis behalten zu dürfen, vertröstet auf eine Zukunft, in der er als sein eigener Vater einst doch noch die Mutter wird heiraten dürfen.
Aber aufgeschoben heißt hier „aufgehoben" im Sinne der Dialektik Hegels. Entweder Trennung von der eigenen Mutter oder Trennung vom eigenen Genital, Differenz *von* der Mutter oder *mit* dem Vater, das ist hier die Sphinxfrage an Kleinödipus. Zöge er es vor, sich kastrieren zu lassen, dann dürfte er zwar bei der Mutter bleiben, aber um den Preis, nichts mehr mit ihr anfangen zu können, als sich von ihr bemuttern zu lassen in präödipaler Bindung an sie. Unterwirft er sich dem väterlichen Verdikt, darf er einen Penis behalten, den er nicht benutzen darf zum Penetrieren des Ursprungs.
Nicht der Penis wird von ihm, sondern er von der Mutter abgeschnitten, und allerdings ist er ja der Penis seiner Mutter, den sie hergeben muß, um ihn ins Leben zu entlassen. Kastriert wird der Sohn, sofern er einen Penis behalten darf, der nicht penetriert, also gar keiner ist. Wenn der Sohn die Mutter hergibt, dann deshalb, weil er nicht kastriert - also nicht wie seine Mutter - sein will. Er opfert die Frau, um nicht seine Männlichkeit opfern zu müssen, und mit der Mutter „verschachert" er laut Adorno das Beson-

dere an das Allgemeine, an jene Frau, die er später wirklich heiraten wird. Um sein Besonderes wird er nur gebracht, wenn er nicht aufhört, das Besondere zu begehren. Auf den ersten Blick sieht es aus, als bedeute die Identifikation des Sohnes mit dem Vater, des Individuums mit dem Begriff, nicht Kastration, sondern gerade Schutz davor. Worauf der Sohn verzichtet, wenn er nicht auf seinen eigenen Penis verzichten will, ist das Wesen, das auf diesen Penis verzichten muß. Abgeschnitten wird ihm jener Penis, dem der Penis abgeschnitten ist : die eigene Mutter, und übrig bleibt die Frau im allgemeinen, das Ewig-Weibliche samt dem Unrecht, das es laut Adorno jeder einzelnen Frau antut. Nicht mit dem Vater sich zu identifizieren, hieße für den Sohn, sich mit der Mutter zu identifizieren, also kastriert, also eine Frau *sein* zu wollen, statt sie zu *haben*. Das ödipale Paradox besteht darin, daß der Sohn, der sich mit seinem gefürchteten und bewunderten Vater identifiziert, gerade darauf verzichtet, identisch mit dem Vater zu sein und sich seine sexualmonopolistischen Privilegien anzumaßen. Mich mit dem Vater zu identifizieren heißt ja eigentlich, mich damit zu identifizieren, daß ich (noch) nicht mit ihm identisch bin, heißt also, sich mit seinem Inzestverbot zu identifizieren. So *werden* zu wollen wie der Vater heißt anzuerkennen, daß ich der Vater *nicht bin*. Solchen begrifflichen Schwierigkeiten begegnet man leicht, wenn man versucht, den philosophischen Gehalt der Psychoanalyse oder psychologischen Gehalt der Philosophie ans Licht zu heben. Mit Kastration bedroht wird nach Freud der Sohn vom Vater und nach Adorno das Individuum vom Begriff, das Sein vom Wesen, das Teil vom Ganzen, die Natur vom Geist, das Objekt von Subjekt etc. Während aber philosophisch die Identifikation mit dem normativen Begriff als Kastration des Individuums verklagt wird, ist psychoanalytisch die Identifikation des Sohnes mit dem Vater gerade ein Schutz vor dieser drohenden Kastration.

Kastriert werde ich nur, sobald ich mich mit dem Vater in dem Sinne identifiziere, daß ich mich mit ihm identisch erkläre, seine Macht usurpiere und ihn aus dem Ehebett verdränge. Das „Allgemeine" ist der allen Söhnen auferlegte Aufschub, der mit narzißtisch besetzter Selbsterhaltung des Penis abgefunden und auf eine schönere Zukunft verwiesen wird.

Aufgeschoben ist nicht aufgehoben, tröstet sich das abgeschmetterte Kind, und langsam wird dem Heranwachsenden eingebleut, das Original über all den Surrogatmüttern, das Genital der Mutter über all dem analen Gold und oralen Konsum zu vergessen, in einer Mischung von bloßer Verdrängung und wirklichem Verzicht. Seine Sehnsucht ist vergebens, weil für das Kind der gegengeschlechtliche Elternteil an den gleichgeschlechtlichen bereits vergeben ist, bevor es auch nur geboren war.

Ein von Hegel wie von Freud so beeinflußter Philosoph wie Theodor W. Adorno hat sich dem dritten Schritt der Dialektik geweigert und in seiner „Negativen Dialektik" darauf bestanden, jede Synthesis mache die Antithesis nur wieder rückgängig. Die kritische Negation der Macht des Bestehenden aber sollte nicht ihrerseits wieder negiert werden, um zur geistigen Affirmation dessen herunterzukommen, was an Schlechtem ohnehin real da sei. Entweder also - das wird an Adorno flagrant - sind Hegels dialektische Methode und Freuds psychoanalytisches Heilverfahren nicht eineindeutig aufeinander abzubilden oder Adorno hat Hegel mißverstanden, wenn wir annehmen sollen, daß er Freud angemessen rezipierte. Adorno versteht unter der Antithesis nicht die in der Synthesis aufzuhebende Verdrängung, sondern umgekehrt gerade den Widerstand gegen die Unterdrückung der naturhaften Regung, und verteidigt die Negation des Überich folgerichtig gegen eine Synthesis, die Einverständnis mit dem versagenden Realitätsprinzip bedeuten würde. Er versteht Hegels absolute Idee als Geist des Vaters, soweit Vater und Sohn im Überich des Sohnes miteinander einig sind. Der Begriff unterjoche bei Hegel das Seiende, wie bei Freud der Vater den Sohn und das Überich das Es sich unterwerfe. Nach Adorno hat Hegel sich nicht zum Anwalt der verurteilten Naturregung des Menschensohnes gemacht, sondern sie dem Richtspruch des subsumierenden väterlichen Geistes überantwortet, und genau deshalb sei er durch Marx vom Kopf des Vaters auf die Füße des Sohnes zu stellen gewesen. Wenn Hegel wirklich am Sieg des Geistes über die Natur den Sieg des Überich über das Es gefeiert hat, wäre Adornos Einspruch triftig, aber wir glauben nicht, daß in Hegels ‚Synthesis' die entsagende Identifikation des Sohnes mit dem versagenden Willen des Vaters zum Ausdruck kommt, sondern nur jene Bewußtwerdung des vordem Verdrängten, die Adorno sich erhofft von Hegels Begriff der Antithesis. Adorno unterstellt zu Unrecht, wie wir meinen, daß Hegel in der „Thesis" den Willen des Vaters, in der „Antithesis" die verbotenen Regungen des Sohnes und in der „Synthesis" die resignierte Unterwerfung des Sohnes unter das väterliche Verbot verschlüsselt habe.
Was wird aus Marxens Kritik an Hegel, wenn Hegel im Gegenteil mit dem Sieg der Synthesis über alle Gegensätze und alle Widersprüche nicht die Bestätigung der Macht des Vaters durch die Brechung des Widerstandes seines Sohnes hindurch gefeiert hat, sondern gerade die „Aufhebung" der Verdrängung, die Rückkehr nicht des verlorenen Sohnes ins Haus seiner Väter, sondern seiner verdrängten Inzest- und Patrizidneigungen ins eigene Bewußtsein? Dann wäre aber Marx auch nicht gegen Hegel auszuspielen, um bei Freud zu landen. Wenn Adorno meint, das „Nichtidentische" vor dem identifizierenden totalitären Zugriff des Hegelschen Begriffs retten zu müssen, rettet er da wirklich das Es vor dem Überich oder nicht vielmehr

die Verdrängung vor ihrer Aufhebung? In diesem Fall hätte er Hegel ja
Unrecht getan, wo er ihn rügt: beim vermeintlichen Sieg des Überich über
das Ich, der bei Hegel auch gemeint sein könnte als Sieg des Bewußtseins
über seine unbewußt gewordenen, skotomisierten Enklaven.

Wie, wenn bereits Marx Hegel in diesem Sinne so mißverstanden hätte, daß
auch Adorno noch von diesem Mißverständnis zehrte? In den „Pariser
Manuskripten" von 1844 warf Marx Hegel vor, Hegel habe den Geist aus
der Materie nur das herausholen lassen, was dieser Geist in diese Materie
stillschweigend hineingepumpt hat, sich selbst nämlich und nichts als das.
Psychologisch gesprochen: das Überich erkennt das Ich nur soweit (an),
wie dieses Ich mit den Diktaten des Überich konform geht.

Hinter dem vermeintlich penisneidischen ,männlichen Protest' der Frau
entdeckte die Analytikerin Janine Chasseguet-Smirgel („Wege des Anti-
Ödipus") etwas noch versteckt Ursprünglicheres: Haß auf die frustriert-
frustrierende Mutter, Kampf gegen die despotische Ur-Rivalin. Solange die
Frau im Manne vergeblich sucht, was er nicht ist, eine allgütige Mutter, die
auch er in ihr sucht, schnappt die Vagina nach dem männlichen Samen wie
der Mund nach der Muttermilch, nach dem Phallus wie nach einer Brust.

Die weibliche Ur-Enttäuschung an der Mutter wiederholt sich am Manne,
der als solcher gar nicht wahrgenommen und auch den Kindern entwertet
wird, welche die Frau als Partnersubstitute okkupiert. Der berühmte Penisneid der Frau ist selbst bereits Ersatz eines fundamentaleren Ressentiments:
Das Mädchen beneidet am Jungen das von Mutter und Sohn idealisierte
phallische Gegengewicht gegen die als archaisch omnipotent phantasierte,
anal-possessive frühe Mutter, deren kloakaler Sphinkterkontrolle das kleine
Mädchen sich ausgeliefert fühlt ohne narzißtische Zufuhr, die dem Kinder-
penis des mütterlichen Peniskindes zuteil wird. So bleiben die Mutterkind-
Symbiosen enger denn je unter dem Familientyrannen des 19. Jahrhunderts,
der heute zum ohnmächtigen kleinen Angestellten depotenziert ist und als
kindliches Ablösungsziel und Trainingspartner für den Existenzkampf ganz
disqualifiziert wird. Somit macht die Frau, will man Chasseguet-Smirgel
glauben, in mütterlicher Selbstverachtung aus dem Phallus ihres Mannes
ein Kind, dessen Selbständigkeit und Abnabelung sie als ihre Kastration
empfinden und vereiteln muß. Und dieselbe Mutter sucht der Mann in
allen Frauen ebenso wie die Frau in allen Männern, er wütet gegen seine
Trennungsangst vor ihr, versichert sich ihrer Verfügbarkeit, verachtet hinter dem Deckmantel fürsorglicher Ritterlichkeit das Weibliche aus Angst
vor ihm, redet sich und der Frau einen weiblichen Penisneid ein, um seinen
eigenen Gebärneid auf die Mutter vor sich und vor ihr zu verstecken, umso
despotischer, je schwächer er ist. Das erwachsene Menschenkind steht vor

Mutter Natur und den zur zweiten Mutter Natur gewordenen Institutionen der ‚verwalteten Welt' wie das Kleinkind vor der frühen Mutter in seiner psychophysischen Hilflosigkeit. Gegen das narzißtisch kränkende Gefühl grundlegender Ohnmacht und Angewiesenheit hilft dem männlichen Kind nur die zusammen mit der Mutter betriebene Idealisierung des Penis, den sie nicht hat. Nur übermäßige Kastrationsangst vor dem triangulierenden Vater oder übermäßige Kastrationsangst der Mutter vor der Ablösung ihres Kindes von ihr kann nun eine perverse Fixierung des Sohnes auf seinen phallischen Stolz bewirken. - Aus Angst, im eigenen Penis das einzige Gegengewicht zur eifersüchtig besitzergreifenden Mutter zu verlieren, verzichtet der Sohn auf den heterosexuellen genitalen Gebrauch seines Phallus und zieht es vor, selbst jene Frau zu sein, die er damit nicht zu penetrieren wagt, weil er in ihrem Schoß auf den kastrierenden Penis des Vaters zu stoßen fürchtet. Die homosexuelle Identifikation des Sohnes mit dem phantasierten frühmütterlichen Aggressor, der mit dem sadistisch schwachen Vater verschmilzt, gilt tendenziell als präpsychotisch. Im Aufstand gegen den Vater wurde einst die Widerstandskraft gegen institutionelle Zumutungen draußen entwickelt: Junior heute schenkt sich den qualvollen Konflikt mit den Eltern und sucht an ihnen vorbei gleich Unterschlupf im Sozialuterus der großen alimentären Organisationsmaschinerien. Diese drohen nicht mehr väterlich mit Kastration, sondern paranoid mit mütterlichem Liebesentzug der kleinen konsumistischen Goodies und narziß-technischen Gadgets; die Gesellschaft hat den Umweg über ödipale Individuation längst nicht mehr nötig, um ihre Kommandos an die Sozialpartner zu bringen, notfalls wissenschaftlich legitimiert über die Medien.

Der proletarische Intellektuelle kann Ideologien bürgerlicher Selbstproletarisierung nicht unterstützen. Unter dem unmäßigen sozialen Druck neigt der Unterschichtler, anders als der neurotisch entgleisende Mittelständler, ohnehin eher zu psychotischen Reaktionen. Halten wir mit Habermas über Marx hinaus fest : Nicht schon gesellschaftliche Arbeit ist das spezifische Humanum, sondern erst die Familiarisierung des Mannes zum Vater, eng verbunden mit sprachlichen Kommunikationsverträgen. Nicht schon eine Bearbeitung der ‚äußeren Natur', die technische Verwandlung der unwirtlichen Materie in eine gute ‚Mutter Natur', unterscheide Menschen von den Tieren, sondern erst die Bearbeitung ‚innerer' Natur, die Aufhebung der Ameisenarbeit durch ‚Anstrengung des Begriffs'.
Sartres letztes Interview vor seinem Tode widerrief sein philosophisches Lebenswerk. Aber weit davon entfernt, einen ganz neuen Sartre zu zeigen, warf es rückwirkend Licht auf seinen Denkweg. Der 75-Jährige konnte es sich sparen, mit seinem Denken noch einmal ganz von vorn zu anzufangen. Sartre entdeckte, daß die Familienbeziehung primärer sei als jede andere:

„Es ist Tatsache, daß die Geburt für jeden so sehr das gleiche Phänomen ist wie für den Nachbarn, daß zwei Menschen, die miteinander sprechen, gewissermaßen die gleiche Mutter haben. Es ist sicher nicht die empirische Mutter, sie hat keine Augen, sie hat kein Gesicht. Es ist eine bestimmte Idee, die uns beiden übrigens ebenso gehört wie jedem anderen auch. Von der gleichen Art sein ist gewissermaßen, die gleichen Eltern haben. In diesem Sinne sind wir Brüder ... Die Beziehung, von derselben Mutter geboren zu sein... Die erste gesellschaftliche Teilung vor Jahrtausenden war der Clan, charakterisiert durch sein Totem. Dieses Totem war etwas, das den ganzen Clan einband, das allen Mitgliedern in ihrer Beziehung zueinander eine tiefe Realität verlieh und sie beispielsweise hinderte, untereinander zu heiraten... Sie sind alle Brüder in dem Sinne, daß alle aus dem Geschlecht einer Frau hervorgegangen sind; und schließlich ist die Individualität der Frau zu dieser Zeit nicht gesetzt. Es ist schlicht und einfach eine Frau mit dem Geschlecht, das gebären wird, mit Brüsten, die nähren werden...“

Ruft Sartre hier, wie so viele, kurz vor dem Tode nach der Mutter statt nach dem himmlischen Vater? Jene Mutterimago, vor der die existenzialistische Freiheit lebenslang auf der Flucht schien, weil jede Vereinigung mit der Mater-ie ohne Selbstaufgabe unmöglich war und dennoch - oder gerade deshalb - einziges Wunschziel? Mit dem Rückgriff auf archaische Mythologie gibt der jungbewegte Greis, der ‚noch einmal die junge Trunkenheit des Alpinisten' spüren möchte, seine in der „Kritik der dialektischen Vernunft“ (1959) begründete Hoffnung auf revolutionäre ‚Terrorbrüderlichkeit' militanter Guerillagruppen auf. Der ‚Sohn der Gewalt' verzweifelt an der Gewalt des Sohnes und wird unversöhnter Sohn einer Mutter. In „Totem und Tabu“ (1913) hatte Freud die Einheit des Clans nicht auf die Mutterimago gegründet, sondern auf die Idee des zugleich ermordeten und idealisierten Vaters. Diese Differenz zu Sartre ist auffällig. Aber die Vaterimago kommt durch die Hintertür herein in Sartres verspäteter philosophischer Rehabilitierung des hebräischen Messianismus. Der Jude sei nicht nur wie in „Réflexions sur la question juive“ (1946) derjenige, den andere für einen Juden halten, also eine antisemitische Projektion, sondern Juden seien auch und vor allem Juden aus ihrer gemeinsamen religiösen Beziehung zum selben Vatergott Jahwe, durch ihre revolutionäre Hoffnung auf seine messianische Wiederkunft im neuen Äon. Man fragt sich natürlich, warum diese jahrtausendalte Binsenwahrheit Sartre solange verschlossen blieb, daß der Greis sie als philosophische Entdeckung feiern mußte.
Nach der Freiheit und Gleichheit also nun die Brüderlichkeit ohne Tugendterror (Hegel): Gemeinsame Herkunft unterschiedlichster Individuen aus derselben Clanmutter früher Gynaikokratien und gemeinsame Zukunft im selben Vaterbild des chiliastischen Monotheismus. Die existenzialistische Existenz als ‚Transzendierung' des mütterlichen Ursprungs auf ein ‚freies' väterliches Ziel, in dessen Licht das ‚gewesene Wesen' (Hegel) der Herkunft allererst sich enthüllt? „Sie haben den gleichen Ursprung und, in der

Zukunft, den gemeinsamen Zweck. Gemeinsamer Ursprung und gemeinsamer Zweck, das konstituiert ihre Brüderlichkeit", entdeckte der Greis.

Diese uralt neue Idee hatte im geplanten Werk „Macht und Freiheit" entfaltet werden sollen, nachdem die Hoffnung auf eine „Totalisierung linker fraternité-terreur" unter dem Druck weltweiter Tendenzwenden begraben worden war. Das letzte Interview sollte der Keim des Buches „Pouvoir et Liberté" werden, in Zusammenarbeit mit Benny Lévy alias Pierre Victor.

Wenn der Existenzphilosoph die menschliche Existenz vor jeder Essenz ansiedelt, will er damit sagen, daß ich meine nackte Existenz benutze, um mir mein Wesen selbst zu schaffen, statt es mir von Gott oder Welt vorzeichnen zu lassen. Der Aphorismus tut so, als gebe er der Allgemeinheit recht, aber durch die Art, wie er dem Kaiser gibt, was des Kaisers nicht ist, widerspricht er ihm und gibt Gott, was Gottes ist. Das Subjekt widerspricht dem objekten Geist und erhebt den objektiven Anspruch, darin nur eine subjektive Anmaßung zu sehen. Das Absonderliche des Begriffs liegt eben darin, das Immergleiche zu sein, und dieses Immergleiche besteht einzig darin, die Individuen zu immergleichen Exemplaren dieses Begriffs zu machen. Das Individuum hört auf, immergleiches Belegexemplar seines Oberbegriffs zu sein, wenn es seinen Begriff als immergleichen Angriff auf immer neue Individuen begreift - und nicht verzeiht. Individualität ist nichts als begrifflicher Angriff auf die immergleiche Art des Begriffs, neue Individuen als immergleiche *sonderzubehandeln.*
Ich will aufhören, bloßer Gegenstand deiner Begriffe zu sein, durch die du mich mit ungeliebten anderen Menschen in einen Topf wirfst. Also mache ich mir einen Begriff von dem Begriff, den du dir von mir (und meinem Begriff) machst. Das Individuum macht durch eigene Begriffe seinen Allgemeinbegriff zu einer bloß unverbindlichen Absonderlichkeit und sich selbst durch die Originalität seines gedanklichen Beitrags zum Gemeinplatz von übermorgen. Das Individuum widersteht nämlich dem Verstand seiner Klassenfeinde nicht dadurch, daß es blinde Kontingenz und unausschöpfliches Sein außerhalb des Bewußtsein ist. Das Individuum ist bloßes Sein für das Bewußtsein seiner Gegner, und es muß zu Bewußtsein kommen, um das Bewußtsein seiner Feinde zu einem bloßen Sein herabzusetzen. - Der eine Begriff von vielen Individuen muß das eine Individuum über seinen vielen Begriffen werden. Das Individuum hört auf, Objekt des Begriffs zu sein, wenn es diesen Begriff be- und angreift. Es muß seine Individualität gerade darin haben, nicht nur einen Begriff sich zu machen von seinen eigenen Begriffen, sondern auch einen Begriff sich zu machen von dem Begriff, den andere sich von ihm und seinem Begriff machen. Bei Habermas setzen sich Leute weniger zusammen, um sich auseinanderzusetzen,

sondern ihre Auseinandersetzung ist eher ein Mittel, sich zusammensetzen zu dürfen. Individualität sollte weniger Begriffsstutzigkeit sein, als in der Originalität eigener Begrifflichkeit liegen, mit der die Begriffe anderer begriffen und angegriffen werden. Das Sein ist Bewußtsein, lautet ein alter metaphysischer Grundsatz. Wenn das nicht nur ein idealistischer Gemeinplatz sein soll, müssen wir hinzufügen, daß mein Sein eben nicht aufgehen soll in dem Bewußtsein, das andere von ihm gewinnen wollen, sondern in dem Bewußtsein, das ich von dem Bewußtsein anderer haben muß, um es zu einem bloßen Sein unter anderen machen zu können oder zu einer bloßen Modifikation dieses Seins. Ich kann mich nicht selbst in meinem Sosein bestimmen, ohne die Allgemeinheit zu bestimmen, die mich mit anderen verbindet, und zugleich die Besonderheit zu bestimmen, die mich von ihnen trennt. Natürlich können andere mich dazu bestimmen, ihnen Bestimmungen beizulegen, aber in jedem Falle sei ich es, der sie dazu bestimmt, mich in meinem Wesen zu bestimmen. So bleibe der Mensch Herr seines Schicksals, das ihn versklavt, und der Regisseur all dessen, was ihm von außen wie ein Zufall oder Mißgeschick zuzustoßen scheint. Ehe Individuen sich darauf einigen, was sie nun begrifflich gemeinsam haben wollen, muß jedes Individuum ein Individuum erst einmal werden, und das wird es nicht, ohne anderen Individuen das Recht zu bestreiten, begrifflich für es mitzusprechen. Die singuläre Unverwechselbarkeit des Individuums liegt in der ganz besonderen Faktizität seiner Begrifflichkeit, nicht im factum brutum seiner empirischen Existenz. Das begriffene Individuum muß individueller Begriff werden, um mehr zu sein als ein immergleiches Objekt seiner Oberbegriffe.

Zufallsphilosophien

Die modernen Computer haben uns eine ebenso neue wie verblüffend einfache und bisher noch gar nicht genutzte Methode beschert, Philosophien zu überprüfen. Diese Methode sei hier kurz skizziert und empfohlen.
Man suche sich einen Philosophen oder eine philosophische Schulrichtung aus, schreibe auf ein Stück Papier wahllos die am häufigsten vorkommenden Lieblingsbegriffe dieser Denkrichtung auf und sortiere sie nach Substantiven, Verben, Adjektiven und anderen Wortformen. Dann schreibe man auf seinem Personalcomputer ein anspruchsloses kleines Programm, das mit dem ‚Zufallsgenerator‘ aus jeder dieser Wortklassen einen beliebigen Begriff heraussucht und diese zufällig herausgegriffenen Begriffe zu Sätzen zusammenstellt, in Schleifen beliebig iterierbar. Für den Anfang

genügt als Aussageform: Subjekt Prädikat Objekt, Substantiv Verb Substantiv. Das läßt sich natürlich durch andere Satzteile noch beliebig verfeinern zu komplizierten Schachtelsätzen, je nach dem bevorzugten Stil. Aber schon die zum Weinen simple Grundanordnung beschert ungeahnte Überraschungen.

Wer einfach einmal die 20 Lieblingssubstantive, die zehn Lieblingsverben und die fünf Lieblingsadjektive oder Lieblingsfüllwörter eines Denkers hintereinander in 100 oder 1000 durch kein Sinntabu eingeschränkte Zufallskombinationen bringt und in Sekundenschnelle auf Papier ausdrucken läßt - was jeder aufgeweckte Zwölfjährige heute programmieren kann -, dann ergeben diese wahllosen Sätze mit den Begriffsfavoriten eines Theoretikers bereits sein ganzes Sinnreservoir, das er selbst nie ausschöpft. Der Denker greift sich aus der Unzahl der formal möglichen und syntaktisch sauberen Kombinationen seiner ein Dutzend Grundbegriffe, sprich Lieblingsvokabeln, immer nur die ihm strategisch günstig erscheinenden heraus. Auf die anderen kommt nicht er, sondern nur der Computer, der nicht durch Denkverbote, Psychologie und Sinnwiderstände gehemmt ist. Im blitzschnellen Computerausdruck von hundert Zufallsurteilen wird der Auswerter beides finden, die vom Denker benutzten und die von ihm nicht benutzten Möglichkeiten.

Ihre Gegenüberstellung sagt etwas über das Testobjekt aus. Der Computer denkt den Philosophen zu Ende oder genauer: Der Programmierer kann mit Hilfe des Computerausdrucks den Philosophen fast kinderleicht zu Ende denken, indem er versucht, den logisch möglichen Sätzen einen möglichen philosophischen Sinn zu entlocken, also der formal richtigen Syntax eine inhaltlich originelle Semantik zu hinterlegen. Bei einigen dieser Computer-Scrabbles wird das besser gelingen, bei anderen weniger gut. In jedem Philosophen steckt auch ein halber Computer und in jedem Computer auch ein halber Philosoph. Der Programmierer kann von beiden profitieren, wenn er es leid geworden ist, von seinem PC seine Kapitalzinsen für das nächste Jahrtausend berechnen und in einer Vierfarbengraphik aufbereiten zu lassen. Wer hat schon Probleme und sucht dann einen Computer, der sie ihm löst? Eher hat er einen Computer und sucht dann verzweifelt nach Problemen, die er damit lösen könnte. Der höhere Jux mit der *Random function philosophy* ist ein winziger Ausweg aus diesem grundsätzlichen Dilemma des ‚Homie'-Käufers. Der Heimcomputer ist ein kleiner Teil des Problems, das er lösen soll, und unser kleines Spiel verschärft es noch.

Früher hieß es: Such für deinen Gedanken den besten Ausdruck. Heute heißt der Sinn des Computerlebens: Such zu einem Satz einen Sinn. Die Dichter hatten dieses Problem der Denker immer schon, und natürlich läßt sich unser Spielchen mit den Grundbegriffen jeder Wissenschaft treiben.

Kritische Theorie oder Typentheorie der Gesellschaft?

Es ist nicht uninteressant, Russells „Typentheorie" kurz zu vergleichen mit Adornos „Kritischer Theorie". Auch Adorno geht es um die Betonung der fundamentalen ‚Nichtidentität' zwischen der Sache selbst und den Urteilen über sie, also um die spezifische Differenz zwischen Sein und Bewußtsein, Objekt und Aussage, Sache und Sprache. Der abendländischen Tradition wirft er die zwanghafte Tendenz zur identifizierenden Verwechslung von Begriff und Gegenstand vor, und zwar sei es stets der Begriff gewesen, der sein Objekt identifiziere, also zur Verwechslung mit ihm selbst treibe. Das naturbeherrschende Prinzip neuzeitlicher Rationalität erzwinge die Einheit von Sein und Denken vom Denken aus. Von Anfang an sei mit dem Wort für eine Sache auch schon das Wort für diese Sache genommen, um Gewalt über sie zu erlangen. Das Urteil über ein Objekt sei Macht über das Objekt. Das Subjekt gleiche sich *die* Objekte an, nicht *den* Objekten, es identifiziere sie und könne die Nichtidentität von Sache und Name nur sehr schwer ertragen - aus Angst vor der Sache. Um den Geist vor jeder Kumpanei mit der Macht über die Natur zu schützen, empfiehlt Adorno dem Leser, sich als selbst identisch mit einem Stück Natur zu empfinden.

Es gibt einen feinen Unterschied zwischen Russells Art, zwischen Element und Klasse zu unterscheiden, und Adornos Art, zwischen Sein und Bewußtsein zu unterscheiden. Russell und Watzlawick betonen, die Klasse sei keines ihrer eigenen Individuen; Adorno umgekehrt zieht es vor zu betonen, das Individuum sei nicht identisch mit seiner eigenen Klasse. Es scheint identisch, ihre Nichtidentität vom Individuum oder von der Klasse aus zu betonen. Logisch ist es allerdings das Gleiche, aber psychologisch ein Unterschied ums Ganze, abgesehen davon, daß Adorno sich aus der theoretisch unendlichen Anzahl von Meta-Ebenen immer nur das eine praktische Verhältnis von Individuum und Allgemeinbegriff herausgegriffen hat: Sie war ihm das Paradigma jeder Metastruktur der Rede. Vor allen Widersprüchen einer Ebene rettete er sich - anders als Bateson und Watzlawick - nun nicht auf die logisch nächsthöhere Meta-Ebene, sondern gerade umgekehrt auf die logisch nächstniedere. Anders ausgedrückt, lag ihm eine „Lösung zweiter Ordnung" nie auf Seiten der Klasse *über* den Individuen, sondern auf Seiten der Individuen *unter* der Klasse, und im Urteil über ein Urteil sah er nur eine Wiederholung des Urteils über die Sache. Das rein Physische war für Adorno eben das Meta-meta-physische selbst.

Andere Klassen, andere Typen. Wie nur das ‚Prinzip Vater' eine ‚Lösung zweiter Ordnung' darstellt aus der inneren Widersprüchlichkeit der Mutter-

Kind-Zweieinheiten in den Kollektiven, Parteien, Massen, Klassen, Rassen und Riegen, Rotten und Horden, so muß das proletarische Klassenbewußtsein eine Lösung zweiter Ordnung sein aus einer antagonistischen Klassengesellschaft, in der die Arbeiter bloße Exemplare ihrer Klasse sind.

Der proletarische Vater als intellektueller Individualist ist eine gute Utopie zweiter Ordnung: Er ist mehr und anderes als ein austauschbares Klassenexemplar und steht jenseits des Kollektivs, ohne deshalb ja seine Klasse zu verlassen. Kraft seines Klassenbewußtseins steht er jenseits seiner Klasse, ohne deshalb nun der nächsthöheren (sozio-)logischen Klasse anzugehören. Wenn aber Russell, Bateson, Watzlawick u. a. andeuten wollen, daß der Arbeiter durch den eigenen Kopf, den er entwickelt, zu einem Mitglied der Mittelklasse wird, dann ist die ‚Typentheorie' reaktionär. Die Köpfe einer Klasse gehören zu ihr und nicht zur nächsthöheren Klasse und proletarische Intellektuelle sind deshalb noch keine Mittelklassen-Angehörige, nur weil und wenn sie Köpfchen haben. Das Klassenbewußtsein, also Bewußtsein von der Klasse, der ich angehöre, macht mich ja zu keinem beliebigen Exemplar meiner Klasse, die sich in mir differenziert, aber auch nicht zum Mitglied der nächsthöheren Klasse, die blutauffrischende Aufsteiger sucht.

Das Wesen des Proletariats und sein Begriff entstehe im Proletariat selbst, nicht in der Mittel- oder Oberklasse. Sonst gehört ihr Klassenbewußtsein nicht denen da unten, die gar keine Möglichkeit hätten, ihr eigenes Klassenbewußtsein zu entwickeln, ohne ihre Klasse zu ‚transzendieren' und zu verraten. Russells Typentheorie und Batesons „Geistesökologie" wären dann Theorien, Proletarier von ihrem eigenen (Selbst-)Bewußtsein abzuschneiden und es den Obertanen vorzubehalten, diesen Plebejern zu sagen, welchen Begriff sie von sich selbst haben sollen. Alle Selbstreflexion ist Selbstdistanzierung ohne Spaltung des Bewußtseins. Die Klasse hat ihr eigenes Selbstbewußtsein auszubilden, und nur durch diese Selbstreflexion bildet sie sich erst als Klasse. Damit sind real die Klassenmitglieder noch nicht, was sie ihrem Begriff nach sind; die Differenz zwischen Begriff und Existenz ist noch nicht ‚aufgehoben', obwohl diese Differenz zwischen der Klasse und ihrem Klassenbewußtsein gar keine Klassendifferenz ist.

Ebene 0. Ordnung : Mutterleib
Lösung 1. Ordnung der ambivalenten Gravidität   : Geburt
Lösung 2. Ordnung der ambivalent. Mutter-Kind-Zweieinheit : Vater
Lösung 3. Ordnung der ambivalent. Vater-Sohn-Einheit   : Sohnfrau
Lösung 4. Ordnung der ambivalent. Mann-Weib-Einheit   : Kind
Lösung 5. Ordnung der ambivalent. Eltern-Kind-Einheit: Kinder werden
                                                                                        selber Eltern

Der Vater soll dem Kinde helfen, sich von seiner Mutter zu lösen, ohne daß er sich dadurch von seiner Frau trennt. Die Einheit von Mann und Weib äußert sich in der Arbeitsteilung am Kinde, und der Vater, der einer ist, kann das Kind nur von einer Mutter weglocken, die dem Kinde zuvor genügend Nestwärme mitgegeben hat. Urvertrauen kann sie als Mutter nur verbreiten und geben wollen, wenn sie mit ihrem Mann jene Vereinigung selbständiger Menschen und jene Selbständigkeit in der Vereinigung erleben kann, welche den erwachsenen Mann voraussetzt, der nicht mehr am Rockzipfel seiner Mutter hängt, sondern seinem eigenen Weibe anhängt.

Die Söhne aber können Väter nicht werden an Vätern, die im Grunde selber noch Söhne ihrer Frauen geblieben sind. Der kindliche Dritte im Bunde von Mann und Frau ist ebenso wichtig wie der väterliche Dritte im Bunde von Mutter und Kind und ebenso wichtig wie die weibliche Dritte im homoerotischen Bund von Vater und Sohn (wie im inzestuösen Bund von Vater und Tochter). Ist der Heilige Geist der Familie verletzt, entsteht der sich selbst bestätigende und verstärkende Regelkreis von ebenso spartanisch rachekalten Müttern wie sadistisch schwachen Vätern.

Ob die Familie stammesgeschichtlich entstanden ist mit der ‚Aufhebung' der Mutter-Sohn-Inzucht oder jedes Vater-Tochter-Inzests, ist anthropologisch noch strittig. Nach der Paradiesvertreibung, der Geburt, die auf dem intra-uterinen Inzest steht, ist weibliches Zeugen so schmerzhaft wie männliches Erzeugen: Produktion von Leben wie von Lebensmitteln.

Christliche Theologistik *nach* Hegels trinitarischer Dialektik

Seit die alte Lehre von der doppelten Wahrheit des gesunden Menschenverstandes und der Offenbarung nicht mehr ausreicht, die Kluft zwischen Glaubens- und Vernunftwahrheiten zu überbrücken, ist Sinnlosigkeit und Unsinn zum Index des Übersinnlichen avanciert. Fragwürdigkeit wurde ein Siegel jeder Glaubwürdigkeit. - Alle weiteren Versuche, die zunehmende Über-, Wider- und Unvernunft des christlichen Glaubens doch noch zur Vernunft zu bringen, endeten für den Glauben stets vernichtend. Der Christ glaubt, und der Jude weiß, sagt ein altes Wort.

Aufklärung und Psychoanalyse heben den „Wahrheitsgehalt des Glaubens" dadurch auf, daß sie die geheime Wahrheit im Herzen der Unvernunft des

Glaubens aufzeigen. Sie zerstören den Glauben gerade dort, wo sie seine verlorengegangene Übereinstimmung mit der Vernunft wiederentdecken. Das Paradoxe ist, daß der Glaube es nicht überlebt, kein Paradox zu sein. Sein Motiv vernichtet seine Wahrheit. Im übrigen will es scheinen, er mute heute dem vielbeschworenen Verstand weniger zu, als der Theologie um der Selbsterhaltung willen lieb sein dürfte. Erweisen wir dem Glauben also noch einmal den Bärendienst, ihn hinter dem Panzer seiner vermeintlichen Unlogik hervorzuzerren. Natürlich bleibt es weiter seine Sache, ob Jesus ganz Mensch und gleichzeitig ganz Gott war, ob er seinem Gott stellvertretend für uns alle genug getan hat, ob er den bußfertigen Teil der Menschheit erlöst hat usw. Wir werden uns mit dem schlichten Aufweis begnügen, daß der Glaube daran gar nicht widersinnig und unlogisch ist, nicht einmal nach den Spielregeln moderner mathematischer Log(ist)ik, wenn wir einmal ganz unbefangen den religiösen auf den logischen Code abbilden.

Die Scholastik faßte Gott auf als das ens entium, als ens summum und ens communis, als das gleichzeitig höchste und allgemeinste Seiende in der Rangordnung der analogia entis. Noch heute kreidet Heidegger der Metaphysik ihren „onto-theologischen" Charakter an. Im folgenden werden wir versuchen, die dem christlichen Glauben zugrundeliegende „Theo-logik" zu rekonstruieren, ohne aber aus diesem Glauben heraus zu sprechen.

Theologie, als die theoretische Selbstauslegung des praktizierten Glaubens, geht aufs Ganze, sie *ist* das Ganze, auf seinen Sinn gebracht. Theologie als Inbegriff des Seienden im Ganzen ist als Spezialwissenschaft u.a. selbst ein Teil dieses Ganzen, ein Teil des Ganzen aber gerade als sein Inbegriff. Sie macht sich einen Begriff vom All, und dieser Begriff ist als Teil des Alls immer jenseits des Alls, Jenseits aber eben *als* Bestandteil des Alls. Überall herrscht dieser Widerspruch, der die Logik so wenig aufhebt, daß er ihre modernste Spielart zu Beginn dieses Jahrhunderts überhaupt erst ins Leben rief. Auch Gott, als Ursprung und Schöpfer der Welt ihr Jenseits, ist für Christen in Christus sein eigenes Geschöpf geworden, hat in ein und derselben Person (als Mensch) teil an derselben Welt, über der er (qua Gott) steht. Schuf Gott sich selbst, der alles schuf, was nicht sich selbst schaffen kann? Und falls er sich selbst erschaffen hat, hat er dann sich erzeugt als eines seiner Geschöpfe u.a. oder sich selbst als den, der sie alle erschuf, inklusive Jesus, der für Christen Gott selber (gewesen) ist? Erlöst dieser Jesus auch sich selbst, der alle erlöst, die sich selbst nicht erlösen können?

Logisch ist „Gott" der Name für den obersten aller Gattungsbegriffe, den allgemeinsten Oberbegriff aller Oberbegriffe, Inbegriff aller Transzendentalien, die Menge aller Mengen und Klasse aller Klassen, Schöpfer aller Schöpfer und Geschöpfe, Prinzip aller Prinzipien, Urgrund aller Grundlagen, Sein alles Seienden etc. Das ‚universe of discourse‘ ist in den Augen Gottes die Allklasse des Seienden im Ganzen, und da die leere Menge Teilmenge jeder Menge ist, ist auch in Gott die Nullmenge enthalten, also die Allklasse aller im Widerspruch zu sich selbst stehenden Dinge, alles nicht mit sich selbst identischen Seienden, der Bereich des Nichtexistenten, theologisch gesprochen des Nichtigen und Bösen. - Wenn dieser Gott alles und nur all jenes erschafft, was nicht sich selbst hervorbringen kann, hat er dann auch sich selbst produziert, also den, der alles samt seiner selbst in die Welt setzt - ist er also Ursache dafür, *daß* er Ursache aller Sachverhalte ist?

Wenn Gott der Grund von allem ist, was sich nicht selbst begründen kann, kann er dann begründen, *daß* er Grund von allem ist? Wenn er sich selbst begründet, dürfte er sich *nicht* selbst begründen, da er doch nur jene Wesen begründet, die nicht Grund ihrer selbst sind. Ist er aber *nicht* Grundlage seiner selbst, dann gehörte er gerade zu jenen Wesen, deren Grund er ist.

Das ist das Russellsche Paradox am Eingang der neuzeitlichen Logik. Das ist auch der Kern des Witzes über die paradoxe Omnipotenz Gottes, mit der er eine Mauer soll erschaffen können, die er selbst nicht mehr übersteigen könne. Kann er sie nicht überwinden, ist er nicht allmächtig. Überwindet er sie aber, hat er keine für ihn unüberwindliche Mauer errichtet, ist also ebensowenig allmächtig.

Der Grund alles Seienden ist auch selbst ein Seiendes unter anderem (ens entium, ens summum, ens realissimum, ens perfectissimum), ein Seiendes unter anderem aber gerade als Grund alles Seienden. Gott kommt als Ding unter anderen Dingen in der Welt vor gerade *als* Bedingung der Möglichkeit aller Dinge, u.a. jenes Dinges, das er selbst ist, Menschensohn gerade als der Vater aller Menschen, Vater der Menschheit aber gerade *als* sein eigener einzelner „eingeborener Sohn“ hienieden, causa sui und causa causarum in einer Person, natura naturans und natura naturata. Gott ist causa sui, sofern ja seine Existenz notwendig aus seinem Wesen folgen soll, aber diese seine „Aseität“ ist zweideutig: Im Menschen Jesus hat er sich hervorgebracht als Seiendes u.a., aber als dieses Produkt ist er gleichzeitig doch auch Produzent aller Produkte samt seiner selbst, ist er Urheber dafür, *daß* er Verursacher aller denkbaren Sachverhalte ist, u.a. des Menschen Jesus.

Gott ist als Grund alles Seienden auch Grund jenes Seienden, das er selbst ist neben anderem Seienden, des sterblichen Christus, und in diesem heillos Bedingten, in dem er sich bedingungslos an die Welt verdingte, ist er Bedingung aller Dinge. Man sieht, Gottvater und Gottsohn sind ein und dieselbe Person und doch durch den Abgrund einer Metastufe tief voneinander geschieden, und was die Theologen den Heiligen Geist nennen, ist genau dieses für den Logiker: die Identität von Identität und Nicht-Identität von

Gottvater und Gottsohn, von Begriff und Individuum, von Wesen und Sein, von Klasse und Element. Gott bringt sich als Menschen hervor, in Christus als denjenigen, der alle und alles (neu) hervorbringt. Gott transzendiert das Ganze um genau soweit, wie das Ganze seinerseits mehr ist als z. B. jener Teil des Ganzen, der als Christus die Summe des Ganzen ist, Summe aber als ihr eigener Summand. Arithmetisch ist eine Summe aber nur dann mit einem ihrer eigenen Summanden identisch, wenn die übrigen Summanden gleich Null sind oder sich zu Null summieren, und gerade zu dieser Null ist der Mensch und alles unter ihm ja vor Gott gemacht. Gott unterwarf sich in Christus einer Welt, die ihm unterworfen ist. Die Welt, die ihn zertreten konnte, war genau so viel mehr und anders als Jesus, wie Gott mehr und anders ist als seine Welt. Diese Dialektik des Teils und des Ganzen, macht sie nicht die geheime Log(ist)ik der christlichen Theologie aus?

Das Mysterium Christi, als das bekannte mengentheoretische Paradox der mathematischen Logik formuliert, löst sich mit Russells „Typentheorie" in Wohlgefallen, wenn nicht in Gottwohlgefälligkeit auf. In dem Sinne, in dem der Katalog einer Bibliothek ja auch ein Buch der Bibliothek ist und doch nicht in genau der Bibliothek enthalten, die in ihm enthalten ist, nahm Gott in Christo Anteil an seiner Welt, indem er einer ihrer Bestandteile wurde - aber teilhatte an der Welt jenseits der Welt als ihr Inbegriff, an dem sie partizipiert. Das Jenseits ist ein Teil des Diesseits - als Jenseits, und das Jenseits ist Jenseits - *als* Diesseits. Gott ist der Schöpfer jener Welt, deren Geschöpf er ist *als* Sohn Marias und Josephs, Kreatur aber gerade *als* Demiurg. Damit wird auch der ewige Streit schlichtbar zwischen Theismus und Pantheismus: Gott ist identisch mit seiner Welt, sofern logisch ja jede Klasse nichts ist als die Menge der Objekte, die sie pantheistisch enthält.

Aber nach Russell ist jede Menge zwar eine Teilmenge, aber kein Element ihrer selbst, also *als* Menge getrennt vom logischen Status ihrer Elemente wie Gott von seiner Welt durch mindestens eine Meta-Ebene. In christo ist Gott Teilmenge und nicht Element der Weltmenge, die er in sich hat. Er ist *Untermenge*, nicht *Element* unter anderen elementaren Elementen. Unter die von ihm geschaffenen Elemente mischte er sich nicht als Element u.a., sondern als eine Untermenge von Elementen seiner selbst. Der Weg vom Mythos zur Aufklärung läuft über die Religion, über den Bann einer Über-natur, die als kontingenzüberwindendes Kompensat der Ohnmacht vor der Natur selber Reflex dieser Ohnmacht ist. Mit meiner Herrschaft über Natur zergeht auch die Herrschaft der Übernatur über mich? Bevor Philosophie sich von der Theologie emanzipierte, war diese Dialektik des Teils und des Ganzen nicht die Dialektik der Menschheit, nicht *des* Menschen, sondern jenes Menschen, der an allen Menschen ebenso teilhatte wie an ihrem göttlichen Inbegriff : Jesus, als primus inter pares ein pars pro toto, eine Metynomie und Synekdoche. Gott als Inbegriff der Menschheit ist ganz Mensch u.a., Mensch unter anderen aber *als* Inbegriff der Menschheit jenseits der Menschheit: ganz Gott *und* ganz Mensch nach den Konzilsformeln.

Der berüchtigte Streit um den i-Punkt zwischen homoousios und homoiousios ist ebenso verständlich wie schlichtbar. Fassen wir die Soteriologik der Christologie als Russellsche Antinomie: Erlöst Jesus sich selbst, wenn er alle Menschen, d.h. jene Wesen erlöst, die sich selber nicht erlösen können? Wenn er sich selbst erlöst, gehört er zu denen, die er *nicht* erlöst. Erlöst er sich selber aber *nicht*, hätte er gerade sich selbst zu erlösen.

Die Lösung lautet: Der erlösende und der erlöste Christus sind nicht identisch. Der göttliche Christus erlöst den menschlichen Jesus. Christus erlöst die Menschheit von der Sünde, also von der Verdammnis - also auch sich selbst, sofern er der leidende Mensch Jesus ist. Aber wenn er sich selbst miterlöst, dann den, der alle Menschen erlöst - samt dem, der alle erlöst etc.

Wovon aber sollte er erlösen, der alle samt sich selbst erlöst? Von der Sünde als erbsündiger Mensch u.a. - Aber Christus wird geglaubt als der einzige Unschuldige. Erlöst er sich also davon, *daß* er alle erlöst? Erlöste er sich aber gerade von seinem Welterlösungswerk, dann erlöste er gerade niemanden und wäre wirklich nur Mensch u.a. - Jesus war ganz Mensch, aber einer, der zur Menschheit, nachdem sie vollständig vorliegt und ihre zukünftige Vollzähligkeit in ihm antezipiert ist, von außen hinzutritt, per definitionem als einziger Unschuldiger zu ausnahmslosen Erbsündern. Die Menschheit ist durch Jesus nicht um ein weiteres Exemplar komplettiert, sondern um nichts weniger als ihre Erlösung, um die „stellvertretende Genugtuung Gottes", um Gott selber. Die Menschheit, in der Jesus ein Glied u.a. ist, ist eine andere als jene, die ohne ihn vollzählig ist und deren Stellvertreter vor Gott er ist. Der Erlöser der alten Welt, jenseits von ihr, ist er primus inter pares im neuen Äon: Gott *für* die unerlöste und Mensch *in* der erlösten Menschheit. Die Menschheit verhält sich zu Christus fast wie eine Bibliothek zu ihrem Katalog, und die Bibel ist ja das „Buch der Bücher" genannt. *Als* Unschuldiger steht Christus außerhalb der sündigen Menschheit: Herrgott. Die einzige Menschheit, in der dieser Gott ein Mensch u.a. wäre, ist die einst erlöste. Was den historischen Jesus vom nur geglaubten Christus trennt, ist dasselbe, was diese Menschheit, die er transzendiert, von jener Menschheit unterscheidet, in der er ununterscheidbar aufginge - die Befreiung vom status corruptionis et iniquitatis. - Und Jesus ist ganz Mensch, sofern er als Unschuldiger bereits Teil der erlösten Menschheit im Ganzen ist, ganz Gott aber, sofern er als dasselbe einzige Unschuldslamm ganz außerhalb der sündhaften Menschheit steht, anders und mehr als die

Summe ihrer Mitglieder. Eine Klasse für sich ist nicht Element ihrer selbst, sondern Element ihrer Oberklasse. Erst als das erste Mitglied der erlösten Menschheit hat Jesus auch sich davon erlöst, alle Menschen zu erlösen.

Den Alten eine Torheit, war er den Heiden ein Ärgernis. Aber seit 1910 dürfte wenigstens die Logik sowenig mehr Ärgernis an ihm nehmen wie an den Russellschen Aporien. Wir sahen, daß der christliche Glaube mindestens nicht paradoxer ist als die logischen Antinomien, die zu Beginn dieses Jahrhunderts die Neubegründung der Mathematik erzwangen. Und wenn der Logiker damit nicht ganz selig wird, dann nicht deshalb, weil er an der Christologik noch Ärgernis nehmen müßte, sondern weil es *eine* Sache ist zu glauben, daß Jesus von Nazareth wirklich Gott war, eine andere Sache, zu wissen, daß wenigstens kein logischer Widerspruch ihn daran gehindert haben kann, es gewesen zu sein, wenn er es denn gewesen sein sollte.

Man kann nun weder mehr glauben noch nur deshalb ungläubig bleiben, weil es absurd wäre zu glauben - einfach deshalb, weil es widersinnig eben nicht ist. Nun fürchten wir zwar, daß dafür weder die Gläubigen noch die Ungläubigen der Logik Dank wissen werden, aber wenn Logik schon nicht das Fundament der Religion erneuern kann, wie sie es mit den Grundlagen aller Mathematik getan hat, so zerstört sie diese auch wenigstens nicht.

Aufklärung, Säkularisierung und Psychoanalyse entziehen dem christlichen Glauben in dem Augenblick den Sinn, wo sie ihm seinen ihm unbewußten ‚niederen‘ Hintersinn unter die Nase reiben. Sie rauben ihm die Funktion, wo sie ‚funktionale Äquivalente' für ihn anbieten. Anders als an Marx und Freud stirbt der Glaube wenigstens nicht daran, sich seine geheime A-logik vorrechnen zu lassen von Lord Russell und dessen neuheidnischen Erben.

Hegels Dialektik wollte immer auch philosophische Rechtfertigung der christlichen Religion aus reiner Vernunft sein, aber Russells moderne Logistik läßt sich nicht dazu verwenden, die Unlogik des Christentums zu begründen. Zu beweisen ist (vielleicht) mit Hegels „Logik" die christliche Logik, aber mit Russells Typentheorie keineswegs die christliche Unlogik. Das ist das bescheidene Resultat unserer log(ist)ischen Begriffsanalyse.

Stimmen hören, die nicht stimmen

Am Anfang war die Unbestimmtheit, ob etwas dieses oder nicht dieses oder gar jenes ist. Diese Unbestimmtheit wird erlebt in Stimmungen und ist eine unbestimmte Bestimmbarkeit. Die Bestimmung des bestimmbaren Unbestimmten wird zur Abstimmung zwischen selbstbestimmten Menschen vorgelegt in einem Urteil: Ein absolut oder relativ unbestimmtes Etwas, das als Satzsubjekt auftritt, wird verdeutlichend bestimmt durch und als ein Prädikat. Diese Verdeutlichung hebt eine Mehrdeutigkeit in größere Eindeutigkeit und zielt von Andeutungen auf bestimmtere Bedeutungen des Urteils, welches etwas zu etwas anderem verurteilt. Die Aussage stimmt, wenn sie übereinstimmt mit dem, wozu uns Stimmungen bestimmt haben. Entweder werde ich bestimmt oder habe zu bestimmen. Ich bin theoretisch bestimmt als T oder praktisch bestimmt zu P. Wenn ich mich selbst bestimme, bestimme ich mich *als* T und *zu* B, bestimme mich also selbst dazu, ich zu sein. In der negativen Anthropologie ist der Mensch dazu bestimmt, zu nichts Bestimmtem bestimmt zu sein, sondern sich selbst bestimmen zu können, aber unter der vorgefundenen Bedingung, dazu auch gestimmt zu sein.

Bevor ich mich als jemand und zu jemand bestimmen kann, muß ich dazu gestimmt sein und nicht verstimmt. Jede Übereinstimmung mit Sachverhalten oder Menschen setzt Einstimmungen voraus, die zu Abstimmungen führen können, sobald ein Thema angestimmt ist. Erfahrung ist Zustimmung zu einer Gestimmtheit, die uns umstimmt. Falschheit ist Unstimmigkeit, Wahrheit ist Einstimmigkeit der erhobenen Stimme und der erzeugten Stimmung. Jedes Unbestimmte wird primär in der Stimmung bestimmt, die uns mit ihm bekannt macht. Etwas erfahren heißt, sich umstimmen zu lassen, also dem zuzustimmen, das uns dazu bestimmt, etwas als etwas anderes zu bestimmen als bisher. Sich überstimmen lassen von anderen Stimmen heißt noch nicht, mit etwas Bestimmtem über*ein*zustimmen, aber jeder darf seine Stimme erheben und abgeben und damit sein Veto einlegen, denn jeder hat eine Stimme, eine natürliche und eine politische. Das ist das philosophische Sprachspiel der „Stimme" und des „Stimmens", das einen Einfluß meint, der nicht mechanisch von einem Festkörper zu einem anderen durch Druck und Stoß übermittelt wird, sondern atmosphärisch.

Traditionell gilt Wahrheit als Übereinstimmung des Subjekts mit seinem Objekt. Übereinstimmung aber setzt voraus, daß sowohl Subjekt als auch Objekt in dem bestimmt werden können, was sie sind, weil sie in sich schon bestimmt sind. Wie aber sollen *un*bestimmte Größen, wie soll eine bestimmte und eine unbestimmte Größe übereinstimmen können?

Entweder bin ich es, der bestimmt, was das Objekt ist, oder das Objekt ist durch sich selbst bestimmt und ich stimme da seiner Bestimmtheit nur zu. Dann wäre Wahrheit die Zustimmung zu einer Bestimmtheit. Entweder bestimme ich etwas dazu, mich zu bestimmen, oder etwas bestimmt mich dazu, es zu bestimmen. Wenn weder das Subjekt sein Objekt bestimmt noch von ihm bestimmt wird, sondern wenn zwei Subjekte sich treffen, die einander nicht zu Objekten bestimmen, dann können sie sich abstimmen oder einander bzw. einem Dritten zustimmen. Wer etwas zu bestimmen hat, ist ein Machthaber oder ein Forscher, und Adorno hielt deshalb gelegentlich den Wissenschaftler für einen Diktator über seine Objekte.

Es ist *unbestimmt*, ob die Sachverhalte A oder B oder C oder ganz andere vorliegen, und es ist *bestimmt*, daß A und B und C vorliegen oder nicht. Bestimmte Größen lassen sich abzählen, unbestimmte enthalten Unzähliges. Man nehme eine Menge aus fünf Elementen. Ein Ganzes nun ist nicht deshalb mehr als die Summe seiner Teile, weil es mehr als fünf Elemente enthielte, sondern solange unbestimmt ist, wie viele Elemente es umfassen kann. Die meisten Begriffe haben einen unbestimmten Umfang: Im Begriff ist nicht inbegriffen, wie viele Objekte ihm entsprechen und welche ihm genügen können.

Etwas ist bestimmt *als* etwas oder *zu* etwas. Wer *zu* etwas bestimmt ist, der ist noch nicht *als* dieses bestimmt, und wer *als* etwas bestimmt ist, kann da*zu* bestimmt gewesen sein oder nicht. Wenn A dazu bestimmt ist, als B bestimmt zu werden, dann sagt man, daß es B impliziert als Anlage.

Wenn etwas mal bestimmt A und ein andermal bestimmt B ist, dann kann man weder sagen, daß es A, noch daß es B, noch daß es beides zugleich ist, sondern dazu bestimmt, mal A und unter anderen Umständen B, aber z.B. bestimmt niemals C zu sein. Zuweilen bleibt ganz unbestimmt, ob etwas bestimmt oder unbestimmt ist, und diese Unbestimmtheit *zweiter Stufe*, die *unbestimmte Unbestimmtheit*, unterscheidet sich von der bestimmten Unbestimmtheit durch ganz besondere Unstimmigkeit.

A v -A : Der Satz des ausgeschlossenen Dritten kann auch die Logik dieser Unbestimmtheit ausdrücken, ob A vorliegt oder nicht. Wer die Modallogik vorzieht, könnte mit dem Funktor M (*möglich*) aussagen : M(A) ∧ M(-A), aber diese zusammengesetzte aristotelisch-scholastische Bestimmung der „Kontingenz" ist nicht äquivalent   mit dem falschen Satz: M(A ∧ -A).

Es kann unbestimmt sein, wie viele Bestimmungsmöglichkeiten es gibt und welche davon realisiert ist und ob eine bestimmte Möglichkeit A vorliegt.

A oder Nicht-A : Welche dieser beiden Möglichkeiten vorliegt, kann unbestimmt bleiben, d.h. nicht nur subjektiv unbekannt, sondern objektiv unausgemacht. Es ist zuweilen unbestimmt, ob etwas unter einen bestimmten Begriff fällt oder nicht. Adorno hätte gesagt, es sei nicht bestimmbar, ob etwas identifiziert oder ‚nicht-identisch‘ ist. - Wenn beide Möglichkeiten offen sind oder wenn offen bleibt, welche Möglichkeiten überhaupt offenstehen, kann jede dieser Möglichkeiten realisiert sein. An dieser Stelle setzt der Witz ein, der die Bestimmbarkeiten gleichzeitig realisiert, auch wenn sie einander ausschließen. - Der Aphorismus bestimmt etwas *als* etwas und läßt es zugleich unbestimmt; er verbindet zwei Bestimmungen und läßt unbestimmt, ob das stimmt, indem er eine Stimmung erzeugt, die Zustimmung zugleich anfordert und abweist. Dieses Zugleich von Stimmung, Bestimmung und Zustimmung zu beidem überstimmt unsere Verstimmung über die Unbestimmtheit, ob Logik oder Unlogik herrscht.

Objektive Bestimmungen, die auch stimmen, sind gewöhnlich mitbestimmt von subjektiven (Ver-)Stimmungen, in denen das selbstbestimmte Subjekt aber gerade auf etwas eingestimmt wird, von dem es überstimmt wird und dem es nur noch seine Zustimmung gebe , um mit ihm übereinzustimmen. Eine Stimme ist abgestimmt auf Eindrücke, die einen unbestimmten Gehalt durch eine bestimmte Gestalt hindurch unausdrücklich ausdrücken. Stimmungen sind bis zur Über(ein)stimmung auf eine vom Objekt angestimmte Stimme eingestimmt und abgestimmt.

„Der Mensch kommt zu sich, aber geht zu anderen“ : Aphoristik

Was der Lyriker und Essayist Paul Valéry vom Dichter sagte, ist auch und gerade vom Aphoristiker zu fordern. Er hat nicht weniger mit dem Ingenieur als mit der Inspiration zu tun, und Monsieur Teste könnte Aphoristiker sein. Laut Mautner ist der Aphorismus die rationale ‚Klärung‘ eines mystischen ‚Einfalls', und nach Lessing ist das Epigramm der verblüffende ‚Aufschluß' über eine geweckte ‚Erwartung'. Aber das Versepigramm hat jenes Denken noch vor sich, das der Prosa-Aphorismus schon hinter sich hat.

Von beiden Enden her lassen ‚Maximen und Reflexionen' sich entwickeln, von Erfahrungen wie von Sprachspielen her. Weniges inspiriert den Apho-

ristiker mehr als die Aphorismen seiner Vorgänger; sie lassen sich weiter-
entwickeln, wenn sie als bloße Rohstoffe genommen werden.

Ein fester Forschungstopos ist der Vorwurf, dieses ‚jeu des maximes' sei in
ständiger Gefahr, leere Mechanik, eitler Spieltrieb und virtuose Effekthascherei zu werden. Diese Gefahr ist viel geringer als die, vor dieser kleinen
Gefahr dauernd auszuweichen und die schönsten Effekte daran zu hindern,
daß sie das Licht der Welt erblicken. Entweder ist ein Aphorismus form-
vollendet brillant oder er ist schlecht, das ist alles. Ist er mißlungen, dann
nicht deshalb, weil er zuviel, sondern zuwenig in Form ist. Formalistisch
wirkt er nur, wenn er einfach nicht originell, sondern ein Plagiat ist.

Oft werden die gelungensten mechanisch genannt, weil sie gelungen sind,
und ein schlecht konstruierter ‚Saillie' wird nicht dadurch besser, daß er
„existenziell ernst macht". Dort tobt sich nur wieder der tiefe deutsche
Sinnspruch am leeren welschen Bonmot aus, der schwerfällige Geist wütet
gegen den leichtsinnigen Esprit, innere Formen gegen äußerliche Formeln
und das unvermeidliche Ganzheitsdenken, um in seinen Ressentiments nie
durchschaut zu werden, gegen analytisches Räsonnieren.

Harald Frickes sonst ausgezeichnete Monographie „Aphorismus" (1984)
leidet nur an dem Fehler, die vom Aphoristiker selbst verantwortete
„kotextuelle Isolation" zu überschätzen bei der Frage, was zum authentischen Aphorismus gehört. Es mag bedenklich sein, Jean Pauls Romane
als apokryphe Aphorismensammlungen zu mißbrauchen, aber warum soll
der Leser, wenn er die penetrante Aufforderung zum Mitmachen einmal
ernst nimmt, daraus keine glänzenden Bonmots ziehen dürfen? Die
witzigen Einfälle lassen sich aus Jean Pauls „assoziativer Verknüpfungs-
technik" leicht re-emanzipieren. Gängige „Blütenlesen" und „Chrestomathien" sind ja nicht deshalb bedenklich, weil sie an Sentenzen roh heraus-
brechen, was „kotextuell integriert" war, sondern weil das Spruchgut oft so
witzlos ist. Dem „Büchmann" und „Zoozmann" ist gar nicht vorzurechnen,
daß sie Rosinen barbarisch aus dem weggeworfenen Teig klauben, sondern
daß die Rosinen zu selten Rosinen und die Sentenzen zu oft nicht wert
sind, zitiert zu werden. Fricke zählt die konzise Originalität der Pointe, das
Hauptqualitätskriterium dieser Gattung, nicht zu den Essentials, sondern
nur zu den wahlweise „alternativen Merkmalen", nicht zum Muss, sondern
zum Nice-to-have. Ob ein Aphorismus schon als solcher konzipiert oder
einer Dramenfigur von Schnitzler aus dem Mund genommen wurde, ist für
seine Qualität belanglos. Warum soll der Leser, der sonst so großzügig be-
schworene aphoristische Co-Autor, sich keine Aphorismensammlung aus
den Romanen und Theaterstücken der Weltliteratur selbst zusammenpulen?
Und wenn das Dramenzitat noch kein gattungstheoretisch sauberer Apho-

rismus ist, läßt es sich vom Leser oft spielend leicht dazu machen. Ein Aphorismus ist etwas, was seine Leser in Gesellschaft und Reden manchmal zitieren, um zu glänzen, und ein gutes Zitat ist etwas, das sie manchmal zur blendenden Gnome machen können.

Die meisten Verfertiger von ‚Reflexionen und Maximen' sind nicht Metaphysiker genug, um philosophische Fragen aphoristisch zu stellen und zu lösen. Die Philosophen aber müssen nicht Könige, sondern Aphoristiker werden, und Aphoristiker sind jene Dichter, die Denker sind, ohne aufzuhören, Künstler zu sein. Wenn sie Künstler sind, dann müssen sie keine Lebenskünstler sein. Die eingeforderte „existenzielle Verbindlichkeit" ist häufig nur ein Spitzname für Qualitatsdefizite und umgekehrt. Allein im Aphoristiker ist der Dichter Denker und der Denker Dichter geworden.

Vielleicht ist die Interdisziplin der Kulturformen, die Antizipation künftiger Einheit von Kunst, Religion und Philosophie, heute nur aphoristisch möglich, aber wahrscheinlicher bricht der Aphorismus unter solchen romantischen Missionsaufgaben zusammen. Er ist ja gar keine poetische Knospe, sondern philosophische Frucht und Same zugleich. Gewöhnlich faßt der Denker nicht in feste Begriffe, was der Dichter vorher schon in schönen Bildern gesagt hat, sondern umgekehrt bringt der Künstler in glänzende Form, was der Philosoph ihm an unerhörten Neuigkeiten vorstammelt.

Nicht bei jedem Wort läßt sich auch etwas denken. Die Sprache legt Möglichkeiten nahe, denen in der Sache nicht immer etwas entspricht. Dinge gibt es in der Welt, die nicht in Worte zu fassen sind, aber noch mehr Worte gibt es, denen keine Wirklichkeit korrespondiert. Manche Sprachschöpfungen hören sich aber noch heute ganz so an, als könnten sie schon morgen mehr bedeuten. Wort- und Sprachspiele können eine fruchtbare ars inveniendi sein, eine Lullische Kunst der Kombinatorik: Worte werden so lange gegen alle semantische Wahrscheinlichkeit ‚mechanisch' verdreht, bis sie etwas bedeuten, worauf der übliche Sprachgebrauch nie gekommen wäre. Aphoristik ist die Kunst sprachlicher Sollbruchstellen, und jede geistreiche Bemerkung zu jedem Sujet ist aphorismusfähig.

Aphoristiker müssen sich wieder an wissenschaftliche und philosophische Themen herantrauen, wenn sie nicht vom Witz der Sprühwandmaler weggelacht werden wollen. Sie sind zu wenig Wissenschaftler, um denen den Rang abzulaufen, und Philosophen sind selbst längst keine Systematiker mehr. Die frischen Wandgraffiti und frechflotten „Sponti-Zaubersprüche" könnten heilsame Vitaminspritzen gegen die betulich gewordene Sentenzenschmiede werden, aber die seriöse Zunft hat die literarische Herausforderung von den Häuserwänden noch gar nicht an- und wahrgenommen.

Fricke hat völlig recht, Schopenhauer nicht Aphoristiker zu nennen, aber schüttet das Kind mit dem Bad aus, wenn er auch Nietzsche fast davon ausnimmt. Adornos Plädoyer für den philosophischen Wert des Aphorismus ist das gleiche wie für den Essay, und Heinz Krügers „Studien über den Aphorismus als philosophische Form" (1957) sind durch Adornos Vorwort zurecht bekannt geworden. Es gibt viel zu wenige philosophische Aphoristiker und aphoristische Philosophen. Der philosophische Aphorismus ist die Krone der Aphorismen, und das aphoristische Philosophieren ist ein Königsweg der Philosophie. Nietzsche kommt bei Fricke mit ebenso wenig Recht zu kurz wie Jean Paul. Daß die Aphorismen in Richters „Titan" wie im „Zarathustra" Nietzsches oder in Schnitzlers Komödien nicht frei flottieren, ändert nichts an ihrer Qualität. Die von Fricke verspotteten „Metaphysischen Grundlagen des aphoristischen Denkens" (Fußhoeller, 1953) liegen einfach darin, daß das metaphysische Denken auch paradoxale Grundlagen haben kann und haben sollte, ohne aufzuhören, ein „Gesellschaftsspiel für Einzelgänger" zu sein. G. Neumann hatte 1976 in seinen verdienstvollen „Ideenparadiesen" Franz Mautners aphoristische „Polarität zwischen rationalem und mystisch emotionalem Denken" zur „Dialektik des Einzelnem und der Allgemeinheit" gemacht, und genau das dürfte auch Adornos philosophische Ehrenrettung des Aphorismus gemeint haben: das Absonderliche von heute als Binsenweisheit von übermorgen zu verstehen.

Auch ‚aphorismoi' entstehen selten im luftleeren Kinderspielraum. Am besten wachsen sie in gedankenexperimentellen Essays und lassen sich dann als reife Früchte abpflücken vom Baum der Erkenntnis, wenn sie nicht von selbst aus dem Text fallen. Falls nicht der Autor sie erntet, sollte das der Leser tun. Jede geistreich geschliffene Bemerkung, die auf eigenen Füßen stehen kann, ist aphorismusverdächtig genug, und wer genug beisammen hat, kann versuchen, eine alphabetische Ordnung nach Hauptbegriffen zu so etwas wie einer gnomischen Enzyklopädie zu machen. Jeder Aphorismus fängt neu bei Adam und Eva an, und die thematische Komposition innerhalb einer Sammlung ist meistens für Autoren reizvoller als für Leser.

In der neuen Umgebung einer Aphorismenkollekte haben auch manche Schillerzitate alle Merkmale „verweisungsfähiger Isolation", „kotextueller Unabhängigkeit" und „freier Kommutierbarkeit", die Fricke fordert, der besser daran getan hätte, das Bedingungsverhältnis von Sach- und Sprachpointen genauer zu erforschen. Die legendäre Einheit von Form und Inhalt nimmt hier nämlich die schöne Form an, daß Sprachpointen gerade die Sachpointen selbst sind und umgekehrt. Die originelle Abweichung von der linguistischen Norm und die innovative Abweichung von der ideologischen Norm gehen oft eine Ehe ein, deren Frucht der Aphorismus ist. Beides dient einander, beides ist Mittel für das andere. Das sprachlich Wesentliche wird weggelassen und das Unwesentliche rhetorisch ausgeschmückt, bis das Fragment etwas mehr als ein- oder zweideutig wird.

Aber wo sprachliche Redundanzen zu Essentials werden und das Minimal Must zum Nice-to-have-not, haben wir noch keine aphorismi. Das Ingenium liegt dabei in der künstlich erzeugten sprachlichen Bruchstelle, die auf sehr verschiedene Weise ergänzbar gemacht ist. Eisgraue Trivialitäten klingen dann plötzlich wie unerhörte Entdeckungen, und letzte Schreie entpuppen sich als Schnee von vorgestern bei diesem concisum genus humile dicendi. Im Aphorismus ist die Prosa von der Poesie ganz emanzipiert, der Baustein vom Gedankengebäude und die Form von der Norm wie die Invention von der Konvention. Er schafft sich seine eigenen Zusammenhänge, aus denen er nicht erst zu reißen ist, und im Glücksfall liegt Logik in der Emanzipation der Erfahrung von der Logik, also größere Vernunft. Durch Sprachpointen wird Sachinnovation erzeugt oder etwas Trivialgewordenes renoviert. Ein neuer Gedanke nimmt nur Form an, wenn sich bei der neuen Form etwas Neues denken läßt, und der Produktionsweg geht seltener von der Idee zur Formel als von der schönen Gestalt zum tiefen Gehalt - oder wenigstens zur tieferen Wirkung auf Leser.

Ein Aphorismus ist kein Witz, aber ein witzloser ist ein schlechter, also gar keiner. Das Qualitätsmerkmal ist sein Gattungsmerkmal. In einem einzigen Satz enthält er so viele Sätze und Gegensätze, wie sich in ihn hineinlesen lassen. Aus manchen Witzen, Bonmots und Anekdoten lassen sich brauchbare Aphorismen machen und umgekehrt. Der gute Aphorismus hat den Witz, der er nicht ist, und der König der Aphorismen ist das ebenso originelle wie brillante Mini-Paradox. Auch im Aphorismus arbeitet der Witz als „ersparter Hemmungsaufwand" (Freud), als „Inkongruenz von anschaulichem Individuum und seinem abstrakten Begriff" (Schopenhauer), wo das Individuum sich vor seinem Inbegriff nicht weniger blamiert als umgekehrt der Allgemeinbegriff vor seinen Individuen.

Der französische Dekonstruktivist Le Man hat zu zeigen versucht, wie sehr die Philosophie Nietzsches Rhetorik ist, und diese Sprache ist selbst die Philosophie, die sie nicht nur gut ausdrückt. Die Grundlage des ‚Philosophorismus' ist die Allgemeingültigkeit individueller Abweichungen von der Allgemeinheit oder eine persönliche Abweichung vom Konformismus individueller Abweichungen. Was gestern allgemeingültig war, ist heute eine Skurrilität, und was heute idiotisch klingt, mag morgen sprichwörtlich sein.

Gerhard Neumanns „Ideenparadiese" (München 1976) wollen weismachen, daß literarische Aphoristik etwas zu habe mit Kants „kopernikanischer

Wende" vom Objekt zum Subjekt, vom Wissen zur Gewißheitsvergewisserung, also mit der Verallgemeinerungsfähigkeit von Individualität,
mit angewandter Vernunftkritik, die sich um selbstbewußte Subjektivität
dreht und nicht um systematische Objektivität. Das mag für Kants Zeitgenossen Lichtenberg, Goethe und Novalis gelten, wie Neumann zeigt,
aber was ist mit einem vorkritischen Aphoristiker wie Larochefoucauld, der
gegen das zentralistische Frankreich von Richelieu und Descartes schrieb,
aber die kopernikanischen Wendehälse doch nicht vorwegnehmen konnte?

Frickes Invektiven gegen Neumann und gegen philosophische Aphoristik
sind unverständlich, wenn Frickes Philosophieverständnis verstanden wird.
„Denn die Philosophie behandelt Probleme zweiter Stufe: sie gibt keine
Theorie der Welt, sondern eine *Metatheorie* des sprechenden, erkennenden,
handelnden, moralisch und ästhetisch urteilenden Verhaltens zur Welt."
(a.a.O., S. 40) Sie spricht über die Welt, indem sie über die Art spricht,
wie man über die Welt spricht, und genau das tut nach Neumann auch der
vernunftkritische Aphorismus, wenn er seit Kant von der Verallgemeinerungsfähigkeit aller Einzelfälle lebt. In Metaphoristik und Metaphysik
wird der ‚linguistic turn' vorausgesetzt. Im Aphorismus wird der philosophische Begriff von einer Sache durch linguistische Kunstgriffe gewonnen.
Jeder Aphorismus ist ein ‚metaphorismus' (Berksträter). Harald Fricke
scheint den Ansatz zu unterschätzen, den Gerhard Neumann überdehnt, und
erkennt seine Metatheorie der Metaphysik in Neumanns ‚kopernikanischer
Wende' nicht wieder.

„Die durch Adornos Vorwort einflußreichen, aber überschätzten" Studien
von Heinz Krüger über den „Aphorismus als philosophische Form" (1957)
arbeiten mit der Dialektik von Verallgemeinerung und Vereinzelung, von
Gesellschaft und Individuum, am Beispiel von Nietzsches Werk. Natürlich
hat Nietzsche nicht nur Aphorismen geschrieben, auch nicht immer dort,
wo er es getan haben soll, aber seine in Essays eingearbeiteten Aphorismen
gehören zum Besten, was er geschrieben hat.

Nach Fricke haben Kierkegaard und Adorno dort, wo sie philosophieren,
nicht aphorismiert, und wo sie Aphorismen geschrieben, nicht Philosophie
getrieben. Vielleicht ist Frickes Philosophie- und Literaturverständnis hier
zu eng. Sein Schüler Habermas sagte über Adornos „Minima moralia"
großzügig, sein Hauptwerk sei eine Sammlung von Aphorismen.

Krausverehrer Wittgenstein sagte von seinem „Tractatus": „Die Arbeit ist
streng philosophisch und zugleich literarisch, es wird aber doch nicht darin
geschwefelt." Valéry lehnte Philosophie in Aphorismen ab, um „nicht
einen Maler von Seestücken mit dem Schiffskapitän zu verwechseln".

Man kann dichten, bevor man denkt und statt zu denken, Aphoristik aber kann man nur schreiben *nach* dem Nachdenken und nicht anstelle des Denkens. Sie greift Angriffe an, ohne das Angegriffene zu verteidigen, lehnt sich gegen Ablehnungen auf, ohne sich an das Abgelehnte anzulehnen, und wenn sie Negationen negiert, dann nicht, um die Negation zurückzunehmen und zum Negierten zurückzukehren, sondern sich von These und Synthese noch weiter zu entfernen als die Antithese selbst. Der Aphorismus ist nicht nur pars pro toto et contra totum et contra Totem, sondern Bruchstück vieler Ganzheiten, zu denen er ergänzbar ist. Dieses Fragment transzendiert sich durch ‚metonymisches Potential' auf komplette Denkfiguren hin, die einander widersprechen und zerstören können.

Durch thematische Verkettung hören Sätze nicht auf, mögliche Aphorismen zu sein, wenn ihr Sinn nicht aufgeht in ihrem Stellenwert zwischen Folgesätzen und Satzvorgängern, sondern wenigstens zum Teil auch dazu quer steht. Das ist bei dem Dichter Jean Paul nicht anders der Fall als beim Denker Wittgenstein. Viele Thesen haben einen Sinn im Zusammenhang mit anderen Thesen und zugleich unabhängig von ihnen. - „Die Bedeutung eines Wortes ist sein Gebrauch": das ist ein Aphorismus unabhängig davon, daß er inmitten anderer Sätze noch andere Bedeutungsvaleurs entfaltet.

Es gibt viel mehr Gedichtbände, Romane und philosophische Werke als Aphorismensammlungen. Es gibt sogar noch viel mehr gute Lyrikbände als schlechte Sentenzenbände auf der Welt. Auch und gerade die Großen der Gattung wie Lichtenberg und Lec haben es lebenslang auf nur etwa 3000 Gedanken gebracht. Wer unter seinen 2222 „Saillis" wenigstens 222 gute Gedanken oder auch nur 22 oftzitierte Ideen hätte, dürfte zufrieden die weiterblickenden Nachweltzwerge auf seine Riesenschulter setzen. - Nur wenige Gedankensplitter stoßen auf ungeteilten Beifall oder auf ungeteilte Gleichgültigkeit. Der eine honoriert Sprachwitz schon allein, ein anderer kann die Form gerade noch ertragen im strengen Dienst eines Inhalts. Dem einen genügt alter Wein in neuen Schläuchen, anderen genügt die bewährte Gestalt für einen taufrischen Gehalt. Für Berufsdenker sind Aphorismen gemeinhin zu literarisch und für Schriftsteller zu theoretisch. Wenn Hegels Definition der Kunst als „sinnlicher Schein der Idee" einen Sinn hat, dann auch und gerade für den Aphorismus, der einen abstrakten Gedanken anschaulich vorführt und gleichzeitig ein handgreifliches Bild auf allgemeine Begriffe bringt. Hier ist eine „Wahrheit ins Werk gesetzt" (Heidegger) durch „winzige Abweichung von ihr" (Lichtenberg). Daß diese Wahrheit leicht ein Opfer von wortverspieltem Pointenzwang werden kann, ist allerdings immer noch besser, als wenn der Witz an der Sache einer Pedanterie geopfert wird, die sich mit Seriosität verwechselt.

Daß mehr Objektivität aus mehr Subjektivität zu gewinnen ist, verbindet Lichtenberg und Kant. Neumanns These von der Geburt des europäischen Aphorismus aus dem Geist der kopernikanischen Wendehälse krankt nur daran, daß die neuentdeckte Subjektivität keine Individualität hat, sondern ein Kollektiv ist, während Aphoristiker doch keinen Verein von Einzelgängern gründen. Der Aphorismus sagt nichts Neues, er sagt alles neu.

Wilhelm Dilthey wollte in den französischen Moralisten jene ‚philosophes‘ wiederentdeckt wissen, die den Menschen verstehen und nicht nur naturwissenschaftlich erklären. Von alttestamentarischen Spruchweisheiten ging es über die scholastische Theologie zurück zu empirisch säkularisierten Widersinnsprüchen. Das Latein des heidnischen Roms wurde gegen das Latein des christlichen Roms ausgespielt, aber Pascal wollte wie Erasmus antike Rhetorik an den Theologen vorbei in den Dienst biblischer Wahrheit zurückstellen. Von Doderer hat erinnert an den apperzeptiven und nicht-rezeptiven Aphorismus Das ‚Ich denke selbst weiter‘ muß alle meine Vorstellungen begleiten können. Unter deutschen Aphoristikern gibt es so auffällig viele Pastorensöhne wie unter deutschen Philosophen: Lichtenberg, Schlegel, Jean Paul, Nietzsche.... Das Jenaer *Symphilosophieren* war eine andere Antwort auf Kant als der spekulative deutsche Idealismus. Entdeckt wurde der Witz als das „Prinzip und Organ der Universalphilosophie“. „Hier erscheint in Deutlichkeit die Vermittlungsfunktion des Witzes im Erkenntnisprozeß... seine zugleich synthetische und analytische Kraft... des Zentrifugalen und Zentripetalen, des Potenzierens und Radizierens." (Friedrich Schlegel, 1798). Die Natur macht keine Sprünge, also ist der Aphorismus keine Naturform? Ein Aphorismenband ist ein Spiegelkabinett, in dem jeder autarke Solitär vor dem Hintergrund der übrigen Solitäre leuchtet, Licht auf sie wirft und Licht von ihnen empfängt. Jeder Diamant verdrängt eifersüchtig alle anderen Edelsteine und wird von ihnen verdrängt. Selig scheint er in sich selbst wie Mörikes berühmte Gedichtlampe, Heidegger hin, Staiger her. Sie werden selbständig: Der Aphoristiker grenzt sich vom Aphoristiker (und Nichtaphoristiker) so ab wie der Aphorismus vom Aphorismus. Mit Sartre zu sprechen, läßt sich der Aphorismus wie der Mensch als nie ganz gelingende Synthese von *Ansichsein* und *Fürsichsein* verstehen, ohne für andere da zu sein.

Reine Aphoristiker sind definitiv nicht anonym, aber meist Unbekannte. Wenn ihr Leben nicht unbekannt bleibt, dann nur deshalb, weil sie auch noch anderes geschrieben haben als Biographorismen. Über Sartre wissen wir alles, über Lec so gut wie gar nichts, obwohl beide Autoren nicht anonym blieben, aber die „unfrisierten Gedanken" haben wir gelesen, „Das Sein und das Nichts" aber nicht. Wenn also wirklich, wie Literaturwissenschaftler Fricke höhnt, Zunftkollegen wie Wehe, Figuth und Requadt immer wieder das aphoristische Existieren und Denken auseinander abzuleiten unternehmen, dann sind solche Versuche noch sinnloser, solange wir das Leben der passionierten Aphoristiker gar nicht kennen. Wie lebte Lec, wie liebte Kraus, warum haßte Lichtenberg, wovon lebte Seume, hatte Jean Paul Depressionen und Canetti einen Ödipuskomplex?

Pascal, Voltaire, Vauvenargues hatten schwache Konstitutionen und kränkelten zeitlebens, Novalis und Morgenstern starben an der Schwindsucht, Lichtenberg, Kierkegaard und Kraus waren verwachsene Hypochonder, Heine lebte ein Jahrzehnt lang in seiner „Matrazengruft", Nietzsche wurde mit 44 Jahren wahnsinnig, und der KZ-Häftling Lec starb 1966 an Krebs.

Viele starben auffällig früh : Pascal mit 39 Jahren, Vauvenargues mit 30, Seume mit 47, Novalis mit 29, Feuchtersleben mit 43, Platen mit 39, Börne mit 51, Hebbel niit 50, Hofmannsthal mit 55, Morgenstern an Tb mit 33, Hille mit 48, Leisegang mit 31 an Suizid. An den Nazis starben durch Selbstmord Friedell mit 60 Jahren, Benjamin mit 48 und Tucholsky mit 45. Junggesellen blieben Pascal, Novalis, Kierkegaard, Nietzsche, W. Busch, Altenberg, Kraus, Wilde... Der Stilwille ist aristokratisch, die ersten Aphoristiker waren Adlige, die autoritäre Kommandokürze gibt sich liebenswürdig. Die französischen Moralisten suchten eine Bildungsaristokratie quer durch alle Stände, Nietzsche nahm das später auf. Larochefoucauld wollte den Schwertadel nicht zum Hofadel, sondern zum Geistesadel entmachten. Die ersten nichtadligen und ungelehrten Aphoristiker waren Chamfort und Jean-Paul. Proletarische Aphoristiker gab es bisher noch nicht. Die Bürger Chamfort, Seume, Benjamin und Hohl starben verarmt. Vom Familienvermögen lebten Heine, Kierkegaard, von Ebner-Eschenbach, Wilde, von Hofmannsthal, Benjamin, Kraus. Als Schriftsteller und Journalisten verdienten ihren Lebensunterhalt z.B. Jean Paul, Canetti, Chesterton, Doderer, Jünger, Shaw, Tucholsky, Morgenstern, Brudzinsky, Lec, Goetz, Valéry, Laub, Günther, Bierce...

Hippokrates, Feuchtersleben, Schnitzler und Jörgensen waren Mediziner, Novalis Ingenieur, Lichtenberg Physiker, Goethe Naturforscher, Canetti Chemiker, Schröder Architekt, Gürster Diplomat, Radbruch und Bittner waren Juristen, Pascal und Kästner Mathematiker gewesen. Universitätsbeamte waren Lichtenberg, Fr. Schlegel, Nietzsche und Schweppenhäuser.

Politisch eher links standen Chamfort, Lichtenberg, Seume, Jochmann, Jean Paul, Heine, Börne, Bierce, Petan, Lec, Brudszinsky, Crnevic, Altenberg, Adorno, Schweppenhäuser, Benjamin, Tucholsky, Shaw, Kraus, Marcuse, Radbruch, Laub, Kasper, Finck, Deschner...

Eher bürgerlich konservativ dachten (der späte) Friedr. Schlegel, Novalis, Goethe, Kierkegaard, Ebner-Eschenbach, Schopenhauer und Busch, die beiden Brüder Jünger, Wilde, Chesterton, Doderer, Cioran, Morgenstern, Valéry, Canetti, die ‚konservativen Revolutionäre' Hofmannsthal, Schnitzler und Schröder... Nur Pascal, Chesterton und Schröder waren als Christen Aphoristen und als Aphoristen Christen gewesen. Mit den Rechtsaußen wenigstens zeitweise sympathisierten z. B. der Rumäne Cioran, der Österreicher von Doderer und der Deutsche Ernst Jünger. – Juden unter den großen Aphoristikern waren z.B. Heine, Kraus, Kuh, Tucholsky, Schnitzler, L. Marcuse, Adorno, Benjamin, Canetti, Lec und Laub. Elazar Benyoëtz dürfte der bedeutendste hebräische Aphoristiker von heute sein.

Lateinische Schulbücher enthalten aus Textzusammenhängen zwanglos herausgelöste Einzelsätze, lakonisch gefeilt. Was Traditionswert des klassischen Altertums genannt wird, ist zu einem Gutteil lateinisch-griechische Sentenzensammlung. BACONs geschliffenes „Novum Organum" enthält wie Gracians „Handorakel" Aphorismen avant la lettre, und die besten wären zu exzerpieren. Der Antijesuit PASCAL schrieb Aphorismen, um Nichtchristen zu Christen zu machen. Der Bremer Protestant Rudolf A. SCHRÖDER schrieb für Christen und hörte auf, welche zu schreiben, als er begann, Christ zu werden, während CHESTERTONs Aphorismen immer witziger wurden, je katholischer er selbst wurde. Der Herzog LAROCHEFOUCAULD, Vendée-Gegner des Hofadels von Versailles, schrieb wenig genug, um nie Überdruß zu bereiten. Hätte er mehr geschrieben, hätte sein Thema, die Eigenliebe unter allen Tugendmasken, dafür nicht ausgereicht. Die Französischen Moralisten haben mehr Sach- als Sprachpointen, der Sprachwitz steht im Dienst der satirischen Reduktionspsychologie. *Dies behauptet es zu sein, und das ist es wirklich.* Der kränkelnde und jungverstorbene Offizier VAUVENARGUES verfaßte weniger Aphorismen über das Laster in den Tugenden als umgekehrt Euphorismen über die Tugend in den Lastern. LABRUYERE beschrieb Charaktere in Aphorismen und schrieb Aphorismen als Porträts in der Nachfolge Theophrasts. Der uneheliche CHAMFORT wurde ganz zurecht bewundert von so verschiedenen Geistern wie Lichtenberg, Schlegel, Schopenhauer und Nietzsche. In der Revolution biß er die adlige Hand, die ihn gefüttert hatte, und die Bürger bedankten sich, indem sie ihn in den Selbstmord trieben. Hatte er nur die Ressentiments seiner vom Adel enttäuschten Mutter aphoristisch vollstreckt? Larochefoucauld und Voltaire verteidigten die schlechte Gesellschaft gegen die grausame Natur, Chamfort und Rousseau die menschliche und grüne Natur gegen die gute Gesellschaft. MONTESQUIEU hatte seine republikanische Gewaltenteilung aus der „Germania" des TACITUS. Aphorismen schrieb er, ohne es zu wollen, als er über den „Geist der Gesetze" schrieb wie Canetti über „Masse und Macht". JOUBERTs reizvolle Aphorismen der ‚Carnets' sind oft gar keine, sondern anregende Aperçus über les sciences et les beaux arts: „Sternbilder". Den konzisen stenophoristischen Stil hat er ausdrücklich gerechtfertigt. LICHTENBERGs posthume Sudelbücher enthalten etwa 2000 gleichzeitig literarische und wissenschaftliche Aphorismen, die Satiren sind. Fr. SCHLEGELS romantische Ironie ist Metaphysik der Metapher und Metapher für Metaphysik. Bei den Romantikern haben diese metaphoristischen Selbstbezüglichkeiten und unendlich reflektierten Spiegelkabinette oft zu große Textlänge, die die Pointe zerredet. SEUME schrieb die politisch progressivste Aphoristik seiner Zeit.

Daß die politische Brisanz der republikanischen Privilegienschelte zuweilen über mangelnde sprachliche Konzision hinwegtäuscht, verbindet ihn mit JOCHMANN. Was gut ist an GOETHEs ‚Maximen und Reflexionen', stammt oft nicht von ihm, und was von ihm stammt, ist zu oft banal. Der „Demokritos" von KARL J. WEBER ist ein aphoristisches Zitatfeuerwerk. Die von Franzosen besorgten „Chrestomathien" aus Werken JEAN PAULs sollten auch gegen Frickes gattungstheoretische Bedenken neu auf-gelegt und die ungedruckten sechs Aphorismenkonvolute endlich herausgegeben werden. HEINEs Aphorismen sind Pariser Esprit auf Deutsch, witzig verpuffende Gags ohne weiterentwickelbare Vieldeutigkeit. SCHOPENHAUER war eher Essayist als Aphoris-tiker und verachtete die Konzision um jeden Preis als witzlose Spielerei auf Kosten des Gedankens. NIETZSCHE schrieb die bisher besten Philosophorismen, obwohl der selbstgefällig pathetische Verkünderton des Pastorensohns oft nur peinlich wirkt. Die aggressive Entlarvungspsychologie ist ein reflexiver Fortschritt hinaus über die Moralpsychologie von Larochefoucauld und Chamfort. Seine Bewundererin v. EBNER-ESCHENBACH ist die einzige Frau unter den Großen der Gattung. Von ihren 500 entwicklungsfähig schlichten Aphorismen mit Widerhaken ist etwa jeder dritte ein Treffer, und diese Quote ist hoch. Das teuflische Wörterbuch von BIERCE enthält gute Bösartigkeiten und böse Gutartigkeiten nebeneinander wie die Sottisen von MENCK-HEN. Karl KRAUS hat sehr gute bösartige und viele andere Aphorismen geschrieben, die oft schlechter sind als sein Ruf. Die Umkehrung von Sprichwörtern und Redewendungen ist oft zu billige Mechanik und der Sinn für verletzende Schärfe manchmal eher angestrengt als scharfsinnig. Er träumt vom reinen und harten Wort, er will die verhurte Sprache der Presse wieder zur Jungfrau machen. Frauen finden, daß sein Frauenlob nach Männerphantasie stinkt. Sein Intimfeind Anton KUH gehört aus dem Schatten von Kraus heraus in eine Anthologie des Erstbesten unter den zweitbesten Aphoristikern. CANETTI steht zu seinem Idol Kraus fast wie der positive Vauvenargues zu seinem negativen Vorbild Larochefoucauld. Aber bei ihm geht es nicht gegen die Phrasenpresse, sondern um jeden Preis mit den Chinesen gegen den Tod. Gedankenexperimente liebt der Chemiker wie der Physiker Lichtenberg, aber die Ideen sind oft genug originell und witzlos oder witziger und weniger originell. Aphoristischer Anti(national)sozialismus: Polnische Juden haben politische Gnomik scharf und zur bitteren Sklavensprache gemacht. Stanislaw J. LEC schrieb die besten unter den kürzesten Aphorismen des 20. Js. Manches läßt sich heute nach 30 Jahren nicht kürzer, aber raffinierter fassen, denn jede Reflexionsstufe ist vor der nächsthöheren wieder naiv. BRUDSZINSKY, oft der bessere Seume, ist zu unbekannt mit seiner „Roten Katz". VALERYs ‚Rhumbs' enthalten nicht weniger scharfe Bonmots wie scharfsinnige Beobachtungen, vieles aber ist kontextuell wirklich zu wenig isoliert und zu essayistisch weitschweifig, ähnlich wie bei W. BENJAMIN und bei dem Schweizer Ludwig HOHL. P. Valéry ist der einzige französische Aphoristiker dieses Jahrhunderts von Rang, und es ist unverständlich, warum Franzosen seit Joubert den aphoristischen Staffelstab nie wieder an sich gerissen haben. HOFMANNSTHAL schrieb so wenig pointierte Saillies wie seine Freunde SCHRÖDER und SCHNITZ-LER, dessen innerhalb der Komödien genügend pointierte Bonmots nicht immer ganz auf eigenen Füßen stehen können. Chr. MORGENSTERN ist als Aphoristiker nicht nur an den Galgenliedern zu messen und erst noch zu entdecken. ADORNOs Lob der individuellen Petitessen ist eine philosophische Rechtfertigung des Aphorismus, den er selbst weniger praktiziert hat als sein Schüler SCHWEPPENHÄUSER, dessen oft etwas überanstrengte Reflexionen den Meister gelegentlich überbieten. Aber er schrieb philosophische, Adorno als Erbe Nietzsches, Benjamins und Valérys nur literarische. Es lohnt nicht, aus Adornos dichtgewebten Essays die konzis geschliffenen Reflexionen herauszupräparieren, um sie zu isolierten Aphorismen gerinnen zu lassen. Bei der fragmentierten Schreibweise WITTGENSTEINs läge das näher. Noch weniger Aphorismen als Benjamin in der „Einbahnstraße" hat Bloch in den „Spuren" geschrieben. Vom irischen Sozialisten SHAW gilt, was von Heine gesagt war, und vieles, was damals mit dem Kopf durch die Wand gesagt war, rennte heute offene Türen ein, Gott sei Dank für die Realität, schade für den Aphorismus. Seine Aperçus wären zu exzerpieren wie die seines christlichen Gegenspielers CHESTERTON. Wenn es im 20. Jh. einen aphoristischen Nachfolger Pascals gibt, dann nicht den Protestanten Schröder, sondern den Katholiken Chesterton, bei dem christliche Apologie gerade nicht auf Kosten der aphoristischen Würze geht. KUDSZUS ist verbesserungswürdig nur dort, wo er mit Banalitäten nicht immer ganz auf dem Reflexionsniveau seiner Zeit ist. Kirchenkritiker DESCHNERs linke Gesinnung ersetzt nicht immer das aphoristische Können. Auch der deutsch schreibende Tscheche Gabriel LAUB verblüfft durch manches Mittelmäßige unter soviel Gelungenem. Der aphoristische Narziß streicht nicht gern, und dieses Nebeneinander von Raffinade und Simpliziade ist bei Aphoristikern häufig zu finden. Hans ARNDT und Hans KASPER waren vor der APO 1968 politisch genug, heute wirken sie oft harmlos prätenziös, und vieles ist eher gutartig als gut. Das Beste sollte, wie bei vielen zweitrangigen Aphoristikern, in ein Taschenbuch zusammengezogen werden, um es vor nur Gutgemeintem zu retten. Nicht nur die Aphorismen sind zu kürzen, sondern auch und vor allem die Aphorismensammlungen. Aphoristiker zweiter Güte haben nicht nur zweitklassige geschrieben, sondern zu wenige gute unter zu vielen minderen. Ihre jeweils besten Sprüche wären behutsam auszuwählen, um sie gegen ihre Verfasser zu verteidigen. Nur so gibt es Überlebenschancen für Erstbestes von zweitbesten Aphoristikern. Joachim GÜNTHER ist der bessere Erich BROCK, und beide sind Verächter der billigen Effekthascherei und des leeren Aperçus, hier zu Recht, dort oft nur aus Ressentiment: Feine Beobachtungen, aber zu oft humanistisch zerredet. Vor lauter Angst, die Wahrheiten den Pointen zu opfern, opfern sie die Pointen leicht den Binsenweisheiten: Raabe, Klinger, Feuchtersleben, Hauptmann etc. TUCHOLSKYs „Schnipsel" sind die witzigen Aphorismen eines Heine des 20 Jhts. DODERERs Wörterbuch „Repertorium" ist aphoristischer als der übervertrackte „Innere Erdteil" von Albert Paris GÜTERSLOH: Die schlechten ins Töpfchen, die guten ins Köpfchen. Das teuflische Wörterbuch von A. Bierce ist witziger. Die Sarkasmen von Oscar WILDE, englischer Larochefoucauld des 20. Js., sind nicht bloß glatte Sahnebonmots, sondern originäre Salonaphorismen, als es schon keine Salons mehr gab, und triftiger als ihr ressentimentgeladener Ruf. Zu viele Aphorismen von Peter HILLE sind so harmlos gütig wie die von MARGOLIUS. Der vergessene Heinrich WAGGERL ist da ergiebiger. Der pointierte Stil des Individualisten Ludwig MARCUSE macht manche seiner Essays fast zu Aneinanderreihungen von Aphorismen. Aus SCHNURREs „Schattenphotograph" wären die Aphorismen zu exzerpieren, ebenso das Beste von Sentenzenschleifern wie Hassenkamp, Lembke und Rolfs u. a. Die Aperçus des von Adorno geschätzten Peter ALTENBERG wären zu sammeln. Viele gute neben vielen mittelmäßigen finden sich bei den Nur-Aphoristikern KESSEL, WIESNER, GÖTT, BERKSTRÄTER, BUKOFZER, BEUTELROCK ...

Der griechische Apo-horismus ist die lateinische De-finition: Abgrenzung, Absonderung, Bestimmung. Der Aphorismus ist jener Teil des Ganzen, der das Ganze ganz enthält und als Ganzes damit hinter sich läßt; er ist die Grenze, die etwas Bekanntes ganz abschließt und für Neues aufschließt. Er ist ein einzelnes Urteil über das Ganze, über einzelne Sachverhalte aber nur, soweit sie ein Ganzes repräsentieren. Er antwortet auf den Anspruch eines Systems, ein Urteil über jedes seiner Teile zu fällen, mit dem Anspruch, über diesen systematischen Anspruch des Systems seinerseits ein Ur-Urteil zu fällen. Aphorismen sind logische Schlüsse, die heterogenste Vorstellungen zusammenschließen, in Form von Urteilen, also Bestandteile, die als „implizite Schlüsse" (v. Welser) Aufschlüsse über Abschlüsse geben. Die einzelne Idee, die ein Ganzes ganz darstellt, hat dessen Ganzheit damit auch schon aufgebrochen und herabgestimmt zu einem relativen Ganzen in nur bestimmter Hinsicht. Das Ganze fällt unter ein Ur-Teil, das über das Ganze gefällt wird. Wer ein Ganzes noch einmal ganz zusammenfaßt in charakteristischen Details, hat es von außen betrachtet und damit schon um seine Beurteilung er-gänzt. Aphorismen machen aber auch das System erst ganz sichtbar mit seinem Anspruch, das Ganze zu sein, und systemsprengend wirken sie gerade durch Fakten, die das System überhaupt erst als solches komplettieren. Das System muß nach Russell schon abgeschlossen vorliegen, bevor sich sein Inbegriff davon bilden kann, und darf nicht durch diesen Inbegriff mitdefiniert sein. Der Aphorismus ist ein Inbegriff und kein Bestandteil einer systematischen Ganzheit, eine in Kants Sinne regulative Idee jedes „kleinstmöglichen Ganzen" (Musil). In einem einzigen Satz (aus ihm heraus) ist das Ganze ganz da, als seine Pointe, die es relativiert und die seinen Anspruch zerstört, schon das Ganze zu sein. Er faßt sich kurz, indem er ein ganzes System in einer Pointe zusammenfaßt, in einen einzigen Satz - aus dem System heraus. Der Grund-Satz, der ein System von Sätzen prägnant zusammenfaßt, ist nach Russell kein Teil des Systems, sondern ein Meta-Satz, der über ein System Aufschluß gibt, das er abschließt und für Neues dadurch aufschließt.

Gott und die Welt und die Seele: Die Welt ist weder endlich noch unendlich groß und weder unendlich teilbar noch aus letzten Atomen zusammengesetzt, sondern nur für den Verstand potentiell unendlich teilbar und erweiterbar. Der Mensch ist sowohl ganz frei als auch völlig determiniert, aber in verschiedener Hinsicht, also als Naturwesen bestimmt und frei als Ding an sich. Und die Welt ist sowohl aus sich selbst heraus verständlich wie auch als Schöpfung eines notwendigen Wesens. Anders als Kant sah Hegel nicht nur erst in der vollständigen Reihe möglicher Erscheinungen, nicht erst im Ganzen aller Gegenstände eine Idee, sondern schon in jedem Gegenstand die Idee seiner selbst, sofern er ein Ganzes seiner möglichen

Aspekte ist. Das Ganze aller möglichen Gegenstände ist nicht selbst ein Gegenstand u.a., aber umgekehrt ist jeder einzelne Gegenstand selbst ein Ganzes seiner potentiell unendlich vielen Aspekte. Adorno rechtfertigte den Aphorismus als Idee, die jede Idee eines vollendeten Ganzen aufhebe. Wie Hegel schon in jedem Einzelobjekt die antinomischen Selbstwider- sprüche sah, die Kant nur im Ganzen aller möglichen Gegenstände sah, so sehe ich in jedem Sachverhalt den „Witzverhalt", den der Neophänomeno- loge Hermann Schmitz nur in Bewußtsein und Biographie eines Menschen sieht. Die „progressive Universalpoesie" der Jenaer Frühromantiker war fragmentiert, weil sie nach Fichte wie jeder Aphorismus eine „Simultan- konkurrenz" von Identität und Selbstwiderspruch ist. Jedes Objekt fällt aus dem aphoristischen Begriff, unter den es gleichzeitig doch auch fällt, und Novalis sah in dieser Identität und Differenz, Immanenz und Transzendenz, Selbstbegrenzung und Selbstententgrenzung, in dieser Selbstschöpfung und Selbstaufhebung nur die zwei ironischen Kehrseiten derselben romanti- schen Goldmedaille, aber nicht in unendlicher Sukzession von Fichtes und F. Schlegels transzendentalem Zirkel, sondern in schwebender Ambivalenz des verewigten Augenblicks.

„Systemfeindschaft der Aphoristik... beruht nämlich nicht, wie Kritiker immer wieder unterstellt haben, auf einer gleichsam angeborenen Unfähigkeit zu intellektueller Kohä- renz und folgerichtigem Denken, auf einem Defizit oder Defekt also, der es dem Apho- ristiker unmöglich macht, mit dem Systematiker zu konkurrieren. Im Gegenteil beginnt „das aphoristische Denken offenbar genau dort, wo ‚gelehrtes‘ Denken aufhört" (Heinz Krüger), weil es überempfindlich ist für die Folgen der Kategorisierung und Funktiona- lisierung von Lebenszusammenhängen. Geistesgeschichtlich älter als alle naturphiloso- phischen und naturwissenschaftlichen Weltmodelle reagiert es auf sie nicht mit dem ohnmächtigen Trotz des Anachronistischen und an den Rand Gedrängten, sondern mit der Offenäugigkeit des Zeitgenossen - und mit seinem Erfahrungsschatz. Spätestens seit Bacon kann nur der Aphorismen schreiben, der selbst im Räderwerk der Systeme steckt und es durchschaut hat, also Sachverstand besitzt. Der Systematiker mag glauben, sich der Aphoristik gegenüber eine abschätzige Ahnungslosigkeit leisten zu können, sein Gegenspieler ist klüger und hat seine vorsokratischen Tugenden nachsokratisch kultiviert..." „Vielleicht mit Ausnahme der französischen Moralisten fällt die abendlän- dische Aphoristik nicht auf und schon gar nicht ins Gewicht. Die Gattung ist an Un- scheinbarkeit, Verkanntheitsgrad und Unverkäuflichkeitsgrad nicht zu überbieten – und eben deshalb das Mekka des wahren Freigeistes", dem es „darauf ankommt, in äußerster Konzentration ständig unerhörte Sätze zu formen... Im Mikrokosmos des Aphorismus gelten die Gesetze des Makrokosmos nicht mehr." (Ulrich *Horstmann* : „English Apho- risms", Stuttgart 1993, Vorwort)

„Ich stelle mir vor, daß die Menschheit einmal dazu kommen wird, alles in aphoristischer Weise auszudrücken, ausgenommen im Erzählbereich." (Dr. Samuel *Johnson*). „Der Aphorismus ist die Zukunft der Literatur." (*Laub*) *Fink* sah „natürliche Erotik der Gegensätze, um Gedanken zu erzeugen."

„Im Aphorismus hält die Wahrheit mit dem Allgemeinen den Fall fest, in ihm ist die Wahrheit des Falls. Sie ist nicht fatalistisch, nicht widerlegbar auch. Es sei denn durch einen besseren, stärkeren, treffenderen Aphorismus. Das ist die Wahrheit der Stärke, die Nietzsche suchte und fand - in Form seiner Aphorismen! Hier war ihm Klarheit und Leidenschaft vereinbar... Abbild seiner Existenz! In der Objektivität der naturwissenschaftlichen Fakten erweist sich alle Besonderheit nivelliert und allemal als regelrecht. Sie ist fatalistisch." (*Günter Schulte*: „Nietzsches Philosophie der verdrängten Weiblichkeit des Mannes", Köln 1989, Seite 86) Nietzsche „eskamotiert mögliche Gründe durch die aphoristische Verkürzung", meint Schulte: „Seine Gründe aber mußte er im Dunkeln lassen". „Was sich erst beweisen lassen muß, ist wenig werth." - „Man geht zu Grunde, wenn man immer zu den Gründen geht." - Dann würde die aphoristische Verkürzung bei Nietzsche im Dienste von Verdrängung und Abwehr der „dionysischen Tunte" stehen, also im Dienste eines wilhelminischen Machokultes, der die eigene Effeminiertheit des Philosophen abwehrte?

„Vielleicht ist die Wahrheit ein Weib, das Gründe hat, ihre Gründe nicht sehen zu lassen? Vielleicht ist ihr Name, griechisch zu reden, Baubo?" (*Nietzsche*, Vorrede zu „Fröhliche Wissenschaft"). Siehe auch : „Baubo, die mythische Vulva" von George Devereux. „Noch nie fand ich ein Weib, von dem ich Kinder mochte, es sei denn dieses Weib, das ich liebe: denn ich liebe dich, oh Ewigkeit!" Unsterblich werden wollte Nietzsche jedoch durch diese geistigen Kleinkinder, die aphoristisch „kleinen Formen der Ewigkeit", nicht durch leibliche Kinder von einer leibhaftigen Frau.

„Geschichten mußten aus Einfällen erwachsen und nicht die Einfälle aus der Geschichte." (Lewis *Carroll*: „Sylvie and Bruno", 1889)

In den „Disputationes metaphysicae" definierte Fr. *Suarez* die ‚perfecta substantia‘ als „natura sua nullo subjecto indigens ad existendum", und das ähnelt weniger Gott als einem Aphorismus. „All events seem entirely loose and separate. One event follows another; but we never can observe any tie between them." (*David Hume*, Enquiry concerning human understanding, Hamburg 1973, S. 90) Aphorismen „bedürfen keines Anderen, das den Träger der Existenz abgäbe. Sie sind also Substanzen (ut nulla alia re indigeat ad existendum). Tangiert die „äußere Relation" der Aphorismen eines Bandes oder Autors deren „Substanz" und „Qualität" als Inbegriff der inneren Eigenschaften? Jeder Aphorismus, der nach außen geschlossen auftritt als einfache spröde Substanz, hat aber eine innere Qualitätsstruktur von Modi, Eigenschaften und Eignungen. Ist der Aphorismus die letzte ‚forma substantialis‘? „All relative ideas are comparisons made only by mens thought and are ideas only in mens mind" (*Leibniz*). „Und so entstehet der Begriff einer Substanz, indem ich an mir selbst wahrnehme, daß ich kein Prädikat an einem anderen Dinge sei." (*Kant*, Vorlesung über philosophische Religionslehre). „Denn wie will man sich die Möglichkeit denken, daß, wenn mehrere Substanzen existieren, aus der Existenz der einen auf die Existenz der anderen wechselseitig etwas (als Wirkung) folgen könne... Denn dieses wird zur Gemeinschaft erfordert, ist aber unter Dingen, die sich ein jedes durch seine Subsistenz völlig isolieren, gar nicht begreiflich." (*Kant*, Kritik der reinen Vernunft, B 292 f.) „Es versteht sich nicht schon von selbst, daß Substanzen in commercio sind; denn Substanzen sind gerade das, was allein für sich existiert, ohne von einem anderen abzuhängen." - „Das Wesen der Dinge" und der isolierten Aphorismen, die sie reflektieren, „ändert sich durch ihre äußeren Verhältnisse nicht." (*Kant*, Grundlegung zur Metaphysik der Sitten). - „Intime präsent ist keine Substanz der anderen; denn jede kann ohne die andere existieren; aber äußerlich gegenwärtig." (*Kant*, Danziger Rationaltheologie, Vorlesung 1783/4).

„Kurz und bündig. Der Aphorismus sucht einen Sinn in möglichst wenig Worte zu pressen; er wirkt anregend wie ein Destillat oder ein Gewürz... In unserer Welt spielt das Momentane eine große Rolle - so in den Explosionen, Motoren, Spaltungen und Blitzlichtern. Die hohen Geschwindigkeiten erfordern schnelle und präzise Reaktion... Das schafft Voraussetzungen, die der knappen Formulierung günstig sind. Daher hat in der Literatur der A. einen besonderen Rang gewonnen, auch wenn sonst wenig gedeiht. Beispiele geben Stanislaw Lec und Erwin Chargaff. Im politischen und sozialen Raum kommen Wegstrecken, in denen, außer vom klassischen Erbe, der Geist nur noch aphoristisch Nahrung erhält. Ihn dürstet wie den Reichen im Gleichnis vom Armen Lazarus. Der A. ist atomistischer Natur. Daher läßt sich aus einer großen Zahl von A. wie aus kleinen Steinen ein Haus bauen oder ein Mosaik auslegen - nicht nur eines, sondern... beliebig viele, eine ganze Stadt... Vielleicht werden sich damit dereinst Philologen befassen wie die heutigen mit den Vorsokratikern". (Ernst Jünger: „Autor und Autorschaft", Stuttgart 1984)

Ein Gedanke ist schlecht formuliert, wenn er in anderer Formulierung kein schlechterer Gedanke ist. Fehlt ein Wort, ist alles verfehlt; ein Wort zuviel: vorbei am Ziel. „Je größer die fragmentarische Zersplitterung, desto größer die Annäherung an Totalität." (P. H. Neumann) Dietrich Simon bescheinigte 1974 der aphoristischen „Randerscheinung der Literaturgeschichte" gar eine „außerordentliche Affinität zum Philosophischen." Erwin Chargaff schrieb 1992: „Was der Laie an der Philosophie wichtig findet, ist fast immer aphoristisch. - Tatsächlich sind Aphoristiker eine seltene Spezies, seltener noch als gute Dichter." Der A. „kommt aus einer Folge und bringt Folge. Er ist ein Mittelglied einer großen, produktiv aufsteigenden Kette."

„Er erscheint als literarische Anthropologie im 17. und 18. Jh., als lebendigster Ausdruck des Konflikts von logisch-mathematischer und ästhetischer Wahrheit (Neumann) um die Wende zum 19. Jh. in Deutschland, als Integration von Poesie und Philosophie im romantischen Fragment, als Einheit von Erleben und Denken... bei Nietzsche, als Synthese von Wissenschaft und Literatur bei Valéry .." (Friedemann *Spicker*, Stg. 1999)

Psychoanalyse und Kritische Theorie

Adorno hat gezeigt, was der Begriff seinem Objekt antut, aber er hat nie untersucht, was das Objekt seinem Begriff antun könnte, wenn es umgekehrt selbst Begriff wird und seinen Begriff zum Objekt macht. Das Individuum könnte sich ja einen Begriff von dem Begriff machen, dessen Objekt es ist, und vom begriffenen zum begreifenden Individuum avancieren. Der Begriff wird Objekt seines Objekts, wenn das Objekt sich einen Begriff von seinem Begriff macht. Das Objekt könnte die Sache umkehren, wenn es kein Stein, keine Pflanze und kein Tier ist. - Es könnte die Sache umkehren, wenn es ein Arbeitstier ist. Es könnte sich ein Bild machen von seinem Klassenfeind, d. h. auch ein Bild von dem Bild, das sein Klassenfeind sich von ihm macht. Das Begriffene kann sein Begriffenwerden begreifen und noch einiges mehr. Entweder wird der Begriff von seinem Objekt kritisiert, ohne aufzuhören, Begriff zu bleiben, oder er kritisiert sich selbst. Adorno hatte sich für die zweite Möglichkeit entschieden, als er die Hoffnung auf das Proletariat zusammen mit der Hoffnung auf den Sozialismus begraben hatte. Er schüttete das proletarische Kind mit dem sozialistischen Bad und das jüdische Kind zusammen mit dem nationalsozialistischen Bad aus.

Er erwartete das Heil nur noch von bürgerlicher Selbstkritik des Bürgers. Proletarier könnten Adornos „Flaschenpost" bergen. Der bürgerliche Begriff hatte den proletarischen Begriff zu seinem Ausbeutungsobjekt gemacht, und das proletarische Objekt müßte sich wieder zum proletarischen Begriff von jedem bürgerlichen Begriff machen. Der (plebejische) Begriff vom (bürgerlichen) Begriff muß mit dem (bürgerlichen) Begriff nicht übereinstimmen. „Das Sein bestimmt das Bewußtsein." Dieser Satz von Marx läßt sich auch anders lesen : Das Sein ist dazu bestimmt, sein Bewußtsein zu verlieren, aber das Sein des Arbeiters bestimmt sich selbst dazu, zu Bewußtsein zu kommen, statt in die Partei einzutreten, die er ergreift.

Von Adorno haben wir gelernt, der Begriff sei ein Übergriff und Angriff auf seine Gegenstände. Er ergreife sein Objekt, statt von ihm ergriffen zu sein. Er greife zu hart durch und vergreife sich an ihm. Der Begriff setze seine Objekte gewaltsam ins selbe Boot und schere sie über einen Kamm.

Das besondere Individuum muß sich als Individuum „seinem" Allgemeinbegriff erst entwunden haben, wenn es ihn der Absonderlichkeit überführen will. Nur durch Individuierung erwirbt es sich die Fähigkeit, Inbegriff seines eigenen Allgemeinbegriffs zu werden. Die spezifische Differenz, welche Artbegriffe eines Gattungsbegriffes voneinander unterscheidet, ist

allgemeiner als die Differenz, welche die Individuen ein und desselben Art-
begriffs voneinander trennt : Die spezifische Differenz ist noch Gattungsbegriff für die Individuen. Aber die individuelle Differenz („nota") wird
zur paradoxen Quelle für die Allgemeingültigkeit des Begriffs. Nur Durch-
individuiertes kann begreifen, ohne nur begriffen zu sein. Wird es begriffen, verliert es die Individualität, die es gewinnt, sobald es selbst begreift.

Das Objekt von Allgemeinbegriffen wird umso mehr Individuum, je mehr
es seinerseits allgemeingültiger Begriff wird, und es bleibt umso weniger
begriffsstutzig, je mehr es Individualist wird. Das ist der Sinn von Adornos
Diktum, die Befreiung entspringe einem Übermaß an Verdinglichung.

Wo es um eine Proletarität geht, sind das Individuelle und das Intellektuelle
Synonyme. Jeder Proletarier hätte sich aus seiner Klasse herauszudifferenzieren, ohne sie zu verlassen und zu verraten, aber er hätte sich aus der
Masse herauszudifferenzieren, um sie in Individuen aufzulösen. Er müßte
eine der möglichen Differenzierungen seiner Klasse werden, wobei der
logische und der soziologische Sinn von „Klasse" hier zusammenfallen.

Die theoretischen Köpfe der sogenannten Frankfurter Schule der Sozialphilosophie, Max Horkheimer und Theodor W. Adorno, waren neben dem
Heideggerschüler Herbert Marcuse, der später in den USA einer der Haupt-
ideologen der neuen studentischen Linken wurde, die ersten und bisher
einzigen namhaften Philosophen, die der Freudschen Psychoanalyse, nicht
ohne ihre soziale Institutionalisierung zugleich massiv zu kritisieren, einen
wichtigen Platz in ihrem Denken einräumten. - Alle drei spielen die vergleichsweise heroische Frühphase Freuds gegen den revisionistischen Neo-
freudianismus vor allem angelsächsischer Observanz aus, in dem sie eine
herrschaftsstabilisierende Ideologie der therapeutischen Anpassung leiden-
der Menschen an gesellschaftliche Mißstände ablehnen. Was Marcuse betrifft, ist sein Aufruf zur ‚Großen Verweigerung' des Mitmachens und seine
Kritik der Psychoanalyse in „Eros and Civilisation" bereits selber psycho-
analysiert worden von Gérard Mendel in „La crise des générations", kritisiert als folgenreiche Unterschätzung der ödipalen Problematik heute.

Nach Mendel erweist Marcuse der Jugendbewegung einen Bärendienst, wo
er sich herbeiläßt, der Angst Heranwachsender davor, dem Vater die phallische Armatur zu entwinden, ein philosophisches Mäntelchen umzuhängen
und aus der Not dieser Adoleszenten, der ödipalen Probe auszuweichen, die
Tugend der edlen Rebellion zu machen, die in Wirklichkeit eine schizoide
Regression sei auf die Ebene frühkindlicher Versorgungsphantasien. Hinter
H. Marcuses Vision eines befriedeten Daseins in Schlaraffia, wo Leu und
Lamm einträchtig nebeneinander leben, entdeckt Mendel regressive Sehn-
süchte nach symbiotischer Verschmelzung mit einer ganz reinen und guten

Mutter Natur, aus der alle Destruktivität einfach nur verdrängt sei, statt durch Teilidentifikation mit einem gleichzeitig idealisierten und gehaßten Vater genutzt zu werden. Nicht umsonst sei in „Eros and Civilization" der Mythos des Orpheus und des Narziß, also die Propagierung des verlorenen primärnarzißtischen Paradieses, gegen den revolutionären Mythos des Prometheus ausgespielt worden. Horst Lummert hat früh erkannt, daß Herbert Marcuse eine kleinbürgerliche Kulturrevolution vor allem ansteuerte, um einer proletarischen Sozialrevolution zuvorzukommen.

Die „Dialektik der Aufklärung" besteht darin, daß die Herrschaft des Vaters über Mutter Natur für den nacheifernden Sohn zur zweiten - Mutter - Natur wird. Der Mensch unterdrücke seine eigene Natur, um die übermächtige archaische Umweltnatur unterwerfen zu können, wie biblisch gefordert. Er beherrsche die ganze Natur - außer seiner Naturbeherrschung selbst. Im phallischen Instrumentarium der naturbeherrschenden Technik ersteht die unterworfene Natur als zweite wieder auf: Die ‚phallische Mutter' taucht drohend hinter dem männlichen Penis auf, der sie in Schach halten sollte.

Vielleicht habe das Überich dem Ich geholfen, sich aus präödipaler Naturverstrickung freizustrampeln, um selbständig zu werden, der maternalen Natur- und Todverfallenheit zu entgehen. Dabei sei aber inzwischen das eigentliche Ziel der Befreiung vom Naturzwang vergessen worden über der anal kontrollierten Abgrenzung gegen die einst dominante Natur: die inzestuöse Wiedervereinigung eines erstarkten, gegen die Naturzwänge gefeiten Ich mit eben dieser Mutter Natur - befreit sich das Ich doch nur von der Umklammerung durch die Natur, um wieder mit ihr sich zu vereinigen, ohne verschlungen zu werden, wie es vor der Lösung drohte. - Das metaphysische Ziel bestehe doch darin, sich an die Natur verlieren und aufgeben zu können, Naturwesen zu sein, ohne von der Natur zermalmt zu werden.

Aber der Geist wird als naturbeherrschendes Prinzip selbst ein Stück blinder Natur der Vorzeit. Im losgelassenen Vater, der sich Mutter Erde untertan macht, steht ein Stück archaisch omnipotenter Mutterimago wieder auf. Das Beherrschte, Unterdrückte, Verdrängte sucht als erfahrungsunfähiges Klischee, als ichdystone zweite Mater-ialität, das Ich des Erdensohnes hinterrücks heim. Im Herzen des Überich taucht das eskamotierte Es auf, und das Ich kommt vom Regen der Naturverfallenheit in die Traufe der Überich-Sklaverei und zurück. Die Herrschaft des Subjekts über die Natur wird zur Herrschaft einer zweiten (Mutter) Natur über das Subjekt. Die von den Söhnen phantasierte und imitierte genitale Brutalität des Vaters gegen Frau Welt wiederholt und überkompensiert nur die in die phallische Mutter der Frühzeit hineinprojizierte Aggressivität des frustierten Kleinkindes. Laut Adorno, der voraussah, man werde ihm einen Ödipuskomplex nachsagen,

weil er sich seinen Teil vom großen Mutterkuchen nicht nehmen wolle und
die falsche Güterfülle angeekelt zurückwies, muß die Ichstärke ausreichen,
nicht wieder von der Natur zerstört zu werden, aber auch größer sein als die
eines Ichs, das die Natur zerstören zu müssen glaubt, um nicht von ihrer auf
sie projizierten Destruktivität zerstört zu werden. Der Geist, der Herrschaft
sein muß, um nicht der Natur zu verfallen, sei zuwenig Geist - ein Stück
roher Natur selber noch. Diese Effeminierung des Geistes vor Frau Welt,
die Adorno fordert, macht das Verhältnis zur Welt zu einem androgynen
wie bei Bloch. Der Mensch vergewaltigt Mutter Natur, solange er in ihr
den verborgenen Penis des bewunderten und gefürchteten Vaters bekämpft.

Die Naturbeherrschung falle zurück in die Irrationalität der Natur, die sie
überwinden sollte. Im Angriff auf die Stiefmutter-Imago der kulturellen
Institutionen droht nach Mendel nun aber das einzige Werkzeug mitzer-
schlagen zu werden, das Hilfe gegen Naturgewalt verspreche: die rationale
Waffe des bewunderten Vaters, der die Rabenmutter zu nehmen weiß.

Der ödipale Kampf des Sohnes gegen den bösen Vater um die begehrte
Mutter Erde ist ja in ein und derselben Bewegung immer auch der präödipale Kampf gegen eine Rabenmutter Natur mit Hilfe eines guten und
starken Vaters. Nolens volens ist also der Kampf gegen den bösen Vater
um die gute Mutter immer schon implizite ein Kampf gewesen gegen einen
guten Vater, der allein gegen die ‚böse Mutterhexe‘ abschirmen konnte.

Man kennt Freuds Vorstellung von einem gelungenen Auflassen dieses
Komplexes. Der Haß auf den Besitzer der Mutter und die Liebe zum bewunderten Bezwinger der Mutter Natur verbinden sich zum Wunsch, wie
er zu werden. Aber Phantasien von der kastrationsgefährdeten Usurpation
väterlicher Privilegien bewirkt, daß viele Menschen schließlich sich mehr
homosexuell mit ihren Unterdrückern identifizieren als mit ihren ursprünglichen Zielen. Für Freud war der Sohn dann erwachsen, wenn die patrizi-
dalen Inzestwünsche nicht länger verdrängt wurden oder in neurotischen
Symptomen sein Verhalten hinterrücks infantilisierten, sondern in vollem
resignativem Bewußtsein ihre real unmögliche Erfüllung aufgegeben, also
um die Mutter getrauert wurde, die für den Sohn an den Vater unwieder-
bringlich verloren sei. Nach Freud gewinnt der Sohn seine „Arbeits- und
Genußfähigkeit“ erst dadurch, daß er sich endgültig über den Verlust der
Mutter mit einer anderen Frau hinwegtröstet, in der er getrost die Mutter
lieben darf, um für seine Kinder zu arbeiten. Hier beginnt Adornos Kritik
am psychoanalytischen Normalitätsideal des glücklich aufgelassenen Ödipuskomplexes, immer auf das männliche Kind hin betrachtet. Alles was
für Adorno emanzipatorisch den derzeitigen historischen Stand sozialer
Verhältnisse transzendiert, ist die „Utopie, die einmal von der Liebe der

Mutter zehrte". Hier versteckt sich das ebenso psychologische wie *mater*-ialistische Motiv seines von Marx wie von Freud inspirierten Denkens. Die Liebe dieser Mutter erkennt Adorno aber nicht in der oralen Fülle *mater*-ieller Konsumgüter der kapitalistischen Tauschgesellschaft. In der Flut der Waren sieht er eher eine Abfindung für einen fundamentalen Triebverzicht, eine Abschlagszahlung für Inzestverzicht. In diesem Tausch, Materielles gegen die Mater, sieht Adorno, der Sohn eines Kaufmanns und einer korsischen Sängerin, das Erzübel alles ökonomischen Denkens noch unterhalb der Entscheidung zwischen kapitalistischer und kommunistischer Spielart.

Über die Utopie, die ‚Liebe der Mater-ie', hat Adorno das jüdische Bilderverbot verhängt, Liebe der Mutter genitivus subiectivus *und* obiectivus. Sein Vater war ein Kaufmann und betrieb den von Adorno perhorreszierten Äquivalententausch von Er-zeugungskraft und verzehrbarer Ware. Dieser Tausch von Inzestverzicht, sprich Arbeit an Mutter Natur, gegen die Konsumgüter rechne gegeneinander als gleichwertig auf, was schlechterdings ungleich sei. Der vom kapitalistischen Vater abgeschöpfte Mehrwert dieser aggressiven Naturbearbeitung ist genau jene Liebe der Mutter, die er sich selbst vorbehält und die Adorno nicht vergessen will und verdrängen kann. Den ‚nichtidentischen' Gebrauchswert in dieser falschen Gleichung - Materielles = Mutterliebe = Inzest - will seine Philosophie retten. Aber hinter dem, was er bewußt macht, läßt er zu vieles unbewußt, als daß es gar keine Psychoanalyse seiner Philosophie der Psychoanalyse geben könnte und müßte. Auch tragende Grunderfahrungen, die in seinem Denken nur artikuliert sind und ihm vorausgingen, sind Erfahrungen mit Mutter- und Vater-Imagines, mit dem dialektischen Durcheinander-vermitteltsein und „Ineinander" von Subjekt und Objekt, von Geist und Natur, von Himmel und Mutter Erde, also philosophische Rekonstruktion der Urszene und eine Familienphilosophie. Die sinnlich naturhaften Regungen, die Adorno rehabilitieren will, richten sich auf Mutter Natur. Aber er sieht auch, daß hinter den verpönten Wünschen nach genitaler Vereinigung mit der Mater-ialität von Frau Welt die Versuchungen lauern zur prädipalen Regression, zur Verschmelzung von Mutter und Kind: Sirenenklänge im Ohr des Odysseus, der sich an den Mast der Zivilisation bindet, um ihnen nicht zu erliegen.

Den Unterschied zwischen Ich und Über-Ich will Adorno gar nicht gelten lassen. Mit dem Über-Ich soll das Ich fallen, das selbsterhaltende Prinzip, die Rationalisierung aller Rationalisierungen, diese vermeintliche Zwangseinheit der chaotisch divergierenden Es-Impulse aus den Primärprozessen. Adornos Denken läßt eine postödipale Perspektive nur schwach erkennen, im angemahnten „Eingedenken der Natur" war an Gottes Schöpfung nie gedacht, und die Knechte sah er nur im Zweckbündnis mit ihren Herren.

Der größte Traum auf kleinstem Raum : Mit Igeln auf Inseln

Für *Diderot* ist der Geist die Fähigkeit, an einem Gegenstand Beziehungen wahrzunehmen, die vorher noch von niemandem wahrgenommen wurden. Geist ist für *Fichte* das, „was man sonst auch produktive Einbildungskraft nennt." („Eigne Meditationen über Elementar-Philosophie", *1793/94, II/3*). „Der Mensch ist nur in sofern Mensch und in dem Grade Mensch, als er Geist hat." Der menschliche Geist sei aber „nichts als „Tathandlung".

„Die Philosophie des Geistes ist eine ästhetische Philosophie. Man kann in nichts geistreich sein, selbst über Geschichte kann man nicht geistreich räsonnieren - ohne ästhetischen Sinn." (*Schelling*: Das älteste Systemprogramm des deutschen Idealismus (1796)) „Geist heiße mir, was für sich selbst ist." Geist liege „in der Tendenz, sich selbst anzuschauen." „Der Geist ist alles nur durch sich selbst" und „führt in einen ewigen Selbstbeweis." - „Philosophie ist nichts als eine Naturlehre unseres Geistes." „Geist, als Prinzip des Lebens gedacht, heißt Seele." - „Alle Handlungen des Geistes also gehen darauf, das Unendliche im Endlichen darzustellen. Das Ziel aller dieser Handlungen ist das Selbstbewußtsein... Die äußere Welt liegt vor uns aufgeschlagen, um in ihr die Geschichte unseres Geistes wiederzufinden."

Die Romantiker schrieben nicht nur über, sondern auch mit Geist. *Novalis*: „Der Geist soll - total Genie werden." „Witz ist unbedingt geselliger Geist, oder fragmentarische Genialität." - „Der Geist ist der Künstler... Die Natur zeugt, der Geist macht." – „Die höhere Philosophie behandelt die Ehe von Natur und Geist." („Das allgemeine Brouillon", 1798/9)

Für *Hegel* war Geist „das absolute Sichselbstbestimmen" und nicht mehr nur ästhetisch; die Kunst war kein ‚Organon der Philosophie' mehr wie für Schelling. Geist sei „das Ich, das Wir, und Wir, das Ich ist." Er ist nicht mehr Fichtes intellektuale Selbstanschauung, sondern „Wissen seiner selbst in seiner Entäußerung; das Wesen, das die Bewegung ist, in seinem Anderssein die Gleichheit mit sich selbst zu behalten." („Phänomenologie des Geistes") „Der Geist ist belebendes Gesetz in Vereinigung mit dem Mannigfaltigen, das alsdann ein Belebtes ist", heißt es in den „Theologischen Jugendschriften". - „Der Geist, der sich als frei weiß und sich als diesen seinen Gegenstand will, d. i. sein Wesen zur Bestimmung und zum Zweck hat", hebt alle geistreichen Sprüche von Heraklit über Montesquieu bis Schlegel in sein System auf. Hegels Geist objektiviert sich in Reflexionsbestimmungen subjektiver Aphorismen, durch die er immer hindurch muß.

Er ist nur bei sich, wo er fragmentierend außer sich gerät, aber auch nur aphoristisch selbstentäußert, wo er systematisch wieder zu sich kommt. In der „schlechten Unendlichkeit" der Reflexionsbegriffe wehrt Hegel die unabschließbare Endlosigkeit immer neuer in sich vollendeter Sprüche ab und damit Fichtes und Schlegels infinite Reflexionsspirale zwischen Ich und Nicht-Ich. Anders als sein Freund Schlegel kennt Novalis wie Hegel auch den Spruch, der alle dialektische Bewegtheit in sich enthält und zur Ruhe bringt. Anders als Hegel verstößt Novalis aber nicht gegen seine Prinzipien, wenn sein Aphorismus allen Gegensatz und alles Für und Wider implizit schon enthält: Hegels Metasätze *über* Dialektik kommen am Systemschluß selber undialektisch zur Ruhe, wie Hermann Schmitz monierte.

Aphoristik erfüllt Fichtes Programm einer sukzessiv endlosen Annäherung an ein unerreichbares Ziel, das sie mit jeder Gnome weiter vor sich herschiebt wie ein moralisches Plansoll, aber man könnte mit Novalis sagen, daß Aphorismen das Erreichen des Ziels verzögern wollen, indem sie jeden geistigen Weg zerlegen in eine potentiell unendliche Zahl von potentiell immer kürzeren Sätzen, um Kants Idee der unendlichen Ergänzbarkeit und Teilbarkeit von Raum und Zeit zu realisieren. Der Geist als Nicht-Ich von Affekten und Objekten überwältigt das Ich, der Geist als Ich überwältigt das Nicht-Ich, und die Unbesiegbarkeit von beiden garantiert die systematisch freigegebene Zukunftsfähigkeit des aphoristischen Fragments.

Engländer und Franzosen haben für Geist und Witz das gleiche Wort. Im Deutschen ist der Erfahrene nicht der Gewitz(ig)te, sondern ein Greis, und wer im Geiste die Zukunft vorwegnimt, gilt als so vorwitzig, daß ein Heidegger ihm „ekstatisches Sich-vorweg-sein" bescheinigt. Gemeinhin ist die Wissenschaft so witzlos, daß fast alles Witzlose schon als wissenschaftlich passieren darf, und Geist ist nur eine Abart von Unwissenschaftlichkeit. Über Paradoxe lassen sich wissenschaftliche Wahrheiten sagen, nicht aber wissenschaftliche Wahrheiten in Paradoxen ausdrücken, ohne wissenschaftliche Unwahrheit oder unwissenschaftliche Wahrheit zu werden.

Man macht keine Witze über ernste Dinge, und ernsthaft sprechen läßt sich gemeinhin nur über witzlose Dinge. Paradoxien werden nicht weniger bekämpft als die Orthodoxien. Die seltene Fähigkeit, paradoxe Wahrheiten wiederzugeben, ist Dialektik. Die meisten Bücher sind zu homöopathischen Dosen verdünnte Apfelsäure, die als Schwefelsäure verkauft wird.

Ein halber Gedanke wird zu einem ganzen Buch ausgewalzt, aber ein Buch, das nicht hundert Gedanken enthält, sollte wenigstens auf hundert eigene Gedanken bringen. Noch schmerzlicher als Essays fehlen deren mögliche Leser und Käufer. Wenn nach Essays keine Nachfrage besteht, die Angebote erzeugt, dann sollte es ein Angebot von Essays geben, die eine Nachfrage produziert. Statt an Leser zu appellieren, die Bücher zu lesen, die es nicht gibt, müßte an Schriftsteller appelliert werden, diese Bücher und ihre Leser zu schaffen und Buchseiten nicht zu Fernsehschirmen zu machen. Nietzsches „Fröhliche Wissenschaft" hat verdächtig viele Kenner, weil sie zu wenige Könner hat. Methodische Zurüstung wissenschaftlicher Themen macht ein ernstes Gesicht und sich oft als zwangsneurotische Pedanterie lächerlich. Die umständliche Schwerfälligkeit der Absicherung nach allen Seiten kommt nie zur Sache und nennt genau das ihre Sachlichkeit.

Die Not, nicht schreiben zu können, macht sich zur Tugend schmuckloser Nüchternheit, die sich durch kein Blendwerk beirren läßt. Der wissenschaftliche Wachsabdruck der Wirklichkeit ist das Wachs in den Ohren des Wissenschaftlers gegen die Sirenenklänge der Kunst und verwechselt oft Unsachlichkeit mit einem Feuerwerk funkelnder Paradoxe. Paul Feyerabend beherrscht nur die Methode, keine Methode auszuschließen, und ist der würdevolle Prediger einer ihm unzugänglichen Frivolität. Die groteske Feierlichkeit redet von Dingen, die so bedeutungslos sind wie ‚Friedensbewegungen‘, doch großer Spott wurde immer nur getrieben mit den schwerwiegendsten Dingen wie Ehe und Kinderkriegen. Wie anders sollen tiefste Probleme wohl gelöst werden als durch Scherzrätsel? Egon Friedells „Kulturgeschichte" unterhält uns doch nicht glänzend, *obwohl* er belehrt, sondern *weil* mehr weiß, wer ihn liest. Was uns so durch den Kopf geht, nennen wir Gedanken, und was wir lesen, nennen wir Bücher, auch wenn es nur Scheckbücher sind. In einer Welt der Comic-Blasenentzündungen ist es schon anspruchsvoll, eine kritische Arbeit über Comics zu lesen, aber Schreib- und Leseschwäche sollte sich nicht mit tatkräftig praktischem Sinn verwechseln. Wer nicht lesen will, muß fühlen, und „deutsche Männer lesen nicht" (Stefan Andres). Jeder ist stolz darauf, nicht nur den Fernseher abzuschalten, sondern dafür Schundromane zu verschlingen.

Entweder werden da schöne Gefühle in schlechten Gedichten gesucht oder gute Poesie in bösen Emotionen. Einen Umwelt-Report liest man, weil man sowieso ‚alternativ‘ wählt, aber denkt nicht alternativ, weil man Untersuchungen studiert hätte, die diesen Namen verdienen. Niemand findet es mehr merkwürdig, daß niemand mehr an der ‚Umweltzerstörung‘ zweifelt.

Früher waren die Linken Leute, die Dialektik priesen, um nicht dialektisch denken zu müssen. Die meisten Bücher über Dialektik sind undialektisch. Nicht jeder Witz ist Dialektik, aber jede Dialektik ist ein gebildeter Witz an der Sache. Besondere Befähigung zum analytischen Denken der Franzosen schließt die zum dialektischen Denken der Deutschen sowenig ein, wie eine analytische Denkschwäche noch keine dialektische Kompetenz garantiert.

Weil bei Adorno jeder „Vorrang des Objekts" ein Vorrang der Mutter Natur ist, müssen Ich, Über-ich und Vater(gott) fallen, um den Weg zu ihr freizumachen. Würde ein Vorrang des Objekts aber den Vorrang des Vaterbildes bedeuten, wäre die Angleichung an das Realitätsprinzip eine individuierende Identifikation mit dem Vater, um etwas anderes als immer nur die Mutter Natur zu ‚erkennen'. Das Ding ist *an sich* Denkobjekt und kein Loch im Sein. Was mich hinter meiner Vorhaut hervorzieht und aus dem Mutterleib herauslockt, ist der väterliche Gegen-Ständer. Ich muß wie der Vater werden, um eins zu werden mit einer Frau Welt wie Mutter Natur.

Adorno kritisierte an Hegel jenen wahnhaften Subjektivismus, den Hegel an Schlegel und Novalis kritisiert hatte, aber verteidigte deshalb nicht die frühen Romantiker von 1800 gegen Hegel, sondern den vermeintlichen Realismus Schopenhauers und Nietzsches gegen Hegel und die Romantiker zugleich. Vor Marx und Adorno waren Hegel und Schlegel Brüder im romantischen Geiste. Die Mängel von Hegels Naturphilosophie waren nicht nur Mängel der Naturwissenschaft seiner Zeit. Antinomische Widersprüche liegen nicht in der Vernunft selbst, sondern in der vom Romantikerphilosophen Fichte zur Vernunft erhobenen „poetischen Einbildungskraft" (Maimon), die sich das immer abwesende Ganze möglicher Objekte als ein eigenes Objekt unter anderen vorstellt. Hölderlin und Novalis waren vom „batavischen Plato" Hemsterhuis beeinflußt, Valéry-Vorbild Joubert von Plato selbst.

Maimon war über Fichte, Leibniz war über Maimon der Ahnherr Hegels und Schlegels, und auf diesen infinitesimalen Leibniz berief sich auch noch Lichtenberg. „Poetische Einbildungskraft", die Fähigkeit, sich geistig vorzustellen, was nicht leibhaftig da ist, war für Kant die Wurzel von Verstand und Sinnlichkeit. Die romantischen Selbstparodien und Nietzsches sprachtrunkene Sprachparodien (H. Krüger) unterscheiden sich wie Poesie und Prosa. Prosaist Nietzsche spricht über die Welt, indem er über die Sprache spricht, und Poet Novalis spricht über die Sprache, indem er über die Welt spricht. Aphorismen bestätigen auch durch sich selbst, was sie an der Welt entlarven: Tugend verbirgt lächerliche Anmaßung (Lichtenberg), Eigenliebe (Rochefoucauld), Liebeshunger (Schopenhauer) oder Machthunger (Nietzsche). Der Aphoristiker demütigt seine Leser, indem er sie entlarvt oder gestehen läßt, daß er es viel besser kann als sie. Metaphysisches wird metaphorisch durch Physisches vertreten und widerlegt. Jeder fällt unter seinen gleichschaltenden Allgemeinbegriff gerade durch seine lächerliche Prätention, etwas ganz anderes und Besonderes zu sein.

Vita longa, ars brevis: Erasmus suchte den „sensus non vulgaris". Perez und Gracian trennten die Regel vom Anwendungskommentar, Larochefoucauld provozierte durch Überverallgemeinerung seiner Beobachtungen den Leser ironisch dazu, sich als Ausnahme zu fühlen, welche die Regel bestätigt. „Paradoxes, mélés de Réflexions et de Maximes" (Ersttitel von Vauvenargues). Lichtenberg suchte Erkenntnis als Wechselkorrektur von logischen und ästhetischen Irrtümern zu begründen. Das eine Auge sollte ein Fernrohr, das andere ein Mikroskop benutzen. Geist und Sinnlichkeit: Witz integriert, Scharfsinn differenziert. Geist und Esprit: Französisches Distanzpathos und deutsche unio mystica. Der Aphorismus ist zu scharfsinnig, um irrational zu sein, aber auch zu ästhetisch, um wissenschaftlich beweisbar zu sein. Im Aphorismus gibt sich ein Gefühl die Logik des Gedankens und der Gedanke die Tiefe des Gefühls. *Vor* Kant richtete der kluge Weltmann sich stoisch ein in einer fix und fertigen Gesellschaft, *seit* Kant entwarf der Moralist seine eigene Welt. Die kopernikanische Wende: Erst richtete er sich nach dem richtigen Bild von ihr, dann richtete er sich eine richtigere Welt (wenigstens auf dem Papier) ein. Der reale Sozialismus war wahrer Staatskapitalismus, und die soziale Marktwirtschaft ist der wahre Sozialismus? „Traumarbeit": Der Mensch träumt bei der Arbeit und arbeitet im Traum. Arbeit ist die häufigste Form der Bewußtlosigkeit, und wer einen Platz an der Sonne will, geht mit ihr unter.

A. Schlegels Chamfort-Rezension 1796 blieb skeptisch: „Ein allgemeiner Satz, in welchem unzählige Erfahrungen zusammengedrängt werden, ist immer in einem gewissen Sinne unwahr", aber der „verständige Leser" werde es schon richtig aufnehmen. Sein Bruder Friedrich schrieb „kritische Chamfortaden". Jean Pauls „Ideenwürfel" erinnern an Mallarmées Würfel, der „nie den Zufall besiegen wird". - „Von jeher sucht die Wissenschaft nach dem Punkt, wo das Seyn das Erkennen, das Erkennen das Seyn umschließt." (Schelling: „Aphorismen zur Naturphilosophie", 1806) Bacons aphorism suchte translatio, variatio, inversio et sortes experimenti.

Hofmannthals „Lord Chandos", der in seinem berühmten fiktiven Brief an Francis Bacon, den Autor einer Sammlung „Apophthegmata New and Old" (1625), die Realitätsinsuffizienz jeder Sprache beklagte, plante nach dem Vorbild der (verlorenen) Sammlung Cäsars eine eigene Aphorismensammlung - die Hofmannsthal mit dem „Buch der Freunde" dann vorlegte.

Die Systematiker sind zusammen mit ihren aphoristischen Gegnern ausgestorben. In Deutschland ist der Aphorismus heute nicht tot, aber zur zweitklassigen Subkultur abgesunken. Er überlebt nur um den Preis, von seriösen Dichtern, Wissenschaftlern und Kritikern nicht ganz ernst genommen zu werden, wie Nietzsche schon im letzten Jahrhundert wortreich klagte. Auf Französisch überwintert er im Bonmot, auf Deutsch im Sprühwandgraffito. Der klassische Gnomiker ist zum billigen „Sprücheklopfer" heruntergekommen und Senecas lakonische Sentenz zum flapsigen Nonsens-Kalauer. Neben anonymen Sprüchen in Illustrierten-Beilagen gibt es fast nur noch Fakultätsaphoristik von Universitätsassistenten im Selbstverlag.

Zenons ‚ruhender Pfeil' ist auch der Pfeil, den ein Subjekt abschießt, um sein Objekt zu treffen. Der Weg dorthin besteht nicht aus aktual-unendlich vielen Stationen, aber läßt sich in potentiell unendlich viele Etappen zerlegen. Ein Weg ist nicht unendlich lang, aber läßt sich unendlich lang machen, ohne aufzuhören, eine abmessbar endliche Strecke zu sein. Wird er zusammengesetzt gedacht aus unendlich vielen unendlich kleinen Wegstrecken, komme ich nie ans Ziel, wie dicht es auch vor mir liegen mag.

Wenn ich will, kann ich unendlich weit von jedem Ziel entfernt sein, ohne träger zu werden. Jeder kleinste Weg läßt sich veranschaulichen als Allee von beliebig vielen Bäumen mit unbestimmt vielen Ästen mit unbestimmt vielen Zweigen, die sich verlieren und von denen es schwerfällt, jemals den Baumstamm oder gar den Weg wiederzufinden. Einen Weg zurücklegen heißt aber nicht das Unmögliche, unendlich viele und kleine Wegstrecken in unendlich vielen unendlich kleinen Zeiträumen zu überwinden, sondern von jetzt bis bald in einem Stück von hier nach dort zu gehen. - Stehen bleiben heißt gleichsam wie ein Baum die Krone in den Himmel und die Wurzeln ins Erdreich verzweigen, also beim Versuch, meinen Standpunkt zu verlassen, „in die Luft gehen" und zugleich „in der Erde versinken".

Ich versinke in dem Punkt, auf dem ich stehe, auf Nimmerwiedersehen oder löse mich in Luft auf. Jeder Weg hat ein Ende, nicht aber seine Unterteilbarkeit in Stationen oder seine Überschreitbarkeit um neue Grenzen. Methode, meta hodos : entlang des Weges. Wer den Weg vom Subjekt zum Objekt methodisch geht, kann ihn in beliebig viele Fragmente unterteilen und an beliebig vielen Stätten unterwegs Rast machen. Zwischen je zwei Fragmente läßt sich ja immer noch ein neues Fragment schieben, und zwei aufeinander folgende Fragmente sind deshalb nie auseinander ableitbar, weil sich immer unbestimmt viele weitere Standpunkte einschieben oder umgekehrt in ein einziges Fragment zusammenfassen lassen. Der ‚magische Idealist' Novalis verstand Freiheit als Vermögen, jeden endlichen Weg von Ursache zu Wirkung in unendlich viele Fragmente zu zerbrechen und bei einem beliebigen Fragment stehenzubleiben. Die Fragmente einer Sammlung lassen sich lesen als Stationen auf dem phänomenologischen Weg vom Ich „zu den Sachen selbst". Vor dem ersten Fragment liegt der Autor und hinter dem letzten die Welt. Der horizontale Weg vom Subjekt zum Objekt oder umgekehrt wird an jedem seiner beliebig vielen Bahnpunkte durch ein beliebig dichtes Büschel von Vertikalen geschnitten und gekreuzt, so daß senkrechte Analoga zu den waagerechten Wegmarken entstehen. Die Fragmente einer Sammlung sind Annäherungen an die Vieldeutigkeit, darstellbar als Büschel von Strahlen, die unter jedem Blickwinkel quer zur Wegrichtung durch infinitesimale Punktualitäten laufen.

Da der Weg von Fragment zu Fragment auf diese Weise auch nicht kürzer ist als der Weg vom Subjekt zum Objekt durch alle „fraktalen Brüche" hindurch, so ist in jedem Fragment jeder mögliche Weg durch alle Fragmente hindurch ganz enthalten, auf eine je besondere unverwechselbare Weise. Paradox gefaßt: Jeder Punkt des Wegs ist der ganze Weg, und dieser ganze Weg ist jede seiner eigenen Etappen. Weil zwischen je zwei Fragmente immer noch ein weiteres Fragment paßt, wirken sie, als hätten sie keine Beziehung zueinander und wären keine Glieder derselben Begründungszusammenhänge. Dieser Zirkel vom Subjekt zum Objekt und zurück ist nach hermeneutischer Regel nicht aufhebbar, sondern möglichst weit zu machen, potentiell so groß wie die ganze Welt, und das heißt hier, er ist als Polygon durch möglichst viele Kreis-Fragmente zu bilden. Wird heute der klassizistische Rationalismus der „romantischen Fragmente" rehabilitiert durch das „fraktale Denken" der Chaosforschung? Wie viele Fragmente zwischen mir und der fraglichen Sache liegen, hängt von der gewählten „Dimensionsskala" der Betrachtung ab, d.h. vom Grad an Vergrößerung, den die aphoristische Lupe erlaubt. Ein Fragment kann beliebig viele Fraktionen in sich zusammenfassen oder beliebig engverbundene Fraktionen voneinander trennen, es kann Zeitlupe oder Zeitraffer sein. „Scharfsinn ist ein Vergrößerungsglas, Witz ein Verkleinerungsglas. Das letztere leitet doch immer auf das Allgemeine." (Lichtenberg) Und das erstere leitet auf das Einzelne, das Adorno so sehr vorzog.

Kurzgeschichte der Literaturwissenschaft des Aphorismus

1933 - Franz Mautner und Fritz Schalk bestimmten den Aphorismus als literarische

Gattung nach der Gestaltnorm der „geschlossenen" *französischen* Maxime.

„Formohnmacht" mache Aphoristiker zu verhinderten Dichtern und Denkern.

1948 - Dagegen erinnerte Paul Requad an die *„offene Form"* Lichtenbergs u. Bacons.

1934 - Fink: *Nietzsche* zwischen strengem Rochefoucauld und formlosem Schlegel.

1939 - Walter Wehe sah den A. als *„Grenzform* zwischen Dichtung und Philosophie".

1949 - U. Asemissen sah im A. die literarische Form des philosophischen *Paradoxes.*

1953 - Ludwig Fußhoeller bestimmte den Aphorismus als primär *religiöse* Form.

1954 - Heinz Krüger bestimmte den Aphorismus als primär *philosophische* Form.

1960 - Hans Margolius bestimmte den A. als *lebensphilosophisches* Anti-System.

1963 - R. Koehne sah Lichtenberg nicht primär literarisch wie Requad, sondern

philosophisch wie Adorno („Zeugnisse", Adorno zum 60. Geburtstag).

1964 - K. Heinrich begrüßte im Aphorismus die *induktive* Erkenntnisform Bacons.

1969 - Synthese : J.P. Stern sah Lichtenberg als ‚Dichter und Denker‘ zugleich.
Der Aphorismus sei das „literarische Emblem eines *Paradoxes"*.

1976 - Gerhard Neumanns „Ideenparadiese" : Der Aphorismus ist nicht Kunst und
Philosophie zugleich, sondern problematisiert deren *Konflikt zur Erkenntnisform*, ohne selbst pure Literatur oder Philosophie zu sein.

1984 - Harald Fricke erkannte auf rein literarische Form des *„geselligen Rätsels"*.

1986 - K. v. Welser militarisierte A. (implizite Schlüsse) zu „Partisanen im Feld der
Sprache" - wie Walter Wehe schon 1939.

1993 - Stefan Fedler definierte A. als *„Begriffsspiel"* zwischen Dichten und Denken

1999 - Friedemann Spicker sah den Erkenntnisanspruch zwischen Bild und Begriff.

Affekt oder Vernunft als Selbstaufhebung des Verstandes

Das Subjekt steht still vor der bewegten Vielfalt der Dinge und geht von einer fixen Idee zur nächsten. Es betrachtet ruhig den Wechsel der Dinge oder bewegt sich Schritt für Schritt an ihren Wesenheiten entlang. Der Ver*stand* kommt laut Hegel zur Vernunft, wenn seine fixen *Stand*punkte sich selbst widersprechen und dadurch fortschreitend über sich hinausgehen.

Sie kommen aus dem cartesianischen Frankreich: Baudrillard, Foucault, Lyotard, Lacan, Deleuze, Guattari, schließlich die ‚nouveaux philosophes‘. Dieses Ungenügen am klassischen Diskurs der analytisch-positivistischen Vernunft, die unfähig war, dem Leben, der Gesellschaft und der Geschichte gerecht zu werden, ohne sie zu vergewaltigen, ließ einen Sartre dialektische Rationalität favorisieren, an der seine Freiheitslehre sozialistisch scheiterte.

Die Enttäuschung über die dialektische Logik des GULAG legte es nahe, das Kind der Vernunft mit dem Bad der Rationalisierungen auszuschütten. Nach dem Export der Nietzsches und Heideggers kehrte dann die irrationalistische Vernunftfeindschaft über Frankreich nach Deutschland zurück und legierte sich mit Motiven aus der „Dialektik der Aufklärung" zum Dienst an der Gegenaufklärung. Lenin fiel mit Stalin, Marx mit Lenin, Hegel mit Marx, Kant mit Hegel ... das war kein Ende abzusehen. Der maitre penseur der neuen Philosophen gegen die ‚Hure Vernunft' (Luther) ist das New Age des „Wassermanns". Vernunft ist Herrschaft, Herrschaft ist böse, also weg mit der Vernunft, so einfach ist das. Ihren Verteidigern wirft der Zeitgeist vor, auf einen Popanz von Irrationalismus einzudreschen, aber was ist sein eigener Vernunftbegriff anderes als selbst ein Popanz? „Dialektik der Aufklärung" gilt als halber Kram. Der ‚Frankfurter Schule' wird vorgeworfen, die eigenen Gedanken nicht zu Ende gedacht zu haben. Wie sonst hätte die Kritische Theorie den bloß noch frommen Wunsch übrig behalten können, die Welt doch noch vernünftig einzurichten? In denen spukte eben noch der hebräische Erlösungsglaube des apokalyptischen Messianismus: Macht euch die Erde untertan usw. In seinem Kahlschlagfuror merkt er gar nicht, daß er keinen Gedanken hat, der bei Adorno nicht schon besser zu lesen war, den er zu überwinden vorgibt, wo er hinter ihn weit zurückfällt. Das Konzept wurde schon in den Dreißigerjahren entwickelt: Vernunft brach die Herrschaft der Natur über den Menschen. - Vernunft als das naturbeherrschende Prinzip schlechthin ist uns zur zweiten Natur geworden, deren zähen Bann es nun zu brechen gilt. Die ratio wurde zum Selbstzweck statt ein Lebensmittel - und das Leben zum Rohmaterial rationeller Verwertung.

Die Kritische Theorie entdeckte die Irrationalität der Rationalität selbst, den rohen Mythos vom vernünftigen Ende mythischer Naturverfallenheit des Menschen, seit der Geist seine eigene Naturbasis unterjocht, der er entstammt, die ihn nährt und der er zu dienen auszog. Der Zeitgeist sieht das völlig richtig: Vernunft ist die reflexive Überschreitung aller von Natur und Verstand gesetzten Grenzen und positiven Gegebenheiten - das negative Prinzip schlechthin, Kritik und immanente Transzendenz übers Bestehende hinaus, Transzendierung der Naturverfallenheit und natürlichen Mangellage. Wenn sie über alle Natur hinausgeht, dann muß sie am Ende auch die zweite Natur überschreiten, zu der sie sich selbst geworden ist. Das Negative kommt erst zu sich, sobald es sich selbst negiert, und durch einen Salto mortale geht der Geist in eben dem wieder unter, dem er geschichtlich sich mühsam entrungen hatte, der unbearbeitet ‚reinen', der jungfräulich unverschandelten Natur, die heute den ‚Goldklang' (Nietzsche) hat, den um 1900 das Wort ‚Leben' usurpierte. - Negation der Negation, die idyllische Versöhnung von Natur und Geist, von Verstand und Sinnlichkeit, der theologisch-metaphysische Urtraum bewacht den Schlaf der Vernunft.

Der Zeitgeist sieht durchaus das Stück Natur auch in der Vernunft selbst, die Leidenschaft des ‚Übersichhinausgehens', der Selbstüberschreitung, den affektiven Gegenaffekt seit Spinoza. Zur Natur des Menschen gehört es, seine Mangelnatur zu transzendieren, mit Heidegger „ek-statisch" außer sich zu geraten, immer je schon über sich hinaus zu sein in Plessners „exzentrischer Positionalität" und mit Sartre jenseits seiner selbst zu sein.

Als kritische Distanzierung vom All partizipiert die Vernunft an dieser ekstatischen Struktur des menschlichen Daseins. Aber die Transzendenz ist stets Herrschaft über das Transzendierte, und der Geist frißt Natur, um nicht von ihr gefressen zu werden. Die verruchte Kette von Gewalt und Gegengewalt soll durchbrochen werden, ich soll nicht mehr fressen müssen, um nicht gefressen zu werden, gut. Wenn also die Vernunft Naturbeherrschung ist, dann kann und darf Natur nicht wieder Vernunftbeherrschung sein. Wenn Vernunftherrschaft über die erste Natur uns im übrigen zur zweiten Natur geworden ist, läßt ihre Übermacht sich nicht mehr durch einen Aufstand der ersten Natur brechen. Das ist der Irrtum jedes blauäugigen ‚Naturalismus', in jedem ökologischen Agrarfetischismus und Humus-Humanismus mit seinen giftigen Idyllen. Vernunft ist eine Faktizität höherer logischer Ordnung als alle Fakten, die sie ordnet, subsumiert, formiert und zurichtet.

Herrschaft über die zweite Natur der Naturbeherrschung ist ja gerade nicht Selbstbeherrschung des empirischen Menschen, also der Selbstidentitätszwang des bürgerlichen Individuums, sondern im Gegenteil dessen Desintegration und Dissoziation in der Hingabe an das, was seinem Selbst *nicht* gleicht. Das war bei Adorno zu lernen. Diese Selbstbeherrschung zweiter Ordnung sei keine Gewalt gegen die eigene Natur, sondern sei Herrschaft gerade über die Naturbeherrschung selbst, ohne den Naturgewalten wieder zu verfallen. Aber ist das nicht die Quadratur des Kreises? Jeder Begriff kastriert das Begriffene, um nicht von ihm kastriert zu werden. Da er alles unter sich begreifen will, greift er am Ende sich selbst an. Ihm wird empfohlen, um sich nicht selbst kastrieren zu müssen, jene Potenz in sich zu kastrieren, die alles kastrieren will. Begriffe gehen auf Allgemeines, auf das, worin diverse Objekte übereinkommen und ihrem Begriff gleichen.

Dazu muß der Begriff alles an den Objekten wegschneiden, worin sie nicht miteinander und mit ihm identisch sind, ihr unverwechselbar Besonderes, ihre spezifischen Qualitäten und sinnlichen Differenzen. Der neue Wassermann-Heide verlangt vom Begriff, nicht vor sich selbst halt zu machen, also jenes Besondere an ihm selbst zu kastrieren, *daß* er alle Dinge um ihre Besonderheiten verkürzt. Aber auch er sistiert die Dialektik, und entgeistert stürzt der Geist in die Natur ab, der er sich entwindet. Wozu wurde die ungeheure Negationsarbeit der Vernunft am Widerstand der Gegenstände geleistet, wenn sie wieder dort endet und landet, wo sie in aller Not begann, bei der Herrschaft der Natur über den Menschen? Denn der postmoderne *Rhizombie* sieht ja sehr wohl, daß das sacrificium intellectus nicht Herbert Marcuses „befriedetes Dasein" freigibt, wo Leus neben Lämmern liegen.

Der von administrativer Subsumptionsrationalität entlassene anarchische Trieb ist nicht nur erst einmal zutiefst gezeichnet von dem, wovon er sich befreit, und mit dem Aggressor identifiziert. Nichts an der Psychoanalyse ist den linken Optimisten des pausbäckigen Undsofortschritts so verhaßt wie Freuds späte Spekulationen darüber, ob der Sexualtrieb nicht doch eher ein Todestrieb sei als der Lebenstrieb schlechthin. Und man weicht diesem „Elan mortel" der Leidenschaft nicht aus. Nach Freud ist der Sexualtrieb ein Todestrieb ja nicht, weil er von der repressiven Vernunft des Über-Ich ständig bedroht wird, sondern schon in sich selbst, kraft seiner eigensten Dialektik - gegen den Ich- und Selbsterhaltungstrieb geht er auf Rückkehr in das Anorganische, das entspannt Tote. Hier ist die ‚instrumentelle Vernunft' verabschiedet, der Kompromiß zwischen Lustgewinn und Realitätsprinzip. Sich selbst überlassen, folgt die Passion nur ihrer eigenen Schwerkraft, dem Absturz der lebendigen Unlustspannung in die Entropie des Naturschlafs. Adorno selbst hat die Dialektik hier zum Stillstand gebracht, bei der Stillung der unendlichen Begierde. Kritische Negationsarbeit der Vernunft münde in den „blinden somatischen Impuls" der sinnlichen Lust, dem Kollaps der Triebspannung in die letale Regression, die vorgeburtliche Einheit mit dem Ursprung. Hier beginnt die ‚Vernunft' des Affekts gegen den Affekt der Vernunft. Das ist nicht die Depression post festum als Kehrseite der Repression ante et anti festum. Aber würzt sich die Leidenschaft hier wirklich mit der Verabschiedung der Besonnenheit? Keine Lust ohne Brechung von Widerständen, sie gewinnt sich aus ihrem Gegensatz und ist nichts als gemeisterte Angst. Ein wenig klingt beim Zeitgeist an, daß die Leidenschaft ihren Widerpart braucht wie die Polizei ihre Verbrecher. Aber sie schafft sich ihre Fesseln nicht, aus deren Zerreißen sie besteht, sie findet sie in undosierbarer Übermacht vor; es sind keine sportiven Hürden. Der Neue Irrationalismus bejaht die Tragik, daß das Selbstopfer der Vernunft eine tödliche Dialektik der Leidenschaft entbindet und nicht planen Frieden von Bedürfnisbefriedigung. Hier kommen sie wieder zu Wort, die Ideologen der „schenkenden Tugend" (Nietzsche), der „Entgrenzungen" und post-ökonomischen „Selbstverschwendungen" (Bataille).

Vernünftiger Äquivalententausch von Lust und Last, Geben und Nehmen, wird aufgekündigt. Nicht länger sollen die konkreten Gebrauchswerte des Seins in abstrakten Tauschwerten gleich-gültig und das Inkommensurable gegeneinander aufrechenbar sein. Das Pathos will sich hier und jetzt, nackt und prompt, die Unendlichkeit ohne andere Vermittlungen als den Grenzen des Leibes und seiner „Wunschmaschinen", das unmittelbar Absolute hier und sofort. Dafür ist es bereit, den Preis der kalkulierenden Selbsterhaltung zu zahlen. Das Ich geizt nicht mehr mit sich, spart sich nicht auf, es gibt sich hin und auf, wirft sich weg an ein Nicht-Ich, verliert und vergißt sich hingerissen, statt sich selbst zu suchen und zu finden, zu verwirklichen und zu bestimmen. Es kommt erst zu sich, wo es außer sich gerät u. u. Aber verliert es sich nicht, um sich selbst zu gewinnen, bereichert um das, was es dort er-fährt? Ist die Selbsthingabe ans Nichtselbst wieder nur eine amortisationssüchtige Totalinvestition, die umso mehr erwartet, je mehr sie eingesetzt hat? Der Zeitgeist scheint alles auf eine Karte setzen zu wollen, und das von ihm favorisierte Ich behält sich nicht zurück. Ohne Rückversicherung gewinnt die Innerlichkeit sich selbst gerade rückhaltlos in ihrer Selbstentäußerung. Hier will einer aus sich hinaus, ohne sich als Reserve im Rücken zu behalten : Wollust des Todes statt Tod der Wollust, Jenseits der Vernunft als „Jenseits des Lustprinzips" (Freud). Das regressive Eintauchen ins „oceanische Gefühl" (Freud über Rolland) ist psychoanalytisch gesehen ein Wunsch, väterliche Kastrationsdrohungen zu unterlaufen durch Verschmelzung mit der Imago einer präödipal archaischen Muttergottheit.

Hier sind tendenziell Kommunikation, Vermittlung, Realitätsprüfung, postödipale Ichfunktionen und sekundäre Bearbeitung der Primärprozesse suspendiert, aber wird da nicht aus der Not der Ichschwäche die Tugend der Selbstlosigkeit gemacht und die Regression philosophisch als progressiv abgesegnet und umetikettiert? Geht es über das Ich hinaus oder nicht noch vor das Ich zurück? Handelt es sich hier um chaotisches Fluten sensueller Intensitäten statt Autonomie der bürgerlich ellbogenfreien Selbstagenten? Die glorifizierten Psychotiker sollen die Kastanien aus dem Feuer holen, die ihren Ideologen zu heiß sind: Hannemann, geh du voran!

Hier beginnt die romantische Verklärung der Unvernunft und des Wahnsinns, die Illusion, in einer verrückten Welt sei der Geisteskrankgeschriebene der einzig Normale und Anwalt des Besseren, während er in Wahrheit doch nur den universellen Irrsinn zu wörtlich nimmt und konkretistisch mißversteht. Adorno hatte eine Weltverfassung favorisiert, in der Selbstentäußerung an das Nicht-Ich keine in der Schizophrenie kulminierende Selbstentfremdung wäre, sondern das Glück selbst. Erst die Entfremdung von der permanenten Selbstentäußerung verdingliche das Subjekt, nicht schon die produktive Selbstvergegenständlichung selbst, wie Marx seinem Hegel zu Recht vorwarf. Aber erst in einer freien Gesellschaft wäre die Unvernunft des Irren nicht die Hölle der mystifizierend fehlverarbeiteten inneren Natur, sondern der Himmel auf Erden. In unserer Welt ist der manifest Verrückte weiterhin irrer als der Wahnsinn des Ganzen.

Das manisch selbstidentische Ich wäre in einer wahrhaft freien Welt, aber erst dann so überflüssig und selbstzerstörerisch, wie es heute als Zentrum aller Resistenz wichtiger ist als alles regressive Wegtauchen unter reales Unheil. Drogen, Psychedelics, Zen, Öko, sensitivity training, Urschrei,

Makrobio, Bukowsky, Maharishi Yogi, Donald Duck, flower power, kosmisches Bewußtsein, freak heroism... Das rationale Ich als rationalisierter Genitalprimat müßte seine eigene Desintegration ins Auge fassen können, die Dissoziation in divergente Partialtriebe, ohne fetischisierend infantil an sie fixiert zu sein. Die emanzipative Ichstärke ist nur zu begründen als ein Instrument des Widerstandes gegen eine Welt, welche die selbstvergessen besessene Hingabe des borierten Ich=Ich an ein Nicht-Ich oder an eine Sache selbst mit dem Abgrund des Wahnsinns bedroht. Der Weg nach innen führt über die Außenwelt und umgekehrt. Deren Ausblendung ergibt eine Innerlichkeit, die hinterrücks bevölkert ist von den nackten Fakten, die sie draußen halten will, und das verdrängte Draußen schlägt unverarbeitbar krude ins reine Ich ein. Der auch noch so meditativ aufgemöbelte Narzißmus ist oft Abwehrmechanismus aus Berührungsangst vor jedem Nichtich. Das Ich=Ich ist nur zu legitimieren als Über-Ich, dessen Organ das Ich sein dürfte, ohne es zum Big Brother zu machen. Schizophrenie ist nicht anders das Negativ der Glückseligkeit, wie die Neurose bei Freud als Negativ der Perversion gilt.

Adorno plädierte für ein Leben, in dem auch idyllisches Glück nicht die Maske des vollendeten Leidens trüge, in der der Wahnsinn der Unvernunft nicht die Karikatur der arkadischen Utopie wäre, die Aufgabe des selbstbeherrschten Rollenspiels nicht die Katastrophe, sondern die Rettung vor ihr. Wenn es im falschen Leben kein richtiges, in der unfreien Gesellschaft keinen einzigen Freien gibt, dann auch keinen Glücklichen, der das objektive Elysium nicht gerade in der subjektiven Hölle findet und subjektiv glücklich sich nur fühlt, wo er objektiv verzweifelt ist. Diese Dialektik hat die Kritische Theorie herausgearbeitet, ohne die Krankheit der Normalen zur Gesundheit der Verrückten zu nivellieren. Intellektuelle heute halten die dialektische Spannung nicht aus, sondern zerhauen Gordische Knoten.

Leidenschaft befreit sich nicht in der Selbstaufhebung der Vernunft und der Sprache; Natur jenseits jeder Kultur ist undenkbar, aber ebenso wahr bleibt, daß es in der Welt dafür eher zuwenig als zuviel Rationalität gibt.

Freud sagt irgendwo sinngemäß, wer diese Spannung nicht aushalte, dem sei es unbenommen, sich zu holen, was er brauche, wo er könne. Unvernunft ist der alte Spitzname des Glücks, seine metaphorische Chiffre und Maske, aber nicht in konkretistischem Kurzschluß damit zu verwechseln. Der Irrationalismus ist die Ideologie des Glücks in der abstoßenden Gier des vergreisten Kindes, die Ideologie der Psychose und der primärnarzißtischen ‚Utopidylle‘. Idyllen vernünftiger Unvernunft enden meist dort, wo Sozialutopien beginnen, und sie sind „beschränkt“, weil sie sich beschränken auf die Schöpfung, wie Gott sie unüberbietbar eingerichtet hat.

Antwort an einen Kritiker

Beide wollen die begrifflos individuelle Regung vor dem Zugriff kastrierender Allgemeinbegriffe gerettet wissen, er durch Absage an rationale Verbindlichkeit und vernünftigen Konsens, während ich mit Adorno den Bann rationalisierender Begriffe eher durch rationale Begriffe brechen will.

Meinem Gesprächspartner KK geht es schon nicht mehr um das Verhältnis von Literatur und Psychologie, sondern um die Beziehung zwischen geisttötendem Leben und lebenstötendem Geist, um Ohnmacht der Reflexion vor dem universellen Leid der Individuen. Diese Drehung erlaubt es ihm, so „existentiell" zu werden, daß mein argumentativer Diskurs als hilflos intellektualisierendes Renommiergefuchtel sich bloßgestellt sieht.

Ich spiele nur virtuos mit Worten, und er macht Ernst, droht gar mit Selbstmord. Wer sich umbringt, setzt allerdings den, der ihn überlebt, immer irgendwie ins Unrecht, und vor diesem Tod, den er beschwört, wird alle Sprache zum nichtigen Gerede. Nun lebt mein Kritiker gottlob noch, wenn auch nur seinen Tod, wie er versichert. Er hat es erst bis zum Verstummen gebracht. Sein Dilemma: Er muß sagen, daß er eigentlich nichts mehr sagen dürfte - wenn er als Gegner aller Konsequenzlogik ganz konsequent wäre.

Glücklicherweise ist er, wie L. Kolakowski gefordert hat, nur auf inkonsequente Weise inkonsequent. Cum tacet clamat, cum clamet tacet. „Da wir nicht schweigen können, reden wir, um Schweigen zu erzeugen", schrieb Sartre. Nun kommuniziert KK mit uns, indem er den Abbruch der Kommunikation empfiehlt. Er will den endlosen Zirkel von Rede und Widerrede auch nicht durch Handeln unterbrechen. Er will nicht für oder gegen die böse Welt sein, sondern ohne sie, und schüttet das Kind der Kommunikation mit dem Bad der falschen aus, ziemlich verzweifelt. Die Sprache und Vernunft gehen immer auf Allgemeinheiten, auf kleinsten gemeinsamen Nenner, über dessen Kamm alles geschoren wird, auf Durchschnitt, der den Individuen ihr Individuelles gerade abschneidet, den Einzelnen um sein Glück betrügt und sein unwegreflektierbares Leid übergeht um des Großen Ganzen willen. Schon das Mittelalter wußte, daß das Individuelle unaussprechlich ist. Also weg mit Kunst, die ‚nur stilisiert‘, und mit Kritik, die sich dem Elend enthoben wähnt durch bloße Erkenntnis der Ursachen des Elends. Ich fürchte, KK leidet einfach daran, daß Worte nur Worte sind, kein Brot, sondern Steine, wenn auch oft geschliffene Edelsteine, und daß sie die sinnliche Erfüllung nicht geben, die sie einklagen - und vorgaukeln.

Sie seien sinnlos, weil sie die Begierde nach Sinn, aber nicht die der Sinne befriedigen. Habe ich mein Glück gefunden in der Analyse des Unglücks? Das Haus brennt längst lichterloh, und Leute wie ich quasseln über die Legitimitätskrisen der Feuerwehr? KK kann und will nicht warten auf einen herbeidiskutierten Nimmerleinstag, er dringt auf prompte Erlösung hier und jetzt, ohne langen Marsch; er hat keine Zeit mehr und entdeckt wieder Descartes: „Es ist leichter, sich selbst als die Welt zu ändern."

Seine Ungeduld ist zu achten, aber KK will sich selbst verändern, um die Welt nicht mitverändern zu müssen, und nicht etwa, um sie mitverändern zu können, steht zu fürchten. Nun sucht er Absolution vor dem inquisitorischen Richterauge der Gesellschaftskritik, er bittet um Verständnis für seinen Versuch, sich mit Schopenhauer „in der Hölle eine feuerfeste Kammer bauen" zu dürfen, er fordert das egoistische Recht zum Winkelglück emotionaler Innerlichkeit. Als ob es darum ginge, ihm diesen Königsweg moralisch zu verleiden, falls es den gäbe. Ganz im Gegenteil: Jede Flucht ist erlaubt, jede Linderung freigegeben, jedes Betäubungsmittel und Surrogat, jede glückliche Bewußtlosigkeit gegen das unglückliche Bewußtsein.

Wenn es nur hülfe, wenn es diese Rückzugsnischen ins Familiäre, Private, Intime, Imaginäre gäbe. Was sind denn die Alternativen? Der Neurotiker verdrängt seine Wünsche, um im Einklang mit der Umwelt zu bleiben; der Psychotiker verdrängt die Umwelt, um im Einklang mit seinen Wünschen zu bleiben. Der Neurotiker unterbricht die Kommunikation mit sich selbst, um die mit anderen aufrechtzuerhalten; der Wahnkranke tut das Gegenteil, wenn er die Realität in Gedanken - statt in Wirklichkeit - verändert.

Verstehen Sie mich bitte recht: Gegen all diese Strategien wäre doch überhaupt nichts einzuwenden, wenn sie nur hielten, was sie versprechen. Aber sowenig die verdrängte Regung des Neurotikers durch die Verdrängung aufgehoben ist, sowenig die wahnhaft verleugnete Realität für den armen Psychotiker oder den, der nur *wie* ein Schizophrener leben möchte, ohne es zu sein. Das verdrängte Triebbedürfnis des Neurotikers schlägt doch leider wie die wahnhaft verfälschte Umwelt des Psychotikers hinterrücks ungleich brutaler in das zu schützende Innerste ein, als wenn es bei der *bloßen* Angst vor dem verpönten Trieb oder vor der drohenden Umwelt geblieben wäre. Die ausgeblendete Umwelt erzwingt sich hinter dem Rücken unseres *freiwilligen* Kommunikationsabbruchs eine „Kommunikation" mit uns, die angsterregender ist als jede „revolutionäre" Konfrontation mit Überich und Realitätsprinzip. Sie wollen das Recht, sich autoplastisch soweit selbst zu ändern, bis sie unter dem Bestehenden nicht mehr leiden. Sie haben dieses Recht, aber nicht die Macht dazu, wenn Sie nicht nur Bedürfnis nach dem haben, was Sie nun ohnehin hier dürfen, sondern mehr und anderes wollen.

Ich versage Ihrem Versuch, „sich neu zu konstruieren", keineswegs den Respekt, ich fürchte nur Pyrrhussiege: Ihr Erfolg wird Ihr Mißerfolg sein. Aber das ist es ja gerade, was Sie mir vorwerfen: Da ich alles einer zum Selbstzweck gewordenen Kritik unterziehe, müßte ich diese ebenso radikale wie ohnmächtig selbstverliebte Kritik eigentlich auch auf sich selbst anwenden - und endlich schweigen, um meinen ganzen Ernst zu beweisen.

Das wäre dann konsequent und die wahre Dialektik: These - Die Welt ist schlecht. Antithese - Ich kritisiere sie. Synthese - Meine Kritik kritisiert sich selbst und gibt dem Kritisierten dadurch auf höherer Ebene nochmals Recht. Ist die doppelte Negation eine doppelte Affirmation? Aber ich bin schlechten Willens und will Sie mißverstehen, denn natürlich meinen Sie weder das Schweigen der stillschweigenden Zustimmung zum Bösen noch das Schweigen des genießenden Kavaliers, sondern das beredte Schweigen als höchsten Ausdruck der Verachtung und der Verweigerung. Vor diesem stolzen Verstummen - eines epikureischen Stoikers? - haben obstruktive Künstler, Kritiker und Irre eines gemeinsam: *Indem* sie das Spiel kritisieren, dessen Regeln sie analysieren, spielen sie es angeblich schon mit.

Kritik als wahre Anpassung, Anpassung als wahre Kritik? „Das Denken selbst, Rationalität ist der Aggressor", sagen Sie, und mit diesem Aggressor soll ich mich immer schon identifiziert haben, sobald ich ‚Individualist' bleiben will, indem meine beifallheischend exhibitionistische Gehirnakrobatik jenes Denken kritisiert und jene Begriffe angreift, die das Individuum töten?

Eines allerdings verstehe ich nicht an Ihrer Argumentation. Einerseits werfen Sie mir vor, ich ließe mich gerade durch meine kontemplative Kritik zu sehr auf das Kritisierte ein, und andererseits hielte ich zum toten Leben gerade die „eiskalte" Distanz des bloßen „Betrachter-Typs"?

Bin ich dem Unheil, bitte schön, nun zu nah oder zu fern? Halte ich mich zu weit aus allem heraus, oder bin ich dem Verfall schon zu sehr verfallen?

Sie empfehlen mir mehr Gefühl, also mehr Fühlungnahme mit dem Leben, und doch soll meine kritische Vogelperspektive nun wiederum heillos ohnmächtig in das Bestehende verstrickt sein. Aber haben Adorno und Freud, wie Sie zu insinuieren scheinen, wirklich die Affekte an schnöd intelligentes Funktionieren verraten, aus Angst und Abscheu vor wahrem Gefühl?

Hat gerade Adorno die verabsolutierte Herrschaft des Geistes über die innere und äußere Natur nicht immer bekämpft? Wo Es war, soll Ich werden, forderte Freud, und das soll doch, wenn nicht alles täuscht, keineswegs die Gefühle aufheben, sondern gerade ihre Verdrängung. Sowenig im übrigen der Verrückte der wahre Normale ist im Irrsinn der Normalität, sowenig

rettet doch das vermeintlich unmittelbare Gefühl vor der geheimen Irrationalität der herrschenden Rationalität. Das Unmittelbare steht doch am Ende
aller Vermittlungen, nicht vor und außerhalb von ihnen, es ist doch Resultat
und nicht Ursprung. Die unmittelbare ‚Stimme des Herzens‘ diesseits aller
Gedankenblässe ist doch gerade das, was als ‚Stimme seines Herrn‘ aus
dem Lautsprecher kommt - das Heteronomste im Herzen der Pseudo-Auto-
nomie. Außerdem sollten Sie einmal präzisieren, was Sie gemeint wissen
wollen mit „eigenem Denk- und Wahrnehmungssystem oder dem subjektiven Auseinanderfallen aller Ordnung“ als Heilmittel gegen Manipulation.

Es ist doch wie im Märchen vom Wettlauf des Hasen und des Igels. Wohin
auch der Hase(nfuß) läuft, der Stachel der Umwelt ist immer schon da (mit
dem einer löckt). Sie geben zu bedenken, daß Denken nicht alles sei, daß
die ratio keine ultima ratio sei, und daß „existentielle Betroffenheit“ die
Sprache einfach verschlagen müsse, statt eitle „soziale Anerkennung“ sich
zu erschwatzen. Warum gehen Sie dann nicht mit gutem Beispiel voran,
statt unser aller Geschwätz geschwätzig zu verurteilen?

Allerdings war meine Psychoanalyse der Gründe, aus denen einer schreibt,
nicht als Kritik daran gemeint, *daß* er schreibt. Wenn ich hinter dem literarischen Vorhaben, schreibend Frau Welt zu enthüllen und den eigenen
„Familienroman“ zu verfassen, das Walten ästhetischer Allmachtsphantasie
als eine Reaktionsbildung auf demütigende Ohnmachtsgefühle angesichts
der Kastrationsdrohung durch das *antipatriarchalische* Realitätsprinzip von
heute entdecke, wenn ich also den inzüchtig-vatermörderischen Ödipus und
das vaterlos launische Mutterkind im modernen Künstler aufgezeigt hatte,
dann ist damit die Kunst doch nicht entwertet, sondern der Künstler vielleicht ein wenig besser verstanden.

Werktätige als Kunstwerktätige?

Es ist der Computer, der Notizen in dir träumt, die du aufzeichnest in den Zwangspausen beim nervös gespannten Warten auf seine mechanischen Antworten, mit einem Auge auf dem grünen Display-Schirm des Datenfernverarbeitungsterminals, mit dem anderen auf dein flüchtiges Gekritzel, das feierabends und an Wochenenden ins reine getippt wird. Das Betriebssystem stellt sich nur einem Benutzer zur Verfügung, der sich dessen *facility commands* voll zur Verfügung stellt. Es liegt nicht wie ein griffiges Werkzeug in der Hand, eher wie eine diffuse Atmosphäre um den Körper. Dein Nervensystem ist die Fortsetzung seiner Kabelvernetzungen mit anderen Mitteln, aber nach seinem Bilde. Dein Geschrei-bsel ist eine einzige Abschweifung, die du dem Computer schuldest, wenn du dich seiner bedienst, um ihn und durch ihn hindurch deine Brotherrn zu bedienen, ein von seinen herrischen Ansprüchen gezeichneter Widerstand gegen seine Spielregeln. Diese abhängige Lohnarbeit am ‚Elektronengehirn' gibt dir eine relative ökonomische Unabhängigkeit und Muße zur Arbeit mit dem eigenen Hirn. Die Rechenmaschine stellt dich frei zu diesem Essay gegen sie - von ihren Gnaden. Ihre hohen Anschaffungs- und Unterhaltskosten rechtfertigt sie nur, wenn du dich, in optimaler Auslastung ihrer hochgezüchteten Kapazitäten, zum qualifizierten Werkzeug der von ihr gesetzten Prioritäten machst, ohne sie deshalb dämonisieren zu müssen zum Großen Bruder, dem sie gehört. Sie und du stellen für deinen Arbeitgeber Investitionen dar, die sich gefälligst zu amortisieren haben. Das Projektmanagement zwingt dich zu Plansollwerten, an deren jederzeit überprüfbarer Einhaltung, in jeder Abarbeitungsphase deiner *work package requirements*, dein Marktwert gemessen und in Fortbildungskursen ‚upgedatet' wird.

Die Arbeitsbedingungen, unter denen sie entstehen, samt dem Kampf dagegen, werden solchen Aufzeichnungen anzumerken sein. Der objektive Alptraum, den jemand verinnert, ist ein noch während des Träumens bestrafter Wunschtraum von der Heimat des Entronnenseins. Dein Freizeitdenken, von dem du nicht leben mußt, ist unabhängig, nicht seine Unabhängigkeit selbst. Sie verdankt sich der Lohnarbeit im elektronischen Proletariat. Du bist kein Existenzialist. Existenziell ist einzig der Kampf um die historisch längst überfällige Abschaffung des Existenzkampfes selbst. Seinen wahren Problemen wird jedermann sich erst zuwenden können, sobald niemand mehr hungert, friert, gefoltert und ausgebeutet wird durch Fesselung an die Überreproduktion seiner physischen Existenz. Diese Urdespotie des Wirtschaftslebens hält sich als mangelhafte Verteilung des materiellen Mangels

hinter ihrem kulturellen Gegenteil stets versteckt. Nichts unökonomischer
als Ökonomie heute, wo zum ersten Mal in der Menschheitsgeschichte die
technisch-organisatorischen Voraussetzungen zur universellen Beendigung
der Lebensangst aus Überlebensnot gegeben sind, identisch mit dem Potential zur Auslöschung der menschlichen Gattung überhaupt. Selbst bei radi-
kaler Reduktion der gesellschaftlich notwendigen Arbeitszeit wäre inzwischen für jeden Lebenden und noch Ungeborenen genug da von dem,
womit niemand länger an Leib und Leben erpreßbar sein sollte zum Ackern
an abschöpfbaren Mehrwerten, „tendenziell fallende Profitrate" hin oder
her. Solange nicht getan wird, was dazu technisch möglich wäre, ist die
Technik bloße Ideologie. Was kann der Arbeitnehmer von mehr Anteil am
Volksvermögen mehr erhoffen als stärkere Fesselung an sein humanisiertes
Fließband? Auch die Werkstatt voller Mikroprozessoren macht die Welt
zum Arbeitslager, und der Schritt vom Handwerker zum Programmierer ist
keiner vom Physischen zum Metaphysischen.

Sozialisten sagten den Arbeiterkindern, erst müsse der Unterbau fertig sein,
dann sehe man weiter. Das ginge in Ordnung, vergäße man nicht hinzuzu-
fügen, daß alle Arbeit an der Arbeitswelt ihren Sinn erst bezieht von den
Ergebnissen der Überbauarbeiter, die ihre Hausaufgaben nicht mystifizie-
ren. Ich muß heute, um nicht zu verhungern, mir Kaviar leisten können,
und alles ist ins Lächerliche verhext, wenn der Unterschied zwischen VW
und BMW einer ums Ganze ist und ich im „Spacelab" die einzige Waffe
gegen meine eigene Arbeitslosigkeit achten muß. Der Kampf um die Aufhebung des Existenzkampfes setzt Vorstellungen vom richtigen Leben voraus, die Menschen voraussetzen, welche ihr Leben nicht mit der Lebens-
mittelproduktion zubringen. Eignen wir uns die Kraft der Industrie an und
wecken Bedürfnisse, die noch kaum jemand hat, Luxusbedürfnisse nach
Wolkenkuckucksheimatlosigkeiten und eskapistischen Denksportübungen,
nach l'art pour l'art und den Wahrheiten um ihrer selbst willen. Wer einmal
Geschmack gewonnen hat an diesen geistigen Emigrationsformen, findet
sich auf Terrain gelockt, von dem aus der Rückweg auf anspruchslosere
Anpassungsgratifikationen verbaut zu sein pflegt. Alle Unterhaltung heute,
weil sie die Qual des Kampfes um den Unterhalt betäuben muß, wo dieser
Kampf längst irrational geworden ist, muß Barbarei bleiben. Um nicht zu
verzweifeln, leugnet jeder trotzig, mehr verdient zu haben als das, was er
als seine authentischen Bedürfnisse sich aufschwatzen läßt. Der Hochmut
derer, die sich für Mario Simmel zu schade sind, ist Bescheidenheit vor der
Arroganz jener, die stolz darauf sind, ihrem Millionenpublikum nicht den
„Musikanten-Stadl" wegnehmen zu wollen, während sie selber auch nur
Simenon-Krimis genießen. Inzwischen schämt der leicht Ankultivierte sich
längst nicht mehr seiner Sympathie für Beat-Musik, seiner herablassenden

Aufgeschlossenheit für Punks und Comics, für die prächtigen Underdogs. Die formalen Möglichkeiten dieses demokratischen *Systems* mit spezifisch proletarischen Mitteln legal zu nutzen, wäre ja schon die Revolution selbst.

Zu essayistisch subjektiv, um fachwissenschaftlich seriös zu sein, zu begrifflich, um zu erbauen, wärmer als Wissenschaft und Technik, kälter als Kunst und Religion, halten solche Essays, von niemandem beauftragt, erwartet oder vermißt, sich gleichweit entfernt von systemtheoretisch positivistischen Lösungen wie vom Trostaufgebot psycho-theologischer Erlösungen davon. Der einzige Nutzen solcher Notizen in einer immer effektiver funktionierenden Welt liegt in ihrer demonstrativen Nutzlosigkeit. Sie sind gut, wenn sie gut sind - zu nichts. Sie halten, daß sie nichts versprechen, und hoffen auf produktive Resignation. Sie wärmen durch artistische Kälte : Überwinterungskunststücke und Geschenke an einen, dem sie nichts schenken - in der Überflußgesellschaft etwas wirklich Überflüssiges, proletarische Philosophien aus ewiger Angst *vor* dem ewigen Arbeitsplatz.

Allen, die ihr Sozialpraktikum noch ableisten wollen, sind sie elfenbeinturmhoch überlegen. Die Engagements sind nur eine List des Systems, die Mühsal überlebensnotwendiger Selbstkorrekturen den Arbeitssklaven aufzubürden. Ein Defizit an politpraktischer Relevanz, szientifischer Validität, technischer Verwertbarkeit, psychotherapeutischem Potential, sozialintegrativer Funktion sollte schöpferisch werden. Es handelt sich da um keine interdisziplinäre Sonntagsbeilage zu arbeitsteilig zersplitterten Spezialsektoren des Wissens, um keine Drogen zur Bewußtlosigkeitserweiterung von Angebildeten, um keinen Normenkatalog zur alternativen Verhaltenssteuerung, sondern nur um einfache Betrachtungen, die nach gar nichts trachten, sondern bekanntlich weltfremd und lebensuntüchtig machen.

Gesucht wird der freie, allgemeine, chancengleiche Teilnahmezugang zu willensbildenden Diskursen, welche die intersubjektive Generalisierbarkeit der proletarischen Extrawünsche prüfen gegen den bürgerlich partikularen Mißbrauch universalistischer Wertprätentionen. Die Zielgruppe existiert vielleicht gar nicht und muß sich durch autodaktische Bildung erst noch bilden, also proletarische Individualisten, wörtlich: qualitativ und nicht nur numerisch nach Köpfen Gezählte. Kein Urteil gehört ja logisch zu dem, worüber es ergeht, und intellektuelle Arbeit, selbst schon ein Stück Utopie, nimmt um dieses Stück weniger teil an dem Elend, das sie analysiert.

Nur die Geschlossenheit geistiger Systeme führt ins Freie; das nicht streng Durchgebildete, das alles offen läßt aus Schwäche, erstarrt anekdotisch zur windigen Ganzheitspose. Ob solche marginalen Räsonnements eines Tages dem *zweckrationalen* Wissen implantiert werden können, muß noch offen bleiben. Jedes Denken, das sich zum Mittel des Handelns macht, ist mittelmäßig, weil allzu zweckmäßig. Die wichtigsten Dinge sind zu einfach, um anders als durch geistige Verrenkungen reflektiert zu werden. Die Funktion des hier favorisierten Denkens liegt in seiner praktischen Dysfuntionalität. Die „Anstrengung des Begriffs" ist eine Praxis, die mit der Arbeit das Recht auf sie abschaffen möchte und aus der Not der Arbeitslosigkeit eine philosophische Tugend macht. Die klassenlose Gesellschaft ist kein Endziel und Selbstzweck, sondern ein Lebensmittel, also notwendige, wenn nicht hinreichende Bedingung dafür, daß niemand sich einst auf anderes herausreden dürfte als auf sich selbst, wenn ihm sein Leben mißlingt.

Solange Gesellschaft und Geschichte Allzweck-Sündenböcke sind, ist die existenzialistische Zurechenbarkeit jedes persönlichen Fiaskos nur Betrug. Der Konkurrenzdruck auf dem Arbeitsmarkt vergesellschaftet nur die Atomisierung des Einzelnen, und erst der Existenzkampf um seine eigene Aufhebung wird zum edlen Wettstreit intellektueller Arbeitstiere. Jeder muß sterben, aber nicht mehr arbeiten, als er nötig zu haben glaubt. Wer auf die Vergesellschaftung der Produktionsmittel hofft, ist ein Dummkopf, der die Nischen und Abfälle der kapitalistischen Gesellschaft nicht nutzt. Kluge bearbeiten nicht ihre Natur, um zwanghaft die Natur bearbeiten zu müssen.

Philosophische Metasprache urteilt über die Verurteilung des Individuums durch die Allgemeinheit, die kein Individuationsprinzip anerkennen will. Jeder ist gleichzeitig eine bloße Nummer und eine akrobatische Zirkusnummer, er sollte Habgier nach der Freiheit heiliger Armut sein. Verlange vom anderen, daß er von dir verlangt, was du von dir verlangst, nämlich alles. Jeder mag das Unmögliche, und niemand ist mehr wert als seine Entfernung vom Unerreichbaren : Lebe naturgemäß, also intellektuell.

Ein Arbeiter, der seine Arbeit gut macht, nicht etwa, weil er das Geld gut brauchen kann, sondern weil er sie gern macht, ist fast schon ein Arbeiterverräter. Ob Arbeit schändet oder freimacht, ist sehr leicht zu entscheiden: Knochenarbeit für andere schändet, Kopfarbeit für mich selbst macht frei - frei von anderen und von dieser Maloche. Man hat sich angewöhnt, das Übel nicht schon in der Industriewelt selbst zu sehen, sondern erst in der kapitalistisch organisierten Industriearbeit, als würde es schon genügen, die Knochenarbeit der Produzenten und den Nervenkrieg der Dienstleister sozialistisch zu organisieren, damit das aufhört, Knochen zu brechen und den Kopf zu kosten. Ein Sklave hat sich noch nicht selbst befreit, wenn er arbeitet und in der Arbeit weder ein notwendendes Übel noch einen überflüssigen Luxus sehen kann. Der Leidensdruck muß größer werden als der Krankheitsprofit der Workaholics, um eines Tages die Lebensmittelbeschaffung nicht mehr zum Lebensziel zu erheben. Für ein rechtes Klassenbewußtsein genügt es nicht, unter dem Kapital zu leiden, wenn man nicht unter der Arbeit selber zu leiden vermag. Wer seine Arbeit gut und gerne täte, wenn er sie für mehr Geld tun dürfte oder nicht für andere tun müßte, ist noch kein „animal rationale", das seinen Dompteuren davonläuft und die Karawane der Geisteigenen und Sklavenhalter ungerührt weiterziehen läßt.

Ein Handarbeiter finge erst an zu handeln, wenn er aufhörte, mehr Wert zu erzeugen, als seine Familie braucht. Der von proletarischen Vorfahren akkumulierte Mehrwert ist verloren, wenn Kinder und Enkel sich nicht weiterer Mehrwertvermehrung verweigern. - Ein Blaumann von heute ist ein Edelmann von morgen, wenn er Geistesarbeiter wird. Ein Arbeiter, der sich zu Hochleistungssteigerungen motivieren und für Massenbewegungen mobilisieren läßt, der sich ins Werk-Zeug legt für Immobilienbesitz oder wenigstens ein Automobil, dem kein bürgerliches Statusobjekt und keine konsumistische Jagdtrophäe zu teuer erkauft ist, der im Dienst mehr leisten will, um sich mehr Dienstleistungen anderer Dienstboten leisten zu können, der seine Bedürfnisse von der Industrie lieber wecken als decken läßt und beim Gang durch die Warenhäuser gar nicht die Verhältnismäßigkeit der Lebensmittel verletzt sieht; ein Blaumann, der nicht lieber weniger produziert als mehr konsumiert und nicht lieber weniger verbraucht als mehr herstellt, einer, der unter dem besten Sozialismus weniger leidet als unter dem schlimmsten Kapitalismus und bloß weniger von anderen ausgebeutet sein will, um mehr sich selber ausbeuten zu können, und der nur aufhören will, Arbeiter zu sein, um selbständiger Kaufmann zu werden, - ein Proletarier also, der den ganzen Laden nur hinschmeißen möchte, um seinen eigenen Laden aufzumachen, und der aufhören will, Opfer einer Verwaltung zu sein, um endlich Opfer einer Selbstverwaltung zu werden, - will sagen ein Arbeiter, der immer mehr arbeitet, bis er arbeitsunfähig ist, statt sich möglichst bald freistellen zu lassen... einer, der sich lieber für Geld und für Fremde körperlich kaputt macht als unentgeltlich für sich und die Seinen geistig arbeitet, ein Kraftwerktätiger, der nicht völlig unmarxistisch *und* unkapitalistisch seine Bedürfnisse auf das Existenzminimum einschränkt, um sie nicht befriedigen zu müssen, indem er die Bedürfnisse der Industrie zu seinen eigenen Bedürfnissen erklärt, der ist nicht verraten und verkauft, der hat sich selbst verraten und verkauft - und kauft noch Anteile an seinem Betrieb, statt die Herrschaften ihren Kram allein machen zu lassen.

Früher war es vielleicht der mit allem zufriedene Bedürfnislose, der den Herren in diesen Kram paßte, heute ist es eher der zu jeder Schandtat und Überstunde bereite Nimmersatt. Es gibt keinen *Konsumterror*. Es gibt nur Dumme, die sich ohne Not vom Konsum freiwilligst terrorisieren lassen, obwohl auf Konsumverweigerung doch keine Strafe steht. Wer nur erpreßt werden kann mit einem Körper, der essen, trinken und wohnen muß, ist

besser dran als einer, der sich erpressen läßt durch seine Vorliebe für Sport-
wagen, Häuser und Yachten. Wer statt für andere lieber an sich arbeiten
möchte, mit weniger Einkommen auszukommen, um ein Stück selbständiger zu werden als die, die sich selbständig machen, der nimmt der Industrie
gern die preiswerten Massenartikel ab, um nicht wieder selbst in der Erde
herumwühlen zu müssen, aber er will weder mehr am fremden Fließband
seinen Mann stehen noch seinen eigenen Acker bestellen, um sich einen
neuen Wagen bestellen zu können.

Was ein Arbeiter braucht, ist eine größere Familie und kein größerer PKW,
ist eine größere billige Wohnung für mehr Kinder und nicht mehr Eigen-
heim für weniger Nachkommen, eine Schreibmachine und keine Geschirr-
spülmaschine, und den notwendigen Luxus sieht er weniger in der eigenen
Biertheke als in der eigenen Bibliothek. Der Verzicht auf Überfluß ist ein
Verzicht auf Überflüssiges. Der Blaumann sei nicht so blau, die von ihm
hergestellten Waren zu kaufen, weil er fürchtet, sonst seinen Arbeitsplatz
zu verlieren, sondern er räumt seinen Platz am Band, um nicht die Waren
kaufen zu müssen, die er herstellt. Der Arbeiter wird nur angesprochen,
um in Anspruch genommen zu werden, und alle ‚sozialen Bewegungen‘
sollen ihn nur lähmen. All diese ‚Selbsthilfegruppen‘ helfen vor allem sich
selbst. Kaum jemand wird irregehen, der die Faustregel beherzigt, daß jede
brandneue Befreiungsbewegung ihn nur auf brandneue Weise fesseln will,
jeder Befreiungskampf ihn nur bekämpft und jede Partei nur Partei ergreift
gegen ihre Wähler und Mitglieder. Es gibt nur *einen* Gegner für ihn, der ihn
noch massiver unterdrückt als die Organisationen seiner Klassenfeinde, und
das sind die Staatsdiener und seine eigenen Gegenorganisationen.

Stets wird er umworben und vereinnahmt von Leuten, die Truppen brauchen, um deren Köpfe zu bleiben. Die Reaktionäre und ihre ‚progressiven‘
Gegenspieler sind nur alternative Machteliten, die Statisten, Bierholer und
Kanonenfutter brauchen, um einander den Mehrwert abzujagen. Das Volk
wird gebraucht als Fußvolk und nicht als Kopfvolk. Eine Revolution beginnt mit Entsozialisierung, denn die Vergesellschaftung der Produktionsmittel bedeutet stets, daß der Produzent keine Mittel in die Hand bekommt.

Daß eine Klasse mehr und anderes ist als jedes ihrer Mitglieder, ist kein
ganzheitspsychologisches Gütesiegel, sondern Zeichen ihrer Misere. Die
Initialzünder jeder ‚Bürgerinitiative‘ bleiben stets im Dunkeln, denn entgegen Brechts berühmtem Diktum stehen die Herren im Dunkeln und die
Knechte im Röntgen-Lichte. Das gesellschaftliche Wesen eines jeden frei-
en Individuums ist nicht der Verein, sondern sein Verstand und seine Vernunft. Dieser einzelne Verstand nimmt gut utopisch bereits heute vorweg,

was an realer Verständigung zwischen Individualisten, im Einverständnis gegen den gemeinsamen Klassenfeind, übermorgen möglich sein mag.

Besondere Allgemeinbegriffe im Kopf von Einzelnen sind Vorgriffe auf die Allgemeinheit von morgen. Wage deinen eigenen Verstand zu benutzen, forderte Kant von jedem. Die Betonung liegt auf dem Verstand, damit das Recht auf eigene Meinung nicht zum Vorrecht auf eigenen Irrsinn wird.

Es gibt noch keinen Namen für das, was Kapitalismus wäre, der über sich hinauswächst, wenn er funktioniert, gegen das, was sozialistisch hinter ihn zurückfällt, wenn er *nicht* funktioniert. Das erste, was westlichen Beobachtern sozialistischer Staaten auffiel, war außer dem Mangel an Waren der Mangel an Werbung für fehlende Waren. Man sollte denken, es müsse eigens Reklame getrieben werden für das, was zuwenig da ist; in Wahrheit muß nur geworben werden für Angebote, die zuviel da sind. Der Antikapitalist hat sich angewöhnt, die Werbewelt des schönen Waren-Scheins ideologiekritisch vernichtend zu *hinterfragen*, als würden den armen irregeleiteten Massen Bedürfnisse aufgezwungen, die sie nicht haben wollen - und nicht haben würden, wenn diese Kritiker zu sagen hätten. Die raffinierten Manipulationstechniken der Industriekultur, heißt es, würden ihren tumben Opfern ja gerade noch die Wahl lassen zwischen konkurrierenden Waren, aber nicht zwischen wahren und falschen Bedürfnissen. Jeder könne noch wählen zwischen X und U oder beide kaufen, aber nicht beide dankend ablehnen, ohne seinen Arbeitsplatz zu riskieren, der sie herstellt. Leuten würden Dinge aufgenötigt, die sie ,eigentlich' gar nicht brauchen, um ihnen Dinge vorzuenthalten, die sie wollen; sie lebten nur von wahrer Befriedigung falscher und von falscher Befriedigung wahrer Bedürfnisse. Angebote seien früher da als die Nachfrage, nach der niemand frage, und Speisen würden den Appetit bestimmen, seit der Hunger mehr als gestillt sei.

Das alles ist wahr, aber vergessen wird geflissentlich, daß es immer noch erheblich leichter sein dürfte, eine Ware ungekauft liegen zu lassen, die den Konsumenten kapitalistisch anlacht, als eine rote Ware zu kaufen, die gar nicht hergestellt wurde. Wenn es der Industrie gelingt, mich zum Erwerb vergleichsweise überflüssiger oder gar schädlicher Dinge und groben Unfugs zu bewegen, ist es eher meine als ihre Schuld. Wer das Aufschwatzen schon Aufzwingen nennt, der weiß nicht, was Zwang ist. Diese Mühe, die es macht, ein Produkt *nicht* zu kaufen, das im Westen immer da ist, muß von den Linken unmäßig übertrieben werden, um die Schwierigkeit unterschätzen zu können, die es bereitet, ein Produkt zu erstehen, das niemals vorrätig war. Der historisch treibende Kapitalismus ist etwas, das durch demotivierte Werktätige intellektuell zu überwinden, und nicht etwas, hinter dem durch sozialistische Machteliten zurückzubleiben ist.

Stylübungen zwischen Details und Übersicht

„Es gibt Schriftsteller, die schon in zwanzig Seiten ausdrücken können, wozu ich manchmal sogar zwei Zeilen brauche" (Karl Kraus). Man beklagt zu Recht die nicht zu bewältigende Flut der Neuveröffentlichungen, die steigende Selbstrevolutierungsrate der Wissensbestände. Wir haben nicht nur taubstumme Zuschauer und die Einbahnstraße der TV-Kanäle, sondern auch dicke Bücher und einsilbige Leser. Es war einmal eine Zeit, lang ist es her, die liebte lange Reden und kurze Schriften. Daß die Bücher immer dicker werden, hat nicht nur verlagstechnische Gründe. „Die geistige Situation der Zeit" bezeichnete Habermas 60 Jahre nach Jaspers als „neue Unübersichtlichkeit". Die „automatische Textverarbeitungsmaschine namens Habermas" (Pohrt) ist das beste Beispiel für die von ihm monierte Misere. Seine Werke sind geschwollen durch die Lesemassen der von ihm „kritisch angeeigneten" Autoren.

Was bei Naturwissenschaftlern noch einen sachlichen Grund in der rasanten Zuwachsrate ihres Erkenntnisstandes hat, wird bei den Geisteswissenschaftlern zur puren Unfähigkeit, zur Sache zu kommen und bei der Sache zu bleiben. Die rechte Alternative zum komprimierten Schlagwort ist nicht das uferlose Auswalzen. Die „schlechte Unendlichkeit" (Hegel) moderner Diskussionen, die überbordende Logorrhoe, zu der jeder etwas beisteuern will, wenn er sie nicht hochmütig boykottiert, ist mit der Idee eines kontinuierlichen wissenschaftlichen Fortschritts nur schwer vereinbar. Wer seine unmaßgebliche Meinung wenigstens einmal sagen durfte, findet sich leichter damit ab, daß er sie im Schlußkommuniqué kaum berücksichtigt findet.

Wer eine in umfangreichen Abhandlungen niedergelegte wissenschaftliche Theorie kritisiert, wird nicht jeden einzelnen Satz auskritisieren, sondern macht sich von den besprechungswürdigen „Ausführungen" erst einmal eine handliche Kurzfassung zurecht. Er „beschränkt sich auf das Wesentliche" und kommt auf die wenigen springenden Punkte zu sprechen. Man fragt sich natürlich, warum der zu kritisierende Autor sich nicht schon selbst auf diese bequemer diskutierbare Kondensversion beschränkt hat.

Jeder fühlt sich „verkürzt" dargestellt und stellt doch jeden anderen selber verkürzt dar. Er breitet sich genüßlich auf vielen Seiten aus und ist so frei, vom Widersacher nur eine leichter kritisierbare karikaturistische Schrumpfversion gelten zu lassen. Bei der Referierung gegnerischer Positionen fällt jedem die Kürze leicht, die ihm bei der Darstellung der eigenen unzumutbar dünkt. Der Verdacht muß erlaubt sein, hier handle es sich eher um

Eitelkeit als um Sachlichkeit. Das Überflüssige wird nicht gekürzt, damit es der Gegner leichter hat, sondern das sachlich Gebotene eher aufgebläht, damit es nach mehr aussieht.

Das Viele im Einen zu sehen, ist Sache der Sinne, und das Eine im Vielen zu sehen, ist Sache des Begriffs. Etwas auf einen Begriff bringen heißt nicht nur, verschiedene Dinge, sondern sogar gegensätzliche Standpunkte zusammenzufassen. Dieser Begriff darf die Kontroversen, die er umfaßt, nicht noch erst vor sich haben, sondern muß sie schon hinter sich haben, wenn er denn etwas begreifen und nicht nur versprechen soll. Ganz gewitzte Begriffe greifen den Kontroversen schon vor, die sie erst resumieren sollen. Je weiter die fraglichen Positionen auseinander liegen, desto witziger das Urteil, das ganze Diskussionen enthält und nicht abschneidet. Sich von Streitgesprächen einen Begriff machen heißt, die Übereinstimmungen wie die Differenzen zu protokollieren. Gesucht ist da nicht die Parole, die Widersprüche einfach unterschlägt, sondern der schlagende Begriff, der sie übersichtlich ausdrückt. Der „lapidare" Stil der Alten hatte sein Maß an den Stein-Inschriften. Wer das, was er sagen will, in einen Gedenkstein einmeißeln (lassen) muß, faßt sich notgedrungen kürzer als einer, der beliebig viel geduldiges Papier vor sich hat. Wer keine Erwiderung will, der findet kein Ende. Nicht schwammiges Zerreden, sondern handliche Engführung der Gedanken beweist Höflichkeit gegen den Leser. Wo kommt aus Disputen etwas heraus, das in neue Dispute eingehen kann, und was dicken Romanen recht ist, sollte anderen Büchern nicht billig sein.

Lakonische Prägnanz der Darstellung will Diskussionen niemals abwürgen und einsparen, sondern gerade freigeben und ermöglichen. Die Alten noch wußten das. Ein Diskurs, der nicht vergeblich gewesen sein soll, läßt sich ohne Substanzverlust nur durch Prägnanz für Anschlußdiskussionen retten. Wie werden ganze Gedankengebäude zu Bausteinen neuer Gebäude gemacht? Wenn Informationstheorien einen praktischen Sinn haben sollen, der auch theoretischen Ansprüchen genügt, dann muß die Quintessenz ganzer Wissenschaftsdispute unter Marginalisierung ganzer Etappen sich ohne Sinnentstellung miniaturisieren lassen. Geist ist Gespenst oder denkökonomische Verdichtung ergebnisträchtiger Palaver zu weiterführenden Formeln. Das Verdichtete wird dadurch nicht zum Gedicht. Alle müssen zu Wort kommen, ihre Beiträge gehen als Momente in der Selbstentwicklung der verhandelten Sache nicht unter. Gerade das vielgeschmähte romantische Fragment wäre zu rehabilitieren, nicht als verwässernde Popularisierung, sondern als Problembewußtsein und prägnantes Konzentrat des potentiell unendlich fragmentierten Wissens. Geistesgeschichte ist Abbreviatur endloser Diskurse. Von daher entpuppt französischer Esprit sich einfach als praktikablerer Aggregatzustand verfügbaren Wissens. Er ermöglicht die paradigmatischen Kurswechsel der theoretischen Neugierde, wenn „immer mehr vom Gleichen" (Watzlawick) immer mehr vom immer gleichen Unsinn wäre. Ein Essentialismus kundiger Destillate tut not.

Wenn jeder mitreden dürfen soll, wird es umso wichtiger, vielsagend wenig zu reden. Das demokratische Ritual leidet heute daran, daß nicht alle zu Wort kommen, weil einige das Wort nicht wieder abgeben können, und wo jeder Zeit hat zu reden, hat niemand mehr Zeit zuzuhören. Der breite Brei der rücksichtslos seelenruhigen „Ausführungen" erstickt uns. Langweilige Wortmeldungen der Experten und der Laien ufern aus und laufen aus dem Ruder. Enzyklopädische Pedanterie ist kein Monopol der Gelehrten.

Die Besten von uns können ganze Schachpartien ohne Partner im Kopf imaginieren. Wir anderen spielen die Partien, die Genies gegen sich selbst spielen, mit Partnern nach. Hegel hat die breiten Dialoge Platons zu schlagfertiger Dialektik verschärft. - Nur Quintessenzen lassen sich angreifen, deshalb zieht niemand sie gern aus seinen eigenen Wälzern und Tiraden.

Kritik, die sich gegen Kritik immunisieren will, macht aus dem Gegner keinen leichter prügelbaren Popanz, aber dampft seine Ausführungen auf ihre Aporetik ein. Die prägnant entfaltete innere Antithetik jeder These wird zur neuen These. Die „Quintessenz" einer Sache ist ein feinster Stoffauszug. Sie ist das Wesen der Sache in der Nußschale einer zugespitzten Formulierung. Je angreifbar konziser die kontroversen Positionen formuliert sind, desto unangreifbarer geraten ihre überprüfbaren Resultate. Prägnanz, gedrängte Darstellung eines bedeutsamen Gehalts, kommt vom lateinischen *praegnans* – schwanger, bedeutungsträchtig. Verwandt ist das latein. „nasci" (geboren werden) und das indog. *gen- (gebären). Novalis nannte seine Fragmente „litterarische Sämereyen", die noch aufgehen sollen. An ihren Früchten, die Keime ausstreuen, sollt ihr sie erkennen.

Warum soll der Leser sich die Zeit nehmen, die sich der Autor gespart hat? Der Verfasser muß die Zeit haben, sich kurz zu fassen. Wir haben immer weniger Zeit, weil wir immer breitere Darstellungen bevorzugen, die immer mehr Zeit kosten. Wer sich Zeit nimmt, spart Zeit, und wer keine Zeit hat, verliert viel Zeit damit. Ich habe nichts gegen dicke Bücher, ziehe aber hundert Ideen auf einer Seite einer Idee auf hundert Seiten vor, auch wenn ich die Gedanken dort nicht lese, sondern nur auf sie gebracht werde. Der Aristokrat hat Zeit und faßt sich kurz, weil sein Leser keine hat. Der Autor, der keine Zeit zur Prägnanz hat, findet auch niemanden, der Zeit genug hat, seine Wälzer zu lesen. Kurz: Wer viel denkt, der sagt und schreibt wenig, aber dieser Satz läßt sich leider nicht einfach umkehren, ohne zu verlieren. Wer viele Worte macht und verliert, will oft nur nicht nachdenken müssen.

Hölderlin kam durch Schiller auf Kant, dann um 1795 in Jena auf Fichte. Was später die Romantiker an Fichte anzog, stieß Hölderlin ab: „Sein absolutes Ich (= Spinozas *Substanz*) enthält alle Realität; es ist alles, und außer ihm ist nichts; es gibt also für dieses absolute Ich kein Objekt, denn sonst wäre nicht alle Realität in ihm; ein Bewußtsein ohne Objekt ist aber nicht denkbar... und insofern ich kein Bewußtsein habe, insofern bin ich... nichts, also ist das absolute Ich ... Nichts."

Das Ungenügen an dieser imperialistischen Autokratie ohne Gegenüber trieb Hölderlin aber nicht zurück zu Kant. Das ‚Ding an sich' war ihm nur die Leerstelle, für deren Füllung es sich hielt. Auch bei Hölderlin ist Mutter Natur für den alten Adam biblisch gesprochen unerkennbar, aber doch hinter der dürren Chiffre von Kants Noumenon wenigstens wieder erkennbar *als* ‚unerkennbare' Natur und Mutter des Menschen.

Hinter dem kantischen *Erkenntnisvermögen* entdeckte Hölderlin den platonischen Eros, aber nicht als Beziehung von Erastes und Eromenos, sondern schwankend zwischen einer kindlichen Beziehung zur Mutter Natur und einer reiferen zur schönen Diotima. Aber Susette Gontard ist an den Frankfurter Bankier Gontard für den *pauvre Holterlin* so vergeben wie Mutter Natur an Gottvater im Himmel. Hölderlin hatte im Alter von zwei Jahren seinen leiblichen Vater nur verloren, um zwei Jahre später einen Stiefvater vor die Nase gesetzt zu bekommen. - Wir wissen nicht, ob in den zwei Jahren zwischen seinen beiden Vätern die Fixierung verewigt wurde an seine Mutter, die er zeitlebens weder gewinnen noch aufgeben konnte. Wir wissen nur, daß er mit Beginn des 19. Jahrhunderts schizophren erkrankte, nach dem erzwungenen Verzicht auf Diotima, der ihn zurücktrieb in die imaginären Arme einer allgütig schönen und gleichzeitig überwältigend großen Mutter Natur. Susette stirbt an einer Infektion durch ihre Kinder, und ihr Geliebter flüchtet sich in den Wahnsinn. Wie läßt sich über Fichtes Aufhebung von Kants Ding an sich hinauskommen, ohne in den vorkritischen Dogmatismus, also hinter Kant zurückzufallen? Anders als das eigene Ich und doch das gleiche wie dieses Ich ist es das Ich des anderen Menschen, das alter ego. Aber Hölderlin braucht in Fichtes *Nicht-Ich* nicht nur das Alter Ego, sondern das andere Geschlecht, ohne christliches Über-Ich. Nur bei Plato findet er die Erkenntnis als Eros zwischen Subjekt und Objekt, die gleichberechtigt sich durcheinander vermitteln. Jeder der Liebenden ist Subjekt und Objekt des anderen zugleich, ist Mittel und Selbstzweck zugleich. Unmerklich verschiebt sich das Gleichgewicht wieder von Fichtes ‚absolutem Ich' zur natura naturans des Spinoza (und jenes Goethe, der Hölderlins Genius verkennt). Genauer : Mutter Natur ist das ‚absolute Ich', in dem das empirische Ich des Menschenkindes untergeht, aber nicht vor Liebeslust vergehen darf. ‚Das Ich setzt sich selbst', aber nur als vom Nicht-Ich natürlich in die Welt gesetzt. Hölderlin er-faßt in der allgütig schönen Natur nicht das physikalische Objekt, sondern das Subjekt-Objekt, abgelöst von Einzel-Ich und Naturobjekt. Diese Natur ist Mutter des Sub-jekts und seines Naturobjekts, wie Gott früher ihr Vater war. Das 'absolute Ich' Fichtes wird bei Hölderlin zum Ich der Allmutter Erde. Am Anfang bleibt der Mann noch ihr Sohnesgatte wie Thamuz für Isis, später wird er zunehmend ihr bloßes Kleinkind und verrückt nach ihr. Am Tübinger Stift geht es ihm, gegen den absolutistischen Adel und Klerus, um Vereinigung mit Mutter Natur gegen den christlichen Vatergott. Der Schoß der Mutter Natur zieht heidnisch hellenistisch an, nicht der Schoß einer Mutter Kirche mit ihren latent homoerotisierten Soutanenträgern.

Über die beschränkte Schrankenlosigkeit des objektlosen Ego cogito läßt sich Schelling hinausführen durch Hölderlins Naturerfahrung, Hegel durch Hölderlins Rückgriff auf den platonischen Eros, der Paideia (Bildung) ohne Päderastie sein sollte. Platonische Liebe des Erdensohnes zur Mutter Natur ist gemeint, nicht die des Philosophen zum Jünger. Aus dieser Verstrickung in Kindes- und Mutterliebe fand Hölderlin nicht mehr heraus, nachdem sein Arbeitgeber ihn von Diotima getrennt hatte, wie der Vater den Sohn von der Mutter zu trennt pflegt.

Bei Schelling dringt Mutter Natur in Gottvater selbst ein. Alles kommt von Gott, woher kommt Gott? Er sei seine eigene Mutter, und diese Mutter mache sich angeblich langsam unter vielen geschichtlichen Geburtswehen zum Menschensohn, mit seiner christlichen Religion, deren rationalen Kern Schelling auf diese Weise freilegen will.

Hegel sieht die Philosophie geschichtlich entstehen als Versuch, die reale Zerrissenheit der Gesellschaft geistig wieder zu heilen, die Arbeitsteilung zwischen Hand und Kopf, Sinn und Sinnlichkeit, Sein und Bewußtsein, Gott und Welt, Natur und Kultur, Leib und Seele, nicht nur zu verstehen als notwendig, sondern auch als notwendig wieder aufzuheben. Die Allge-meinheit in all diesen Besonderheiten nennt er zuerst Leben, dann unter Hölderlins Einfluß Liebe, später Geist und am Ende Staat. Bei Hegel geht der Geist um, das ist richtig, aber es ist der Geist körperlicher Gattenliebe, die jenen Vorrang der Gattungsbegriffe vor den Individuen begründet, der immer wieder philosophisch attackiert und mißverstanden wurde. Wenn Marx den Hegelschen Weltgeist vom Kopf auf die Füße stellen zu müssen glaubt, dann nicht, weil dieser Geist in seiner Begeisterung nicht sinnlich und leidenschaftlich genug ist, sondern im Gegenteil ein zu handgreiflicher Begriff. Marx spricht lieber von dem, wovon die Liebenden leben, als von ihrer Liebe.

Der Mensch ist zerrissen, dessen Band zum anderen Geschlecht zerrissen ist - also zum vergangenen und kommenden Geschlecht zugleich. ‚Geschlecht‘ ist bei Hegel als Genital *und* Generation verstanden. Am Ende wird der preußische Staat, soweit er Rechtsstaat ohne Demokratie ist, als Reich Gottes und Paradies der Liebenden legitimiert. Es ist Hegels Größe, in der Beziehung zu Natur, Staat, Volk, Kirche, Recht, Moral etc. mehr oder weniger pervertierte Formen der Liebe freigelegt zu haben. Sein und Bewußtsein müssen sich voneinander trennen und frei machen, wie Mutter und Kind, damit sie als Mann und Frau sich wiedervereinigen können.

Dazu wirft Hegel das Menschenkind erst einmal aus dem Garten Eden und Goldenen Zeitalter der Kindheit - im Mutterschoß der Natur - heraus und rechtfertigt diese Vertreibung aus dem Paradies ganz ausdrücklich als Kulturtat ersten Ranges. Die Paradiesschlange, Bloch hat es dankbar vermerkt, ist als Raupe der Göttin Vernunft bei Hegel gefeiert, in aller Dialektik des Teufels. Liebe heißt für Hegel, sich im anderen nicht weniger wiedererkennen als den anderen in sich selbst, ohne sich miteinander zu verwechseln. Adorno hat Hegel hier etwas mißverstehen müssen: Was Mann und Frau voneinander (unter)scheidet, ist genau das, was sie miteinander verbindet - und umgekehrt. Die Hingabe an das jeweils andere Geschlecht steht nicht im Dienste seiner Vergewaltigung für narzißtische Zwecke, sondern einer Synthesis, die nichts anderes ist als das Kind, Frucht der Liebe, die Zukunft, die Hegel angeblich vergessen habe. Das ‚Neue' bei Hegel ist vom neuen Erdenbürger nicht zu trennen; jedes neugeborene Kind könnte der Messias sein, glaubt jeder Jude. *Daß* es nicht das Immergleiche ist, sondern mehr und anders, als die es schufen und die sich darin wiederfinden können, bleibt das Maß der Geschichte. War Wiesengrund nicht mehr Jude genug, in Hegels ‚Synthesis‘ den neuesten Erdenbürger zu begrüßen?

Was einem Philosophen evident ist, ist es mir fast nie. Evidenter ist mir die (meist psychologische) Erklärung für das, was ihm evident war. Um 1800 herum erreichte die Philosophie in Deutschland einen Gipfel. Was an philosophischen (Er)Klärungen dort der europäischen Aufklärung diente, ist im einzelnen zu klären. Der Schritt von Kant zu Fichte war der Schritt von der „Kritik der praktischen Vernunft“ zur „Wissenschaftslehre“ (die Schopenhauer ‚Wissenschaftsleere' nannte und ‚Wischiwaschi'). Dieser Schritt ging über den Juden Salomon Maimon, der als einer der ersten Kants ‚Ding an sich' nicht ‚unbestimmtes X‘ nannte, sondern ‚Wurzel aus −1‘. Maimon sah im Erkenntnisobjekt mit Leibniz eher ein ‚Differential' subjektiver Formen, und Fichte erkannte, daß Kants Ding an sich nur als alter ego des transzendentalen Ich möglich sei. Und mein alter ego ist von mir nicht zu erkennen, sondern sittlich *anzu*erkennen. Bei Fichte allerdings handelt nicht erst das praktische Ich gegen sein alter ego, sondern schon das theoretische gegen das nichtmenschliche ‚Nicht-Ich'. F-ich-tes ‚Nicht-Ich' ist eben kein alter ego des Ich, sondern überhaupt kein Ich. Das ‚Ich' ist ‚Ichheit' und ‚Ich an sich', kein empirischer Mensch unter anderen. Es ist eher das egoistische Konkurrenzprinzip der liberalen Gesellschaft als jedes seiner individuellen Mitglieder selbst. Jedes Einzel-Ich stößt auf zwei Arten von Widerstand gegen seine expansive Selbstbehauptung und narzißtische Allmachtsphantasie: den Widerwillen, den sein Wille einem alter ego einflößt, und den Widerstand, den es sich gleichsam selbst bereitet, sofern es im Verfolgen seiner Zielsetzungen auf die Tücke seiner Objekte stößt. Sofern ich nur etwas mehr und anderes will, als was ich als Ding unter anderen bin, taucht eine Welt auf, die nicht so will, wie ich wohl will: das ‚Nicht-Ich' der Dinge (der Werkzeuge und Hindernisse) und das ‚Nicht-Ich' der alter egos. Kants ‚Ding an sich' wird bei Fichte zum ‚Ich an sich' des jeweiligen alter ego.

Die Tübinger Stiftler Hölderlin, Schelling und Hegel reagierten je spezifisch auf Fichte und mit ihrem Fichtebild aufeinander. Dabei wirkte Dichter Hölderlin stärker auf die beiden Denker als umgekehrt. Die genuine Fichte-Revision Schellings und Hegels wurde von Hölderlin angeregt, der das ‚absolute Ich' Fichtes ergänzen zu müssen glaubte durch die spinozistische Erfahrung der Natur. Mutter Natur erfuhr er als absolutes Ich und das Ich des Menschenkindes als Erbstück der Mutter Natur zugleich. Und Fichtes heroisch-enthusiastische Steigerung des kantischen Pflicht-Ethos milderte er durch Rückgriff auf platonischen Eros oder wenigstens auf Schillers ästhetische Versöhnung von Pflicht und Neigung. - Schelling folgte diesem Konzept von (Liebes-)Kunst, die zwischen Sinnlichkeit und Sittlichkeit anmutig vermittelt. In seiner „Weltseele" erkannte er auch in Spinozas natura naturans das ‚absolute Ich' eines Menschen, vermutlich einer Mutter, und im Ich umgekehrt das Fleisch vom Fleisch einer Mutter Natur, das schöpferische Erzeugungsprinzip. Natur ist ihm kein bloß mehr oder weniger widerständiges Material des pflichterfüllenden Ich mehr, sondern die Mutter und Kreativität des Menschenkindes zugleich. Bevor Schelling sich von Fichte absetzte, sprach er von dessen ‚Naturhaß' und ‚Totschlag der Natur', während Fichte ihm ‚Naturvergötterung' vorwarf. Wollte Fichte die Mutter philosophisch aufheben und Schelling sie zur Gottheit erheben?

Drei Jahre nach seiner Hochzeit schrieb Fichte in der „Grundlage des Naturrechts" eine „Deduction der Ehe": „Die Ehe hat keinen Zweck außer ihr selbst; sie ist ihr eigener Zweck". Hier ist auf die Beziehung zwischen Mann und Frau ausgedehnt, was sonst als „Bestimmung des Menschen" ausgemacht war: Nicht bloß Mittel zu sein für andere(s), sondern immer auch Selbstzweck. (Auffällig ist der eigentümliche Hinweis, daß die Liebesfähigkeit des Mannes durch die Liebe einer Frau erst zu wecken sei. Will sagen, der Knabe muß von seiner Mutter geliebt worden sein, um als Mann eine Frau lieben zu können? Fichte hatte sich von seiner leiblichen Mutter nie ,anerkannt' gefühlt.)

Nur 1806 in Fichtes „Anweisung zum seeligen Leben" taucht die Liebe als philosophisch relevanter Begriff noch einmal auf. Dort wird „endlich klar ausgesprochen", daß sie „höher denn alle Reflexion" sei, „höher denn alle Vernunft, und sie ist selbst die Quelle der Vernunft, und die Wurzel der Realität, und die einzige Schöpferin des Lebens, und der Zeit."

Allerdings scheint hier die nie gefühlte Mutterliebe übergegangen zu sein auf die Liebe zum himmlischen Vater, der von der Sehnsucht nach Mutterliebe gerade frei machen soll. Der späte Fichte scheint beim Vaterbegriff zu suchen, was die Mutterbilder auch philosophisch nicht mehr hergeben wollen. Der „Atheismusstreit" von 1799 war ausgelöst worden durch die (kantische) Behauptung, „moralische Weltordnung", durch die alle Menschen zu Brüdern werden, sei ohne Vatergott möglich. Der späte Fichte glaubte nicht mehr, daß die feindlichen Geschwister ohne gottväterliche Drohung einträchtig auf den egoistischen Alleinbesitz an der sinnlich geliebten Mutter Natur werden verzichten wollen.

Ohne diese Inzestwünsche allerdings ist auch keine ,Moral' nötig. ,Liebe' bleibt bei Fichte zweideutig zwischen Liebe zur Mutter und jener Liebe zum Vater, der vor Mutterliebe bewahrt. Es ist „durchaus vergeblich, dem der nicht in der Liebe ist, zu sagen, handlich moralisch; denn nur in der Liebe geht die moralische Welt auf, und ohne sie gibt es keine." Das gelte auch umgekehrt: „Wenn jemand nicht handelt, so liebt er auch nicht." Das Erkennen folgt nur der Libido: „Der eigentümliche Affekt der Reflexion ist Billigung oder Mißbilligung, ... die umso leidenschaftlicher ist, je liebender der Mensch überhaupt ist."

Kurz vor seinem Tode warf Fichte in seiner „Staatslehre" noch einmal Licht auf seine frühen Entwürfe: „Die Natur (gibt) den Stoff in beiden Geschlechtern, die den Stoff einigende Kraft ist erst die Freiheit; also die Natur verhält sich zur Freiheit selbst wie das Weib zum Manne."

Charakteristisch der Widerspruch, daß der Naturstoff in *beiden* Geschlechtern und dann „also" doch nur im weiblichen sein solle. Der Mann befreit sich bei Fichte von der Mutter (Natur) und hat seine eigene Mutter zu werden vor allem dann, wenn sie ihn nicht anfänglich durch Liebe in seinem Sein und Wert bestätigt hatte. „Jedes Tier ist, was es ist; der Mensch allein ist ursprünglich gar nichts. Was er sein soll, muß er werden und - da er doch ein Wesen für sich sein soll - durch sich selbst werden. Die Natur hat alle ihre Werke vollendet, nur vom Menschen zog sie ihre Hand und übergab ihn dadurch gerade sich selbst." So macht Fichte aus seiner ursprünglichsten Not eines unerwünschten Kindes die Tugend, der Schöpfer und Herr seiner selbst sein zu wollen. Hier berührt er sich mit Grundthesen der modernen Anthropologie und mit Sartres Freiheits-„Philosophie eines vaterlosen Kindes" (Hans Mayer).

Dem Spinozismus Goethes mochte Schelling folgen, nicht Hölderlin, der psychotisch in Mutter Natur unterging wie Empedokles im Ätna, vom entsetzten Hegel in Frankfurt beobachtet. Aus Hölderlins Rückgriff auf den platonischen Eros machte Hegel sein ‚System der Liebe', in der die Liebe zu Diotima gleichsam zur Philosophie einer bürgerchristlichen Familie wurde. Der wichtigste Unterschied zwischen dem Dichter und dem Denker bestand darin, daß Hölderlin die dialektische Synthesis aller Lebenswidersprüche in einer regressiven Rückkehr des Erdensohnes zur Mutter Natur sah, aus der er kommt, und Hegel in der ehelichen Vereinigung von Mann und Frau, in einem jeweils neuen Erdenbürger also. Das Konzept der Dialektik, das Marx übernehmen wird, stammt dabei von Fichte, der damit die fortschrittweise Befreiung und Abnabelung jedes Menschenkindes von der Mutter beschrieb, den kompensatorischen Narzißmus eines von der Mutter Natur verstoßenen Erdensohnes. Bei Hegel ‚normalisiert' sich ganz realistisch, was bei Fichte und Hölderlin neurotisch und psychotisch verzerrt entdeckt wurde. In der frühen „Differenz des Fichteschen und Schellingschen Sys-tems" schlägt Hegel sich ganz auf Schellings Seite, bevor er sich 1806 in der „Phänomenologie des Geistes" von ihm abgrenzt. Mit Schelling ist Mutter Natur gleichberechtigter Partner des Menschenkindes gegen Fichtes philosophischen Muttermord an der Natur, aber Mutter und Kind sollen nicht (wieder) in der Symbiose verschwinden, aus der sie gerade gekommen sind. Mann und Frau sollen Ein Fleisch werden bei Hegel, aber nicht so, daß der Knabe wieder im Mutterleib der Natur auf Nimmerwiedersehen verschwindet wie bei Spinoza. Seine Liebe zu Susette Gontard war nicht zu erkennen an ihren Früchten, denn Hölderlin blieb immer jenes Kind, das er niemals zeugte.

Bei Fichte drängen die feindlichen Brüder gemeinsam (ihre Begierde nach) Mutter Natur zurück. Das Ich des Menschenkindes phantasiert, daß es jene Mutter Natur selbst (in die Welt) *gesetzt* habe, von der es doch in die Welt gesetzt wurde: Die Geburt des Kindes aus der Mutter soll sich phantasmagorisch ganz im Kinde selbst abspielen.

Bei Hegel setzt der Erdensohn mit Mutter-Natur-im-anderen-Geschlecht das Kind in die Welt, das er selbst dadurch nicht bleiben muß. ‚Erkenntnis‘ ist ihm keine Wiedererinnerung an seine Präexistenz vor der eigenen Geburt, sondern die Geburt eines neuen Erdenbürgers. Man hat Hegel vorgeworfen, er kenne nicht die Dimension der Zukunft, sondern nur das ewige Rad der Zeit, das in sich zurückläuft. Das ist richtig, sofern ja in der Tat jedes geborene Kind nur das Immergleiche ist. Es ist falsch, sofern jeder neue Erdenbürger die Chance wiederholt, daß sich das Elend der Welt nicht immer nur wiederholt. Das Kind ist kein Dublette jedes Elternteils, sondern noch nie versuchte Einheit beider Ur-teile. *Daß* ein Kind ein immer neuer Erdenbürger ist, ist allerdings das immer Gleiche.

Bei Fichte ist das Kind eher die Rückkehr des Vaters zu sich selbst nach dem Sieg über die Mutter: Die Frau ist ein bloßes Mittel, den Mann im Kind zu verewigen. Das männliche Ich wird seine eigenen Eltern, aber nicht Eltern eigener Kinder. Es bringt eher sich selbst und seine eigenen Eltern hervor als eigene Kinder. Fichtes philosophischer Narzißmus des Mannes entwickelt sich bei Hegel zur gesegneten Gattenliebe weiter.

Habermas nannte Bloch einen „marxistischen Schelling". Bloch monierte an Schelling nur, er habe Mutter Natur als die Eihülle des Menschenkindes gesehen, nicht den männlichen Geist als eine Deckhülle der Mutter Natur. Fürchtete Bloch in Schellings Erdensohn, der sich aus Mutter Natur langsam herausentwickelt, dann doch wieder nur eine Vaterfigur entstehen, die seine geliebte Mater-ie weniger deckt als verdeckt?

Vielleicht wollte der philosophische Idealismus weniger die sinnlichen und materiellen Strebungen in Geist und Moral ersticken, wie gewöhnlich geargwöhnt wird, als vielmehr dem Menschenkinde helfen, sein Leben als unaufhörliche Geburt aus Mutterbildern zu begreifen und zu meistern. Ist Idealismus der Geist permanenter Befreiung aus dem Mutterleib der Natur - und seinen sozialen Surrogaten? Ist der Weg von materieller Nacht zum Licht der Vernunft einfach nur als sokratische Geburtshilfe zu verstehen durch Er-innerung daran, daß der Mensch nicht nur das Kind einer Mutter Natur, sondern je länger je wichtiger auch Kind seines Vaters ist?

Die idealistische Maieutik (Hebammenkunst) will nicht die sinnlichen Regungen aufheben, sondern die inzestuösen, auf Rückkehr in den Mutterleib gerichteten. Wieweit war Schelling noch Idealist in der Kette Kant-Fichte-Hegel, und wieweit war er schon Vorläufer der Kette Spinoza-Feuerbach-Marx-Bloch? Rote Sozialisten wehrte er so ab wie subjektive Idealisten.

Die Natur ist ihm ein Ich und zwar ein mütterliches. Aber auch das Ich des Menschenkindes ist umgekehrt Natur, sofern es schöpferische Zeugungskraft ist und ein ‚Produciren'. Geschichte ist der Weg der Entwicklung von Mutter Natur zum Erdensohn, der kreativ ist wie sie. Sie gebiert ihn, der die Welt geistig nachschafft, der also bewußt macht, was sie unbewußt tut. Schelling will beides identisch sehen in antiparalleler Bewegung, den Weg hinauf, den Weg hinab als denselben Weg, wie Heraklit sagt. Aber kann das Ich ein Nicht-Ich setzen, von dem es seinerseits gesetzt ist? Genau das entgegnete ihm Fichte. Auch die Natur kann kein Menschenkind schaffen, das seinerseits die Mutter Natur in die Welt setzt.

Schellings ‚positive Philosophie' ist mehr als die Ideologie eines verwöhnten Wunderkindes, das schon als Kind erwachsen war und als Erwachsener dafür Kind bleiben mußte. Sein Proto-Mensch arbeitet sich aus der Mutter Natur langsam und mühsam heraus, statt sie als Werkzeug oder als Objekt seiner Triebe zu bearbeiten. Die Befreiung des Ich von Mutter Natur, die Ichwerdung selbst, ist die Entwicklung der Mutter Natur zum Ich ihres Kindes, die Herauswicklung des Kindes aus dem Mutterleib und seinen sozialen Äquivalenten. Die ‚Vergeistigung der Naturpotenzen' geschieht im Namen Gottvaters, das Verbleiben im Mutterschoß der Natur versteht Schelling als Abfall von göttlichen Gesetz, gut christlich verstanden. Das ist der Sinn seiner späten Wandlung vom Pantheisten zum philosophischen Deuter des Christentums. Deshalb ist der späte Schelling dem späten Fichte näher als den Marxisten, die ihn zum DIAMAT-Vorläufer machten.

Ödipus weiß nicht, daß und was er alles selbst getan hat. Er stößt auf die Resultate seiner Taten wie auf Tatsachen, und der Philosoph deckt hinter diesen vollendeten Tatsachen die Tathandlungen auf. Fichte verbirgt noch, wie sehr diese Tat des Ich eine Untat ist, und hat später alle Mühe, die Untathandlungen des Ich erst in Einklang zu den konkurrierenden Brüdern zu bringen, dann zum Willen des göttlichen Ich, als er merkt, daß hinter dem muttermörderischen Angriff auf die Natur, hinter dem Naturhaß des vernachlässigten Kindes, unter Gottes Blick die Sehnsucht nach Anerkennung und Liebe dieser Mutter steckt, die er als depressiv „kalt" erleben mußte.

Der Nachidealismus knüpfte weniger an bei Schelling und Fichte als bei Hegel, der das Absolute identifiziert hatte mit der real existierenden Geschichte. Eigentlich wurde Hegel nur vorgeworfen, in seinem Programm nicht weit genug gegangen zu sein, es damit nicht schlimm genug getrieben zu haben. Nach Hegel war nicht mehr das Absolute geschichtlich und Geschichte geworden, sondern die Geschichte (der Klassenkämpfe) absolut gesetzt. Das Absolute sei gut ‚aufgehoben'. Wenn Hegel nicht alles, was existiert, schon als vernünftig rechtfertigen wollte, mußte er unterscheiden, aber nicht zwischen Vernunft und Realität, sondern zwischen (vernünftiger) Wirklichkeit und (unvernünftiger) Existenz, die er faul nannte, weil sie ihr absolutes Pensum eben nicht absolviert habe und deshalb verfaule bei lebendigem Leibe. Das Wesentliche verwest dort. - Damit hat Hegel das Problem zwischen Wesen und Existenz aber einmal mehr aufgeschoben statt aufgehoben. Der preußische Rechtsstaat ist ihm gerechtfertigt als legitime Gestalt des Absoluten hier und heute, aber nicht alles, was es im Staat Preußen gab, war deshalb schon in Übereinstimmung mit der preußischen Rechtsstaatlichkeit. Die revolutionär auszunutzende Differenz ist da nicht mehr die zwischen göttlicher Forderung und preußischer Realität, sondern die zwischen der Rechtsstaatlichkeit auf der einen Seite und der politischen Realität auf der anderen. Fichte und Schelling hingegen beharrten auf der unversöhnlichen Kluft zwischen absoluter Forderung und historisch abgefallener (oder zurückgebliebener) Wirklichkeit der jeweiligen Sozietät, obwohl sie diese absolute Forderung nicht wie in der Tradition als ideales Sein, sondern eher als gleichsam idealtypische Entwicklungsgeschichte des Menschen dachten. Dadurch entstand das Dilemma einer ungeschichtlichen Geschichte. In Analogie zu Bildungsromanen der Klassik entwarf die klassische deutsche Philosophie Bildungsphilosophien und erzählte da Geschichten, die nie geschehen waren, aber nach ihrem eigenen Begriff zu geschehen hätten. Diese Idealisten verquickten allerdings noch die Naturgeschichte der Lebewesen mit der Menschwerdung armer Arbeitstiere.

In Christus, nun einem philosophisch wohlverstandenen, sahen Fichte und Schelling nicht anders als Hegel die geschichtlich noch einzuholende Ver*söhn*ung von Sein und Sollen bereits geschichtlich immer schon geschehen als ewiges Vorbild einer gelungenen Identität von Abbild und Urbild.

Alles sei schon vollbracht und gerade deshalb noch zu tun. Gemessen wird die irdische Realität nicht am hebräischen Dekalog oder kategorischen Imperativ, sondern an der christlichen Verbindung von Himmel und Erde. Jesus und die Welt wird beurteilt nicht von Jahwe aus, sondern die Welt von Christus aus. Bei Fichte wie bei Schelling ist es ein johanneischer Jesus, der seinen Vater im Himmel stellvertretend für alle Menschen versöhnt habe für seine Untat, an seiner Stelle zu Mutter Erde zurückzukehren.

Noch Ernst Bloch kennt in Erinnerung an Joachim di Fiores ‚Drittem Reich' die Kette Petrus-Paulus-Johannes. Am Anfang war der Logos, und der Logos wurde Fleisch, und das Fleisch war beim Logos. Auffällig einig bleiben sich die pietistisch erzogenen Idealisten wie ihre materialistischen Erben im antijudaischen Affekt und Defekt, der nur philosophisch abgesegnet wird. Jesus wird nicht heimgeholt ins Judentum, und der verabsolutierte ewige Sohn wird nicht selber Vater, sondern kehrt tot zum Vater zurück statt nur zur Mutter Erde. Schelling bringt die Mutter ins Spiel, Feuerbach und Marx werden das aufgreifen und aus der Not dieser psychologischen Regression etwas politisch Progressives zu machen versuchen.

Der unbewußte Drang zurück zu den Müttern will im Idealismus bewußter Drang aus dem Mutterleib der Natur werden. Gleich nach dem Tode seiner Frau Caroline denkt Schelling lange nach über die schwierige Geburt des Menschen und die stets mögliche Fehlgeburt und Abtreibung. Entbindung ist für Schelling Entbindung von ‚Potenzen'. Schon in der Natur sieht er angelegt, was im Menschen ganz heraus sei, die Wechselwirkung der Geschlechterpole und der Antipoden Licht und Gewicht. - Weniges fehlt, und die Entwicklung von Natur zu Geist, von Sein zu Bewußtsein, von Schwere zu Licht erscheint als der Weg vom Weib zum Manne, dem laut Plato und Schopenhauer eigentlichen Menschen. „Homo" heißt Mensch *und* Mann.

Der junge Schelling spricht von Anziehung und Abstoßung der Gegensätze, zwischen dem eher subjektiven und dem eher objektiven „Subjektobjekt". Die Übergänge sind ebenso fließend wie graduell: Kein Qualitätsunterschied trenne die Geschlechter, sondern nur ein quantitativer.

Beim frühen Schelling wird der Mensch vom anderen angezogen und aus seiner Leiblichkeit herausgezogen durch den je äußeren Leib des Nächsten. Beim späten Schelling geht es aus der Schwere des eigenen Leibes in die geistige Aufhellung durch andere Geister. Der junge Schelling fürchtet in leerer Innerlichkeit, der späte in dumpfer Leiblichkeit zu ertrinken. Der frühe will aus seinem Kopf heraus zu anderen Leibern, der spätere heraus aus dem Mutterleib der Natur ins Freie, als sei die Abnabelung und Entwöhnung noch immer gefährdet. Das Gleichgewicht von Kontraktion und Expansion, von zentripetalen und zentrifugalen Kräften ist immer neu auf immer neuen Stufen herzustellen: Jeder werde in eine Welt hineingeboren, die bald selber ein enger Mutterleib werde, aus dem eine weitere Geburt nötig sei, um Licht und Luft zu bekommen und nicht in sich zu ersticken.

Fichte kennt das Absolute nur als sittlichen Verzicht der Bruderhorde auf egoistischen Mutterbesitz. Er macht aus der Not, die Liebe der Mutter nicht für sich allein gewinnen zu können, die Tugend, daß keiner der Brüder sie für sich bekommen soll: Wenn er sie nicht haben kann, dann soll niemand sie haben, und alle verzichten freiwillig. Wenn das Ich nicht das alter ego des Bruders zum Nicht-Ich herabsetzen soll, müssen alle Brüder werden durch gemeinsame Abstammung vom selben Vater im Himmel; nur über seine regulative Idee können sie friedlich miteinander verkehren.

Erst lehrte Fichte wie Kant ‚moralische Weltordnung' ohne Vater. Später gab er den ‚Vater der Geister' zu, der erst die Freiheit von der Mutter der

Leiber ermöglicht: „Nicht unmittelbar von dir zu mir und von mir zu dir strömt die Erkenntnis, die wir voneinander haben, wir für uns sind durch eine unübersteigbare Grenzordnung abgesondert. Nur durch unsere gemeinsame geistige Quelle wissen wir voneinander."

Bekanntlich hat Hegel mehr an Wahrheit verwirklicht gesehen im sittlichen Brauch als im moralischen Sollwert. Die sinnliche Neigung, und die war ihm nicht die Vorliebe etwa für gutes Essen, sondern der Geschlechter füreinander, sollte nicht wie bei Kant der sittlichen Pflicht asketisch geopfert, sondern in einer bürgerlichen Ehe ‚aufgehoben' werden. Der Trieb sollte weder moralisch unterdrückt noch anarchisch ausgelebt werden. Es treibe ihn weder dazu, es mit keinem noch mit allen und jedem zu treiben, meinte der gute Lutheraner, gleich weit entfernt von der Phantasieschwüle einer Mönchsaskese wie vom wahllosen Überdruß Casanovas. Wie jeder Mensch über den Mutterleib der Natur, müsse jeder Liebende über seine romantische Schwärmerei hinauskommen. Liebe ist die Vernunft selbst, von der sie nicht länger unterdrückt wird, und Vernunft ist jene Liebe selbst, von der sie nicht länger überwältigt wird: In der Familie wird die Liebe so vernünftig wie die Sitte sinnlich. Der Mann ziehe seine Frau allen Frauen vor, die er in dieser einen hat, und in ihrem habe die Frau jeden Mann.

Die ‚unterschiedslose Einheit' sieht Hegel eher im Weiblichen verkörpert und das ewig Weibliche umgekehrt in der Indifferenz *vor* aller Vielfalt. Gegensatz, Widerspruch und Entzweiung sieht er inkarniert im Manne und das Männliche umgekehrt in Differenz und Selbstentäußerung. Der ‚kleine Unterschied' ist ihm also der zwischen männlicher Unterscheidung und weiblicher Ununterscheidbarkeit, zwischen Identität und Differenz. Liebe, Geist und Leben ist dann die Einheit von weiblicher Einheit und männlicher Lösung, die *weibliche* Verbindung von Trennung und Verbindung.

Die christliche Familie zwischen Prostitution und Askese, zwischen Promiskuität und Triebverzicht, zwischen Inzucht und Unzucht, ruft beim Übergang in das ‚System der Bedürfnisse' der bürgerlichen Gesellschaft den Staat zur Hilfe statt Gottvater im Himmel gegen ihn. Sie ruft Gottvater Staat zur Hilfe gegen die von ihr gerufenen Geister, die sie nicht wieder los wird. Den Philosophen der bürgerlichen Familie stört dabei wenig, daß Christus vielleicht gar kein Familienvater geworden wäre, selbst wenn er länger gelebt hätte. Jesus starb als Kind des himmlischen Vaters, nicht als leiblicher Vater eines Kindes. Trotzdem sah Hegel in der christlichen Sohnesreligion, gerade in ihrer protestantischen Spitze gegen den Papismus der Soutanenträger, die realisierende ‚Aufhebung' der jüdischen Vaterreligion.

Als vernünftig rechtfertigt Hegel sowohl den Übergang von der Sinnlichkeit der Horde zur Sittlichkeit der Familie wie den Übergang von der Sittlichkeit der Familie in das durch Vater Staat zu bändigende und freizugebende ‚System der Bedürfnisse' des bürgerlichen Liberalismus, der die Familie ‚aufhebt'. Die Allgemeinheit der liberalen Gesellschaft sei eine andere als das familiäre Gemeinwohl. Anthropologisch ist die Familie zwar vor der bürgerlichen Gesellschaft entstanden, aber viel später als die gesellschaftliche Organisation lebensnotwendiger Arbeiten an der Natur.

Marx hat Hegel weniger vom Kopf auf die Füße als vom Unterleib auf den Kopf gestellt. Er hat ihn erst auf den Kopf gestellt, um ihn von dort zurück auf die Fußnoten statt auf den Unterleib zu stellen. Auf die Füße gestellt, läuft Hegel ihm weg. Hegels Mensch steht durchaus auf eigenen Füßen mit beiden Beinen im Leben. Und durch Freud wird ein Stück Hegel gegen Marx rehabilitiert. - Geschichte ist Geschichte der Produktionsweisen wie der Reproduktionsweisen: Die eine ist aus der anderen nicht ableitbar, aber diese hat die Priorität vor jener, die ihr nur dient oder doch zu dienen hätte.

S. Maimon gilt als das historische missing link zwischen Kant und Fichte. Julius Guttmann erwähnt ihn nicht, und Heinrich Simon schreibt in seinem Geschichtsabriß zurecht, Maimons Werk gehöre eher zur europäischen als zur jüdischen Philosophie. Ein Abtrünniger im Gegensatz zu Mendelssohn war er in der Tat, wenn die Teilnahme am religiösen Ritus zum Maßstab genommen wird. In Bezug auf das Judentum ist Maimon immer Anhänger des Maimonides geblieben; da hat er nichts Neues gebracht und auch keine Neuerungen bringen wollen. Den Kant des thoranischen Sittengesetzes hat Maimon nur modifiziert, den der reinen Vernunft aber triftig kritisiert.

Die Thora hat der talmudkundige M. gegen den Talmud und den Talmud nur gegen die Spitzfindigkeiten mancher Talmudisten verteidigt. In diesem weiteren Sinn war er kein Abtrünniger. Hermann Cohen konnte dankbar anknüpfen an die Art, wie Maimon zwischen Kant und Maimonides vermittelt hatte. Wenn wir in Kant den deutschen Philosophen eher der Thora als des Protestantismus sehen, dann hat sich Maimon von dieser Philosophie der Thora nicht entfernt, als er Kants theoretischen Vernunftbegriff kritisch kommentierte. Durch die Auseinandersetzung mit Kant suchte er einen Weg, sich in der gelehrten Welt Gehör zu verschaffen. Er wollte auf die Lage der Ostjuden hinweisen, wandte sich an bürgerliche Intellektuelle und suchte im Grunde eine Möglichkeit, ohne Existenzsorgen in Ruhe philosophische Bücher schreiben zu können über theoretische Probleme. Die ihm angebotenen Tätigkeiten schienen ihm damit unvereinbar.

Natürlich war die mit seiner Autobiographie verbundene Hoffnung auf die deutschen Aufklärer und Förderer falsch und blauäugig. Das hat er dann auch sehr bald schmerzlich begreifen müssen. Vermutlich hätte er sich und die Ostjuden in ihren wirklichen oder vermeintlichen Schwächen nie vor deutschen Christen so bloßstellen sollen. Manches spricht dafür, daß er sich mit seiner „Lebensbeschreibung" eher vor argwöhnischen Juden rechtfertigen als bei deutschen Christen einschmeicheln wollte. Er war wohl kein zweiter Fall Spinoza - dem er übrigens nicht Pantheismus oder Atheismus, sondern eine akosmische „Weltlosigkeit" vorwarf.

Der wirkliche Kardinalfehler seines Lebens bestand aber darin, daß er seine Flucht vor Frau und Kind nie in Frage gestellt zu haben scheint. Ich weiß nicht, welche anderen Auswege es für ihn gegeben hätte, aber das war schlimm und falsch. Warum hat er sich in Litauen von seiner Frau nicht scheiden lassen, wenn diese Ehe ihm eine so große Fessel war? Er scheint eher bei Nacht und Nebel verschwunden zu sein. Der theoretische Philosoph überzeugt eher als der Mensch Maimon. Seine Lage konnte er oft nicht ohne Alkohol ertragen, aber ob er deshalb gleich ein Säufer war, bleibt unklar. In Litauen hätte er seine großartigen Bücher kaum schreiben können, und wäre seine schöne und energische Frau Sarah mit nach Berlin gekommen? Er verrät nicht, ob er sie überhaupt gefragt hat. Vielleicht war die Ehe ja schon in Polen unheilbar zerrüttet. Vergessen wir nicht, daß er im Alter von 11 Jahren kurzerhand verheiratet worden war. In Polen konnte er es nicht mehr aushalten, in Berlin konnte er sich nicht (auf)halten.

Sprachprobleme hatte er nur ganz am Anfang und Deutsch in erstaunlich kurzer Zeit gelernt, er war äußerst wißbegierig. Schon sein zweites philosophisches Buch, der unvergleichliche „Versuch einer neuen Theorie des Denkens" von 1794, scheint in besserem Deutsch geschrieben als Kants meiste Werke. Kants Fragen griff er auf und beantwortete sie abweichend, wo es um Quelle, Reichweite, Geltung und Grenze des menschlichen Erkenntnisvermögens geht. Er wußte wohl, daß die deutschen und die polnischen Juden, die er aufklären wollte, kein Hebräisch verstanden. Sie sollten es ja gerade lernen. Daß die Übersetzung eines Mathematiklehrbuchs in die heilige Sprache schon ein Frevel sein könnte, hat er wohl nicht verstanden.

In Zeitschriftenartikeln setzte er sich ein für die Pflege des Hebräischen. Maimon hat nicht nur die Ghetto-Juden über die deutsche Aufklärung informieren wollen, sondern auch die deutschen Aufklärer über Maimonides und die Ostjuden: Halaska wechselseitig. Selbst jüdische Gelehrte studieren heute weniger das Wort Gottes als die menschlichen Kommentare dazu, schreibt Horst Lummert. Maimon hat Fichte tief beeinflußt, aber daß die klassischen deutschen Philosophen nach Kant den Antisemitismus der Protestanten teilten, um zu verwischen, wieviel sie den biblischen Schriften verdankten, daran hat er keine Schuld. Maimons Sittengesetz steht Kant und Leibniz viel näher als den Fichtes, Schellings und Hegels, die die handfeste Bibel ins Metaphysische übersetzten und das dann antisemitisch zu verschleiern wußten.

Nach B. Russell ist jede Menge auch Teilmenge, aber nicht Element ihrer selbst, und da sie ein Kontinuum potentiell unendlich vieler Bestandteile ist, läßt sie sich auf jede ihrer echten Teilmengen ‚ein-eindeutig abbilden'. Maimon sah nicht nur mit Kant die ganze Welt, sondern mit Leibniz schon jedes ihrer potentiell unendlich vielen Teile als Idee potentiell unendlich vieler Teile oder Perspektivitäten. - Laut Russell sind Zenons Paradoxien erst durch Cantors transfinite Mengen gelöst worden, aber durch Cantors Paradoxien leider auch ersetzt worden. Wer in begrenzter Zeit unbegrenzt viele Gegebenheiten und Aufgaben erledigen will, erledigt am Ende nur begrenzte Aufgaben in unbegrenzter Zeit, z.B. eigene Siebensachen nie.

Hans Blumenberg hat nur die eine Seite des Problems gesehen, als er die endliche Lebenszeit für die unendliche Weltzeit zu kurz sah, statt beide aufeinander abzubilden. Die mögliche ‚innere Unendlichkeit' noch des kürzesten Lebenszeitraums entspricht einer möglichen äußeren Begrenztheit des Weltzeitraums, wenn entropisch nichts mehr geschieht. In der Kürze der Lebenszeit liegt die Würze der Weltzeit, in deren Länge seine Langweiligkeit liegt, wußte schon Hegel. Auch und vor allem der Gattungsbegriff ist so etwas wie ein geistiger Zeitraffer seiner Objekte, und diese Gegenstände sind so etwas wie eine reale Zeitlupe ihres eigenen Begriffs, eines einzigen Begriffs für potentiell unendlich viele Dinge, die auf begrenzt viele Dinge eindeutig abbildbar sind. Jeder der potential-unendlich vielen Stand- und Gesichtspunkte des Universums ist wie eine Falltür über einem Brunnenschacht ins selber Unendliche; eine indefinite Hierarchie von Unendlichkeiten tut sich in jedem seiner endlichen Teile auf.

Das Ganze ist nicht nur nicht mehr als die Summe seiner Teile, es ist sogar nicht einmal mehr als jedes seiner noch so kleinen Teile, deren jedes selber ein Ganzes ist. Ist ein Endliches nur ein potentieller und willkürlicher Ausschnitt aus dem Realunendlichen oder umgekehrt das Potentialinfinite eine mögliche Erweiterung jedes Dinges, das ein Ende hat? Wenn nach Cantor und Gödel jede Wegstrecke ein ‚Continuum' von unentscheidbarer Mächtigkeit (Aleph-1 der reellen Zahlen oder Aleph-0 der natürlichen Zahlen) ist, dann ist kein Teil der Welt kleiner als diese Welt und die Welt nicht größer als jedes Teil von jedem ihrer Bestandteile.

„Ich bin, was ich nicht bin, und bin nicht, was ich bin": Nach Hegel und Sartre bin ich noch, was ich schon nicht mehr bin, und bin ich schon, was ich noch nicht bin, bin aber zugleich noch nicht, was ich schon bin, und bin nicht mehr, was ich noch bin. Sartre übertrug Zenons Paradoxien vom Sein im Werden und vom Werden im Sein auf das menschliche Dasein, um dessen Beweglichkeit zu beweisen. - Nun muß kein Mensch, um ein wahres Leben zu führen, Aphoristiker werden, aber wer erfüllt besser die menschliche Bestimmung, den Begriff, den andere sich von ihm machen, zu sprengen, indem er ihn erfüllt und sich einen Begriff von diesem Begriff macht?

Jeder endliche Geradenabschnitt ist als ein *Continuum* potentiell unendlich vieler und unendlich kleiner Punkte gut zu verstehen. Jede kleinste Wegstrecke besteht nicht aus unendlich vielen Teilen, ist aber in sie zerlegbar. Man kennt das antike Paradox von Achill und der Schildkröte: Wie sind unendliche Aufgaben in endlicher Zeit zu erledigen? Es gibt paradoxerweise nicht mehr natürliche als gerade Zahlen, aber Unendlichkeiten unterschiedlicher ‚Mächtigkeit' : Aleph-0 für natürliche Zahlen, Aleph-1 für reelle Zahlen. Ein einziger Millimeter ist daher in mehr Teile zerlegbar, als es natürliche Zahlen gibt. - Moderne Logiker definieren: Unendlich ist eine Menge, die auf jede ihrer echten Teilmengen ‚ein-eindeutig abbildbar' ist. Kants *Ding an sich* war für Maimon eine Irrationalzahl wie die Wurzel aus Minus 1. In seinem ersten Buch von 1790 bestimmte er es noch als fiktiven Grenzwert unendlicher Reihen von infinitesimalen Bruch-Stücken. In seinem zweiten Buch ist merkwürdigerweise gar keine Rede mehr von diesen „Differentialen des Bewußtseins". In seinem letzten großen philosophischen Werk „Kritische Untersuchungen über den menschlichen Geist" von 1797 spricht er nicht mehr von Einbildungskraft und Vernunft, sondern von endlicher menschlicher und unendlicher göttlicher Vernunft. Man sieht Maimon in der europäischen Tradition, die die Schöpfung unendlich zerstückelt, um aus den Bruchstücken beliebige synthetische Kunstwelten zu schaffen, soweit die Imagination reicht. Aber das ist nur die eine Seite von Maimon, die sich auf Leibniz beruft. Es heißt, Leibniz sei noch religiös genug gewesen, um die Zerspellung der Welt bei den Monaden enden zu lassen, aber Maimon hat seinen Leibniz richtig verstanden, denn die Monade ist unteilbar und immateriell wie der mathematische Punkt eines Kontinuums. Die Monadologie von Leibniz ist metaphysisch gedeuteter Infinitesimalkalkül oder nur eine kuriose Schrulle.

Ist aus den Texten zu entscheiden, ob Maimon die unendliche Teilbarkeit und Erweiterbarkeit der Welt als empirisch noch nicht entschieden oder als prinzipiell unentscheidbar sah? Bei Kant wird uns die Weltvielfalt in Raum und Zeit durch die fünf Sinne „(vor)gegeben", Maimons Sinnlichkeit aber zerlegt die Welt selbst erst in potentiell unendlich viele und kleine Teile, die dann von der Verstandeseinfalt zu einem Erfahrungsgegenstand verknüpft werden. Der Verstand integriert, was die Sinne ‚vorher' differenziert haben, ganz mathematisch. Auch die Sinne *vernehmen* nichts von außen, sondern produzieren und präparieren den Gegenstand für den weiterverarbeitenden Verstand. Etwas erkennen heißt dann, es geistig auf diese Weise zu rekonstruieren und im Kopf ein Analogon von ihm herzustellen.

Das ist wie gesagt die eine Seite von Maimon, die sich meines Erachtens zu Recht auf Leibniz beruft. Die andere Hälfte weiß, daß ein solches Erkenntnisvermögen nur mathematische Gegenstände erfaßt und keine „reellen Objekte", geschweige denn Menschen. Das wirft er Kant ja gerade vor. Der habe geglaubt, reale Objekte zu erkennen, wo er doch in Wirklichkeit nur geometrische Figuren konstruiert und dann auf sie projiziert habe.

Daß die Winkelsumme des Dreiecks zwei Rechte ist, wissen wir mit objektiver Notwendigkeit, daß aber die Eisschmelze kausal *aus* der Sonnenbestrahlung und nicht nur zeitlich *auf* sie folge, das wissen wir seit David Hume nur aus subjektiver Gewohnheit. - Kurz: Kant wollte Leibniz mit Humes Skepsis verbinden, aber Maimon trennte sie wieder. Mathematische Gewißheit erreiche nicht die reale Welt und reale Erfahrung nicht die Notwendigkeit der mathematischen Gesetze. Das ist wieder Platos *Idee* eines ‚Chorismos' zwischen Idee und Realität. Kants Erkenntnis der empirischen Erscheinungen endet beim Ding an sich, laut Maimon aber endet Kants Erkenntnis der mathematischen Objekte ja schon am empirischen Phänomen (als sei es ein Ding an sich). Der Raum verhält sich zu Kreisen und Kugeln wie der eine Grundstoff zu den möglichen Formen und wie der Gattungsbegriff zu seinen möglichen Artbegriffen, aber nicht wie der Artbegriff zu den realen Individuen. Für Maimon ist der Mensch nur als Mathematiker ein Ebenbild Gottes, aber diese Schöpfung sei kein Ebenbild der Mathematik und umgekehrt die mathematische Logik keineswegs - wie später bei Wittgenstein - ein präzises Abbild der zu Grunde liegenden Weltstrukturen.

Soziologischer Vatermord an philosophischen Vatermördern?

Wer einen ‚Paradigmenwechsel' von der einsamen Bewußtseinsphilosophie zur offenbar bewußtlosen Kommunikationstheorie fordert, kann natürlich den eingeladenen Mitspielern kein von vornherein falsches Bewußtsein unterstellen, wie Adorno das zu tun wagte. Nur guter Wille wird verlangt, Zurechnungsfähigkeit ist vorausgesetzt. Der moderne Intellektuelle glaubt unverständlicherweise, seinen einsamen Verstandesgebrauch voll ersetzen zu müssen durch ständige Verständigung zwischen verständnislosen Mittelständlern über ihre gemeinsamen Interessen, als hätten nicht schon viel zu viele Menschen wieder viel zuviel Verständnis füreinander.

In einem Land, wo die ‚Linke' Vernunft für ein Repressionsmittel und die Rechte sie für ein Feigenblatt ihrer Extrawünsche hält, ist es gut, wenn Habermas den ‚altehrwürdigen' Euro-Rationalismus vor den beiden heutigen Kehrseiten des falschen Fünfzigers retten will - einerseits vor chemisch reinem Irrationalismüsli und andererseits vor der mathematisch-naturwissenschaftlich-technisch-industriell verkürzten, kybernetisch-systemtheoretisch-administrativ-„positivistisch halbierten Vernunft des zweckrationalen Handelns". Die ‚Dialektik der Aufklärung' (1947) sollte nicht an die Gegenaufklärung verraten und die vernünftige Verständigung nicht durch den gesunden Unmenschenverstand der Untatsachzwänge verdrängt werden.

Die naturbeherrschende Rationalität mache die Beziehung von Mensch zu Mensch - wie die von Mensch zu Ding - zu einem manipulierbaren Ding unter anderen Dingen. ‚Vernünftig' werde allein noch genannt, wer geeignete Mittel richtig einsetze, um gegen liberalistische Konkurrenzpartner egoistische Selbsterhaltungsziele ellbogenfrei durchzusetzen. Ich kann dich nicht objektivieren zum Mittel, um meine Zwecke zu erreichen, ohne deine Subjektivität aufzuheben, also deine Fähigkeit, deinerseits mich zu einem Instrument deiner selbstsüchtigen Absichten herabzusetzen. Auch die Liebe sah Sartre 1943 nur als den vergeblichen Versuch eines Subjekts, seine Objektivität unter dem Blick einer fremden Subjektivität freiwillig auf sich zu nehmen, sich mit den Augen eines anderen zu sehen, um Subjekt und Objekt seiner selbst zu werden. Sartre meinte, da jeder der beiden nur liebe, um geliebt, also gerechtfertigt zu werden, bleibe jeder wieder ganz mit sich selbst allein und betrüge in der blinden Liebe sich und den anderen.

Für Hegel war die Urform der dialektischen Vermittlung, seit den Tübinger Stiftstagen mit Hölderlin und Schelling, diese Liebe gewesen, deren ‚wahrhaftes Wesen' ja darin bestehe, „das Bewußtsein seiner selbst aufzugeben, sich in einem anderen Selbst zu vergessen, doch in diesem Vergehen und Vergessen sich erst selbst zu haben und zu besitzen".

Nichts hier von einem imperialistischen Subjekt, das nach der *Frankfurter Schule* angeblich die Subjektivität des anderen gefräßig in sich auflösen wolle oder sich verschlingen lasse. ,Bei-sich-selbst-sein-im-anderen': Nur wo ich außer mir gerate und ganz der andere werde, komme ich ganz zu mir und umgekehrt. Das meint Vernehmen durch Hingabe, und Liebe nicht nach dem Bilde identifizierenden Denkens, sondern die Identität nach dem Bilde von Liebe. Haben Adorno, Horkheimer und Habermas ihren Hegel nicht vielleicht doch letztlich mißverstanden? Die berüchtigte Identifikation von Vernunft und Wirklichkeit, von Geist und Natur, war sie wirklich die gewalttätige ,Aufhebung' der Materie in Idee - oder einfach nur die Idee, daß das Subjekt in seinem Objekt die objektivierte Subjektivität des anderen Menschen erkennt und anerkennt, also das alter ego? Lenin empfahl, die „Logik" des ,preußischen Staatsphilosophen' endlich zu lesen. Ob Marx vielleicht sogar hinter den deutschen Idealismus zurückgefallen ist, den er zu Ende denken wollte? „Was vernünftig ist, das ist auch wirklich, und was wirklich ist, das ist vernünftig." Hegel, von Heine nach diesem entsetzlichen Satz aus der rechten „Rechtsphilosophie" befragt, antwortete mit der ,List der Vernunft': „Aber nicht alles, was existiert, ist deshalb auch schon wirklich." Hegel wenigstens erkannte im Realen die ratio Gottes.

Nun wird die Gesellschaft sowenig von Liebe zusammengehalten, wie diese eine Form ,kommunikativer Sozialinteraktion' ist. Die Kritische Theorie der Frankfurter Schule glaubte gezeigt zu haben, daß Hegel letztlich nur die Natur in Geist, das Andere im Ich verschwinden lasse. ES werde ich und mein. Und wird bei Hegel *das* Andere nicht Ich, sondern *der* ganz Andere, also wie ich und ich wie er? Alle gleich : jeder ist anders anders als jeder andere. Hat man kritisiert, Hegel akzeptiere die Differenz und Differenzierung nur, um sie in der Nacht des Einerlei untergehen zu lassen, wird dieser Satz nur wahr durch den synonymen Satz, daß Hegel die Allgem-*Einheit* nur setzt, um sie in weitertreibend gespannte *Allgemeinzelheiten* aufzulösen. Ist er von der Priorität der Einheit gleichwohl überzeugt, dann nur deshalb, weil er die Identität von Einheit und Verschiedenheit der Individuen lehrt. Vernunft ist „Vermögen der Synthesis" (Kant), aber nicht jede Synthese ist vernünftig - gewiß nicht die der heutigen Symbiosen und Kollektive, gegen die J. Habermas seinen SozialintegRationalismus setzt. Sieht er heute überall das ,kommunikative' vom ,zweckrationalen' Handeln bedroht, erinnert das an Hegels Aufhebung des Verstandes in der Vernunft.

Statt dich gegen deinen Willen und, ohne dich zu fragen, als ein mehr oder weniger brauchbares Mittel zur Befriedigung meiner Bedürfnisse zu nehmen, nach dem Gesetz des Stärkeren, das zum Recht wird, oder im Namen höherer Werte und des egoistisch mißbrauchten Gemeinwohls, gelte es, im Erkenntnis- und Ausbeutungsobjekt *deine* von mir nur objektivierte Subjektivität endlich anzuerkennen. Habermas entdeckt im Sein, auf welches sein Bewußtsein stößt, das Bewußtsein seines alter ego. Ich solle mich mit dir ver-gleichen und einigen, statt dich unterwerfend mir anzugleichen und dich (mit mir) zu identifizieren. Das ‚Nicht-Identische', das sein Lehrer Adorno vor dem dingfest machenden Denken der subjektiven, instrumentellen Vernunft bewahren wollte, Habermas identifiziert es als die Identität des Mitmenschen. Dieses Objekt meines Bewußtseins habe selbst ein Bewußtsein von sich und von meinem Bewußtsein, dessen Objekt es sein soll

Sicher ist mein Bewußtsein nur ‚bewußtes Sein' (Marx), aber nur als ein Bewußtsein vom Bewußtsein des anderen von mir. Nur so besteht mein Selbstbewußtsein aus dem Bewußtsein vom Objekt, das ich für das Bewußtsein derer da oben bin, wie vom Objekt, das ihr Bewußtsein für mein Bewußtsein darstellt. - Adorno wurde zu einem Vater der Antipatriarchen. Habermas wollte seine geistigen Väter, die geistigen Antipatriarchen Horkheimer und Adorno, ödipal übertreffen mit einer Kritik ihrer Kritischen Theorie, wo die doppelte Negation am Ende zurückführt zum gemeinsamen Gegner Heidegger. Adorno habe in dem, was mehr und anders ist als ein bloßes Mittel der Zweckrationalität, nicht die Selbstzweckmäßigkeit des alter ego (an)erkannt, sondern nur ein blindes, rebellisches Stück grüner Natur, und gegen die ‚instrumentell verwilderte Vernunft' nur Irrationalität aufgeboten. Adornos ‚Negative Dialektik' (1966) wird zum positiven Dialog geglättet in der „Theorie der kommunikativen Handelns" (1981) seines Schülers Habermas. Diese ‚ideale Kommunikationsgemeinschaft' sachverständig argumentierender und kritisch mündiger Diskurspartner, ist sie vom Himmel platonischer Träume schon auf die Erde niedergestiegen? Ja, wir müssen nicht verzweifeln, sie ist hier und jetzt mitten unter uns. Das letzte Kapitel der bewundernswerten Begriffsanstrengung vertröstet uns nicht länger auf den St. Nimmerleinstag; wir haben die Theorie einer bereits real existierenden Alltagspraxis vor uns, und hier sind sie, die Heiligen der letzten Tage, die Vorboten einer besseren Zeit, die Widerstandskämpfer gegen die allgegenwärtige ‚Kolonisation der kommunikativen Lebenswelt' durch die teuflischen Machenschaften des ‚zweckrationalen Systems', ein sehr schnell wechselndes, aber ein hoffnungsvoll „diffuses Reservoir" von

„Antikernkraft- und Ökologiebewegung; Friedensbewegung (unter Einschluß des Themas Nord-Süd-Konflikt); Bürgerinitiativbewegung; Alternativbewegung (die die großstädtischen Szenen mit Hausbesetzern und Alternativprojekten ebenso wie die Landkommunen umfaßt); Minderheiten (Alte, Homosexuelle, Behinderte usw.); die Psychoszene mit Lebenshilfegruppen und Jugendsekten; religiöser Fundamentalismus; Steuerprotestbewegung, Schulprotest der Elternverbände, Widerstand gegen ‚modernistische Reformen'; und schließlich die Frauenbewegung. International von Bedeutung sind ferner autonomistische Bewegungen, die um regionale, sprachliche, kulturelle, auch um konfessionelle Selbständigkeit kämpfen." (a.a.O., S. 578) Da haben wir dann diesen „Themenwandel von der ‚alten Politik', die sich auf Fragen wirtschaftlicher und sozialer, innerer und militärischer Sicherheit bezieht, zu einer ‚neuen Politik'; neu sind die Probleme der Lebensqualität, der Gleichberechtigung, der individuellen Selbstverwirklichung, der Partizipation und der Menschenrechte. Nach sozialstatistischen Merkmalen aufgeschlüsselt, wird die ‚alte Politik' eher von Unternehmern, Arbeitern und gewerbetreibendem Mittelstand unterstützt, während die neue Politik stärkeren Anhang im neuen Mittelstand findet, in der jüngeren Generation und in den Gruppen mit qualifizierter Schulbildung." - „Die Themen der Wachstumskritik sind das einigende Band zwischen diesen heterogenen Gruppen. Für diesen Protest bieten weder die bürgerlichen Emanzipationsbewegungen noch die Kämpfe der organisierten Arbeiterbewegung ein Vorbild. Historische Parallelen finden sich eher in den... Ausbruchversuchen der Lebensreformer, des Wandervogels usw."

Diese „Gegeninstitutionen" der nicht „am Produktionsprozeß unmittelbar beteiligten Schichten" sollen „dem Parteiensystem neue Formen einer zugleich basisdemokratischen und expressiven ‚Politik der ersten Person' entgegensetzen (zur dualen Ökonomie: André Gorz: Abschied vom Proletariat, Ffm. 1980; Joseph Huber (1980)" (a.a.O., S. 582 ff.)

Es ist ja gut, daß Macht (Bürokratie) und Geld (Betriebe) nicht alle Rationalität sollen usurpieren und auf sich vereinen dürfen, um den lästigen Rest den Irrationalisten zu überantworten. Aber ist wirklich jede Alternative zu unserem ‚System' deshalb schon vernünftig oder doch vielleicht nur eine Ideologie im Dienste handfester Sonderinteressen alternativer Machteliten: Auflehnung gegen das eine als Anlehnung an ein anderes Elitenkonzept? Die eine bourgeoise Fraktion setzt auf nationalen Neutralismus (wenn die Preußen mit den Reußen...), eine andere sieht sich als Hauptnutznießer des US-Imperialismus am besten in der NATO. Die „neue Frontlinie zwischen System und Lebenswelt" soll „klassenunspezifisch" sein, will man Habermas glauben, und das rächt sich. Es fragt sich, ob sie trennscharf genug ist, um zwischen links und rechts, oben und unten, vorn und hinten noch zu unterscheiden. Das letzte Kapitel ‚Aufgaben einer kritischen Gesellschaftstheorie' will diese Sozialphilosophie politisch ‚illustrieren', um die offene „Anschlußfähigkeit seines gesellschaftstheoretischen Ansatzes zu betonen" (562 / II). Aber diese empirische Verifikation und politische Illustration wirft rückwirkend Zwielicht auf die 1000 Seiten an philosophischer Analyse, die von sozial zweideutigen Synthese-Bündnissen wieder zugeschüttet wird. Das Buch ist wie ein Krimi von hinten nach vorn geschrieben.

Klassendifferenz wird nicht ungestraft ersetzt durch Volksfront zwischen ‚Lebenswelt' und ‚ausdifferenzierten Subsystemen' wie Wirtschaft, Staat,

Moral, Recht, Wissenschaft, Kunst etc., die dann aus ‚verabsolutierten Expertenkulturen' heraus wieder vernünftig, ‚alltagspraktisch kommunikativ reintegriert', werden müssen, sei es nun ‚systemisch' oder ‚symbolisch'. Sieht die bedrohte Lebenswelt der Mitte sich da nicht wieder einmal erstikkend umarmt durch das sozialstaatliche Zweckbündnis zwischen zweckrational erfolgsorientiertem Handeln von Kapital und Arbeit?

Gibt Habermas sein philosophisches Mäntelchen her, um einen potentiellen ‚Linksfaschismus', den er den APO-Studenten am Ende der Sechzigerjahre vorgeworfen hatte, nun theoretisch abzusegnen und den neuen Lebensweltsynthesen von links und von rechts das rationale Gewissen zu verschaffen, in aller mittelständischen Blauäugigkeit und naiven Raffinesse? - Enthält diese Theorie genügend starke intellektuelle Bremsen gegen protofaschistische Bewegungen? Die mittelständische ‚Lebenswelt', fern der Produktion interagierend, wehrt sich gegen Überfremdungen durch das ‚System' sozialstaatlicher Kompromisse zwischen Arbeit und Kapital. Wird da die schöne ‚kommunikative Intersubjektivität' selbst nur als ein zweckrationales Mittel benutzt im Dienste kleinbürgerlicher Selbsterhaltung? Nach zwangloser Einigung gleicher Interessen wird gerufen, wenn die unfreiwillige Vereinnahmung nicht mehr möglich ist, aber wer wird sich da einig über was und gegen wen? Ist das, wie noch Horkheimer und Adorno meinten, nur der Aufstand der technisch malträtierten Natur gegen die Objektivierung durch die schnöde ‚jüdische ratio' der modernen Welt? Habermas erledigt seine geistigen Väter, indem er im Protest der neuen Alternativen und Naturalisten den feministischen Widerstand der Mutter Natur gegen die ‚typisch jüdische ratio' unserer angeblich patriarchalischen Kultur entdeckt.

Das ‚Institut für Sozialforschung' der Frankfurter Schule hatte in seiner ‚Kritischen Theorie' noch dem entmachteten Familienvater und der entmachteten Philosophie der bürgerlichen Klassik nachgetrauert. Nicht so Habermas, der auf die „vaterlose Gesellschaft" der neuen Ideologien setzt.

„Die Mitarbeiter des Instituts verfolgen auf der einen Seite den *Strukturwandel der bürgerlichen Kleinfamilie,* der zum Funktionsverlust und zur Schwächung der autoritären Stellung des Vaters geführt, gleichzeitig den familialen Schonraum mediatisiert und die Heranwachsenden immer mehr dem sozialisatorischen Zugriff außerfamilialer Instanzen preisgegeben hatte; und auf der anderen Seite die *Entfaltung einer Kulturindustrie,* die die Kultur entsublimiert, ihrer vernünftigen Gehalte beraubt und für Zwecke der manipulativen Bewußtseinskontrolle umfunktioniert hatte. Für eine marxistisch vereinnahmte Psychoanalyse bildete die soziologisch interpretierte Lehre vom Ödipuskomplex den Angelpunkt, um zu erklären, wie sich die funktionalen Imperative des Gesellschaftssystems in den Über-Ich-Strukturen des herrschenden Sozialcharakters durchsetzen konnten."

Mit der ‚autoritären Persönlichkeit' fiel auch die väterliche Autorität, und das Paradies kann ausbrechen – nun können Frauen und Kinder endlich ungestört miteinander reden. Keine Rede ist mehr davon, daß der Vater nicht nur der Geheimagent des ‚Systems' in der Familie war, sondern auch der ‚Gegner', an dem die Kinder sich abarbeiteten, um an ihm und mit ihm den Widerstand gegen das ‚System' draußen überhaupt erst zu lernen und einzuüben - wie auch die Entwöhnung von der Mutterbrust, den Widerstand gegen die symbiotischen Mutter-Kind-Fesseln in den Herden und Horden. Ohne das „Prinzip Vater" wird eine postödipale Perspektive nirgendwo mehr erreicht und vermißt. Der vermeintlich antinazistische Anti-Ödipus sieht aus eher wie ein narzißtischer *Ante*-Ödipus, und moderne Mittelstandsfeministinnen denken sowenig matriarchalisch wie patriarchalisch, sondern wie sterile Amazonen. - Was aber ist der Feminismus, wenn das Judentum ein Ur-Patriarchat ist? Habermas gibt der ‚ökofeministischen Lebenswelt' endlich die universalistische Weihe - als Mann. Ist ‚normgeleitetes Handeln' im Kampf gegen schmutzige egoistische Berechnung des typisch ‚jüdischen Intellekts' nur eine nornengeleitete Reaktion, und was für subjektive Interessen leiten dort welche vermeintlichen Erkenntnisse, statt von objektiven Erkenntnissen geleitet zu werden?

Individuelle Verselbständigung oder kollektive Selbstverständigung, das ist die Frage. Habermas greift die narzißtische Zeitdiagnose von Christopher Lash auf, die nicht mehr „an der ödipalen Problematik, an der Verinnerlichung einer in der elterlichen Autorität bloß maskierten gesellschaftlichen Repression ansetzt" (569, II). Hier ist die väterliche erweitert zur elterlichen Autorität, aber Habermas übersieht, daß der Heranwachsende durch kein väterliches Ichideal nun mehr vor dem viel archaisch rigideren Über-Ich geschützt ist, das auf die ‚Systemimperative' der großen Organisations- und Versorgungsmaschinerien draußen projiziert wird. Er hält dafür, daß „das Resultat einer Einebnung der väterlichen Autorität falsch gedeutet" worden sei, von Adorno und Horkheimer im Gefolge Freuds:

„Es schien so, als erhielten die Systemimperative nun über die mediatisierte Familie hinweg die Chance eines unmittelbaren, durch das weiche Medium der Massenkultur allenfalls gebremsten Zugriffs auf das intrapsychische Geschehen. Wenn man hingegen im Strukturwandel der bürgerlichen Kleinfamilie auch die eigensinnige Rationalisierung der Lebenswelt wiedererkennt; wenn man sieht, daß in den egalisierten Beziehungsmustern, in den individuierten Verkehrsformen und den liberalisierten Erziehungspraktiken *auch* ein Stück des im kommunikativen Handeln angelegten Rationalitätspotentials freigesetzt wird; dann fällt ein *anderes* Licht auf die veränderten Sozialisationsbedingungen der Mittelschichtfamilien." (568, II) Von diesem Licht zur Nacht geht es.

Angeblich sieht die vaterlose Mittelstandsfamilie nun endlich den bösen Mächten draußen „ins Gesicht, statt von ihnen hinterrücks mediatisiert zu werden". Aber ist die feministische Kinderlosigkeit bzw. Mutter-Kind-Zweieinheit, die Entmannung der Familie, heute nicht eher genau jener ‚Systemimperativ' selbst, dessen frontale Abwehr sie zu sein beansprucht?

Das war sogar bei Habermas selbst schon anders zu lesen gewesen. In der „Rekonstruktion des Historischen Materialismus" (Frankfurt 1976) war das spezifisch Menschliche gegen Marx nicht als Produktionskollektiv ausgemacht worden, sondern als die Familie. Der evolutionäre Sprung von den Primaten zu den Hominiden geschehe durch zweckrational instrumentelles Handeln, durch gesellschaftliche Arbeit. Der Fortschritt von den Hominiden zum homo sapiens werde jedoch erreicht durch eine ‚sozialintegrative Aufhebung gesellschaftlicher Arbeitsteilung' (zwischen jagender Männerhorde und haus- und kinderhütenden Frauen) - durch Familiengründung.

Und die erfolge, nach Ansicht der Ethno- und Anthropologen, durch das Vaterwerden des Mannes, durch die Aufrichtung des Inzesttabus zwischen Vater und Tochter. Derselbe Vater, den er mit der linken Hand zum humanistischen Prinzip gesellschaftlicher Evolution erhebt, wird von Habermas mit der rechten Hand als Kolonialherr feministischer Lebenswelten wieder weggewischt. Seit wann hat er nun seine evolutionäre Schuldigkeit getan für Lebenswelt contra System? Dazu muß Freuds *patriarchalische* Psychoanalyse ‚natürlich' ‚reformuliert', d.h. revidiert werden: „An die Stelle einer Triebtheorie, die das Verhältnis von Ich und innerer Natur in bewußtseinsphilosophischen Grundbegriffen nach dem Modell der Beziehungen zwischen Subjekt und Objekt vorstellt, tritt dann eine Sozialisationstheorie" (570, II) der ‚Objektbeziehungen' und der ‚Ich-Psychologie' (die das Unbewußte eliminiert hat, d.h. die hinter Freud zurückfällt). Das Verdrängte ist dann nach Alfred Lorenzer etwa nur noch das sprachlich Fehlbenannte und privatsprachlich Mißverständliche. Habermas sollte aber sehen, daß Lorenzer als Kronzeuge untauglich ist. In „Die Wahrheit der psychoanalytischen Erkenntnis" hatte der „alles auf die eine Karte" gesetzt, daß soziale Interaktion doch nur eine Form gemeinsamer Bearbeitung der inneren Natur der Interaktivisten sei, also eine Produktion. Die kommunikationstheoretische Reformulierung der psychoanalytischen Triebtheorie führte bei Habermas dann wohl dazu, daß, wenn im Über-Ich der Vater verinnerlicht ist, im Es nicht blinde bloße Natur bewußt zu machen sei, sondern eben Mutter Natur als alter ego des Ich. (Und diese Mutter Natur nicht als eine ödipal geliebte Sozialpartnerin nach dem Fall des Vaters, sondern als präödipale Leimrute für den modernen mittelständischen Narziß, der als antipatriarchalischer Partnerersatz von der gattenmörderischen Urmutter gebraucht wird.)

Als ein Philosoph der feministischen Ökopax-Bewegung verschenkt Habermas, was er Freud, Adorno, Horkheimer und dem deutschen Idealismus voraus haben könnte. Auf den ersten Blick scheint er in den Idealismus zurückgefallen zu sein, wenn er Reflexion nicht als bloßen Reflex wirtschaftlicher Unterwelt abtut. Aber sein dialogischer Materialismus besteht darin, die ‚feministische Ökommunikation‘ gegen *jüdisch-patriarchalische* Zweckrationalität zu verteidigen und die Arbeitsfriedensgewinnler gegen den analytischen Intellekt. Wenn Hegel die absolute Idee, die Ver*söhn*ung von Vernunft und Wirklichkeit, von Gottvater und seinen Menschenkindern, zu voreilig im preußischen Staat realisiert gesehen haben sollte, dann hat Habermas die ‚Theorie des kommunikativen Handelns' zu früh in der Alternativszene praktiziert gesehen. Ob das die „unjüdischen Juden" Horkheimer und Adorno nicht doch zu Recht etwas kritischer gesehen hätten?

Der Bücherberg des Jürgen Habermas kreißte, und die mausgraue Theorie war geboren, daß der Widerspruch im Dienst der Bünd(niss)e steht. Die Ironie besteht darin, daß das Buch wie Kants Kritiken dem ‚Volk' Recht gibt in einer Sprache, die nur die - angefeindeten - Experten verstehen. Der Zunftkollege Urs Jaeggi monierte in seiner ‚Zeit'-Rezension, daß das Meisterwerk nicht in der Sprache der Betroffenen geschrieben sei, und Karl Markus Michel mäkelte im ‚Spiegel', daß hier Kunst auf nur subjektive Aufrichtigkeit vereidigt werde. Vermißte Michel das philosophische Placet auf die indirekte Ästhetik etwa des Fettfilzokraten Joseph Beuys mit seiner „plebiszitärdemokratischen Kunst", zum Beispiel?

Der Idealist Kant hatte in der „Grundlegung der Metaphysik der Sitten" den kategorischen Imperativ aufgestellt, daß Menschen einander nicht imperialistisch nur als bloße Mittel, sondern immer auch als Selbstzwecke zu behandeln hätten. Achte die Menschheit in deiner eigenen Person. Kants ‚hypothetische Imperative' oder ‚Maximen des Handelns' sind, mit Habermas gesprochen, Maximen ‚zweckrationalen Handelns‘: Wenn ich A erreichen will, muß ich B tun. Wenn ich mein egoistisches Ziel erreichen soll, muß ich dich objektivieren zum bloßen Mittel. Man weiß, welche Handlung nach Kant von ‚praktischer Vernunft', d.h. moralisch gut wäre, nämlich jene, deren ‚zweckrationale' Maxime ganz generalisierbar ist, ohne sich selbst zu widersprechen. Kann ich dich noch als Instrument benutzen für meine Zwecke, wenn du nun mich zum Mittel für dasselbe Ziel machst?

Habermas weist zu Recht darauf hin, daß ich dann mich nicht ‚einfühlend' frage, was der andere wolle, sondern nur, ob ich noch wollen könne, was ich will, sobald jeder andere dasselbe wolle wie ich. Das eben unterscheide Kants ‚praktische Vernunft' von kommunikativer Rationalität. Habermas versetzt sich ganz in den Kontrahenten hinein, bis zum vollen Verständnis für den Klassenfeind. Schon Kant hatte, wie die „Kritische Theorie" gegen Hegel dankbar vermerkte, im unerkennbaren „Ding-an-sich" eine innere

Grenze der imperialistischen Vernunft geachtet. Die ‚Kritik der praktischen Vernunft', Kants Theorie des kommunikativen Handelns, lüftete das
Geheimnis des Dinges-an-sich : Es ist die intelligible Freiheit des anderen
Menschen, der zum Objekt weder theoretischer Erkenntnis noch praktischer Manipulation zu machen sei. Der Gegenstand meines Verstandes ist
der nur vergegenständlichte Verstand meines alter ego. Daß *das* Andere
„im Grunde" nur *der* Andere sei, mache seinen Widerstand gegen meinen
Verstand aus. Ihn verstehen heißt dann auch verstehen, daß und als was er
mich versteht, also mein Ihnverstehen usw., in unendlicher Reflexivität.
Kant: Wenn alle so wie ich... Habermas: Wenn ich nun wie du und alle...
Nebenbei steht patriarchalisch-monotheistische („jüdische") Rationalität für
beides, für ‚kommunikative' wie ‚instrumentelle' Vernunft': Macht euch die
Erde untertan (nicht eure Nächsten). Liebe deinen Nächsten, er ist wie du.

Habermas hinterläßt der Philosophie die Aufgabe, die Bedingungen der
Möglichkeit zwangloser Diskurse zu erkunden. „Erkenntnis und Interesse"
(Frankfurt 1968, S.75) erkennt die Bedingung in der Aufhebung des Ge-
waltverhältnisses ‚primärer Distribution an den Produktionsmitteln'. Habermas irrt: Der Kampf um den ‚freien Diskurs' *ist selber* der Klassenkampf
gegen die ‚kommunizierend' vermittelnde Mitte, diese Sklavenpeitsche in
großbürgerlicher Hand. Genuin proletarische Metaphysik hätte zu zeigen,
daß Arbeit an der Physis diese nie transzendiert, sondern selbst ein Stück
blinder zweiter Natur bleibt, die nur durch Bewußtsein über sich hinaus-
kommt, nur durch Reflexion mehr ist als bloßer Reflex und als quicke
Flexibilität. Adorno wie Marx maßen den Arbeiter am kreativen Künstler,
der sich in Unikaten objektiviert und subjektiviert zugleich, wenn er keine
Serienfabrikate nach Normvorschriften in die Welt setzt, sondern sich spiegelt in ganz besonderen geistigen Kindern, keines wie das andere, die sich
von ihm lösen und selber Künstler werden. Proletarische Dichter machen
andere Dinge als am Fließband, und proletarische Denker haben andere
Ideen, als sie dort auszuführen haben. Jeder ist mehr und anderes als ein
bloßes Exemplar seiner Klasse, mehr und anderes als bloßes Naturwesen,
auf das er vereidigt werden soll. Proletarität ist die Spannung zwischen
dem, was der Arbeiter ist, und dem, was er sein könnte und sollte – ohne
seine Klasse zu verraten. Im übrigen vermitteln Künstler, anders als Habermas glaubt, nicht einfach expressiv-exkremental ihre subjektive Unmittelbarkeit, sondern diese als Produkt (und Arbeit am Widerstand) der Gegenstände, als gestaltete Re-Projektionen internalisierter Außenwelt. Aber die
Zeugung von Menschen und die Erzeugung von Gütern, die Herstellung
von Selbstzwecken und die von Lebensmitteln, sind gar nicht aufeinander
zurückführbar und auseinander ableitbar - da hat Habermas Recht.

Auch und gerade weil das Proletariat sich nicht durch den Mittelstand mit sich selbst vermitteln lassen sollte, ist es nicht das Unmittelbare selbst, Natur und Ursprung und Blut und Boden, ganz im Gegenteil. Es ist Gegensatz zu dem, dessen Gegenstand es ist, oder nichts - *als* Gegenstand ohne Selbständigkeit. Sein Widerstand ist Widerspruch gegen ‚Geltungsansprüche', die es nur in Anspruch nehmen, wo sie es ansprechen. Hinter Habermas' freien ‚Bedürfnisinterpretationen' wären die Interpretationsbedürfnisse zu analysieren. Bedürfnisse können so falsch sein wie das Bewußtsein.

Der „Gruppen"-Richter von Gießen attestierte den Arbeitern eine „extreme Trieb- und Phantasiefeindlichkeit", also psychische Untherapierbarkeit. Arbeiter werden schon wissen, weshalb sie dem progressiven Psychoanalytiker ihre Triebphantasien nicht anvertrauen.

Kurz nach dem Abschied von seinem großen Lehrer Sartre, der kurz vor seinem Tode noch vom Marxismus Abschied genommen hatte, sah auch „Der Verräter" André Gorz sich schweren Herzens gezwungen, seinen eigenen ‚Abschied vom Proletariat' zu nehmen, das nun schon so vielen kleinbürgerlichen Fürsprechern nachtrauern muß. Tat es Gorz mehr leid um das Proletariat als diesem um Gorz, und wer von beiden blieb dem andern unbekannter? Nahm er seinen Abschied oder gab er der Arbeiterklasse den Laufpaß? Wurde dem gekränkten Amateur die Geliebte zuviel, oder ist die Verabschiedete einfach nur verschieden (von dem, was der Liebhaber von ihr erwartete oder mit ihr vorhatte)?

Gorz reihte sich ein in die erlauchte Reihe enttäuschter und abgeblitzter Verehrer, die sich mit dem Recht des freiwilligen Abfalls von ihrer Herkunftsklasse ewig dankbarer Gegenliebe versichert zu haben glaubten.

Einer der letzten war Herbert Marcuse gewesen, ein Frankfurter Mitschüler von Habermas, der den unglücklichen Studenten den Korb, den sich ihr stürmischer Liebesantrag an Elsa Doolittle geholt hatte, damit erklärte, daß die Industriearbeiterschaft der spätkapitalistischen Metropolen längst nicht mehr das faktische Objekt der Geschichte und das designierte revolutionäre Subjekt sei, sondern daß ihre alternde Favoritin schnöde dem zahlenden Klassenfeind in die Arme gesunken und ihrer feurig schüchternen Nachstellungen eigentlich gar nicht mehr würdig sei.

Verzweifelt blickten die kleinbürgerlichen Feinde der Kleinbürger sich um nach dem Lustobjekt ihrer karitativen Inbrunst, das es aus den Klauen kapitaler Lebegreise zu retten galt, und - konnten in allem bescheidenen Narzißmus nur noch sich selbst als liebenswert ausmachen, die arbeitslosen outcasts, die verlorenen Söhne des Mittelstands, die aus- statt aufgestiegenen Drogenfreaks und Beatniks selbst, die Homos und Lesben, die Hippies und Freebees, Hipsters und Diggers mit ihrer gay and flower power, die Junkies und Yippies und Vaterlandkommunarden und grünen Jungs. War der Freier zu spät gekommen, so kleidete sich sein Haß in Mitleid und sein Selbstmitleid in zynisches Lebewohl. Die linksliberale Mitte verwechselt gern den Klassenkampf mit dem Konkurrenzkampf von Klein- und Groß-bürgertum und will nicht sehen, daß das internationale Monopolkapital ge-genüber der kleingewerblichen Mittelstandskonkurrenz ein ähnlicher Fort-schritt ist, wie die Gewerkschaft es gegenüber dem gegenseitigen Sich-unterbieten der Arbeiter auf dem Arbeitsmarkt wäre, wollte sie wirklich die ‚Neue Heimat' der Werktätigen sein. Herbert Marcuse wies den großen Verweigerern den Abweg: der Marxismus sei auch heute noch die kritische Gesellschaftstheorie, sofern nur die Arbeiterbewegung ersetzt und abgelöst werde durch die kleinbürgerliche Frauen- und Forst- und Jugend- und Friedensbewegung. Bedroht von ‚Freistellung', d.h. von der eigenen Über-flüssigkeit, läuft der kleinbürgerliche Nachwuchs Maschinensturm gegen die ständige polizeiliche Kontrolle seines auslaufenden Existenzberechti-gungsnachweises. Es ist wie eine Erleuchtung, er entdeckt wieder, was er immer war und nie sein wollte, ein potentieller Fließbandarbeiter und Sozi-alhilfeempfänger. Das Rationalisierungsopfer opfert seine eigene instru-mentelle Rationalität und verwechselt schaudernd sein irrational Unbe-wußtes mit aufklärungsbedürftiger „proletarischer Unwissenheit". Aber das konsumkorrumpierte Gesinde(l) der Volksmehrheit verpaßt in den Augen seiner mittelständischen Fürsprecher *und* Ausbeuter einfach seine histo-rische Chance. Dann muß die Rechte die fällige Revolution gegen sich selbst eben noch selbst übernehmen - ganz „ekstatische Entschlossenheit zum unbezüglich Eigensten" (Heidegger).

Individuationsprinzipien

Kein Mensch ist mit derselben versiegelten Ordre auf die Welt gekommen wie der andere. Die meisten sind lebenslang zu beschäftigt, um ihren Ge-burtsbrief je zu öffnen, den ihnen der Schöpfer in die Wiege gelegt hat. Wenn ich mir nicht selbst das Gesetz gebe, auf mein eigenes Gesetz zu verzichten, erfülle ich in einem verborgenen Plan eine geheime Mission, die niemand anderer erfüllen kann. Was vor der Gesellschaft ein Witz ist, ist vor Gott eine Weisheit: Kein Mensch würde geboren, den ein anderer vertreten könnte. Aber was sollen deine ganzen *Selbstfindungen*, wenn du mit dem Fund nichts anderes anfangen kannst, als dich damit abzufinden, daß du dich einfach gut findest und deshalb wohl befindest? Das Ich ist hassenswert, sagt Pascal, und er meinte es moralisch. Wir meinen es nicht unmoralisch, aber nicht-moralisch. Ein guter Schachspieler muß kein guter Mensch sein, und ein schlechter Mensch gar kein schlechter Schachspieler.

Was ist mit dem begeisterten Schachspieler, der an seinem Sport nur Freude hat, wenn er Weltmeister wird? Er haßt sich, solange er Weltranglistenzweiter ist, und hetzt sich, bis er mehr ist als alle, also auch noch mehr als er selbst. Heute ist viel die Rede von „Überschreitungen", aber damit sind nur diffuse „Selbstentgrenzungen" ins Beliebige gemeint und keine grenzversetzenden Höchstleistungen. „Kunst kommt von Können", und durchschnittliche Künstler sind deshalb auch schon schlechte Künstler oder gar keine. Wer *es* am besten von allen kann, ist Meister in seinem Fach. Er übertrifft nicht nur andere, sondern mit jedem neuen Werk auch sich selbst.

Er sticht sich und andere aus, will immer besser werden, und nicht nur in der moralischen Disziplin. Aggressivität gegen Konkurrenten ist nur als „Auto-Aggressivität" möglich, als unbarmherzige Peitsche, die du gegen dich schwingst. Was soll eine „Selbstverwirklichung", die keine perfektionistische Selbstüberbietung ist? Auch und gerade „Selbstfindung" schützt nicht vor Selbstzerstörung, denn wer seine eigenen Ziel- und Wertvorstellungen gefunden hat, muß sie ja immer noch gegen seine eigene Trägheit in die Wirklichkeit überführen. Wenn er das nicht schafft und trotzdem an ihnen festhält, drohen Depressionen, die auch ins Körperliche umschlagen können. Unerreichbarkeit demütigt, ob es sich um ureigene oder nur zu eigen gemachte Ziele handelt. Heute begnügen wir uns damit, „verinnerlichte Fremdziele" durch ureigenste Wünsche zu ersetzen, und wollen nicht wahrhaben, daß das eine nicht weniger als das andere, wenn es denn ernst genommen wird, unerbittliche Selbstausbeutung bedeutet. - Wer von sich verlangt, ein wirklich guter Schachspieler oder guter Mensch zu werden, und das gar nicht schafft und auf das hochgesteckte Ziel gleichwohl nicht verzichten kann, der wird oft bitterböse auf sich (oder stellvertretend auf andere, die daran gar nicht schuld sind). - Auch bei großen Dingen genügt es nicht, sie wenigstens gewollt zu haben.

Wird einer krank, weil er sich auf dem Weg zu seinen Zielen überarbeitet oder damit er ein Alibi hat, wenn er sie nicht erreicht? Macht er sich krank, um ertragen zu können, sie nicht erreicht zu haben? Du kannst böse auf dich oder mich werden, weil du Moralnormen oder weil du egoistischen Wunschbildern von dir selbst nicht gerecht werden konntest, mit Freud gesprochen, weil du vor dem „Über-Ich" oder dem „Ich-Ideal" versagt hast.

Wer sich übertreffen muß, um sich zu erreichen, hat nur die Wahl zwischen Schuldgefühl und Scham vor sich selbst. Der Schuldbewußte und der von Ehrgeiz Zerfressene, der eine wird böse auf sich selbst, weil er kein guter Mensch, und der andere, weil er kein guter Schachspieler geworden ist - und niemanden gefunden hat, den er dafür verantwortlich machen kann.

Mancher ist nur etwas zu stolz, um andere als sich selbst für sein Scheitern schuldig zu sprechen. Einer fühlt sich nicht gut, weil er nicht gut gegen andere ist; andere fühlen sich schlecht, weil sie schlecht zu sich selber sind. Der eine bestraft sich, weil er anderen nicht genügt, der andere verurteilt sich, weil er sich selbst nicht genügt, und der Stolze verlangt noch nicht halb soviel von anderen, wie er von sich selbst verlangt.

Ich falle zusammen mit anderen Individuen unter denselben Begriff, den ein anderer sich von uns macht und durch den er uns beherrscht. Wir alle sind gleich vor diesem Begriff, unter den wir fallen, und ich kann dieser Gleichschaltung nur entgehen, indem ich mir als Individuum meinen eigenen Begriff mache von diesem Begriff, den andere sich von mir und von meinesgleichen machen. Mein Begriff von deinem Begriff von mir soll triftiger sein als dein Begriff von meinem Begriff von dir. Ein Objekt sein heißt, Individuum eines Begriffs zu sein, und Subjekt sein heißt, Begriff von einem Individuum zu haben. Das Individuum wird Subjekt, indem es sich einen Begriff von anderen Individuen macht, und der Begriff wird Objekt, indem er Individuum eines anderen Begriffs wird. Ein Individuum überschreitet sein objektives Begriffensein durch seine Individualität, und unbegreiflich ist das Individuum allein dadurch, daß es Begriff ist und sich diesen Begriff macht, der sein Begriffensein begreift. Und das begreifende Individuum ist kraft seines Begreifens unbegreiflich. A ist oder sei B : Ein Urteil verurteilt jemanden dazu, etwas anderes zu sein, als er will, und ob es zutrifft oder nicht, es kann zurückgewiesen werden oder nicht. Richtet nicht, damit ihr nicht gerichtet werdet, sagt die Bibel. Heute heißt es: Lege Berufung ein mit neuem Beweismaterial oder richte deine Richter und erkläre sie für befangen, damit ihr Urteil kassiert oder zur Bewährung ausgesetzt wird - verurteile deine Verurteilung.

Selbstseinkönnen ist auch eine individuelle Leistung, die sich allerdings in einem beurteilbaren Werk objektivieren muß, wenn sie keine bloße Einbildung bleiben soll, und die Einbildungskraft muß sich mit der Urteilskraft verbinden, um der Realitätsprüfung standzuhalten. Das Individuum entfaltet seine Anlagen, indem es sich und andere übertrifft, und überschreitet sich ebenso paradox nur, indem es sich selbst entwickelt. Entwicklung ist eine zielstrebige Form der Selbstüberbietung. Nicolaus Cusanus verstand den Schöpfergott als „Seinkönnen" (Possest), und als ein Ebenbild seines

Schöpfers wäre der Mensch als potentielle geistige Potenz bestimmt. Nicht nur Kunst kommt von Können, sondern auch Liebes- und Lebenskunst. Es gibt sogar gekonnte und ungekonnte Wut. Der Könner ist der Kenner der Umstände, die seinem Talent günstig oder unzuträglich sind, und wer seine Naturtalente nicht verkümmern läßt, wuchert mit anvertrauten Pfunden.

„Selber leben" heißt, das Licht der Welt und der Vernunft aus dem Gewicht der mitbekommenen Begabungen leuchten zu lassen. Der Mensch ist vernunftbegabt, der Einzelne ist auch selbstbegabt. Die Begabung als Mitgift Gottvaters und der Mutter Natur kommt aus Erbanlagen und steht in den Sternen. Sie gehört zu den göttlichen Eingebungen, die veruntreut werden können. Richtig leben heißt, das von Gott verliehene Talent nutzen, ohne Sein Gesetz zu verletzen. Es gibt Anlagen nicht nur zum Guten und Bösen, sondern auch zum Guten und Mangelhaften, zum Gelungenen und Mißglückten. Wenn kein Mensch auf der Welt nicht von Gott gewollt ist, dann auch mit den nur ihm eigenen Fähigkeiten. Selbst sein heißt, genau das zu tun, was niemand sonst auf der Welt tun könnte und je getan hat.

Jedermann ist ja bestimmt zur Selbstbestimmung und platzt in eine Gesellschaft, die schon vollständig ist und niemanden mehr vermißt und erwartet.

So disparat die bisherigen Kulturleistungen einander auch ausschließen bis zum gegenseitigen Vernichtungskampf, das Auftauchen jedes neuen Erdenbürgers homogenisiert sie zu einem damit überschrittenen Feld von Versuchen, die darin übereinkommen, plötzlich irgend jemandem nicht mehr zu genügen, der seine Mitmenschen dann mit seiner eigenen Unzufriedenheit zu infizieren versucht, bis genügend viele Leute einen wahren Heißhunger auf das original Neue entwickelt haben. Jedes Individuum ist ein potentieller Bedarfswecker für das brandneue Angebot seiner Werke, in denen seine originale Subjektivität sich so objektiviert, daß dieses Objekt genügend subjektiv ist, um diese Subjektivität erst zu konstituieren. Mit jedem Menschen, der auf die Welt kommt und von seiner Potenz her verstanden wird, nicht nur Menschen zu zeugen, werden potentiell genügend viele Menschen und Kulturschöpfungen herausgefordert und in Frage gestellt, um ihn nicht überflüssig zu machen. Gib zu verstehen, wie du es verstehst und worauf du dich verstehst, indem du aus dem biographischen Fundus deiner Getriebenheiten und Getroffenheiten schöpfst. Jedes Individuum schneidet ein Kontinuum durch und sprengt mindestens einen Inbegriff, aber nur durch seine eigenen Werke, und sei es durch die besondere Art, in der es die vorgeschriebenen Werke tut. Alles kommt darin überein, sagt ein jeder, nicht so (gut) zu sein wie *sein* Beitrag zum Stimmenkonzert.

Jede Kultur ist eine Verabredung, sich in jedem Augenblick für vollendet zu halten, und keine Geburt hält diese Verabredung ein, sondern ist eine

Kündigung dieses stillschweigenden Vertrags. Jeder „affektiv Betroffene" ist ein Übertroffener oder ein Übertreffender, denn aus jeder affektiven Betroffenheit muß nicht nur eine Besonnenheit der Sinnlichkeit wachsen, sondern auch eine effektive Vortrefflichkeit von Leistungen. Erst das geistige Begriffensein macht aus dem „leiblichen Ergriffensein" ein gültiges Individualitätsprinzip. Der Einzelne individuiert sich, indem er sich nicht in Wittgensteins stumme „Privatsprache" einschließt, sondern sich der allgemeinen Normen und Mittel, Gesetze und Regeln bedient, um eine individuelle Kon*stella*tion von Bestimmungen zu werden, die allen gemeinsam sind. Das Werk bestätigt seinen Schöpfer, indem es ihn und die Werke anderer übertrifft. Es individuiert sich und seinen Schöpfer, indem es Kontexte auflöst und die Bruchstücke zu sachlich oder subjektiv neuen Kontexten zusammenfügt. Beim Kunstwerk, das ein Kunst-Stück ist, wird das flagrant. Das Werk als kon-kretes Ergon aus Potenz und Akt, aus Dynamis und Energeia, ist eine neue Wirk-lichkeit, die das bisherige ‚Wir-cliché‘ aufhebt, und verwirklicht die Anlagen des Schöpfers, sich selbst zu bestimmen. Die indogermanische Wurzel von ‚Können' und ‚Kennen', ‚Gebären‘ und ‚Erzeugen‘, ist die selbe. Geistige Kinder sind dem Individuum zuzurechnen, leibliche nur die Gattung : Kinder bekomme ich, Gedanken mache ich mir.

Fähig sein heißt ursprünglich imstande sein, etwas (emp)fangen, (be)greifen und (er)fassen zu können. Der Verfasser eines Kunstwerks faßt sich und bringt in Fassung, was ihn angefaßt hat. Aphorismen fassen sich sogar besonders kurz. Interpreten befassen sich mit Verfassern von Werken, die Edelsteinfassungen von Gemütsbewegungen sind, und gehen aus von „Fassungen erster und letzter Hand". Das Wahre ist ursprünglich das Vertrauenswürdige und im Aus-Spruch sicher Verwahrte, das von einem Flecht-Werk Bedeckte, das dann von uns entdeckt und aufgedeckt werden kann.

Ursprünglich umfangen und eingefriedet, geschützt und geschont ist aber das Kind in den Armen der Mutter. Das Werk gewordene Wahre ist primär das Umwundene, Verschlossene, Abgesperrte, Abgegrenzte, Abgesonderte, das buchstäblich im monadischen „Aphorismus" steckt. Das Abgesonderte ist nicht nur das Absonderliche, sondern das samt und sonders ganz besondere Ungemeine und ausgezeichnet Hervorragende.

Sprachlich bedeutet es eigentlich: eigen, abseits, für sich, auseinander, weit weg und ohne. Wer ganz Besonderes schafft, wird der erste. ‚Schaffen' hat zwei Bedeutungen, die schwache meint : tätig sein und zustande bringen, die starke meint : schöpferisch gestaltend hervorbringen durch ‚Schaben‘.

Kunst ist die Potenz, die frühe Zweieinheit von wohlbehütetem Menschenkind und wohlgeformter Magna Mater „in einem beliebigen Material" so gekonnt nachzuformen, daß diese Beziehung als Ganzes fühlbar wird, bevor sie durch das Dazwischentreten einer emanzipierenden Vaterfigur in Mutter und Kind endgültig zerfällt und sich neu konfigurieren muß.

Wer zuerst kommt, mahlt zuerst. Der geistige Erstling gehört Gott. Wenn der zeitlich erste auch der rangmäßig erste ist, genießt er Priorität in wissenschaftlichen Entdeckungen und künstlerischen oder technischen Erfindungen. Der ‚erste' ist der Superlativ von ‚eher' (früher). Im Wettbewerb gibt er sich zum besten. Der erste führt die Ordnungszahlen an und jede gute Besserung. Der Schöpfer erbringt Hochleistungen. Leisten heißt nachspüren, einer Spur folgen und dann als erster und einziger am Ziel ankommen: Schuster, bleib bei deiner Leistung. Der Zweck ist ursprünglich der Zielpunkt auf der mit Zwecken befestigten Zielscheibe. Der ‚Ziel'- und ‚Zeit'-Ab*schnitt* haben die gleiche Sprachwurzel. Niemand ist der erste und beste in allen Disziplinen, sondern nur in seiner besondern Sportart, in jenem Kunst- und Wissenschaftszweig, für den er sich qualifiziert hat. Der Meta-Wettkampf ist der Wettstreit um die rangmäßig höchste Wettkampfart. Nur dann entsteht die Frage, ob es ehrenvoller ist, der zweite in der ersten Disziplin zu sein oder der erste in der zweiten. Der Sieger leistet das Vortrefflichste und trifft das Ziel vor allen. Das Vorzüglichste wird allem anderen vorgezogen, und das wirklich Erstklassige ist immer eine „Klasse für sich", d.h. das musterhafte Werk komplettiert nicht nur seine eigene Gattung, sondern eröffnet eine neue Klasse von Werken und ist vorerst deren einziges konkurrenzloses Exemplar. Das Gelungenste ist als erstes ans Ziel gelangt, hat seine Vorgänger und Mitläufer überholt und überragt sie. ‚Er will und kann nicht': Wollen heißt nicht Können, Mögen heißt nicht *Vermögen*, und das gilt nicht nur zwischen den Geschlechtern. Auch die bloße *Möglichkeit*, ob sachlich oder gar nur logisch, ist noch keine Fähigkeit, die sich erst in einem wirklichen Werk erweist, das die wahre Weisheit seines Schöpfers verwahrt. Etwas können und potent sein heißt, einer Sache mächtig sein und sie nicht nur mögen, also ein wichtiges Werk zu bewirken und sich selbst mit einer Wahrheit darin wehrhaft einzuschließen zu einer nomadisierenden Monade, die sich einen Namen macht, der ihr doch nur vom göttlichen Numen gegeben und in die Wiege gelegt wurde. Die persönliche Begabung dazu ist die göttliche Ur-Eingebung.

Das Werk ist ein Kunst-Stück, das der Mit- und Nachwelt etwas Unnachahmliches vormacht und dadurch eine Klasse für sich ist, daß der Klassenprimus primär von der Schulklasse zur Gesellschaftsklasse avanciert. Das erstklassige Kunstwerk des Werk-tätigen ‚verrät' nicht die Gesellschaftsklasse, in der es entsteht, sondern bestätigt und verfeinert sie. Kunst ist potent(iell)e Selbstbe(s)tätigung des Individuums gegen die Allgemeinheit und ihre Allgemeinbegriffe, Angriffe und Übergriffe. Kein Können ohne Verständnis, das sich auf das in Frage Stehende auch versteht.

Das theoretische Verstehen von etwas versteht sich dabei praktisch auf etwas und umgekehrt. Verständigung über das Verstehen, und das wird im irrationalen Zeitalter auch von Berufshermeneuten unter den Tisch gekehrt, ist ohne ‚bloßen‘ Verstand nicht möglich. Wer imstande ist zu verstehen, steht nicht wie die Kuh vorm neuen Tor, sondern ist ein Intellektueller, wenn er das Ergebnis seiner Tätigkeit nicht für sich behält, sondern öffentlich macht. Bei Hegel verbindet die Vernunft, was der Verstand trennt, und wenn beides zugleich geschieht, ist das der *Witz bei der Sache*, der nicht nur den Witzbold verrät, sondern Menschenwitz, welcher am Ursprung von Wissen, Weisheit und gewitzter Erfahrung steht. Die Rolle von Hegels Weltvernunft übernimmt bei dem Phänomenologen H. Schmitz ihr Gegenspieler, der Affekt, der die Versöhnung alles Getrennten durch fassungslose Verwirrung des Gestalteten besorgt, wenn ich von Heideggers Existential Angst in die Enge des Leibes getrieben werde. Adorno (an)erkennt nur begriffliche Totalität, die den Einzelnen kastriert, und kein *vor*begriffliches Ganzes, in dem er unreduziert eingebettet ist. –

Horst Lummert sieht gerade nicht im leibhaftig Mater-iellen, sondern nur im monotheistischen Prinzip Vater das Individuationsprinzip schlechthin.

Christliche Sühne für Mordversuche an Gottvater?

Nicht nur heilshistorisch wächst der Abstand zum messianischen Reich mit dem vom Messias selbst. „*Vergangenheit* und *Entfernung* sind aber nur die unvollkommene Form, wie die unmittelbare Weise vermittelt oder allgemein gesetzt, diese ist nur oberflächlich in das Element des Denkens getaucht, ist *als* sinnliche Weise darin aufbewahrt und mit der Natur des Denkens nicht in Eins gesetzt. Es ist nur in das *Vorstellen* erhoben, denn dies ist die synthetische Verbindung der sinnlichen Unmittelbarkeit und ihrer Allgemeinheit oder des Denkens."(1) Der Mittler ist vor und zwischen Gott und Mensch gestellt: „Die Vorstellung macht die Mitte zwischen dem reinen Denken und dem Selbstbewußtsein als solchem aus...." (2) Zwar kommt sie der geistigeren Zustimmung zum Unsichtbaren näher als der nur ungläubige Thomas, „aber das *Vorstellen* der Gemeine ist nicht dies *be-*

greifende Denken" (3) „und, was dasselbe ist, setzt ihn (den Inhalt) zu ... einem Erbstücke der Tradition herab;" (4) „....denn das gemeine Leben hat keine Begriffe, sondern Vorstellungen, und es ist die Philosophie selbst, den Begriff dessen zu erkennen, was sonst bloße Vorstellung ist". (5)

Unter das gemeine Leben fällt auch die Gemeinde, die instinktiv nur tut, was sie nicht weiß. Daß der Messias ganz Gott und ganz Mensch war, polarisiert sich noch einmal im historischen Jesus und bekannten Christus, von dessen Gläubiger Hegel sagt: „Seine eigne Versöhnung tritt daher als ein *Fernes* in sein Bewußtsein, als ein Fernes der *Zukunft*, wie die Versöhnung, die das andere *selbst* (scilicet Christus) vollbrachte, als eine Ferne der *Vergangenheit* erscheint." (6) Vorstellung ist hier wie bei Heidegger temporal gesehen. Der Glaube als Distanz *von* Golgatha und *zum* Neuen Jerusalem spricht aus, was Zeit ist, deren raumquantifizierte Kontinuität heute in Quantensprünge zerreißt. - Aristoteles zitierte, Zeit gebe es nicht, da doch Zukunft noch nicht, Vergangenheit nicht mehr und Gegenwart ihre nur punktuelle Grenze gegeneinander sei. Was war, ist nicht, auch nicht gewesen, geschweige denn wesentlich. Glaube, als Vorstellung die Präsentierung einer Absenz, vergegenwärtigt, was leibhaft von ihm selbst her nicht mehr und noch nicht da ist, macht Kirche zur Existenz dessen, daß Christus nicht mehr und das Reich Gottes noch nicht existiert, es sei denn imaginär. - „Indem *an sich* diese Einheit des Wesens und des Selbsts zustande gekommen, so hat das Bewußtsein auch noch diese *Vorstellung* seiner Versöhnung, aber als Vorstellung. Es erlangt die Befriedigung dadurch, daß es seiner reinen Negativität die positive Bedeutung der Einheit seiner mit dem Wesen *äußerlich* hinzufügt; seine Befriedigung bleibt also selbst mit dem Gegensatze eines Jenseits behaftet". (7) Ewiges Hinhalten, das Zerrbild von Unsterblichkeit, findet sich schließlich apotheotisch abgespeist mit ungehaltenem „Hineingehalten-Sein" ins Nichts von ontologischen Gnaden. Christliche Ungeduld, die soviel Geduld mit allem Überirdischen aufbringt, über die Distanz *von* einem Versprechen und *zu* dessen Einlösung, segnet ihr eigenes Gefühl für Zeit. St. Nimmerleinvertagung, die den dies irae aufmöbelte bis zur Inkompatibilität mit Zeit selbst, sichert zu, worauf doch nur vertröstet ist. Immer ist es so lange hin noch bis zum Ende aller Verdinglichung, wie es her ist seit anno Domini.

Theologischer Zeitraffer, der, zu dem Erlöser stets unmittelbar, ihn beim zurückgebliebenen Wort nimmt, unterschlägt im moralischen Appell an die Kreatur, was chiliastisches quousque tandem dieser doch schuldig bleibt.

Die Erkenntnis der Erbsünde ex iuvantibus, mit der christliche Religion die Ontologie des Leidens zu ihrem Privileg macht, ist zynisch, wo die sogenannte soziale Frage als Akzidenz und bloßes Symptom metaphysischen

Elends fungibel wird. - Kierkegaard kolportiert, daß ein Kind noch nicht schreckt, was dem Manne Angst macht, und der Christ, weil er ein Entsetzen kennt, das dem Heiden fremd ist, nicht mehr versteht, was den Ungläubigen bange macht. Andererseits nährt die Geste, die jede Utopie forsch dem Nahziel opfert, den Verdacht, sie sei über letzte Dinge nicht weiter hinaus als die befreite Gesellschaft über diese Geste. Der Widerstand gegen das Obsolete am Absoluten ist der gleiche wie gegen die Entmythologisierung, die den Verächtern religiöser Mythen suspekt noch ist aus Furcht, Modernität selbst könnte als Mythos mitenthüllt werden samt der realen Möglichkeit der Befreiung von ihm.

„Der Geist der Gemeinde ist so in seinem *unmittelbaren* Bewußtsein getrennt von seinem *religiösen*, das zwar es ausspricht, daß sie a n s i c h nicht getrennt seien, aber ein A n s i c h, das nicht realisiert, oder noch nicht ebenso absolutes Fürsichsein geworden." - Mit diesem Satz schließt die Religionsphilosophie der „Phänomenologie des Geistes". Da wird kein moraliner Blick hinter fromme Fassaden getan, um das religiöse Bedürfnis vor handfesteren Interessen sich blamieren zu lassen. Der Kirche wird nicht vorgerechnet, weder klagend noch schadenfroh, sie sei hinter dem apostolischen oder urchristlichen Plansoll zurückgeblieben. Sie wird nicht aufgefordert, dem nachzujagen oder nachzusinnen, was sie wesentlich gewesen ist oder der jeweils letzten Masche, sich unter die Leute zu bringen, d.i. ihnen nach dem verbotenen Mund zu reden. Hegel predigt nicht den Predigern, hütet auch hier sich, erbaulich sein zu wollen. Daß die Kirche in Wirklichkeit immer schon das ist, was sie zu sein vindiziert, is taken for granted. Man weiß, daß auch der Protestantismus sich für das unmittelbare Bewußtsein entschieden hat, für den Nazarener, in dessen Namen das unmittelbare *als* religiöses Bewußtsein identifiziert wird. Was nun Hegel zur Rechtfertigung der Reformation auffährt, wäre ihr selbst zu konfrontieren: „Das Verderben der Kirche ist nicht zufällig, nicht nur Mißbrauch der Gewalt und Herrschaft. Mißbrauch ist die sehr gewöhnliche Weise, ein Verderben zu benennen; es wird vorausgesetzt, daß die Grundlage gut, die Sache selbst mangellos, aber die Leidenschaften, subjektiven Interessen, überhaupt der zufällige Wille der Menschen jenes Gute als ein Mittel für sich gebraucht habe, und daß es um nichts zu tun sei, als diese Zufälligkeiten zu entfernen. In solcher Vorstellung wird die Sache gerettet und das Übel als ein ihr nur Äußerliches genommen. ...Das Verderben der Kirche hat sich aus ihr selbst entwickelt; es hat eben sein Prinzip darin, daß das *Dieses* als ein Sinnliches in ihr, daß das Äußerliche, als ein solches, innerhalb ihrer selbst sich befindet. (Die Verklärung desselben durch die Kunst ist nicht hinreichend.)" (8)

Zuletzt hat Samuel Becketts Kunst in „Comment c'est" das Leben, Drecksack voll leerer Pandorakonserven, durch die Zeit vor Pim, mit Pim und nach Pim dorthin geschleift, wo ihr Verklären nicht mehr hinreicht. Das Äußerliche befindet sich innerhalb der Kirche selbst nicht nur *vor* der Reformation: Die sakramentale Erinnerung retirierte in protestantische Innerlichkeit, die - abgezogen von getrübter sinnlicher Transparenz - mythisch sich bevölkert mit eben den Reliquien, die sie reformatorisch beiseiteschob.

Transzendierte Immanenz interiorisiert Transzendenz zum positivistischen Glaubensinhalt, zum Vertrauen auf redemptio plusquamperfecta, Rechtfertigung durch den Glauben, gerechtfertigt zu sein. Emphatischer Begriff der Identität des Begriffs mit dem geheiligten Gegenstand ist darum noch nicht realisiert und hat Einspruch gegen Identifizierung abermals zum Gegenstand, wo er allzu irresistibel funktioniert. Geglaubte Versöhnung wider bessere Einsicht fällt hinter die vorbewußte Versklavung zurück. Zwar ist die Übernatur humanisiert: „Der Tod des Mittlers ist Tod nicht nur der *natürlichen Seite* desselben oder seines besonderen Fürsichseins, es stirbt nicht nur die vom Wesen abgezogene schon tote Hülle, sondern auch die *Abstraktion* des göttlichen Wesens." (9) „Es wird dies als ein freiwilliges Tun vorgestellt; aber die Notwendigkeit seiner Entäußerung liegt in dem Begriffe, daß das Ansichseiende, welches nur im Gegensatze so bestimmt ist, ebendarum nicht wahrhaftes Bestehen hat...." (10) Doch das Humane bleibt Jenseits: „Es (das andächtige Bewußtsein) ergreift diese Seite, daß das reine Innerlichwerden des Wissens *an sich* die absolute Einfachheit oder die Substanz ist, als die Vorstellung von Etwas, das nicht dem *Begriffe* nach so ist, sondern als die Handlung einer *fremden* Genugtuung." (11)

Notwendigkeit schillert hier, wie so oft bei Hegel, zwischen der freien des Begriffs und der fremden, die vom freiwilligen Handeln Gottes ausgeht - als wäre das Notwendige gerade das uns Entfremdete. Glaube, auch und gerade dort, wo er es zum Absoluten bringt, ist nach Hegel schon in nur vorstellende und retendierende Bewußtlosigkeit rezidiert, der er das Riechsalz jener unglaublich bewußten Absolution unter die Nase rieb, die die Religion besonders seit Luther relativiert sehen will. Der Prioritätenstreit zwischen Glauben und Wissen ist unschlichtbar, wenn das eine das andere nicht nur bedienen soll. Glaube behält Recht vor dem Imperativ des Faktischen, das in sich borniert sein Ziel als immer schon erreicht aufdrängt, fällt aber zurück vor dem Moment von Wahrheit in der Insistenz auf das Bewußtsein qua bewußtem Sein dessen, was vom gegebenen Wort zu halten ist, dekrepierte es, bei sich selbst genommen, nicht sogleich zum blank Positiven. Worin Glaube ärgerlich an der Evidenz des Begriffs sich vergreift, ist die Absage an das Tabu der Widerspruchsfreiheit zwischen quidditas und quodditas. Die Einfalt der Identifikation mit nichtidentischer fides quae creditur ist vom Wissen stets schon beargwöhnt als die Nichtidentität, mißlungene Anpassung der fides qua creditur an die Satisfaktion tautologischer Identitäten. War Wahrheit des Urteils gedacht als Adäquation an den adäquaten Gegenstand, verfällt Identifikation mit dem nicht-identischen dem Verdikt der Nichtidentität mit dem identischen, befindet die Wahrheit über Widersprüchliches sich im Widerspruch zur Wahrheit, falsches Urteil über präjudiziert sich selbst Adäquates.

Die identitätslogische Trinität, die in der Auferstehung Jesu eine doppelte Negation Gottes feiert, macht nur die Transzendierung einer Transzendenz rückgängig, die ihre Kreatur dort für gerettet ausgibt, wo sie in sich nur sich selbst zurücknimmt. Negatio duplex, die Synthese, spräche das nur Triviale aus, das etwas nicht sei, was und weil es nicht ist. Neugier, deren Hoffnung auf baudelaireske nouveauté am „coefficient d´animosite'" des Reifizierten zuschanden wird, zuckt vor seinem Negativ ins Schneckenhaus der Identität zurück und macht sich ins Fäustchen, choc-mimetisch dem anverwandelt, wovor ihre abweisende Geste zurückfuhr. Sie schlägt um in melancholische Zwangsinteriorisierung vor dem repulsiven Medusenblick dessen, was selbst gorgonisch erstarrt ist, dem petrifizierenden Blick der Petrefakte. Neugier läuft sich am Negativen nur die Hörner ab, um desto nachhaltig belehrter über das alte Wahre sein Enkomion zu verfassen.

Reduktives „Nichts-anderes-als" läßt im Nichts genau jenes Futile vermuten, das Subsumtion stutzt. Doch monophysitische Dämonie hat mit der Gnosis einen häretischen Berührungspunkt : Doketismus diagnostizierte im Scheinleib Jesu die erst begriffliche Antezipation einer Versöhnung, die aussteht. Entmythologisierung hat davon etwas wiedergutgemacht, als sie einer kerygmatisierten Auferstehung mit jedem naturwissenschaftlichen Stachel auch etwas von der restaurierten Positivität des borniert Transzendenten nahm. Die Wut über Entmythologisierung verwechselt mimetische Einverleibung des gegnerischen Potentials mit Abdankung vorm unseligen Zeitgeist. „Er ist der *unmittelbar* gegenwärtige Gott; dadurch geht sein Sein in *Gewesensein* über. Das Bewußtsein, für welches er diese sinnliche Gegenwart hat, hört auf, ihn zu sehen, zu hören; es *hat* ihn gesehen und gehört; und erst dadurch, daß es ihn nur gesehen, gehört *hat*, wird es selbst geistiges Bewußtsein, oder wie er vorher als *sinnliches Dasein* für es aufstand, ist er jetzt *im Geiste* aufgestanden." (12)

Pauli Zeugnis des leibhaftigen Ostern bestätigt die nur theologische Wahrheit des Urteils, das Christus identifiziert in der Subsumtion unter Gott oder Mensch. Doch stets mitgedacht war darin die freiwillige Abdankung des göttlichen Gedankens vor dem unter ihm Befaßten, unfaßliche Bescheidung des Begriffs vor seinem Unterschied zur Kreatur. Was Logik sui generis um ihrer Widerspruchsfreiheit sich verbietet, Subsumtion Gottes unter sich selbst nicht *als* Gott, sondern *als* Geschöpf, nimmt die Paradoxie der Russellschen Antinomienlehre auf sich : Die Menschheit müßte vollständig vorliegen, d.h. ausgerottet sein, ehe sie zu befreien ist. Die Definition des Menschen darf nicht durch Gott erst erfolgen, da anders die Summe in ihre eigenen Summanden einginge. - Weil der Inbegriff des Ganzen, formal-logisch diesem transzendent, nicht selbst Element dessen sein kann, wovon er Inbegriff ist, sondern qualitativ Ganz-Anderes, konzediert tautologischer Drill gern schlechthinnige Abhängigkeit von irgendeinem höheren Wesen, Reflex der mythischen Übermacht des autonomisierten Allgemeinen, dem nur christologische Individuation nicht abgenommen wird. Quantifizierung Gottes zur umfangslogischen Allgemeinheit verdünnt ihn zum abstrakten Formgefäß, das in Christus den definitiven Inhalt sich gab. Das inkarnierte Wort will stellvertretend für die Insuffizienz des in seinem Umfang hilflos Verlorenen wiedergutmachen und dem Recht widerfahren lassen, *daß* der begriffliche Bannkreis material transzendiert ward. Das *Koinon* übersteigt das *Hekaston* um dessen artspezifische Differenz. Der Umfang, der die Partikularitäten einfängt, ist gefüllt mit Nichtidentität im allgemeinen Refe-renzrahmen. Durch den Inhalt, mit dem das Besondere sich einer Klasse entzieht, depraviert es zum Exemplar einer anderen. Je inhaltloser die Re-präsentanz, desto entschiedener hat sie sich den Reichtum der Differenz-bestimmungen zugeeignet gegen das Besondere, das daran weniger dele-gieren wollte: bellum omnium contra omnes. Das Allgemeine wird mit dem Partikularen identisch erst, wo jenes zur singulären Klasse indiszernibiler Bestandteile schrumpft, deren Differenz an Akzidentelles sich hängt.

Tendenziell ist jede Klasse singulär : Individualität als Identität aller Ele-mente vor dem Allgemeinen. Das Individuum, identische Einheit, wird als *Iota*-Operator einer Kennzeichnung definiert, die die Einzigkeitsbedingung erfüllen muß : Entweder es gibt ein Individuum derart, daß es identisch ist mit allen Individuen, die die Eigenschaft haben, Gottes Söhne zu sein, und dieses Individuum vollbrachte - wie vielleicht andere auch - außerdem Wunder, oder es gibt kein Individuum, welches das einzige ist mit dieser Eigenschaft, Gottes Sohn zu sein, und niemand vollbrachte Wunder außer denen, die hinsichtlich der Eigenschaft, *nicht* Gottes Sohn zu sein, zu *einer* Person zusammenfallen. Das Allgemeine, das sich sündiger Besonderung gemein macht, folgt ihm bis in jene Individuation nach, die eo ipso am neidischen Begriff frevelt. Dieser, der dem Individuum ein Denkmal setzt, setzt es nur sich selbst, wo er jene Merkmale sequestriert, die zuvor dem Einzelexemplar geschlagen wurden als die Wundmale der Individuation.

Abendmahlslogik symbolisiert den Begriff sakramental durch sich selbst, seit das Sensorium quantifiziert ward. Theologie aber wäre schon Theorie genug als Idiotikon des von ihr Defraudierten. Christologische Identifika-tion des Partikularen subsumiert es nicht länger vergeltend unters Gesetz, sondern rapprochiert dieses der kontingenten Individualität und kriminalisiert sich selbst. Der Richter, zum letzten Mal mythischer Rächer, bestraft im Todesurteil über sich selbst nur den, der andere zum Tode verurteilte, spricht diese also frei, trotz erwiesener Schuld und ohne Mangel an Beweisen. - Doch richtet er sich nicht dafür, *daß* er sie verdammte, dann ergehen Amnestie und Rehabilitierung nicht an Opfer eines Justizirrtums.

Die scholastische Typentheologie umging wie Mathematik das Paradox, daß Gott als Schöpfer aller Schöpfer, die alles andere als sich selbst erschaffen, sein eigenes Geschöpf ist. Hat er *nicht* sich geschaffen als den, der alles erschafft, was nicht sich selbst sich verdankt, wäre die Bedingung erfüllt, die ihn unter seine Artefakte fielen ließe. Als Kreatur seiner selbst jedoch dürfte er gerade *nicht* sich zu seinen Produkten zählen, denen er anders die Herkunft von sich selbst voraushätte. Der Begriff beschlagnahmt sich, ohne aufzuhören, Inbegriff alles Sequestrierten zu sein. Die logische Antinomie der Repräsentanz des Logos macht das Mysterium von Christologik aus. Theologie löste den 'Stellvertreter' auch nur im Rückgriff auf thomistische Stufentypologie: Vertreter und Vertretener im Selbstvikariat Christi sind ungleicher, göttlicher *und* menschlicher Natur. Vertritt er sich selbst, so als einer, der sich vertreten kann, Gott allein. - Vertritt er aber *nicht* sich selbst, gehörte er gerade zu eben den Kreaturen, die zu vertreten wären. Typenlogische Auflösung der soteriologischen Erlösungsparadoxie drängt auf gottmenschlichen Dualismus, dessen Union mystifiziert ist.

Opfer von Partikularität, die, ans Allgemeine ohnehin verschuldet, dieses zum Sündenbock macht, schlägt um in das Opfer des Allgemeinen an das pönalisierte Partikulare, fortan partizipierende; soweit ins Singuläre versenkt, daß es zum Opfer noch taugt, ohne das Totum plenum selbst zu sein, jedoch nicht soweit, daß es dem kategorialen Umfang wieder angehörte als Preis für seine Desertion. Christus war soweit Mensch, daß Gott nicht narzißtisch sich selbst genugzutun hatte, blieb soweit Gott aber, daß er zum Opfer noch rein genug von Inhalt war, der den Begriff transzendiert wie dessen Umfang ihn. Christologische Kontamination von Identität und Differenz des Gemeinen und Allgemeinen glitt stets allzu eilig ab in glatte synthetische Gottmenschlichkeit. Die Affirmationsdoublette doppelter Negation zementiert nur die These, welche, an ihrem Negat gesättigt oder verzweifelnd, in Transzendenz zurücksinkt. Was sie nie ist, Kreatur hätte gleichwohl ihr Wesen zu tingieren. Nicht dieses zu sein, definierte und limitierte sie anders als nicht jenes, vor allem als nichts denn sie selbst zu sein - wie Jahwe.

Heideggers ontologische Ästhetik vom ‚seienden Sein', entspringenden Ur-Sprung, sich entbergenden Verbergen, zehrt monomanisch von der dialektischen Christologie. In Wahrheit, der Aufbewahrung des Entäußerten, ist ja nur Konserve veräußert, das organologisch, aus Wurzelgrund in Blüte getrieben, in ihn religiert bleiben soll. „Sein ist kein Seiendes und gleichwohl nicht nichts." Das ‚Gleichwohl' übernimmt wie das temporal deutbare ‚Zugleich' im kategorischen Imperativ Kants die Rolle der Identität von Identität und Differenz. Auch das Nichts ist weder schlicht ontisch noch nichts, sofern es ja das Seiende im Ganzen zu *nichten* habe. Ontologische Differenz, Dialektik des Subjekt-Objekts und das christologische Paradox sind von isomorpher Struktur. Theologische Methodologie ist durch den christologischen *Proodos* präjudiziert, läßt neuplatonisch von den Axiomen der göttlichen *Moné* über sakramentale Schlußregeln zu *epistrophischen* Konklusionen laufen und zurück über dieselben Operatoren zu institutionellen Schlüssen übers oder sektiererischen Entschlossenheiten fürs Reich Gottes. Ein Kalkül heißt theologisch gedeutet, sobald seinen autonomen Strukturelementen ein-eindeutig theologische Kategorien zugeordnet sind.

Der Theologikkalkül ist ein Zeichensystem, das durch sakramentale Operationsregeln zum Theologem und zu mythischer Transparenz rationaler Synthesis umfunktioniert ist, ohne aufzuhören, kulturell bereits vorgedeutet, umkehrbar eindeutig mittels kultureller Sinnfunktoren auf autonome Form abgebildet zu sein. Nur verbürgt der theologische Schluß mehr als die analytische Logik: Christus übersteigt als ein synthetisches Urteil Gottes a priori gar nicht den untautologischen Jahwe, der ist, was er sein wird, also immer anders. Als Korrelator, der die zweistelligen Relationen der ontologischen Differenz oder des Subjekt-Objekts extensional ein-eindeutig auf das christologische Paradox abbildet, dient gewöhnlich der „Säkularisator". Autonome Kultur aber als Säkularisat, Geschichte als säkularisierte Heilsgeschichte zu verstehen, ist selbst Theologie.

Hans Blumenberg „gibt zu erwägen, ob die sogenannte Säkularisierung als Wahrnehmung eines theologischen Erbes, bei dem der Erbfolger sich die Frage nach der Redlichkeit oder Unredlichkeit seiner Verwendung des Erbes stellen lassen muß, nicht in Wahrheit die philosophische Wahrnehmung solcher Aspekte und Probleme der Theologie ist, die diese aus eigener Kraft und den ihr zu Gebote stehenden Gründen gerade nicht angemessen zu lösen vermocht hat, so daß es sich nicht um Säkularisate handelt, sondern um die Aufarbeitung theologischer Aporien." (13) Diese Aporien aber reflektieren gesellschaftliche Widersprüche nicht als Indizes des Transzendenten; Realrepugnanzen, die weder zu glorifizieren sind als fruchtbare Spannung, aus der ein christian way of life zu schöpfen hätte, noch auf höherer Ebene als gelöst auszugeben.

„Die Kirchen fühlen sich schrecklich in der Defensive und suchen nun verschiedene Wege, um da herauszukommen. Die einen, indem sie soweit zur Welt gehen, daß sie sich als Kirche aufgeben, die anderen, indem sie sich soweit von der Welt absetzen, daß sie bedeutungslos werden."
So Dahrendorf in einem Schülerinterview zur ängstlichen Stellung der Kirchen in der Gesellschaft. Beide „nicht sehr genialen Wege" sind nicht konfessionalisiert, sondern Sack und Asche derselben Gasse. Radikal wäre ein Essay über Versuchungen nicht dadurch, daß er der erläge, zu Wurzeln und Müttern hinabzusteigen wie die Kirche in die Halbwelt. Er hätte nur die Wurzel zu ziehen aus der geistlichen Impotenz, die Todsünde wider die heilige Entgeisterung zwischen den Jahren des Herrn und der Herrenrassen zu begehen. Ihr keeping up with the Jones' auf der Flucht vor atavistischem Image bezeugt, daß Religion verleugnet, was wider den Weltlauf lökte, ohne hinter ihn zurückzufallen in ohnmächtigen Wunsch, alles möge wieder so sein wie zu Zeiten des alten Mittlers oder im Mittelalter mit Rom und Dom. Harmlos wie ihre Sphärenharmonie der Verhärmten, kümmert sich die Karität wie je um Kummer am Wundrand sozialer Operationen. Ihr Schwur, mehr zu sein als das Ganze, das noch die Summe seiner Teile schreckt, ist so leer wie die Gesellschaft es sich und ihr verbietet, das geglückte Summa summarum am Elend des falsch Individuierten zu messen, dessen Härtefall die Spielregel bestätigt, an die sie sich hält, wo sie sich seiner annimmt. Diese Rolle ist ihr auf den mystischen Leib Christi geschrieben, solange Gesellschaft ihr Ungeselliges und ihrer nicht Fähiges ins Dunkel stellt. Noch indem sie mildert, was notorisch zu kurz kommt, verhärtet sie eine Gesellschaft gegen sich selbst, die ihre Betriebsopfer ebenso planmäßig produziert wie institutionell kaschieren läßt. Die Ideologie des Leidens, religiöse Qualität der Qual, aus der Demonstration des Unbedingten ad hominem, verabsolutiert wo nicht zur Sünde Sold so zum geheiligten Mittel eines Glückes, das mit katholischer Symbolik eine sinnliche Garantie endgültig einbüßte. Der Widerspruch, daß die Weigerung, Lückenbüßer gesellschaftlicher Formierung zu spielen, die Barbarei nur sanktionierte, ist von den Kirchen als integrierten Funktionseinheiten nicht mehr zu lösen. Gemeinde, virtuell einer der letzten Schlupfwinkel des und vor dem Allgemeinen, ist nicht weniger Hobby und Lobby, als ihr totaler Anspruch Gesellschaft potentiell zum Missionsfeld relativiert. Vermittelt ist die Forderung, sie möge aus dem prätendierten Ganzen in Interessengruppierungen retirieren, mit der Ideologie des Totalen als freiem Spiel der Kräfte. Der Arbeitsteilung, die sie in psychosynthetischer Sorge brennen läßt, unterwarf sie schon Voltaire: Pardonner, c'est son métier. Theologie hat die Welt nur überinterpretiert, es komme aber nach Barth darauf an, den Ganz-Anderen nicht zu ändern. Wo jedoch kirchliche Kümmerformen um

weltliche Verifikation sich kümmern, gerät der angestrengte Dialog so dialektisch wie weiland inquisitorische Strenge. Dialog mit der Welt, die im Kirchenfenster ihr Diapositiv fand, hätte deren diabolische Dialektik zu sein. Theologie will sich verwirklichen, ohne sich aufzuheben, d.h. in Wirklichkeit zu verschwinden, und in Säkularisaten scheint sie abgeschafft, ohne daß verwirklicht wäre, was weiter von ihr schmerzt. Transzendenz, die den Talar schürzt, um durch Pfützen zu waten, gehört zum Geschäft. Als Teil des Meliorandums, das nicht länger ins Gewissen sich fluchen läßt, schnitte sie sich in die eigene Fleischlosigkeit. Das ist der Sinn aller Forderungen, sie möge ihrer Abschaffung zustimmen, sich suizid dessen begeben, was von detotalisierender Totalität an ihr dem Funktionsbann noch potentiell widersteht. Der Glaube, Glaube könne in der Überflußgesellschaft überflüssig werden, schmeichelt sich ohnehin mit der Überwindung dessen, der die Welt überwand, nicht weniger als mit der Überwindung materialistischer Glücksversprechen. Diesem Realismus sind unterdes die realen Bedingungen dessen transzendent geworden, was an religiöser Vertröstung ihn abstieß.

„Jetzt entscheidet unser Geschmack gegen das Christentum, nicht mehr unsere Gründe." So der 132. Aphorismus in Nietzsches ‚Fröhlicher Wissenschaft' erledigend salopp. De gusto dubitandum. Jenseitiger Ambitionen aber verdächtigte einer die Zeit zu Unrecht, die nicht einmal diesen Geschmack auch nur abgeschmackt findet, geschweige denn teilen mag. So hat das Christentum keine Gegner mehr und doch, wie man weiß, alles andere als gesiegt. Die subventionierte Minorität der Gläubigen vegetiert am Rande der Wechslergesellschaft als exklusives Wahlstimmarsenal einer Gesellschaft, die eine Kirche bewahrt, welche darauf verzichtet, die Gesellschaft vor sich selbst zu bewahren. Niemanden locken unbewältigte Kreuzzugs- und Inquisitionsvergangenheit, Volksopiate und der Pfründenramsch mehr hinter der Zentralheizung hervor. Der mystische Leib, zum Reservat einer aussterbenden Spezies Mensch paralysiert, darf sich in den Oublietten toleranter Indifferenz Blößen geben, ohne das Triumphgeschrei seiner Railleure und Verächter noch länger herauszufordern. Toleriert nur in ihrem Verzicht auf Intransigenz gegen die Reproduktionsbedingungen des kanalisierten Leidens stimmte sie ihrer Kastration zu und überlebt wie alles um den Preis, sich selbst abzuschwören. Das Ganz-Andere ist das Ganze, das nie sich geändert hat, mit sich selbst in blinder List von außen zusammengeschlossen über den Selbsterhaltungstrieb dessen, was potentiell im Ganz-Anderen anders ist als das Ganze und gerade darin als bloße Ergänzung mitgeschleift wird. Toleranz gegen das Tolerieren des nicht zu Duldenden an ihr ist eben die Intoleranz, die sie brechen will, weil in der Konnivenz mit nur dem, was vorab ihr gleicht und sich angleicht, sie mehr verrät von ihrem Unwesen als interesseloses Wohlgefallen an bloßem Interessenausgleich. Rüde Exorzitien, Exulierung auf den neidlos gottgewollten Stand und die Delegation von Egalität an niedere Ordostufen der analogia entis konnten den Formen der religionsindustriellen Einschüchterung weichen. - So darf die Kirche unbedenklich in den Ruf nach weiblicher Gleichberechtigung einstimmen, seit das Gleichschaltung des Womanagements mit der Effeminierung eines vom muskulösen Apparat ausgehaltenen und homosexualisierten Angestelltenpatriarchats bedeutet. Inmitten reduzenter Isolierung der Individuen voneinander und vom Ganzen ihrer Geschichte, wogegen Interessengemeinden willfährig rebellieren, mißrät auch die Gemeinde der Heiligen, allem ,alltäglichen Christus' zum Trotz, unversehens zum gegönnten Feierabendhobby von Sozialpartnern, die, weil es seliger ist, dem Arbeitgeber geben, was des Arbeitnehmers wäre.

Die guten Werke, die dem Glauben nur sich verdanken, um ihn am Leben zu erhalten, degenerierten zum Werkeln des Freizeitbastlers, der sich nach Dienstschluß für ein wahres Leben freigestellt fühlt, das ihn nur für den nächsten Arbeitstag regeneriert. Die falsche Alternative von glückseliger Agraridiotie und Kultur als bildungstechnischem Qualifikationszwang kollaboriert mit den unterdrückten Bedingungen der Möglichkeit einer utopischen Identität, die der Run der Mußescheuen auf die letzten Planstellen einer automatisierten Gesellschaft vergeblich karikiert, von unverdummter Lust und schmerzlosem Bewußtsein. Das sola fide ähnelt der Verbissenheit, mit der das Individuum sich zu glauben zwingt, der Standard der Produktivkräfte liefere die beste ihrer möglichen Entfesselungsstrukturen mit.

Wahr bleibt der Alleinvertretungsanspruch der alleinseligmachenden Religion gegen eine Mystifizierung, die dem Individuum noch die Kraft attestiert, auf die korrigierte Welt und sein Heil in ihr Einfluß zu nehmen: Die Rechtfertigung des ausgebeuteten Selbsterhaltungstriebes, der in sich selbst nur einem Allgemeinen sich stillschweigend gemein gemacht hat und ihm Haltung gibt, gegen das sich zu behaupten er blind behauptet. - Das Allgemeine dürfte mit dem Individuum durchgehen und es durchgehen lassen, ohne dessen Schutz und Gehorsam äquivalent zu tauschen, ließe nicht etwas sich dann gehen, das seine kurzgeschlossen komprimierte Positivität aggressiv entlüde. - Die fromme Delegation des naturrechtlichen Mandats gebiert heteronome Drohung, die über der dehistorisierten Privatsphäre lauert. Umgekehrt beschleunigt diese Angst vor politesseloser Astralpolizei zirkelvitios die arbeitsteilige Verdrängung politischer Kompetenz gegen das Allgemeine in obertänige Dachorganisationen, die zur Verhängung eines Ausnahmezustandes ermächtigt sind, der nur die Regel bestätigt, den heißen Frieden, dessen Sinn schon Hegel gegen eitle Sekurität dahin rechtfertigte, daß jenes letzte Privileg des ius belli omnium contra omnes seinen differenzierten Libertins das ius vitae ac necis diktieren und so aus jeder Arbeitsfriedensethik wecken kann.

Bei Hegel ist kirchliche Institution, Einrichtung in die Parusieverzögerung und ritualisierter Aufruf zu panischer Bußfertigkeit, zur Indifferenz gegen das dem Jüngsten Gericht anheimgestellte Grauen, nichts als ihre eigene Differenz zum spekulativen, darin seine Verwirklichung chronistisch voraussetzenden Begriff. Der Abstand *von* Christus und *zu* seiner Chiliade wird der religiösen Vorstellung zur intellektuellen Anschauung Gottes, dessen Eule im Christentum die nächtliche Erinnerung an eine nicht eingetretene Zukunft hat, eher im preußischen Staat die Civitas Dei aus der areopagitischen Hierarchie der Engel herunterholte. Jüdische Erwartung ist die nur letzte Wiederholung der messianischen Zusage vor dem parakletischen Verstummen. Gefeiter gegen die Versuchung, aus Johannes 19/30 sakrosanktes fait accompli herauszuglauben, resistiert sie gegen Verwechslung des Neuen Testaments mit dem Jüngsten Tag, gegen ein quidproquo. Jesu letzte Johannesworte, es sei vollbracht, schillern sehr. Neutestamentarische Vollstreckung schiebt auf, was sie aufzuheben vorgibt. Die Orthodoxie des Paradoxen paralysierte die parakletische Parusie. Wovon Sonntags für den Sonntag beteuert wird, es sei an sich, dem Begriffe nach, längst vollbracht, kanzelt eine Realität ab, zu der es selbst sich nicht aufheben mag und doch längst damit versöhnt ist. Daß religiöses Bewußtsein bestenfalls sein Zurückbleiben hinter dem Stand der Produktionsverhältnisse einholt, fesselt seinen Zwang zur Konkurrenzfähigkeit vorab an das, was die Kultur heute eo ipso fesselt. Täuschung der Tauschgesellschaft über den Antagonismus des von ihr Konzedierten und dem, was real möglich wäre, ward vom Skopus keiner Predigt durch Einbekennen hintertrieben. Konnte ihr Garant noch im Fleische getroffen werden, Kirche mystifiziert seinen Leib, die Stellvertretung des Stellvertreters. Je blasser sein spirituelles Nachbild, desto institutioneller bildet sie sich aus. Historische Ferne zwischen sakramentaler Ästhetik und Logik kontaminiert opaken Ritus mit erblindender Intention, noematischem Sinn, dessen hyletisches Substrat, von der Bedeutung ins Zeichen abgewandert, dieses nur beschwörend transzendiert.

Die beklagte Indifferenz gegen Unbedingtes jenseits des Verdinglichten, an das noch jeder verdingt ist, ist auch eine von falscher Identität, die sich gegen reale Differenz von funktionalisiertem Objekt und substantiviertem Begriff hermetisch macht. Kon- wie Transsubstantiation gleitet ohnmächtig vom factum brutum ab in irrealen Sinn. Transzendenter Leerlauf spiegelt nur den Chorismus ihrer obsoleten Absolution zum Weltlauf, der mit sich ins Reine kam. Inchoatio vitae aeternae, will Glaube die höllische Endlosigkeit des Endlichen endlich aufbrechen wie Kants Freiheit die Kausalketten, scheut aber selbstverleugnend den Schematismus ihrer reinen Begriffe, das sinnliche Schema und die objektive Möglichkeit ihrer Dogmen.

 Wie jede Erinnerung wird dem Glauben Vergangenes zum Zwitter zwischen einer Subjektivität, in der das Gedenken sich wiedererkennt, und einer Objektivität, aus der es entwich. Die passierte Passion ist dem Individuum subjektiv innerviert nur von seiner Gattung her, die ohnehin objektiv wurde ohne Kontinuität mit ihm, objektiv fremd aber seiner Individualität, die das Vergangene nicht persönlich erfuhr. Statt auf konzilianten Konzilen sich dem Weltlauf versöhnt zu zeigen, hätte *Realigion* ihre Intoleranz zu richten auf genau jene Realität, der sie sich anbiedert, um sie zu unterschätzen als Packpapier für ihr eigenes Angebot. - Abtreibung z. B. ist strafwürdiger Kindermord und nicht etwa weibliche Selbstverwirklichung.

Byzantinische Ladengespräche stellten den Heiligen Geist als Identität oder Differenz des Vaters und des Sohnes so abrupt neben Preise für untranssubstantiiertes Brot, wie heute nur religiöse Emphase Jazz, Beat und Pop mit improvisierter Kar-Dissonanz verwechselt. Diese Leutseligkeit schlüge in Entsetzen um, eignete Kirche sich zu, daß die Nachfrage heute das Angebot selbst ist, das sie unterbietet. Exegese schickt sich an, zum Lay-out zu werden, dessen selling-appeal vorweg präformiertem Geschmack Recht gibt. Sie ist schon dabei, den dernier cri Christi am Kreuz künstlicher Alterung zu unterziehen, um das Älteste als letzte Novität vernissieren zu lassen. Allerdings sperrt das „Nicht-Identische" am christlichen Paradox sich dem common sense, wie sonst nur gegen moderne ästhetische Gebilde insurgiert wird. Vom Ältesten wie vom Neuesten wird abwehrend geklagt, man verstehe es nicht mehr. Unverständlichkeit, einst Index von Übervernunft, fungiert jetzt als einer des Unsinns, vor dem der pragmatische Irrsinn sich gegen sich selbst bequem abdichten kann.

Wollte man ein physikalisches Bild bemühen, könnte man sagen, Utopie sei das Maß für die Unwahrscheinlichkeit des Zustandes, auf den das geschlossene System samt seiner Invarianz- und Erhaltungssätze sich zubewegt, bliebe es seiner Entropie überlassen. - Maxwellsche Teufelchen, die der Verwischung der Klassendistanz entgegenarbeiten, auf daß kein laues juste milieu sich einspiele, öffnen das System, wo sie den Kaltschnäuzigen die Tür vor der Nase zuschlagen und nur die Hitzköpfe passieren lassen.

Aussicht auf tödliche Entropie wird verdrängt, weil sie Utopika als Gegengifte in den Positivismus einfließen lassen müßte, und Utopie wird verdrängt, weil der zugäbe, ein eschatologisches Grauen wahrzuhaben, wer sie herbeizitierte. Religiösen Eskapismus nicht sich verbieten zu müssen, trug einst immer noch viel humanere Züge als die realitätsgerechte Verdrängung

‚religiöser Bedürfnisse'. Ist der Glaube eine Kompensation, dann ist der Zwang zur Verdrängung dieser Kompensationsform, die Frustrierung des religiösen Auswegs, auch nur kompensiert, wenn die proklamierte Bedürfnisfreiheit sich konfrontiert sieht mit der Existenz der Religion nicht nur in Diktaturen. Ist das Laster Negativ der Neurose, dann die Religion ihr Positiv, wenn man einer Art psychoanalytischer Theologie trauen soll, die Neurosen ausbeutet, an deren Phylogenese sie kaum ganz unschuldig ist.

Verdrängung erhält sakramentale Weihe, wo kultureller Triebverzicht, die nur symbolzensierte Befriedigung von Bedürfnissen, zugleich die Rolle des sakramentalen Symbols für das religiöse Überich spielen muß. Versinnlichendes Parusiesymbol autoritativer Instanz und vergeistigendes Symbol profaner Gelüste zugleich, ist die Identität der Es- und Überich-Symbolik ein altes Prinzip des Überich selbst. - Kultureller Symboltrost kompensiert vermittelnd zwischenhändlerisch diese Retardierung des göttlichen Herrschaftsanbruchs und das gesellschaftliche Triebverbot zugleich. So wenig Triebbefriedigung und jener trieblose Frieden, der höher sein soll als alle Vernunft, auseinander ableitbar und aufeinander zurückführbar sein mögen, obwohl sie als Symbol füreinander immer einstanden, gemeinsam ist ihnen, das Symbol für das nehmen zu müssen, wofür es Ersatz ist, wie der Poesie das Zeichen zu dem Ding selbst wird, das von ihm nicht länger wie in der Prosa intendiert wird. Die neuerliche Freigabe von Lustkurven für Christen darf auf eine vorweg durch Desensualisierung sinnlose Sinnlichkeit rechnen, der der Blick unter den Inzest des Überbaus verbaut ist. Vernunft wider den Gargalismus steht im Einvernehmen mit einer libertär auftrumpfenden Beihilfe zur rituellen Sexualisierung des Waschzwangs : Triebfreiheit als Befreiung vom Trieb durch ihn selbst, der nicht länger über das Wochenbett integriert ist, macht nur frei für reibungsloseren Betrieb. Der Garten der Lüste ist das Purgatorium selbst. Die aufgeklärte Natur ist, was sie ist, und sonst nichts. Dieses Nichts aber, weit entfernt, Natur aus ihrem Bezug zum Wesen zu lösen und aus sich zu erklären, ist dialektisch gerade ihre Nichtigkeit vor dem Wesen, die keine seriöse Religion je behauptet.

Andererseits ist die Natur, abgesehen davon, das ohnehin Nichtige vor dem Wesen zu sein, nichts. Dieses Nichts wieder ist aber eben ihre positive Aseität: „Ebenso ist die Natur *nichts außer* ihrem Wesen; aber dieses Nichts selbst *ist* ebensosehr; es ist die absolute Abstraktion, also das reine Denken oder Insichsein, und mit dem Momente seiner Entgegensetzung gegen die geistige Einheit ist es das Böse." (14)

Adorno diagnostizierte an Kierkegaard, daß der Rückzug vor dem Realen in untangierte Innerlichkeit nichts sei als der konservative Rückzug der *inerten* Realität in sich selbst, in ihre opake Aseität, und daß Distanzierung des in sich unendlich potenzierten Begriffs vom Unmittelbaren diesem schon anverwandelt sei. Der Teufel wird durch ihn selbst ausgetrieben: „Um des Bösen willen muß der Mensch in sich gehen, aber das Böse ist selbst das Insichgehen." (15) Diese Bewegung ist noch identisch der, gegen die Barth den Ganz-Anderen pointierte:

„Insofern das Selbstbewußtsein einseitig nur *seine eigene* Entäußerung erfaßt...ist alles Dasein nur *vom Standpunkte des Bewußtseins* aus geistiges Wesen, nicht an sich selbst.. Aber diese Bedeutung ist eine geliehene und ein Kleid, das die Blöße der Erscheinung nicht bedeckt und sich keinen Glauben und Verehrung erwirbt, sondern die trübe Nacht und eigne Verzückung des Bewußtseins bleibt." (16) Aber: „Es ergreift diese Seite, daß das reine Innerlichwerden des Wissens *an sich* die absolute Einfachheit oder die Substanz ist, als die Vorstellung von Etwas, das nicht dem *Begriffe* nach so ist, sondern als die Handlung einer *fremden* Genugtuung." (11) Das geht gegen Judentum und Islam.

Christologischer Ödipuskomplex wird unter der Kastrationsdrohung aufgelassen durch Identifikation mit der ‚autoritären‘ Instanz. Hegel erhebt die Frustrationsanamnese der Kinder Gottes: „So wie der *einzelne* göttliche Mensch einen ansichseienden Vater und nur eine *wirkliche* Mutter hat, so hat auch der allgemeine göttliche Mensch, - die Gemeinde, ihr *eignes Tun* und *Wissen* zu ihrem Vater, zu ihrer Mutter aber die *ewige Liebe*, die sie nur fühlt, nicht aber in ihrem Bewußtsein als wirklichen unmittelbaren *Gegenstand* anschaut." (17)

Nachweise

1   G.W.F. Hegel: „Phänomenologie des Geistes, ed. J. Hoffmeister,
     Hamburg 1952, Kapitel „Die offenbare Religion", S. 531 f.
2   a.a.O., S. 533
3   a.a.O., S. 535
4   a.a.O., S. 535
5   Hegel: „Wissenschaft der Logik", ed. Georg Lasson, Leipzig 1951, Band II, S. 357
6   „Phänomenologie des Geistes", a.a.O., S. 548
7   a.a.O., S. 548
8   Hegel : „Vorlesungen zur Philosophie der Geschichte", Stuttgart 1961, S. 553 f.
9   Hegel: „Phänomenologie des Geistes", a.a.O., S. 546
10   a.a.O., S. 540
11   a.a.O., S. 547
12   a.a.O., S. 531
13   Trutz Rendtorff: Zur Säkularisierungsproblematik, Köln / Opladen 1966, S. 51- 72
14   Hegel: „Phänomenologie des Geistes", a.a.O., S. 543
15   a.a.O., S. 544
16   a.a.O., S. 526
17   a.a.O., S. 548

Von Ideen zu Idyllen

Alles, was zu sehen und zu hören ist, sei bloßer Schein und nicht zum Nennwert zu nehmen. Hinter allen Erscheinungen stecke in Wirklichkeit und in Wahrheit nur Wasser (Thales), Luft (Anaximenes), Feuer (Heraklit), Liebe und Haß (Empedokles), Grenzenloses (Anaximander), Vernunft (Anaxagoras) oder Atomgewühl (Demokrit). Göttliche Naturgesetze und nicht menschliche Satzungen lenken vernünftiges Leben. Intelligenten Logos im All sah Aphoristiker Heraklit als erster walten.

Plato suchte der Vergänglichkeit und Zerstreuung zu entgehen durch Aufschauen zu ewigen Ideen, die keine fixen Ideen sind, sondern logische Denkgesetze und mathematische Naturgesetze. Sein Meisterschüler *Aristoteles* pries das göttliche Leben der reinen Theoretiker, die nur ihrer eigenen autonomen "Entelechie" folgen.

Epiktet sah in seiner Macht nicht die Welt, sondern nur seine Meinungen über sie. Der Sklave *Epiktet*, Kaiser *Marc Aurel* und Nero-Berater *Seneca* lehrten stoische Autarkie, unerschütterliche Ataraxie und affektlose Apathie. Anders als die Stoiker lebte *Epikur* fern der Öffentlichkeit im Verborgenen seines "Gartens der Freunde".

Der Kyniker *Diogenes* suchte Freiheit in gebildeter Bedürfnislosigkeit außerhalb von Staat und Gesellschaft. *Pyrrho*nische Skepsis war sich ohne Verzweiflung nicht einmal eines generellen Zweifels sicher und enthielt sich gern des Urteils.

Das christliche Mittelalter stellte abseits der Geschichte das gelehrte Klosterleben in Mönchsorden frei, die im Euro-Latein über den „intellectus agens" disputierten und scholastische Summen schrieben. Ens et unum et verum et bonum convertuntur. - Gratia naturam non tollit, sed perfecit (*Thomas v. Aquin*). Und mystische Kontemplation gedieh besser in der Weltabgeschiedenheit heiliger Armut.

Danach richtete *Spinoza* in stiller Klausur seinen „amor Dei intellectualis" auf die Mutter Natur, aus der alle Geschöpfe kommen und in die sie wieder zurück wollen.

Descartes' Ego ist ein Cogito mit der "provisorischen Moral", lieber sich selbst als die Welt zu ändern. Sein Konkurrent *Leibniz* sah in jedem monadischen Individuum einen perspektivischen Weltspiegel und alle Monaden durch den Schöpfer infinitesimal harmonisch aufeinander abgestimmt.

Kant, der bedeutendste Aufklärer, lebte als ewiger Junggeselle ohne Frau und Kind und Reisen. Sein kleines empirisches Ich kompensierte das Arbeiterkind durch die „transzendentale Subjektivität", die sich ihre Welt schafft, in die sie eingesperrt bleibt. *Fichtes* "reine Einbildungskraft", die er Vernunft nannte, distanziert durch "absolute Abstraktion" alle objektiven Fakten und steht frei über sich selbst und über allem in der Welt, frei auch über allgemeingültigen Gesetzen.

Hegel pries den Geist als Selbstaufhebungsmotor aller fixen Standpunkte und kam erst zur Ruhe in der Versöhnungsidylle von Kunst, Religion und Philosophie.

Schelling verband Kunst als "Organon der Philosophie" mit dem "unvordenklichen Seyn" der Mutter Natur und dem göttlich Absoluten des "Subjekt-Objekts".

Schopenhauer verneinte den allgemeinen Weltwillen durch Ehe- und Kinderlosigkeit, wollte die Dinge "lieber sehen als seyn" und pries die Einsamkeit der Bildungsmuße in der "Meeresstille des Gemüths", das sich mit der Studierstube eine "feuerfeste Kammer in der Hölle" des irdischen Daseins baut.

Nietzsches hagestolzer "Übermensch" liest gern Stifters "Nachsommer", Lichtenbergs wie Chamforts Aphorismen und Eckermanns „Gespräche mit Goethe".

Husserls Phänomenologie kommt zur Sache nur durch kontemplative "Wesensschau" und klammert die Realität ein, um die reinen Essentials der Sachen selbst zu begreifen. *Heidegger* suchte "reine Physis" statt menschliche Thesis und die Sache ohne jede Mache. Sein Denken dankt für das vorrangige Seinsschicksal hinter allen sozialen Geschicklichkeiten der neuzeitlichen Zu- und Widerstandswelt.

Jaspers "Existenz" will alles Wißbare wissen und metaphysische Chiffren lesen.

Bloch hoffte auf die U-topie als locus amoenus arkadischer Wunschlandschaften, die dann aber von roten Sozialutopien heillos verwüstet wurden.

Auch *Adorno* zog praxisscheues Reflektieren dem "pausbäckigen Produzieren" vor und sicherte den "Vorrang der Realobjekte" durch aphoristische "Gehirnakrobatik".

Alles, was nicht allgemeingültige Logik und Physik ist, war unsägliche Poetik und private Mystik für Ludwig *Wittgenstein*. Ist analytische Philosophie psychoanalytische Deutung? Die konfliktarme Denkerklause ist eine triebsublimierende Zone.

"Es gibt drei Dinge, welche uns in die Lage bringen, über uns selbst hinaus wachsen zu können: die Einsamkeit, die großen Bücher, das heißt der gedruckte Geist, die gedruckten Herzen großer Menschen; und die Natur." (Peter *Altenberg*)

Welcher Mensch weiß sich wertvoller als sein unverwertbares Wissen? Es kommt nicht darauf an, die kosmische Ordnung von menschlicher Subjektivität abzuleiten und auf sie zurückzuführen, sondern diese zu verstehen als primäre Weise, jene verständig aufzunehmen und aufmerksam zu betrachten. Menschliche Werke und Satzungen sind nie zu verstehen und stets zu verbessern, die göttliche Schöpfung hingegen ist nur zu verstehen und nicht zu verbessern. Der Schöpfer ist das einzige Wesen, das nichts mehr zu lernen und alles zu lehren hat. Die Geschichte ist der geordnete Ablauf seiner verborgenen Selbstenthüllungen und offenbaren Selbstverkleidungen in der Schöpfung.

Die geistige Struktur der kosmologischen Ordnung besteht aus logischen Denkgesetzen und mathematischen Naturgesetzen. Solche statischen Kristallgesetze, die aller bewegten Weltvielfalt zu Grunde liegen, werden vom modernen Denken meist mißverstanden als verdinglichte Selbstentfremdungsformen, die es politpraktisch zu „verflüssigen" gelte, statt nur autoritätsgebunden angestaunt zu werden. Aber diesen Gesetzen antiautoritär zu begegnen, ist eine Form vertrotzter Ignoranz, der sie wie dumme Kieselsteine im Kopf herumliegen. - Subjektivität ist die menschliche Form, Objektivität zu erreichen und zu erleben und Gedanken in Gefühle einzubetten, um Stellung*nahmen* zu den *Gegeben*heiten zu begründen. Der Glanz dieser Gesetze veredelt das empfängliche Gemüt, das nicht mehr wert ist als sein objektiver Tatsachengehalt, das in Gedanken zu ruhiger Gewißheit kommende Denken. Die Antwort und das Erlernte ist wichtiger als die Frage und das Lernen.

Schlimm ist es nicht, seinen Kopf mit abfragbarem Lexikonwissen anzufüllen, sondern diese Inhalte nicht originell aufeinander beziehen zu können. Die Unfähigkeit zu synthetischen Kombinationsleistungen an Materialien wird gewöhnlich auf die vermeintliche Wertlosigkeit dieser Wissensstoffe zu Unrecht übertragen. Je breiter die geordnete lexikalische Stoffbasis des Hirns, desto größer aber das Konfigurationspotential für originäre Akte.

Wer nun Gottes Schöpfung lieber verehren als verändern will, muß sich die Frage gefallen lassen, ob die schöpferische Fähigkeit des Menschen, eigene Welten in diese Welt zu setzen, nicht ebenfalls integral zu dieser göttlichen Schöpfung gehört. Ist es nicht Teil der menschlichen Natur, Gottes schöne Natur für eigene Zwecke zu nutzen, um sein "Mangelwesen" als "physiologische Frühgeburt" durch einen "Sozial-Uterus" zu kompensieren und auch gelegentlich überzukompensieren, weil der Mensch von Natur aus die tierische Instinktsicherheit entbehre und aus der natürlichen Not eine kulturelle Tugend machen müsse? Das ist wohl richtig, doch es fragt sich, ob es denn nur Kulturen der *Naturbeherrschung* gibt und nicht auch gültige Kulturen der *Naturentsprechung*? Die ersteren tun so, als seien die letzteren überhaupt keine Kulturen, da deren barbarisches Denken nur faules Abdanken sei vor zerstörerischen Naturgewalten. Aber eine Natur, die nicht als Schöpfung verstanden wird, ist nur als Vorwand mißbraucht, diesen "Gott der Väter" zu bekämpfen und sein Gesetz zu verraten. Daß die Naturbeherrschung dialektisch immanente Grenzen hat, ist im islamischen *Kismet* längst verständig vorweggenommen. (Und nur Christen, die an ihrem eigenen Messias zweifeln, verfolgen Juden.)

Das arkadische Gnadengeschenk ist zu begründen als ein notwendiges Korrektiv menschenverheizender Sozialutopien an dem adamitischen Wesen vorbei und über Leichenberge hinweg. Hier liegt die philosophische Legitimation der kulturidyllischen Sublimationsakte. Karl *Löwith* sah die kosmische Natur nicht eingebettet in soziohistorische Zusammenhänge, sondern umgekehrt, und Augustins Prädestinationslehre sah die Vorsehung stets der menschlichen Vorsicht und Absicht vorweg.

Der adlige *Montaigne* zog sich wie später Larochefoucauld aus politischen Karrieren und gesellschaftlichem Treiben zurück in den einsamen „Bibliotheksturm" der gelassenen Muße. Die vita contemplativa ist der vita activa so überlegen wie das Naturgesetz der Sozialsatzung und wie Gottes Wort der menschlichen Literatur.

Am Ende ist die kontemplative Forschungs- und Bildungsidylle genau jene praktische Sozialutopie selbst, von der sie historisch meist nur begraben wird. Es gibt das Idyll der Kultur, aber keine Kultur der Idylle mehr, denn heute muß alles rentabel oder wenigstens pragmatisch sein. - Naturidyllen gibt es vielleicht nur noch als Kulturlandschaftsreservate, doch Kulturidyllen sollten zur zweiten Natur werden. "Kulturidylle" ist ein Pleonasmus, denn jede Kultur, so anti-idyllisch ihre Themen und Inhalte auch sein mögen, ist idyllisch schon dadurch, daß sie die Wirklicheit nur über symbolische Repräsentanzen und Wandlungen erreicht und verspürt.

Auch und gerade die Versuche, ihre idyllischen Räume vor den harten Fakten der Geschichte nicht zu verschließen, bleiben stets idyllische Versuche, reißende Zeit in beruhigte Räume einzuschließen. Mancher empfindet als Gefängnis, was doch als Refugium vor Praxisprioritäten gedacht ist. Manche leiden unter dem idyllisch beschränkten Charakter der Kultur, der aber ja durch ihre symbolischen Ausdrucksformen selbst bedingt ist und durch avantgardistisches Zerbrechen dieser Formen auch nicht zu zerbrechen ist. Selbst Theatertragödien lassen den unmittelbaren Schrecken nicht direkt, sondern nur transformiert auf die Bühne. Kultur, die die Schranke zerbrechen will, die sie von dem „prallen Leben" der Gesellschaft trennt, übernimmt nur dessen Barbarei; sie ist eine idyllische Form, anti-idyllischen Themen gerecht zu werden, ohne deren Terror zu erliegen. Und der vielverhandelte "linguistic turn" der Geisteswissenschaften ist erst einmal ein idyllic turn. Leute schreiben, *statt* zu schießen und nicht nur, *bevor* sie schießen. Kultur läßt Theorien sterben und keine Menschen; tendenziell ersetzt sie Rache durch SpRache.

Unter dem Vorwand, seinen Kopf nicht "mit totem Wissensballast beschweren" zu wollen, hat der Zeitgenosse nicht mehr im Kopf, als nur das Lernen zu lernen, und natürlich ist ein allgemeingültiges Wissen tot, dem ich mein Leben nicht leihe, aber nur dieser Ballast ist es, der das Leben erleichtern kann. Euklid gab einmal Geometrieunterricht, und als ein Schüler ihn fragte, was er von solchem Wissen denn habe, bat Euklid einen Dritten: "Gib dem jungen Mann eine Münze, denn er möchte von den Wissenschaften einen Nutzen haben."

Wissen ist nicht nur in Enzyklopädien auszulagern, sondern auch im Geiste zu erinnern und zu verinnern. Wer sich erheben will zu dem, was ihm erst einmal zu hoch ist, muß sich in eine schwierige, schwerwiegende und (ge)wichtige Materie hineinknien, bis er seinen Stoff in- und auswendig kennt, "by heart and by head". Denken ist wichtig, aber es will endlich zur Ruhe kommen in richtigen Gedanken, und der bewegliche Gedankenfluß muß gerinnen zu den geistesblitzenden Eiskristallen fester Gesetze und tragender Strukturen. Was ist ein Ende ohne Vollendetes?

Nachdenken denkt Sachverhalten nach und schreibt ihnen ihr Wesen nicht vor. Subjektive Gewißheiten setzen objektives Wissen voraus, auch wenn alles, was naturwissenschaftlich nicht objektivierbar ist, deshalb nicht schon in den Seelencontainer bloßer Subjektivität abwandert. Was Physiker schon zur *Poesie des Herzens* rechnen, kann immer noch harte Tatsache sein, die zur *Prosa der Welt* zählt.

Nur Langweiler finden Bildungs- und Forschungsidyllen bloß langweilig. Warmes Leben sucht den Anblick heller Sterne. Whitehead, Russells Mitarbeiter, sah die europäische Philosophiegeschichte als „Fußnote zu Plato" und fügte selbst eine hinzu. Ideen von Objekten sind Objekte *zweiter* Ordnung. Allgemeingültige Wesenheiten, unwandelbare Gesetze aller Veränderungen, werden von menschlichen Denkfunktionen nicht erzeugt, sondern nur als Objekte erfaßt. Kultur ist weitgehend schriftliche Fixierung geistiger Fixsterne über allem Handel und Wandel, und Lebensläufe sind dann brillante Gedankengänge durch verwinkelte Gedankengebäude, an denen Denken sich erbaut. Säkularisierung machte Vorn aus Oben und Hinten aus Unten, seit Zukunftsprojekte die Denkobjekte ersetzten. Was über mir ist, sei mir nicht über, sondern stehe aus und bevor: Herstellung verdrängt die Vorstellung der Dinge, seit Nachdenken nicht mehr nur nachvollzieht, was der Schöpfer uns „vormacht", ohne uns „anzuführen". Was ist noch „anzufangen" mit etwas, das schon voll-endet ist?

In Wahrheit kommt jeder zu spät zum Verbessern und zu früh zum Verstehen nur dann nicht, wo es sich um Werke von Menschenhand handelt. Niemand muß sich dumm machen lassen von dem Gefühl, aus Gottes Schöpfung nicht klug zu werden. Geistige Akte gewinnen Sinn und Bedeutung aus nicht selbstgemachten Objekten, deren geistiger Gehalt auf den Aktvollzug zurückstrahlt. Der Mensch ist, was er ißt, und es gibt auch geistige Nahrung. Ein komplexer Sachverhalt, den ich verdaue, geht in mich über und macht mich selbst komplexer und mir keine Komplexe. Eine brillante Beweisführung, die ich mir ganz zu eigen mache, macht auch meinen Geist glänzender, und jeder entwickelt den Geist, den er im Kosmos erkennen kann. Bin ich von historischer Praxis nur in Spiel-Räumen suspendiert, und ist der Mensch wirklich nur dort ganz Mensch, wo er spielt? „Schach ist für den Verstand zuviel Spiel, und als Spiel verlangt er zuviel Verstand", schrieb Moses Mendelssohn. „Es sind immer die Geistreichsten, welche die besten Spiele erfinden, und die Dümmsten, welche sie am besten spielen", wußte Leibniz. - Kurz: Wer seinen Verstand an Minderwertigkeiten übt und verschwendet, macht ihn selber minderwertig, und nur höchste Zwecke wären gerade gut genug für ihn.

Die menschlichste Bestimmung liegt weniger darin, Übermenschliches zu leisten, als Über- und Außermenschliches zu verstehen und zu verehren. „Öfter haben die Klugen die Tapferen besiegt als umgekehrt." (B. Gracian: „Handorakel", Kap. 220)

Ideen sind keine Erstarrungen, die in den Lebenslauf wieder nutzvoll einzuschmelzen wären, wie praktizierende Existenzphilosophen weismachen wollen, aber vielleicht sahen frühere Denker die Welt richtiger im Lichte transzendenter Bestimmungen, in die sie sich selbstüberschreitend kontemplativ hineinentfremdeten, um an deren Substanz teilzuhaben. Das geistige Auge sollte die gierige Hand weniger bedienen und mehr wahrnehmen als nur eigene oder fremde Interessen und Gelegenheiten. Der Geist kommt niemals zu sich unter dem Druck der Lebensnot im Dienst der Zweckbindungen, und Überlegungen sind den Unternehmenden allemal überlegen. Der bildungsdurstige Mensch macht sich zu einer qualifizierten Leere, Wissenslücken wollen wie leere Stunden ausgefüllt, wie Wünsche erfüllt werden.

„Im Himmel liegen die Urbilder bereit, damit jeder, der guten Willens ist, sie sehe und sein eigenes Selbst danach gründe", schreibt Plato: „Ihr selbst seid es, die sich den Dämon erwählen... Die Tugend ist herrenlos." Die philosophische Idylle der Griechen war durch Sklavenarbeit befleckt, von der sich nur Sophisten frei hielten - von Plato gerügt. Lutheraner Hegel, der den Menschen nicht in den paradiesischen „Park der Tiere" zurückwünscht, haßt „jene prätentiöse Unschuld, Frömmigkeit und Leerheit" „zahmer" Idyllen: „Denn eine in dieser Weise beschränkte Lebensart setzt auch einen Mangel der Entwicklung des Geistes voraus... Der Mensch darf nicht in solcher idyllischen Geistesarmut hinleben, er muß arbeiten." („Ästhetik", Frankfurt 1955, Band 1, S. 255) Hegel kann sich „geistige Bedürfnisse und höhere Zwecke" nur vorstellen im Rahmen bürgerlichen Erwerbsfleißes. Doch Luhmanns „Komplexitätsreduktion" wäre ein gemeinsames Merkmal von Idyll *und* Kultur. Die Etymologie des „Idylls" ist ungeklärt. „Eidyllion", die selbständige Kürze des Einzelbildchens, gilt als Diminutiv von „Eidos", der platonisch regulativen Idee.

Inhalt

A u t o r

Rolf F. Schütt, geboren 1941

Studium der Philosophie und Literaturwissenschaft

Tätigkeit als System-Analytiker und Computer-Programmierer
in der Atom- und Raumfahrtindustrie

Buchveröffentlichungen des Autors

„Das Verbrechen, über Bäume zu sprechen"
ISBN 3-87561-427-5, Legendis Verlag, Darmstadt 1975

„Philosophisches Mini-Wörterbuch für Heimdenker"
ISBN 3-8218-1085-8, Eichborn Verlag, Frankfurt 1984

„Die Liebhaber der Sophie - Europäische Philosophiegeschichte einmal ganz anders"
ISBN 3-88479-417-5, Verlag Königshausen & Neumann, Würzburg 1989

„Von der jüdischen Religion zur deutschen Philosophie und zurück –
Versuch über das Unbewußte des Denkens"
ISBN 3-89206-461-X, Verlag Die Blaue Eule, Essen 1992

„Martin Heidegger - Versuch einer Psychoanalyse seines SEYNs"
ISBN 3-89206-541-1, Verlag Die Blaue Eule, Essen 1993

„Menschenproduktion und Computerzeugung -
Kritik der ökologischen Vernunft"
ISBN 3-89206-656-6, Verlag Die Blaue Eule, Essen 1995

„Aphorismen zur Binsenweisheit von morgen - Philosophische Formelsammlung"
ISBN 3-89206-685-X, Verlag Die Blaue Eule, Essen 1995

„Das Rätsel der Lösungen - Philosophische Reflexionen zur Schöpfungsordnung"
ISBN 3-89206-758-9, Verlag Die Blaue Eule, Essen 1996

„Die Irren sind auch nicht mehr die einzig Normalen" (Erzählungen)
ISBN 3-932740-03-3, Athena Verlag, Oberhausen 1997

„Auch der Eskimo klebt an seiner Eisscholle", (Geschichten und Virtuosenstücke)
ISBN 3-932740-20-3, Athena Verlag, Oberhausen 1998

„Am schnellsten vermehrt sich die Unfruchtbarkeit -
Essays zur Multi-Kulturlosigkeit", (Texte zur Kulturkritik *Band 1*)
ISBN 3-932740-09-2, Athena Verlag, Oberhausen 1998

„Zurück zur postökologistischen Natur - Über metapolitische Methoden
der Ganzheit und der Differenzen", (Texte zur Kulturkritik *Band 2*)
ISBN 3-932740-23-8, Athena Verlag, Oberhausen 1998

„Objektivität durch Subjektivität oder umgekehrt? -
Phänomenologischer Versuch einer dekonstruierten Erkenntnistheorie"
ISBN 3-89811-157-1, Libri Books on Demand, Hamburg 2000